U0522385

本书由教育部人文社会科学研究青年基金项目"珠三角工厂女工社交媒体中的疾痛叙事与传播赋权研究"(批准号:18YJC860049)资助

返乡工伤者的疾痛故事

基于贵州、重庆两地返乡工伤者的田野调查

张灵敏 著

中国社会科学出版社

图书在版编目(CIP)数据

返乡工伤者的疾痛故事：基于贵州、重庆两地返乡工伤者的田野调查/张灵敏著. —北京：中国社会科学出版社，2021.11
　ISBN 978－7－5203－9210－5

　Ⅰ.①返… Ⅱ.①张… Ⅲ.①民工—工伤保险—调查研究—中国　Ⅳ.①D922.54

中国版本图书馆 CIP 数据核字（2021）第 194919 号

出 版 人	赵剑英
责任编辑	刘亚楠
责任校对	张爱华
责任印制	张雪娇

出　　版	中国社会科学出版社
社　　址	北京鼓楼西大街甲 158 号
邮　　编	100720
网　　址	http://www.csspw.cn
发 行 部	010－84083685
门 市 部	010－84029450
经　　销	新华书店及其他书店
印　　刷	北京明恒达印务有限公司
装　　订	廊坊市广阳区广增装订厂
版　　次	2021 年 11 月第 1 版
印　　次	2021 年 11 月第 1 次印刷
开　　本	710×1000　1/16
印　　张	19
插　　页	2
字　　数	317 千字
定　　价	118.00 元

凡购买中国社会科学出版社图书，如有质量问题请与本社营销中心联系调换
电话：010－84083683
版权所有　侵权必究

目 录

绪 论 …………………………………………………………………（1）

第一章 文献回顾 …………………………………………………（10）
第一节 慢性疾病患者的疾痛叙事 ………………………………（10）
第二节 农民工工伤叙事研究 ……………………………………（22）
第三节 作为抗争的底层发声 ……………………………………（25）

第二章 关键概念与理论分析 ……………………………………（29）
第一节 疾痛的定义与社会多重性 ………………………………（29）
第二节 叙事与疾痛叙事 …………………………………………（32）
第三节 话语与意识形态 …………………………………………（36）

第三章 研究方法 …………………………………………………（41）
第一节 研究对象的确定 …………………………………………（42）
第二节 数据收集 …………………………………………………（48）
第三节 数据分析 …………………………………………………（58）
第四节 质量控制 …………………………………………………（63）

第四章 混乱叙事：个体层面的人生时序扰乱 …………………（66）
第一节 身体失控 …………………………………………………（69）
第二节 自我认同危机：我已经不是原来的"我" ………………（74）
第三节 家庭关系的恶化 …………………………………………（79）
第四节 社会交往的断裂 …………………………………………（83）

第五章 疾痛多重性叙事：工伤疾痛的社会生产 ……………… （89）
 第一节 基于身体的社会污名化 …………………………………（89）
 第二节 返乡之后：反亲缘行为 …………………………………（101）
 第三节 工伤的归因：我为什么成这样？ ………………………（109）
 第四节 康复治疗的煎熬：你的身体我做主 ……………………（117）
 第五节 尘肺病患者的寻求合法性叙事 …………………………（127）
 第六节 返乡工伤女工的身体叙事 ………………………………（137）

第六章 抵抗叙事：应对工伤疾痛的实践经验 …………………（152）
 第一节 个体层面的抵抗：身体管理术 …………………………（153）
 第二节 社会层面的抵抗：有关尊严的口舌之战 ………………（164）
 第三节 苦难的生活哲学 …………………………………………（174）

第七章 工伤疾痛叙事的传播情境 ………………………………（182）
 第一节 家庭沉默 …………………………………………………（183）
 第二节 同类人传播 ………………………………………………（187）
 第三节 "向上"传播 ……………………………………………（196）
 第四节 自我传播 …………………………………………………（202）

第八章 两个案例：工伤疾痛叙事的社区建立与赋权功能 ……（206）
 第一节 建立社区：惠民的工伤疾痛叙事实例 …………………（207）
 第二节 自我健康赋权：阿英的工伤疾痛叙事传播 ……………（232）

第九章 结论与讨论 ………………………………………………（265）

参考文献 …………………………………………………………（281）

后　记 ……………………………………………………………（299）

绪　　论

回家的路　怎么变得这么长
住了二十九年的房间门　又为何如此的陌生
阿爸　阿母　我知道你们在等
等着你们的孩子　平安回来
回家的路　怎么变得这么长
住了二十九年的房间门　又为何如此的陌生
阿爸　阿母　我回来了
但我知道　你们心肝在痛
我回来啦　回家了
因为我曾走出这个门
我知道　你们已经哭过了
是因为你们的孩儿　已经变了
是因为破碎的身躯　失去了自由

——黑手那卡西①《回家》

　　这是中国台湾工人乐队黑手那卡西根据台湾前工伤协会理事长张荣隆的真实工伤经历创作的一首歌曲。2012年夏，我们初次前往珠江三角洲的南方工厂进行调研，并且参加了在香港举办的第三届工人文化艺术节。就

---

① 黑手那卡西乐队最早由台湾劳工教育资讯发展中心及工委会的协助下，成立于1996年。底层劳动人民因教育机会及生活环境限制的缘故，往往被剥夺了掌握音乐、艺术等文化工具的权力。为夺回工人阶级与底层弱势者的发声权利，黑手那卡西以进行工人群众的音乐、文化教育工作为目标，协助工人与弱势者用自己的语言，唱出自己的心声。因此，黑手那卡西不仅是为运动而服务的乐队，更努力在音乐与运动的实践中，尝试集体创作的可能，与群众一起型塑真正属于工人阶级、弱势者、艰苦人的文化。

是在这个艺术节上，我们第一次听到了这首《回家》。虽然并不能完全听懂演唱者的闽南语，但是他的呜咽低唱却使笔者身卷其中。当了解到这首歌曲背后的工伤故事时，笔者仿佛看见了那个29岁的工伤男孩，带着残缺的身体走在回家的路上，他的父亲母亲依偎在门旁，踮着脚期盼着他的归来。

调研期间，笔者还结识了一位因手部受工伤而残疾的年轻女孩，并且有幸听到了她的工伤故事。她来自湖南农村，2004年离开家乡来到广东打工，2008年因为一次严重的工伤（过于疲劳引起）导致手部残疾，丧失了劳动能力。为了获得应得的工伤赔偿，她只身一人与工厂打官司，打了两三年。后来无法在城市谋生的她选择回到农村老家，但是她发现，她在农村的田没有了，地没有了，家也没有了，父母更加不愿意接受一个身体残疾的"包袱"，绝望的她只好继续来到城市谋生存。听完她的工伤故事，笔者又想起了《回家》这首歌，忽然意识到，对于他们来说，工伤或许不单单是身体受伤这么简单，它可能意味着人生进程的失序与混乱，原生家庭或核心家庭的分崩离析，同时他们还将面临因工伤引发的、源于社会权力结构中诸多因素的伤害与重压，然而遗憾的是，我们很少能听到返乡工伤者自己述说工伤的声音。于是，笔者萌生了"听工伤者讲述自己的工伤故事"的想法。

一 问题的提出

我国正处在工业化、城镇化的快速发展阶段，前期粗放发展积累的职业病问题日益显现，劳动者的职业健康面临严峻的挑战。2019年我国就业人口数达7.74亿人[①]，是世界上就业人口最多的国家。2019年经过工伤认定的死伤人数超过113万[②]；2010年以来，年均报告职业病新病例2.8万例，截至2018年年底，我国累计报告职业病97.5万例。而据抽样调查数据显示，我国约有1200万家企业存在职业病危害，超过2亿名劳动者接

---

① 国家统计局人口和就业统计司、人力资源和社会保障部规划财务司：《2020中国劳动统计年鉴》，中国统计出版社2020年版。

② 国家统计局人口和就业统计司、人力资源和社会保障部规划财务司：《2020中国劳动统计年鉴》，中国统计出版社2020年版。

触各类职业病危害。①

农民工作为就业人口的重要组成部分,其数量已超过 2.85 亿人。② 在我国每年工伤事故的死亡人数中,农民工占到了较高的比例;在煤矿、建筑和危险化学品等高危行业的死伤人数中,农民工的比例竟占到八成以上。③ 相较于其他劳动者而言,农民工的职业健康问题尤为突出。④

由于没有签订劳动合同以及工伤保险缺失,农民工遭遇工伤后往往面临两大困境:一是工伤认定程序复杂漫长(申请工伤认定、劳动能力鉴定、工伤赔偿),如果将所有工伤程序走完,大致需三年九个月,平均每个通过法律程序维权的农民工,自工伤之日起到获得生效法律文书,需要 484 天;二是维权成本高,因为工伤农民工失去工作,丧失平日生活来源,又由于工伤赔偿款不能及时获得,伤情常常得不到及时治疗。⑤ 可见,在工伤预防、工伤康复、工伤赔偿等与工伤农民工的身体健康息息相关的诸多环节中,我们的权益保护体系仍然不太完备。因此,工伤的发生并不单单是工人一时"不小心"酿成的安全生产事故,工伤的疾痛也不完全是身体伤口的疼痛,它的背后蕴藏着一系列错综复杂的社会制度性因素。

北京义联 2010 年发布的农民工工伤调查报告表明,工伤对农民工的影响体现在身体行动、经济收入和社会认知三方面。84.7% 的受访者认为工伤对自己和家庭造成的收入影响很大,受访者个人的月收入在工伤前平均为 1480.44 元,工伤后平均为 288.75 元,减幅达 80.5%;受访者家庭的月收入在工伤前平均为 1787.85 元,工伤后平均为 586.48 元;93.1% 的工伤农民工认为受伤留下的后遗症对其身体和活动造成了严重影响,另外工伤对其家庭带来的"后遗症"也非常严重;47% 的受访者承认发生工

---

① 《健康中国行动推进委员会办公室 2019 年 7 月 30 日新闻发布会文字实录》,中华人民共和国国家卫生健康委官网,http://www.nhc.gov.cn/xcs/s7847/201907/4b98d637039548889c3ebaab40878f3f.shtml,2019 年 7 月 30 日。

② 《2020 农民工监测调查报告》,国家统计局官网,www.stats.gov.cn/tjsj/zxfb/202104/t20210430_1816933.html,2021 年 4 月 30 日。

③ 邱佳:《两大转移中的职业安全问题》,《现代职业安全》2007 年第 2 期。

④ 《卫生部等 4 部门在京举办保护农民工健康高层论坛》,中央政府网,http://www.gov.cn/ztzl/2009wy/content_1299947.htm,2009 年 4 月 24 日。

⑤ 北京市农民工法律援助工作站:《农民工工伤保险问题研究报告》,转引自贺笃美《农民工工伤维权为何总遇上"拦路虎"?——来自北京市农民工法律援助工作站的报告》,《广东安全生产》2009 年第 23 期。

伤很大程度上影响了自己对社会的看法。① 谭深在工伤女工研究中也发现，对于伤残者来说，心理的压力一点也不亚于身体的病痛和经济的困境。他们失眠、焦虑、敏感，对自己缺乏信心、心理不平衡，担心"控制不了自己"，精神崩溃了，干出一些"不寻常的事情"。他们渴望人们将他们作为正常人来对待，渴望过上正常人的生活。②

中山大学王慧娟博士认为，工伤之后的农民工处于一种"失权"的心理状态之中，这种"失权感"不仅体现在行动能力与经济能力的丧失，非正式支持的断裂和失效更是加剧了他们由于"失权感"所带来的恐惧与失控。在工伤发生时，由于"远水解不了近渴"与"报喜不报忧"的孝道观念，工伤农民工无法获得家人的支持；其次，工友本来可以扮演"证人"以及心理支持者的重要角色，但是在面临丢工作的风险时，许多工友放弃了对工伤者的照顾和支持，使得这一重要的社会支持断裂。③

在自理能力、正式与非正式社会支持的丧失以及资方的打压等综合因素的影响下，走投无路的工伤农民工被迫与工厂老板私了，以牺牲自己的部分利益来换取"早日拿到赔偿金"，就这样几千元或两三万元买断了他们的后半生，农村老家成为唯一的去处。

基于此，工伤绝不只是身体某部位上遗留的伤疤或残缺，它映射了现实中的政治、经济、地方文化、性别等多层次的面向，它们相互交织在一起构成了返乡工伤者的工伤疾痛经验。那么，返乡工伤者会如何讲述他们的工伤疾痛故事呢？他们的话语将如何构建自己的工伤疾痛经验？这样的讲述于他们而言是否具有某种意义？对于整个社会的意义又在哪里？不过，在目前的文献研究资料中，我们似乎没有找到这些问题的答案。

目前，学界关于农民工工伤的学术研究主要集中在人口经济、法律与社会学三个学科领域。人口与经济领域将工伤视为一个保险经济问题，研

---

① 北京义联劳动法援助与研究中心：《工伤农民工情况调查报告》，http：//www. yilianlabor. cn/yuanzhu/2010/508. html，2010 年 8 月 18 日。
② 谭深：《外来女工的安全与健康》，香港中文大学中国研究服务中心，http：//www. usc. cuhk. edu. hk/PaperCollection/Authors. aspx? aid =279&vp =0% 2f% e8% b0% ad% 2f279，2020 年 12 月 7 日访问。
③ 王慧娟：《伤残农民工：权力处境及增权策略》，《重庆理工大学学报》（社会科学版）2012 年第 2 期。

究如何在国家保障体系内制定工伤保险制度，研究主题聚焦于农民工工伤保险制度的发展、困境与完善①；法律领域的农民工工伤研究主要致力于从司法的角度分析现行工伤保险条例的法律基础以及执行中所存在的法律争议②；社会学领域则倾向于从更广泛的社会关系来分析农民工工伤的原因与影响，其中工伤维权的社会机制研究更是近年来的热点。③

从目前的研究来看，"工伤"普遍被学术界建构为一个事件，比如安全事件、经济事件、法律事件或资本压迫事件，鲜有学者将其视为一种基于工伤者主体感受的疾痛经验来进行研究。经验，被定义为人与世界的接触，包括有关世界的理解、解释、思想、情感和行动。④ 那么，疾痛经验，即个体在经历疾病进程中建构自己世界的过程，包括对疾病的理解、解释、思想、情感和行动，以及疾病经历中或经历后对世界的理解、解释、思想、情感和行动。而疾痛叙事作为探索疾痛经验的重要传播手段，是在多种背景下理解健康与疾病传播多重性的一个框架。⑤ 不过，很遗憾，在目前国内的健康传播研究中，几乎鲜见对这一群体相关疾痛叙事的阐述与研究。

---

① 参见李朝晖《农民工工伤保险供给与需求相关实证研究》，《人口与经济》2007年第5期；于欣华、霍学喜《农民工工伤保险困境分析》，《北京理工大学学报》（社会科学版）2008年第6期；许素睿《我国农民工工伤保险存在的问题及对策分析》，《中国劳动关系学院学报》2009年第23卷第4期；吴丽萍《我国农民工工伤保险的缺失及完善》，《甘肃理论学刊》2009年第4期；张开云、吕惠琴、许国祥《农民工工伤保险制度：现实困境与发展策略》，《广西民族大学学报》（哲学社会科学版）2011年第1期；等等。

② 参见梁玮《农民工"工伤保险歧视"法律问题初探》，《安徽农业科学》2005年第10期；唐鸣、陈荣卓《农民工参加工伤保险亟待解决的几个问题——兼析省级实施〈工伤保险条例〉办法中的相关规定》，《华中师范大学学报》（人文社会科学版）2006年第6期；于欣华、何宁生《农民工工伤保险需求与制度供给分析——兼评〈工伤保险条例征求意见稿〉》，《甘肃政法学院学报》2010年第4期；李旭斌、王泽坤《试论我国工伤赔偿法律制度之完善——以建筑行业农民工为考察对象》，《成都理工大学学报》（社会科学版）2012年第3期；等等。

③ 参见郑广怀《伤残农民工：无法被赋权的群体》，《社会学研究》2005年第3期；周林刚、朱昌华《伤残农民工"私了"的去权机制分析——以激发权能理论为视角》，《甘肃社会科学》2009年第1期；北京义联：《工伤农民工情况调查报告》，http://www.yilianlabor.cn/yuanzhu/2010/508.html，2010年8月18日；王慧娟《伤残农民工：权力处境及增权策略》，《重庆理工大学学报》（社会科学版）2012年第2期；吕惠琴《农民工工伤事故及其影响因素——基于珠三角地区的调查》，《暨南学报》（哲学社会科学版）2014年第11期；等等。

④ [澳]杰华：《都市里的农家女——性别、流动与社会变迁》，吴小英译，江苏人民出版社2006年版，第8页。

⑤ [美]帕特丽夏·盖斯特—马丁、艾琳·伯林·雷、芭芭拉·F.沙夫：《健康传播：个人、文化与政治的综合视角》，龚文庠、李利群译，北京大学出版社2006年版，第27页。

因此，本书尝试从疾痛叙事框架出发，研究返乡工伤者如何通过工伤疾痛叙事来建构与传播具有多重性的工伤疾痛经验，揭示工伤疾痛的社会生产这一特性，进而探讨疾痛叙事作为一种传播形式对返乡工伤者的意义与作用。具体的研究问题如下：（1）返乡工伤者的工伤疾痛叙事类型有哪些？这些叙事类型构建了怎样的一幅工伤疾痛经验图景？哪些社会权力因素参与建构了返乡工伤者的工伤疾痛经验？（2）返乡工伤者的疾痛叙事是否构成一种反抗社会主流的身体或残疾意识形态的抵抗性叙事？（3）不同传播情境下，返乡工伤者的工伤疾痛叙事有何不同？（4）工伤疾痛叙事对于返乡工伤者是否具有"治愈"作用？如果有，体现在哪些方面？

二　研究目的

社会学家弗兰克（Arthur W. Frank）曾一针见血地指出："疾病是个人的，也是社会的。"① 布尔迪厄在《世界的苦难》一书中更是提出个体苦难的背后均是社会结构性因素共同运作的结果②，返乡工伤疾痛便是如此。从进厂打工、遭受工伤致残到康复治疗、艰难维权再到返乡求生存，这一系列的经历无不透露着资本、政治、文化、医疗等多方权力结构的影子，他们的伤疤或者残疾就像是一个永久的记号一样，见证着返乡工伤者工伤疾痛的社会多重性与复杂性。

郭于华教授在农民口述史研究中指出："倾听无声的底层发出的声音，记录普通生命的'苦难'历程，书写从未被书写过的生存与反抗的历史。对于无法书写自己的历史甚至无法发出自己声音的底层人民，我们的口述历史研究并不是要为他们创造一种历史，或者代替他们书写历史，而是力图拓展一方'讲述'的空间，在其中，普通农民能够自主地讲述他们的经历、感受和历史评判。"③ 因此，本书尝试为返乡工伤者们拓展这样一个讲述的空间，让他们来讲述自己的工伤疾痛故事。

本书以返乡工伤者的工伤疾痛叙事为研究主体，致力于：（1）揭示隐

---

① Arthur W. Frank, *The Wounded Storyteller—Body, Illness and Ethics. Second Edition*, Chicago: University of Chicago Press, 2013, p.38.
② [法] 皮埃尔·布尔迪厄：《世界的苦难：布尔迪厄的社会调查》，张祖建译，中国人民大学出版社2017年版。
③ 郭于华：《倾听无声者的声音》，《读书》2008年第6期。

藏在工伤疾痛背后的各种社会权力结构与意识形态类型；（2）从叙事文本与叙事传播情境两个视角考察工伤疾痛叙事的抵抗性话语构建；（3）结合返乡工伤者的日常传播实践，探讨工伤疾痛叙事对返乡工伤者的"治愈"功能。

三 理论与现实意义

截至2020年，我国农民工数量已超过2.85亿人。无论从人口数量、地理区域分布的广泛，还是他们在城乡建设和国家经济发展过程中的突出作用，农民工群体在整个国民人口中都占据着非常重要的位置，国家政府也多次在政府文件中高度肯定了他们的这种重要地位。他们的职业健康问题本应得到社会高度的关注，尤其是他们作为经历者的主体经验，然而他们受伤的声音我们却很少听到，因此本书聚焦于返乡工伤者的工伤疾痛叙事具有较强的研究价值。

就理论意义来说，本书丰富了国内传播学中的疾痛叙事研究。就目前接触的文献资料来看，疾痛叙事的传播学研究主要集中在国外，并且还没有构成健康传播研究的主体。另外，国外的健康传播研究对边缘群体的关注也显得不够[1]，像返乡工伤者这样多重边缘性群体的健康传播研究更是寥寥无几。转观国内的健康传播研究，较多的是对医患关系以及媒体的健康信息传播与健康促进的研究，疾痛叙事的研究相对较少，人类学、社会学领域的研究更为常见一些。目前国内的健康传播研究大多还停留在传播的"传递"观，仍以传播效果为主要研究取向，病人的主体疾痛经验被长时间忽略，他们在研究中仅仅是健康信息的接收者和应用者，即使是主体身份，也是寻求和使用健康信息的个体，而疾病本身对于病人的意义这一较为本源性的问题以及疾痛叙事的"治愈"功能则很少有人关注。

其次，增加工伤研究的疾痛经验视角，关注返乡工伤者的活生生的主体经验，助力底层"发声"。在农民工工伤研究中，农民工工伤问题被作为经济问题、法律问题进行研究，社会学领域的研究也只是将农民工工伤作为一个事件，而较少将农民工视为遭受工伤疾痛的主体，农民工遭受工

---

[1] Teresa L. Thompson, Alicia Dorsey, Katherine I. Miller, Roxanne Parrot, *Handbook of Health Communication*, London: Lawrence Erlbaum Associates, Publisher, 2003, p. 3.

伤后的生活状态、心理状态、家庭关系、社会互动等基于身体疼痛的后续现象，以及工伤者如何解释、应对这种工伤疾痛则很少被研究。

但是，这样工伤疾痛叙事的调查研究具有很强的现实意义。权力与反抗关系的特性一直是过去三十年人文社会科学关注的焦点，底层的"发声"作为一种重要的反抗形式，建构了一种与社会中大多数人（健全人）有关身体的意识形态截然不同的另类话语，促进了弱势群体的自我认同与个体赋权。因此，返乡工伤者的工伤疾痛叙事研究同样具有为底层"发声"的现实作用。现任华中师范大学社会学院的郑广怀教授认为，只有让更多人深刻认识到当代中国工人所面对的工伤困境，才能凝聚起推动劳资关系根本转变的社会共识。正是通过返乡工伤者的疾痛叙事的传播，我们可以对他们的困境感同身受，并且对导致这一疾痛背后的社会生产特性有新的认识，在此基础上重新审视工伤问题，制定更加符合工伤者现实处境的工伤保障体系。

第三，现实中已出现工伤者的疾痛叙事实践，亟须研究。1993年致丽玩具厂大火的幸存者阿英坚持用文字记录自己的工伤疾痛经验，另一名幸存者阿花也曾在博客上书写自己工伤之后生活的酸甜苦辣，18岁的川妹子阿清在微博上记录她工伤后的点点滴滴，这些文字都是疾痛叙事中的自传形式；北京木兰社区女工集体创作了讲述流动女工生育之痛的话剧——《生育纪事》，这是疾痛叙事中的表演叙事；还有更早之前的影像叙事《我们的月经故事》和黑手那卡西的工伤音乐叙事等。可见，工伤工友们的工伤疾痛叙事实践已经相对丰富，他们对疾痛叙事具有强烈的主体需求，但是目前还没有相应的学术研究对这样的实践现状进行分析。

四　本书结构安排

本书的主体结构分为三部分：研究设计、研究发现与结论和讨论。

第一部分是研究设计，分为三章。第一章主要从工伤叙事与疾痛叙事两个大的方面对返乡工伤者的疾痛叙事所涉及的传播研究主题进行文献回顾与梳理，相对全面、完整地描述该研究主题目前的研究进展与成果，更加清晰地确定本书的起点与研究目标。在文献回顾的基础上，第二章主要是厘清研究中涉及的重要的理论概念，通过讨论、比较相关的理论资料来建立有效的理论分析框架；第三章介绍本书使用的主要的研究方法，从方法论层面（方法的理论）与执行层面（资料的收集与整理、分析）来详细阐述研究成果的探索与发现过程。

第二部分是研究发现，是本书的核心部分，由五章构成。其中第四章至第六章这三章是返乡工伤者的三种主要工伤疾痛叙事类型，构建了个人层面与社会层面的返乡工伤疾痛经验，以及应对工伤疾痛的实践经验。其中第四章混乱叙事描述了工伤在个体层面对工伤者人生时序的扰乱，体现在身体失控、自我认同危机、家庭关系恶化、社会交往断裂四个方面；第五章疾痛多重性叙事讲述了主流的身体与工伤意识形态、乡野文化、社会性别、全球化资本生产、医疗霸权和制度政策对工伤者身体与心灵的多重伤害，揭示了返乡工伤者工伤疾痛背后的多重社会权力结构，凸显工伤疾痛的社会生产这一特性；第六章抵抗叙事，从个体层面的身体管理术、社会层面的有关尊严的口舌之战、苦难的生活哲学三个方面讨论返乡工伤者在日常实践中如何应对上述作为苦难与社会性产物的工伤疾痛，体现返乡工伤者的主体性与抗争性。第七章重点分析了返乡工伤疾痛叙事的四种传播情境：家庭沉默、同类人传播、"向上"传播与自我传播，辨析了每种传播情境下工伤疾痛叙事的特点以及传播动机，并且进一步阐述不同情境下的传播策略之于返乡工伤者的意义与影响。第八章是对两个工伤疾痛叙事传播案例的分析，从建立社区、自我健康赋权两个方面探讨工伤疾痛叙事的"治愈"功能。

第三部分是结论和建议。第九章简单归纳了本书发现的三种疾痛叙事类型、四种疾痛叙事的传播情境以及两种典型的疾痛叙事的功能。在此简单归纳的基础上，第一，笔者讨论了返乡工伤者的疾痛叙事是对工伤疾痛经验的另类建构，这样的另类建构实现了他们为工伤身体代言的发声主体性；第二，笔者讨论了返乡工伤者通过在叙事中建构属于自身群体的另类话语，来反对社会大多数人关于身体与工伤的主流意识形态，笔者认为这样的两种对立的意识形态的叙事象征着返乡工伤者自我认同的逐渐形成；第三，笔者提出疾痛叙事的传播是返乡工伤者改善困境的弱者的武器。最后，笔者提出了本书存在的不足以及进一步研究的建议。

第一章　文献回顾

笔者对本书的研究主题进行关键词拆解，由宏观至微观分为疾痛叙事、工伤叙事和返乡工伤者的工伤疾痛叙事三个类别，希望从这三个方面进行文献回顾与梳理。由于在目前可获取的文献研究资料中，尚未发现与返乡工伤农民工的工伤疾痛叙事高度相关的文献研究，考虑到返乡工伤者作为社会弱势群体，他们的工伤疾痛叙事本身构成一种来自"底层的发声"，因此，笔者尝试将第三个类别的文献回顾范围向外拓展至"底层的发声"研究。在这样的认识基础上，笔者选择三类议题的学术研究来观照返乡工伤者的工伤疾痛叙事与传播：（1）慢性疾病患者的疾痛叙事研究；（2）工伤叙事研究；（3）底层的发声研究。

第一节　慢性疾病患者的疾痛叙事

社会学家 Kathy Charmaz 的一项慢性疾病患者的疾痛叙事研究激起了叙事学者对传播体验的兴趣。她在研究中指出："苦痛是个人的，也是社会的。因为苦痛发生后，会重塑患者的社会关系，限制他们的社交世界。"[①]医学社会学与医学人类学的疾痛叙事研究引起了传播学界对疾痛的关注，同时基于医患关系中的疾痛叙事研究逐渐兴起。但是，传播学领域的疾痛叙事研究几乎仍然遵循社会学、人类学的一套研究思路，只不过是将研究的视角置于医患传播过程中。因此，笔者决定将疾痛叙事研究的文献回顾不局限于传播学领域，而是包括社会学、医学人类学等相关学科研究在内。

---

① K. Charmaz, "Stories of Suffering: Subjectivity Tales and Research Narratives", *Qualitative Health Research*, Vol. 9, 1999, pp. 362–382.

通过对国内外慢性病患病主体的疾痛叙事研究进行回顾和梳理，笔者发现这类研究集中在以下四个方面的研究主题上：1. 疾痛叙事的类型；2. 叙事中的疾痛多重性；3. 不同传播情境下的疾痛叙事；4. 疾痛叙事对病患者的功能与意义。

一 疾痛叙事的类型分析

叙事类型就是一个故事的主线，它通常隐藏在故事的情节和某些故事的冲突之中。① 每一个疾病患者的疾痛叙事都会有一个或几个主题，即他们如何定义这段疾痛经历，这段经历的关键词是什么，通过这个叙事主题，我们可以窥见疾病患者的自我身份认知。

弗兰克研究了与他保持书信往来的慢性疾病患者的疾痛叙事，总结出三种类型的叙事主题：复原叙事（restitution narrative）、混沌叙事（chaos narrative）和探寻叙事（quest narrative）。② 复原叙事的叙事主体将疾病视为生命中一个正常的事物出现，因此他们总是信心满满于疾病最终可以被治愈，他们又将恢复健康。弗兰克这样描述这类叙事的基本情节脉络："昨天我还很好，今天我生病了，但是明天我又会恢复的。"③ 在这样的叙事类型中，疾病患者塑造一个"正常人"的自我身份，它与健康时的自己没有什么不同；混沌叙事与复原叙事正好相反，它的叙事主体认为疾病是一场灾难，令他们陷入无限的痛苦和混乱中，人生的计划安排全部被打乱，生活从此变成一片废墟，不会再有好转。在混沌叙事中，叙事主体的自我身份认知发生了很大的改变，他们认为自己是一个"受害者"，是生活的"失败者"；探寻叙事将疾痛经历视为一场旅行，叙事主体选择正视苦痛，接受疾病并且利用它来寻找生命的意义，他们将自己视为接受炼狱考验的英雄式人物，通过这场考验他们将有所获得。

Michele L. Crossley 指出艾滋病患者的疾痛叙事中存在三种时间定向：

---

① Arthur W. Frank, *The Wounded Storyteller—Body, Illness and Ethics*, Second Edition, Chicago: University of Chicago Press, 2013, p. 47.

② Arthur W. Frank, *The Wounded Storyteller—Body, Illness and Ethics*, Second Edition, Chicago: University of Chicago Press, 2013.

③ Arthur W. Frank, *The Wounded Storyteller—Body, Illness and Ethics*, Second Edition, Chicago: University of Chicago Press, 2013, p. 64.

活在当下的哲学、活在未来以及活在空虚的当下。根据这三种时间定向，艾滋病患者的疾痛故事类型也被分为三种：转变/成长的故事、正常化的故事和失落的故事。① 在第一种叙事类型中，艾滋病患者觉得自己过去有点太重视未来，发现之前的生活完全被事业、学习、尊严、赚钱给填满了，忽略了生活中其实很重要的"小事"。身体上的疾病正好让他们从日常生存枷锁中释放出来，回到当下，好好享受现在。通过这样的叙事，他们将过去的自己视为"社会定义客体化的自己"，而现在的自己则是"内在的自我"；活在未来的"正常化的故事"的叙事主体采用眼不见为净或积极否认的策略，下决心不让艾滋病毁掉他们对未来的计划，拒绝放弃他们的日常生活方式，也因此拒绝面对即将来临的死亡。讲述"正常化的故事"的叙事者正如弗兰克笔下复原叙事的疾病患者，他们将自己视为"正常人"，认为"船到桥头自然直"，宣扬"顺其自然"的人生哲学；第三种类型活在空虚的当下的"失落的故事"与"混沌叙事"比较相似，叙事者不能接受正常身体的"脱轨"，也没办法将患艾滋病对未来计划的影响降到最低。他们无力迈向未来，对生活不再抱有希望，展示了一副"失落者"的悲观形象。

墨西哥风湿病学研究者在对墨西哥强直性脊柱炎患者的疾痛叙事研究中，发现一种"不属于"（not-belonging）的叙事模式。② 这种叙事类型将疾病和疼痛视为独立于生活的一种客体存在，它们控制了患者的生活。在这种叙事类型中，叙事者陷入一种"存在危机"（crisis of presence），指的是患者可能在生命的某一时刻，抑或是长时间地体验到一种危机，它始终伴随在"存在感丧失"的周围。因为生活体验一直处于不稳定和不断的变化以及意义寻求之中，患者在日常生活中时常被这种缺失感所威胁。疼痛制造了这种缺失感，正是因为社会缺乏对个体痛苦的理解和解答，患者寻医问诊的过程可能会导致社会隔离，一种"不属于"的边缘感和丧失感油然而生。

---

① ［英］Michele L. Crossley：《叙事心理与研究——自我，创伤与意义的建构》，朱仪玲、康萃婷、柯禧慧、蔡欣志、吴芝仪译，台湾涛石文化事业有限公司2004年版，第261—262页。
② Ingris Peláez-Ballestas, Rafael Pérez-Taylor, José Francisco Aceves-Avila & Rubén Burgos-Vargas, "'Not-Belonging': Illness Narratives of Mexican Patients with Ankylosing Spondylitis", *Medical Anthropology: Cross-Cultural Studies in Health and Illness*, Vol. 32, No. 5, 2013, pp. 487 – 500.

Felicity Horne 发现了南非科萨艾滋病妇女的"征服"疾痛叙事①，她们从古英雄神话中汲取养分，认为她们就像是古代神话里的英雄，以体验、忍受身体上的痛苦来追求更高的人生境界。"以前我坐在家里，没有工作，什么都没有，现在一切都很好""我感觉我能飞越高山，现在我可以做以前所害怕做的事情""我全新的人生开始了"，疾痛叙事使她们重构自己的疾痛经验以得到重生，并且获得赋权。

上述叙事类型与 Bárcena 的"英雄模式"极为相近，这种模式认为主体可以克服身体上的缺陷，将疼痛和疾病视为展现人类强大精神的场景。Bárcena 还总结了另外两种模式：受难者模式和审美模式。受难者模式不难理解，与弗兰克的混沌叙事以及 Crossley "失落的故事"比较类似；审美模式指将疼痛视为构成自我的一种形式，患者将这种病痛融入自己的存在中，简单得将其视为生命的另外一种元素②，与"正常化的故事"不同，审美模式更具顾影自怜的艺术韵味。

厦门大学沙莎在硕士论文《叙事重构与精神疾痛复原：对一例双相障碍患者及其家庭的个案研究》中重点研究了双相障碍患者及其家庭的积极/幸福叙事类型。作者指出，叙事重构是精神疾痛患者及其重要他人推动自身复原进程的关键要素，在这一过程中，精神疾痛被赋予成长与发展的意义，成为研究对象生命历程中的积极挑战而非消极障碍。③ 这种叙事类型与弗兰克笔下的探寻叙事较为相似。

二 疾痛的多重意义

理解疾痛经验需要考虑叙事文本和文化理念的问题，以研究叙事所处的更广阔的背景，这要求对社会文化、经济条件以及更多本土发展进程、价值观和社会规范有更多的认知。同样地，疾痛以及之后的求医过程需要被放进社会文化关系、政治经济的变化历程中加以考察，而不是用简洁的

---

① Felicity Horne, "Conquering AIDS Through Narrative: Long-life Positive HIV Stories", *English Studies in Africa*, Vol. 54, No. 2, 2011, pp. 71–87.

② Ingris Peláez-Ballestas, Rafael Pérez-Taylor, José Francisco Aceves-Avila & Rubén Burgos-Vargas, "'Not-Belonging': Illness Narratives of Mexican Patients with Ankylosing Spondylitis", *Medical Anthropology: Cross-Cultural Studies in Health and Illness*, Vol. 32, No. 5, 2013, pp. 487–500.

③ 沙莎：《叙事重构与精神疾痛复原：对一例双相障碍患者及其家庭的个案研究》，硕士学位论文，厦门大学，2014年。

定义以及一成不变的类型来分析它们。①

哈佛医学人类学家阿瑟·克莱曼（Arthur Kleinman）20世纪80年代在中国进行精神病患者疾痛研究时提出，身体的疼痛与疾病是社会压力在人体上的一种表达方式。躯体化是个体和个体间苦痛通过一种生理疾病的习惯用语表达，包括在此基础上进行的一种求医模式。在许多非西方社会中，躯体化已经成为生活苦难的一种首要表达方式。也就是说，个体经历了严重的个人和社会问题，却通过身体这一媒介来解释、表达、体验和应对。个体的损失、所遭受的不公正、经历的失败、冲突都被转化成关于疼痛和身体障碍的话语，这事实上是一种关于自我以及社会世界的话语和行动的隐喻。② 也就是说，身体疾痛是政治经济结构、社会文化等多重因素作用在人体身上的反映。

Felicity Thomas基于在纳米比亚的卡普里维地区进行的研究，探讨了不同行动者用来解释以及应对艾滋病的复杂的、动态的和情境化的框架，包括经济、文化、宗教、政治等框架，充分体现了疾痛的多重性。③ 很多本地的老人从资源使用的角度来解释艾滋病的产生，他们认为1990年该地区独立以后，经济社会发展进入所谓现代社会，年轻人们的思想发生了很大的改变，传统的文化理念逐渐让位于现代观念。自然资源的获取不像以前那么容易，现代社会规范不允许随意打猎、捕鱼，否则会被罚款或者送进监狱，因此人们的饮食结构发生变化。老人们认为以前的饮食非常健康，身体更健壮，而现在年轻人、受教育的人嘲笑这种传统的饮食，吃所谓现代社会的食物，所以身体变差了，才会得病；在文化层面，卡普里维地区将身体内流动的物质，如经血、精液等定义为"脏东西"，当地文化规范要求人们必须严格遵守当地的道德规范，保护本土的传统仪式，才能最大限度地保护自己，维持秩序。由于现在年轻人们的性观念更加开放，他们打破了传统禁忌而接触到"污染物质"，染上疾病，制造失序；宗教也影响了他们对疾病和死亡的理解，宗教认为疾病是对自我做出不符合文

---

① Mogensen, "The Narrative of AIDS Among the Tonga of Zambia", *Social Science and Medicine*, Vol. 44, No. 4, 1997, pp. 431 – 439.

② ［美］凯博文：《痛苦和疾病的社会根源——现代中国的抑郁、神经衰弱和病痛》，郭金华译，上海三联书店2008年版，第49页。

③ Felicity Thomas, "Indigenous Narratives of HIV/AIDS: Morality and Blame in a Time of Change", *Medical Anthropology: Cross-Cultural Studies in Health and Illness*, Vol. 27, No. 3, 2008, pp. 227 – 256.

化规则的行为所受到的惩罚,因此艾滋病被放在了这样的框架内来理解,谁犯了错?谁应该得病?教堂牧师说"这由上帝决定";艾滋病的政治意义一方面体现在它的污名化,而这种污名多源于前面提到的"患艾滋病是因为做错事被惩罚"的宗教意义,艾滋病患者会因为染上艾滋病而被谴责,为了免于这种责难,很多当地的艾滋病患者用"巫术叙事"来解释他们的患病。另一方面的政治意义体现在患病后的医疗行为,人们积极地求助于现代医疗系统,但是神秘的、权威的、专断的医疗话语体系使他们无法对疾病做出令人信服的解释,他们的幻想破灭,转而更加相信巫术对这种疾病的解释。

Felicity Horne 从宏大的、历史悠久的文化文本出发理解南非科萨妇女的疾痛经验,并且通过艾滋病叙事揭示了疾病的社会性(种族、语言、污名化的疾病、贫穷、低教育程度),反映语言、话语的反抗精神。[①] 由于语言的障碍,HIV 呈阳性的科萨妇女们不得不顺从于那些文化程度较高的、说英语的社会精英们,她们几乎不能表达自己的疾病和痛苦,保持沉默,逐渐被疏离,失控感加剧。作者认为这种疾痛现象反映了南非悠久历史、政治文化结构所存在的问题。通过自己的语言进行疾痛叙事,让他们的真实的声音被全世界听见,而不受她们的种族、阶级和性别的影响。

方静文采用医学人类学的生物—文化整体论和意义中心或阐释主义方法论,结合现象学生活世界的概念对浙江某地某村落一位长期慢性病人的病痛叙述进行了记录和分析,探讨他的身体失序以及秩序重建的疾痛经验建构。她认为,至少存在两个方面的地方文化力量影响病人对疾痛经验的文化诠释:家庭本位的支持体系和本土善终观。对于乡村的慢性病人而言,与从医疗保健体系或其他家庭之外的团体获得社会支持相比,家庭本位的支持体系对于病人而言更为基础、更易获得,也更为有益。病人在熟悉的家庭环境中,受到家人的照顾和护理,能够减轻心理上的疏离感和失控感,有利于病痛和心理失序状态的改善。在对待死亡的态度方面,个案中的慢性病痛患者按照地方文化对善终的定义,将"活到 60 岁"设定为余生的目标,取代不切实际的治愈希望,对病痛的结果有了新的期待,使

---

① Felicity Horne, "Conquering AIDS Through Narrative: Long-life Positive HIV Stories", *English Studies in Africa*, Vol. 54, No. 2, 2011, pp. 71 – 87.

得病痛的走向和终点显得更确定，因而更有利于其重建生活世界的秩序。①

疾痛的政治意义多是以疾病的污名化的形式出现，疾病受到疾病政治的左右，不再仅仅是身体问题，疾病的政治学使人类在相当长的时间里，认为对待疾病，隔离、惩罚、抛弃、拘禁等身体政治手段要比医学治疗好。② Lauren Mizock 博士使用叙事研究的方法，从微观—身份，中观—关系，宏观—系统三个层面研究 LGBT 精神病患者的自我认知在接纳过程中所遇到的有利因素和障碍。③ 对 LGBT 精神病患者的双重污名和歧视体现在微观层面的侮辱性的身份话语、中观层面的社会对病人及其家庭的歧视以及宏观层面的医疗系统里的歧视。这些污名和歧视降低了精神病患者的社会地位、社会关系网络和自信，进而影响了患者的康复。另外，污名所导致的就业困难、保险缺失、家庭经济支持减少，使得他们的病情更加恶化。

同样的疾病污名出现在 Guy Ramsay 对中国大陆精神病患者家庭照料者的叙事研究中。文章指出，在精神病患者照料过程中，污名化不仅使得精神病患者遭到社会成员的歧视，同时也令其家人遭遇同等的偏见待遇。为了保证家庭其他成员的正常生活，家庭照料者往往向外隐瞒精神病患者的病情。④

除了污名化这种疾痛的政治性之外，健康疾痛与医疗体系的关系也是政治意义的重要组成部分。Susan Sered 和 Maureen Norton-Hawk 对刚出狱的 33 名妇女疾痛叙事进行了研究。⑤ 叙事者们将她们的健康疾痛状况反复描述成"混乱的、经常遭受性暴力和身体暴力，出狱后无家可归，没有工作，糟糕的人际关系，失去孩子的抚养权，诉讼麻烦，身体和精神健康的退化，以及由各种医疗提供者和机构带来的碎片化医疗护理"。作者认为

---

① 方静文：《体验与存在：一个村落长期慢性病人的病痛叙述》，《广西民族大学学报》（哲学社会科学版）2011 年第 33 卷第 4 期。

② 葛红兵、宋耕：《身体政治》，上海三联书店 2005 年版，第 145 页。

③ Lauren Mizock, Kathleen Harrison MSW Candidate & Zlatka Russinova, "Lesbian, Gay, and Transgender Individuals with Mental Illness: Narratives of the Acceptance Process", *Journal of Gay & Lesbian Mental Health*, Vol. 18, No. 3, 2014, pp. 320 – 341.

④ Guy Ramsay, "Mainland Chinese Family Caregiver Narratives in Mental Illness: Disruption and Continuity", *Asian Studies Review*, Vol. 34, No. 1, 2010, pp. 83 – 103.

⑤ Susan Sered & Maureen Norton-Hawk, "Disrupted Lives, Fragmented Care: Illness Experiences of Criminalized Women", *Women & Health*, Vol. 48, No. 1, 2008, pp. 43 – 61.

犯罪妇女接受的碎片化医疗护理并不能修复混乱的生活，而是对混乱的响应，甚至成为它的一部分。文章提出，犯罪化和医疗化在妇女们的疾痛叙事中是一枚硬币的两面，那些本来是为这些妇女服务的健康护理提供者和健康项目实际上成为她们问题的一部分，它们将这些妇女置于由犯罪和医疗政策相互连锁构成的窘境中，而这些政策虽披着病理的外衣，实质内里却是结构性的暴力。

三 不同传播情境下的疾痛叙事

传播情境是对特定的传播行为直接或间接产生影响的外部事物、条件或因素的总称，包括具体传播活动的场景、场所、社区、人或人群、传播信息等。广义的传播情境也包括传播行为的参与人所处的自然环境和社会环境等。① 疾痛叙事作为一种健康传播行为，它同样受到传播情境的影响。在不同的传播情境下，病患者如何叙述他们的疾痛，说什么，不说什么，如何说，构成了疾痛叙事研究的一个研究主题。但是与其他研究主题相比，这一类型的文献研究相对较少。

Linda Wheeler Cardillo 对 8 个慢性病患者的自传性叙事进行了研究。他发现，在不同的传播情境下，病人的疾痛叙事和疾痛体验会有所不同②。第一种情境是人际关系网络间的传播，主要涉及病人与医护人员、家庭成员、朋友之间的传播。叙事者从两个方面对这种传播情境下的人际交流进行叙述：一方面是他们之间发生的直接的传播，另一方面则是病人对有关他们的传播行为的观察和感知。研究指出，负面的传播往往令病人对自己的身份和行为更加焦虑、不自信，而正面鼓励性的传播则会使他们积极面对自己的疾痛问题；在日记、自传、博客等个体的自我表白与叙事中，病人则更加重视自己对疾痛的解释和意义赋予，他们更多呈现的是积极主动、具有自信的行动者形象，不像在现实中的人际传播那样，自我的呈现总是随着传播对象的反应而发生变化。

表露一个隐藏的、慢性疾病的身份是一种冒险和易受攻击的行为。病人常常面临社会污名化的问题，那些患有无形疾病的人必须使他们的疾病

---

① 祖光怀：《健康传播过程的传播情境与情境传播》，《安徽预防医学杂志》2008 年第 14 卷第 1 期。
② Linda Wheeler Cardillo, "Empowering Narratives: Making Sense of the Experience of Growing Up with Chronic Illness or Disability", *Western Journal of Communication*, Vol. 74, No. 5, 2010, pp. 525–546.

身份合法化，因为他们看上去不像病人。对于患有发炎性肠道疾病的人来说，表露自己的病人身份常常面临独特的挑战，因为这个病很奇怪，被人忌讳。Nicole L. Defenbaugh 在《揭示与隐瞒疾病身份：表露 IBD 身份的叙事行为》一文中研究了患 IBD（发炎性肠道疾病）的病人如何在不同情境下表露自己的病人身份。① 比如，在浴室或水池的隐喻场域里，疾病被很好地隐藏，无须担心疾病身份泄露的问题；在医院病人更容易表露自己的疾病身份，原因在于，疾病是被医生诊断出来的，医生需要且有权利知道。医院是最合适的表露疾病身份的地方，因为这里的每个人都知道病人的身份，而且这并不会使他们感到困扰。作者还总结出人际传播中表露 IBD 身份的传播策略：直接说（太唐突，后面的传播交流可能中断）、使用医学术语表露（较好的传播方法）、在别人询问的时候间接地表达、自我叙事（如在安全场所或者写自传）。

大多数情况下，家庭成员、朋友以及医疗工作者不知道如何与一个癌症病人交流，他们之间出现了传播障碍，非常不利于癌症病人的诊疗效果。Jennifer Ott Anderson 和 Patricia Geist Martin 通过研究一对经历癌症诊疗夫妇的健康叙事，探析癌症患者如何用叙事这种传播方式与家庭成员交流她们变化了的认知，并且提出家庭成员有必要为患者建立一个开放的传播环境，在这个环境里成员们可以谈论疾病，以及疾病引发的自我认知问题，这样的传播行为有助于缓和疾病后紧张的家庭关系，有利于癌症病人的疾痛体验。最后作者总结，疾痛叙事"让我们发现新的方式来谈论和理解我们自己，我们的关系，以及我们管理自我身份的情境"。②

四　疾痛叙事的功能

疾痛叙事对于疾病患者的重要性体现在两个方面。第一个方面，疾痛叙事具有"治疗"作用。叙述是一种医疗方式，患者把自己的故事作为理解自己和他们的各种社会关系的过程。疾病的到来打乱了个体的世界时序，而疾痛叙事正是能够把过去与现在、将来联系起来，虽然"现在"不

---

① Nicole L. Defenbaugh, "Revealing and Concealing Ill Identity: A Performance Narrative of IBD Disclosure", *Health Communication*, Vol. 28, No. 2, 2013, pp. 159 – 169.
② Jennifer Ott Anderson & Patricia Geist Martin, "Narratives and Healing: Exploring One Family's Stories of Cancer Survivorship", *Health Communication*, Vol. 15, No. 2, 2003, pp. 133 – 143.

是过去所希望的状态,但是通过反复叙事,病人可以重新建立起过去与现在的联系,即心理分析学家 Donald Spence 所说的"叙述真实"。① 另外,疾痛叙事可以增加病人对生活的控制,抵抗疾病所带来的无序性和不可预测性。他们讲述故事的过程不仅是为了寻求、创建自己的地图或给他人提供地图,更重要的是见证自己重构地图的体验过程,从而获得一种失而复得的控制感。在病人的身份转变与认知方面,疾痛叙事也具有重要的作用。当一个病人在述说他的病情时,对他自己或他人来说,自我也在述说时逐渐形成,述说的动作是双边的再确认:与别人关系的再确认、自我的再次确认。② 人们讲述故事不仅是定义自己不断变化的身份,同时也了解别人对叙事的反应,以调整自我的身份。

Babrow 和他的同事非常出色地对问题整合理论和叙事理论进行了探索式整合,以更好地阐释健康传播如何理解可能性、处理偶然性、参与意义创造,还有当身体虚弱时,他们如何做出健康决策。③ 传播学者 Sunwolf 长期从事讲述疾痛故事与聆听故事对病患者的治愈功能的传播研究,她认为病患者讲述自己的疾痛故事有助于缓解内心的焦虑,增加他人对疾痛的理解;另外,聆听他人的疾痛故事可以帮助患者从伤病中转移开来,增强应对疾病的信心。④

第二个方面是疾痛叙事的反抗意义。弗兰克曾发出"为身体代言"的呼声:"生病了的身体当然不是沉默不语的——它富于表现力地讲述疼痛和病症——但是这种讲述还不够清晰,所以我们要为身体发声。"⑤ 他认为身体疾病作为社会多因素共同作用导致的后果,有必要站出来将背后的根

---

① Arthur W. Frank, *The Wounded Storyteller—Body, Illness and Ethics*, *Second Edition*, Chicago: University of Chicago Press, 2013, p. 38.
② [英] Michele L. Crossley:《叙事心理与研究——自我,创伤与意义的建构》,朱仪玲、康萃婷、柯禧慧、蔡欣志、吴芝仪译,台湾涛石文化事业有限公司2004年版,第262页。
③ Lynn M. Harter, Phyllis M. Japp & Christina S. Beck, *Narratives*, *Health*, *and Healing-Communication Theory*, *Research*, *and Practice*, Mahwah: Lawrence Erlbaum Associates, Inc., 2005, p. 5.
④ Sunwolf, Lawrence R. Frey & Lisa Keranen, "R_x Story Prescriptions: Healing Effects of Storytelling and Storylistening in the Practice of Medicine", in Lynn M. Harter, Phyllis M. Japp & Christina S. Beck, *Narratives*, *Health*, *and Healing-Communication Theory*, *Research*, *and Practice*, Mahwah: Lawrence Erlbaum Associates, Inc., 2005, pp. 237–257.
⑤ Arthur W. Frank, *The Wounded Storyteller—Body, Illness and Ethics (Second Edition)*, Chicago: University of Chicago Press, 2013, p. 17.

源剖析给世人看；另外更重要的一个层面是，疾痛叙事是弱势群体向主流霸权话语的反抗文本。过去，扮演从属性角色的人群（妇女、工作阶级、少数宗族、残障人士）常是由局外人来书写经验，以致他们失去主体的声音。因此，以他们自己的声音来叙说越发显得困难，他们真实的体验与感受被主流话语淹没殆尽。

Lynn M. Harter 等学者研究了残疾人社团塑造的"自由飞翔"的反抗叙事，这种叙事使残疾人们克服身体—心灵的主导模式，公共—个人的二元对立，把残疾人从受害者和"麻烦"的角色中脱离出来，形成了对主流叙事的某种反抗。[1] Heather M. Zoller 研究了环境健康的倡导者们如何反抗主流的风险话语，包括个人化的健康叙事、传统的科学范式和公司管理层面的控制。它描述了环境健康倡导者们的自传叙事，以及这些叙事对邻居们认知健康、理解他们的传播策略的影响。[2] Phyllis M. Japp 与 Debra K. Japp 研究了 BID（Biomedically Invisible Disease）女性患者的寻求合法性的叙事，他们指出这种叙事对三类主流叙事进行了抵抗：身体与心灵的分离、本体论的主流规范、性别偏见[3]。

Geist-Martin 认为疾痛叙事"使疾病患者的声音被关注，他们的声音常常因为污名化的身份被忽略……我们的社会给予那些完整的身体和精神的人以特权，使他们具有比'他者'更强大的话语权"[4]。透过疾痛叙事，说故事的人不仅能够发现他们的声音，而且也为那些无法发声的人提供见证。他们个人故事的表达，使得曾经经历过创伤的人界定了自己所属时代的伦理——声音的伦理，使每个人有权以自己的声音诉说自己的真理。而通过倾听他们的疾痛叙事，我们能够开始理解传播在转换我们对不体面身份的过分担忧和歧视方面所起的重要作用，正是这种担忧和歧视限制了我

---

[1] Lynn M. Harter, Jennifer A. Scott, David R. Novak, Mark Leeman & Jerimiah F. Morris, "Freedom Through Flight: Performing a Counter-Narrative of Disability", *Journal of Applied Communication Research*, Vol. 34, No. 1, 2006, pp. 3–29.

[2] Heather M. Zoller, "Communicating Health: Political Risk Narratives in an Enviromental Health Campaign", *Journal of Applied Communication Research*, Vol. 40, No. 1, 2012, pp. 20–43.

[3] Phyllis M. Japp & Debra K. Japp, "Desperately Seeking Legitimacy: Narratives of a Biomedically Invisible Disease", in Lynn M. Harter, Phyllis M. Japp & Christina S. Beck, *Narratives, Health, and Healing-Communication Theory, Research, and Practice*, Mahwah: Lawrence Erlbaum Associates, Inc., 2005, pp. 107–130.

[4] Linda Wheeler Cardillo, "Empowering Narratives: Making Sense of the Experience of Growing Up with Chronic Illness or Disability", *Western Journal of Communication*, Vol. 74, No. 5, 2010, pp. 525–546.

们对自己和他人的理解、同情和接受。①

慢性疾病患者的疾痛叙事研究为本书提供了一种疾痛叙事研究的模式，即从叙事类型、疾痛的多重性、传播情境以及疾痛叙事的功能这四个层面来研究返乡工伤者的疾痛叙事问题。但是，从上述的文献分析来看，目前疾痛叙事研究较多集中在医学人类学与疾病社会学的研究范畴之内。他们的疾痛叙事研究焦点在于通过叙事揭示疾痛经验的类型以及多重意义，而且这一类型的研究倾向于将疾痛叙事内容类型化、主题化，他们将病患者的疾痛叙事视作固定场合的、静态的表达，忽略了疾痛叙事在时间与空间维度上的多变性。虽然存在少量传播情境对疾痛叙事的影响的研究，但是仍然未被放置在疾痛叙事研究的主流位置上。

叙事主体表现并创造自身以及自己的生活，但他并不能随心所欲。即使不受到故事文本的限制，他也会受到某种广泛持有的、对于特定主体位置的理解以及关于这些主体位置可以在何时、被何人、以何种方式表现出来的理解的制约②。叙事研究者芭芭拉·查尔尼娅维斯卡（Barbara Czarnianwska）同样这样认为："我们从来不会是我们自己故事的唯一的作者，在每个会话中都有定位关系，这种定位关系被会话中的伙伴接受或拒绝……另外，没有参与会话的其他人或机构也会对叙事产生影响，这主要关涉到权力。"③ 面对不同的传播对象，在不同的传播条件下，叙事者强调什么，忽略什么，抱怨什么，排斥什么……是哪些因素导致了这种疾痛叙事的产生，而非其他的内容，这些也应该成为疾痛叙事的研究重点，而且更加体现传播学的研究特点。

因此，本书对返乡工伤者的疾痛叙事研究，既保持了疾痛叙事研究的传统取向，同时又在此基础上增加新的研究内容，即疾痛叙事的流动性。第一，时间维度上的流动性。虽然同样研究疾痛叙事的类型，但是笔者并不认为返乡工伤者的叙事类型从始至终只有一个，它总是随着身体、生活状态的变化出现不同的叙事变化，因此本书尝试从一个偏向于生活史的视

---

① ［美］帕特丽夏·盖斯特—马丁、艾琳·伯林·雷、芭芭拉·F. 沙夫：《健康传播：个人、文化与政治的综合视角》，龚文库、李利群译，北京大学出版社2006年版，第42页。
② ［澳］杰华：《都市里的农家女——性别、流动与社会变迁》，吴小英译，江苏人民出版社第2006版，第16页。
③ ［瑞典］芭芭拉·查尔尼娅维斯卡：《社会科学研究中的叙事》，鞠玉翠等译，北京师范大学出版社2010年版，第7页。

角去讲述他们的疾痛故事。第二，空间维度上的流动性，即叙事作为一种传播形式，他们如何在不同的传播情境下，面对不同的传播对象进行疾痛与健康传播，基于什么样的动机，传播的内容又有何不同。

第二节　农民工工伤叙事研究

前面我们提到，关于农民工工伤的研究较多从经济、法律、维权机制的社会学分析这三个方面展开，有关农民工工伤叙事的学术研究较为罕见。笔者仅搜索到两部研究作品，万小广的《转型期"农民工"群体媒介再现的社会史研究》和徐菁的《试析媒介尘肺病报道的图景构建及其偏颇——以〈南方都市报〉〈工人日报〉和〈健康报〉为例》。值得一提的是万小广的研究，他对近三十年农民工媒体报道的议题进行了社会史研究，其中一个章节专门对工伤议题的新闻叙事变迁进行了分析[①]。

一　主流媒体的农民工工伤叙事

万小广研究了大众媒介如何再现职业安全议题（工伤）及其历史变迁，同时也关注作为行动者的打工群体如何建构这个议题、开展行动，以及与主流媒介进行互动。通过对主流媒体近三十年的媒体报道进行内容分析，他提出媒体对打工群体职业安全议题的报道经历了三个阶段：第一个阶段是1988年之前，这一阶段基本上没有相关报道；第二个阶段从1989年到2000年前，主流媒体从不同角度涉及"农民工"的职业安全；第三个阶段从2001年至今，它成为媒介热点议题之一。

万小广对这三个阶段的媒体工伤报道进行了框架分析。他认为，第一个阶段的工伤报道主要以城镇职工为报道主体，分为"安全生产"框架的时政报道、"身残志坚"框架的典型人物报道和"灾难"框架的国际报道三个类型。第二个阶段涉及的农民工工伤报道数量仍然很少，而且农民工群体在媒体报道中并非作为报道主体出现，而其职业安全问题也只是在其他主体与框架中侧面出现。"安全生产"框架仍然是这个阶段工伤报道的主要叙事框架，"扶危助困"框架是第二种媒介报道框架，它将职业安全

---

① 万小广：《转型期"农民工"群体媒介再现的社会史研究》，博士学位论文，中国社会科学院研究生院，2013年。

议题个人化、道德化，用于表现英雄模范人物的高尚情怀或职业道德①。第三种框架是"戏剧化"，它是随着都市报纸的出现与发展逐渐形成的一种新的叙事框架，这类媒体报道倾向于将工伤叙述为一个冲突性、戏剧性极强的悲喜剧事件。从2001年至今，农民工工伤报道进入第三个阶段，它逐渐成为媒体报道的热点事件。"灾难"框架成为这一时期相关报道的主要叙事框架，农民工群体被描述为安全生产事故的受害者；与之相适应的是新出现的"权益"框架，它站在农民工群体受害者的立场上，着重论述他们在工伤事故中的权益问题。"权益"框架使得工伤者作为报道主体出现、并发出自己的声音，向社会讲述自己的工伤故事。

二 农民工群体的工伤叙事建构

通过万小广对主流媒介农民工工伤报道的近三十年历史变迁的研究，我们可以发现，农民工的工伤叙事较多是以"被叙述"的形式出现。他们在主流媒体报道中很少以报道主体或发声主体存在，仅仅在后期出现的"权益"框架中才得以向社会发出自己的声音。但是，在农民工群体自主创办或创作的"另类媒介"或叙事作品中，他们往往以传播者的身份向主流社会发出不同的工伤"声音"。

万小广在文中着重分析了打工文艺作品和劳工刊物中对工伤的叙事建构，他认为打工文艺作品中呈现的社会事实，与主流媒介所再现的事实"版本"存在很大差异。这种差异不是事实真伪的差异，而是再现所使用的框架的差异。就职业安全议题的再现而言，打工者使用的一些框架与主流媒介的框架是一致的，而另一些框架则与其相互排斥，并具有批判色彩。简言之，二者的关系既有同一性，也有差异性，在差异性当中还具有批判性。②

打工文艺作品还原了主流媒体叙事中忽略或者隐藏的工伤事故原因，除了工伤事故本身，打工文艺作品更加强调农民工长期所处的工作环境对身体健康的影响，以及与工伤的关系。另外，工伤之后农民工的生活也是打工文艺作品中工伤叙事的重要部分。万小广博士总结了三类打工文艺作

---

① 万小广：《转型期"农民工"群体媒介再现的社会史研究》，博士学位论文，中国社会科学院研究生院，2013年。
② 万小广：《转型期"农民工"群体媒介再现的社会史研究》，博士学位论文，中国社会科学院研究生院，2013年。

品不同于主流媒体报道的叙事框架:"苦难"框架、"牺牲"框架、"投射—认同"框架。这些叙事框架始终站在农民工工伤者的角度上,讲出他们所思、所想、所痛。这些打工文艺作品不仅阐述了未进入公众视野的工伤事实,而且对工伤事实背后的社会矛盾、资本关系进行了批判与反思。

劳工刊物是由劳工组织或者自发形成的劳工群体创办的一种媒介形式,它与农民工群体的关系更加密切。万小广统计了某社会组织的劳工刊物中以工伤为主题的相关文章,其中来自工友自己的亲身经历就占到一半,可见劳工刊物更加注重工伤者对自己工伤故事的讲述。劳工刊物的工伤叙事充分体现了工伤者的主体性,不仅体现在他们自身的工伤叙述这个行动上,而且还体现在叙事的内容上。在叙事中,他们不再是主流媒体报道中法律部门及政府部门等维权行动者的受益者,而是作为维权行动主体而存在,并且还是维权经验与知识的分享者。此外,一些工伤志愿者通过对主流媒体报道的事实进行核查来确保媒体信息对工伤者的有效性,这样的劳工刊物作品也体现了工伤者赋权自我与群体的主体性。

万小广在结尾处这样说:"不同框架的架构者基于自身利益与价值观,分别凸显和遮蔽了不同的事实侧面,以建构不同的意义脉络与社会图景。符合占优势地位社会群体的利益的框架,往往更容易通过大众媒介进入舆论场而成为占主导地位的框架。"[①] 虽然存在打工文艺作品与劳工刊物这样利于工伤者发声的另类媒介,但是与主流大众媒介相比,他们始终无法占据舆论的主导位置,相比之下,工伤者群体仍然处于一种"失声"的状态。并且,打工文艺作品与劳工刊物往往是城市打工群体中的精英人士所掌握的发声资源,还有很多因工伤返回农村、消失在社会组织视野中的工伤者仍然无法被听见、被看见。在经过多年的工伤生活浸泡下,他们又会如何讲述自己的工伤故事?这是我们没有从打工文艺作品与劳工刊物中获得的。

在传播学研究领域,一提及叙事分析,往往默认为是对大众媒介的新闻叙事分析。同样,农民工的工伤叙事研究也是以主流媒介的新闻叙事为主要研究对象来进行分析。万小广研究的亮点在于,他在此基础上,增加了以农民工群体为发声主体的另类媒介的工伤叙事分析。但

---

① 万小广:《转型期"农民工"群体媒介再现的社会史研究》,博士学位论文,中国社会科学院研究生院,2013年。

是，这也从侧面呈现了目前的学术研究极少将农民工工伤者的工伤叙事作为研究主体来研究的现状。然而通过万小广对主流媒介与另类媒介的工伤叙事框架的比较分析，我们可以发现占据社会主导位置的主流媒介工伤叙事并不能全面、真实地代表工伤者们实实在在的、活生生的工伤体验。因此，研究工伤者自己的工伤叙事才更加具有现实意义，这也是本书的价值所在。

第三节　作为抗争的底层发声

一提到底层研究，就无法绕开印度的"底层研究小组"（Subaltern Studies Collective）。印度底层研究始于1970年代，源于一些印度知识分子对后殖民主义意识形态形塑下的精英主义史观的反思与批判，企图以逆历史纹理的形式"阅读"并努力拼合底层破碎的形象[①]，重新书写底层在场的印度历史，实现底层发声的可能。斯皮瓦克（Gayatri C. Spivak）以批判印度底层研究小组的身份加入了底层研究行列，她在《底层人能说话吗？》一文中提出质疑：作为整体性的"底层"能否代表自己发出自己的声音，表达自己的立场？她认为底层人可以说话，但是说话的主体要与倾听者之间形成联系才能说明说话者发声的存在，所以底层人不能说话。[②]

笔者认为以古哈（Ranajit Guha）等学者为代表的印度底层研究小组在尝试从民族主义与精英主义主导的历史材料中寻找并拼凑来自底层的声音，使底层从"缺席"变成"在场"的过程中，的确容易出现一种研究者臆想的"底层发声"，这种发声或许不是来自底层群体自身，因为所谓真实的历史同样也是在民族精英史观的宏观影响下书写的，其中的底层声音是经过选择、裁剪后的声音。但是，难道也真如斯皮瓦克所言，底层人真的不能说话吗？她认为底层人不能与倾听者之间形成某种联系，因此他们不能说话。诚然，底层群体缺乏必要的社会资源与主流的社会群众直接建立起对话的关系，但是通过某种介质实现起这种关系的连接并不是没有可能，尤其在大众媒体、社交媒体大肆兴起的网络时代。另外，学术研究者

[①] 王庆明：《底层视角及其知识谱系——印度底层研究的基本进路检讨》，《社会学研究》2011年第1期。

[②] 兰夕雨：《对斯皮瓦克底层人研究的再解读》，《山西师大学报》（社会科学版）2010年第S1期。

本身也是连接中介的一种，在保持科学的学术研究规范和遵循研究道德伦理的基础上，底层群众通过学术研究者这个中介通道向社会发声并无什么不妥。如果真的按照斯皮瓦克所言那样，岂不是陷入"社会现实永远无法改变"的虚无主义之中？

在印度底层研究小组的研究中，他们将底层界定为"与精英的人口统计上的差别"①，形成一种精英与底层的二元对立状态，将普通意义上的大众与"人民"视作底层的同义词。王庆明认为，这样的定义逻辑忽视了底层具有独特的文化特质和自主意识②，使得他们的底层研究又重新落入精英主义的窠臼，陷进"明为批判、实则拥护"的尴尬处境之中。笔者认为"底层"是一个相对的概念，并没有一个固定的人口统计学的标准来判断一个人是否属于底层。一个人可能在某种标准之下属于底层范畴，但是在另一个标准下，可能又是对立于底层的精英。比如一位社会经济地位较高的白领，在传统的社会分层标准中，他的确算得上是精英群体中的一员，但是身体健康欠佳的他作为一个病残者，相对于健全人而言，就是处于"底层"的范畴。因此，我们不宜在一个固定的标准内讨论底层，而应该将"底层"的概念扩大化，依据不同的评判标准流动地看待。

但是，无论是在什么样的标准之下讨论"底层"，处于底层范畴中的人们总是在某个方面处于社会的劣势一端，与优势一端相比，他们的发声通道受到压抑。一方面他们的劣势位置导致了他们的发声通道受到挤压，另一方面也正是这种发声途径的缺失强化了他们的劣势位置。底层不仅意味着经济地位的卑下，同时意味着文化资源的匮乏。底层的粗粝言辞无法攀上政坛、学院和大部分意识形态国家机器，进入主流符号场域并且得到及时的解读；多数权威的传媒版面上，底层喑哑无声——这个庞大的群体匍匐在无言的黑暗之中，仿佛根本不存在。③ 因而，"底层的发声"也就具

---

① 古哈如此定义底层的概念范畴，"包括在底层范畴内的各种社会群体和成分，体现着全体印度人与所有那些被我们称为'精英'的人之间的统计学上的人口差别"，而那些在特定的环境下为"精英"办事而被划分在地方或地区层次的势力集团内的较小的乡绅、破落的地主、富农和上中农也被古哈列入底层的范畴。

② 王庆明：《底层视角及其知识谱系——印度底层研究的基本进路检讨》，《社会学研究》2011 年第 1 期。

③ 南帆：《曲折的突围——关于底层经验的表述》，《文学评论》2006 年第 4 期。

备了成为抗争手段的可能性，郭于华教授更是提出"倾听底层的声音"这样助底层发声的呐喊。

斯科特（James C. Scott）在探讨底层群体的反抗行为时使用了"隐藏文本"与"公开文本"两个概念。前者指受压制者对于权力的批评和不满隐藏于掌权者所看不见的后台，也就是私人领域，因而也称之为创造性的潜台词。后者指的是掌权者与受压制者之间开放的、公众的互动，即权力关系的外表，具有心照不宣的表演性。① 斯科特在书中阐释了这样的一个简单的事实：贯穿于大部分历史过程的大多数从属阶级极少能从事公开的、有组织的政治行动，那对他们来说过于奢侈了。毕竟，大多数从属阶级对改变宏大的国家结构和法律缺乏兴趣，他们更关注的是霍布斯鲍姆（Hobsbawm）所称的"使制度的不利……降至最低"②。因此，相较于公开、直接的对抗，底层群众更倾向于在日常生活中以隐藏的形式对主流压迫结构进行反抗，即斯科特笔下的"弱者的武器"。

日常生活的隐藏文本存在话语与实践两个层面的含义。斯科特认为隐藏文本的话语不仅解释了行为，而且也构成了行为的一部分。不能公开表达的、大众流行的公正观念和偷偷摸摸进行的、关于公正的实践是并存和相互持续的③。作为话语的隐藏文本，在日常生活的表达中形成某种统一的意识形态，同物质的反抗一样，就像无声的水流日日夜夜冲击大坝一样，它一点点地击退或击垮支配者的意识形态底线，以某种去神圣化或者对立性的话语来无痕迹地表示对支配者的反抗。

按照斯科特的说法，底层群体在日常生活中的各种形式的发声都构成一种话语的隐藏文本，即使是口舌之战，它也以正式的或者非正式的方式对主流意识形态进行隐匿的、若有若无的抵抗。对于以劳工为主体的底层来说，他们也同样在日常的工作与生活中，以成本最低、风险最小的话语形式持续地抵抗长期压迫他们的资本体系、制度结构以及文化秩序。在目

---

① 郑广怀：《斯科特"下层群体的底层政治"述评——兼论隐藏文本和公开文本》，《国外社会学》2002年第6期。
② [美]詹姆斯·C. 斯科特：《弱者的武器》，郑广怀、张敏、何江穗译，译林出版社2011年版，第2页。
③ 郑广怀：《斯科特"下层群体的底层政治"述评——兼论隐藏文本和公开文本》，《国外社会学》2002年第6期。

前国内的劳工研究中,这样的劳工"发声"研究占据了一席之地,它们研究了劳工群体如何利用打工文学、打工诗歌、新工人摇滚、新工人戏剧等发声手段表达劳工群体自建的意识形态。①

---

① 见赵志勇《底层发声与劳动者的自我赋权——新工人戏剧十年随想录》,《艺术评论》2015 年第 12 期;孙冰《苦难的见证与超越——论郑小琼诗歌中的苦难抒写》,《广西民族师范学院学报》2017 年第 4 期;吕途《中国新工人:女工传记》,生活·读书·新知三联书店 2017 年版;高欣《怒放的地丁花:家政工口述史》,社会科学文献出版社 2016 年版;曹昂《流动女工健康话语的建构与传播研究》,博士学位论文,中国社会科学院研究生院,2017 年;卜卫、任娟《"女工艺术节":将个人故事融入历史长河》,《中国妇女报》2018 年 4 月 24 日 B2 版等。

第二章　关键概念与理论分析

本书的核心问题是从疾痛叙事框架出发，研究返乡工伤者如何通过工伤疾痛叙事来建构与传播具有社会多重性的工伤疾痛经验，揭示工伤疾痛的社会生产这一特性，进而探讨疾痛叙事作为一种传播形式对返乡工伤者的意义与作用。在进行研究之前，必须先澄清研究中所涉及的几个关键概念：疾痛、叙事、疾痛叙事、话语、意识形态等。本章旨在厘清这些关键概念的意义的同时，结合这些概念阐述本书的理论分析视角。

第一节　疾痛的定义与社会多重性

每个降临世间的人都拥有双重身份，其一属于健康王国，另一则属于疾病王国。尽管我们都只乐于使用健康王国的护照，但或迟或早，至少会有那么一段时间，我们每个人都被迫承认我们也是另一王国的公民。① 正如桑塔格（Susan Sontag）所说，疾病是每个人一生中总也绕不过去的主题，它除了明显的病理学特征之外，还深深地烙上了"社会""人"的痕迹。20世纪70年代，阿瑟·克莱曼吸收了象征人类学、现象阐释学和社会建构论的思想和方法，主张将医学体系作为"文化体系"来研究，提出解释模式的概念，认为疾病不是一个实体而是一个解释模式，文化不仅呈现和表述疾病而且建构疾病事实。②

阿瑟·克莱曼最早区分疾病（disease）和疾痛（illness）的含义的不

---

① ［美］苏珊·桑塔格：《疾病的隐喻》，程巍译，上海译文出版社2014年版，第17页。
② 方静文：《体验与存在——一个村落长期慢性病人的疾痛叙述》，《广西民族大学学报》（哲学社会科学版）2011年第33卷第4期。

同。疾痛（illness）指的是病人及其家人，乃至更广的社会关系，如何接受病患事实，带病生活，又如何对付和处理病患的症状以及由之引起的各种困苦烦恼。疾痛经验总是受到文化的影响，地域环境的文化倾向影响着我们如何理解和对待疾痛的传统共识。经受疾痛时的不同行为方式，还取决于个人特殊的生活经历，因此疾痛经验总是独特的。而疾病（disease）则是医生根据病理理论解释和重组疾痛时提出或发明的。患者及其家人抱怨的疾痛的问题，在医生的头脑中重组简化成狭隘的科技医疗议题，即转化成疾病问题（生物医学模式）。①

在阿瑟·克莱曼的疾痛定义中，我们可以看到，他把疾痛视作一个体验过程，疾病对于我们而言，不单单是头痛、发炎这些表征症状，更多的是在患病过程中我们赋予疾病的意义的经验过程。

弗兰克曾一针见血地指出，疾病对于个人来说，是身体的失控和生活世界的失序。疾病扰乱了病人的人生时序，即构成将来、现在和过去的所有一切。遭遇疾病以后，现在不是过去想要到达的"现在"，而基于现在的将来也变得不可预测。②"疾痛的威胁在于打乱自我的身份认知，即我是谁。它最大的力量在于向我们展示一个糟糕的、损坏的、不可靠的和终逃不过一死的自己的图像，而这些是我们不愿意看见的。严重且长期的疾病更使得人们深陷于一个陌生疏离的现实，在那里几乎一切都变了。"③ 在某种意义上，疾病是一种自我的危机，它使人不知道自己在哪儿，该往哪儿去，人生的地图丢失了。

而疾痛的社会多重性则被阿瑟·克莱曼阐述的淋漓尽致。他提出疾痛具有四个层次的意义④：第一层意义是作为表面征兆的疾病症状，这一层意义隐含着社会公认的关于身体和自我两者间关系的知识，以及它们与我们私密生活关系的认知，而这种知识和认知均基于文化环境中的一套"身

---

① ［美］阿瑟·克莱曼：《疾痛的故事——苦难、治愈与人的境况》，方筱丽译，上海译文出版社 2010 年版，第 2—4 页。
② Arthur W. Frank, *The Wounded Storyteller—Body, Illness and Ethics, Second Edition*, Chicago: University of Chicago Press, 2013, p.38.
③ Morris, David B., *Illness and Culture in the Postmodern Age*, Berkeley: University of California Press, 1998, p.22.
④ ［美］阿瑟·克莱曼：《疾痛的故事——苦难、治愈与人的境况》，方筱丽译，上海译文出版社 2010 年，第 13—56 页。

体习语的共享词汇",否则症状表征无法传播,也就失去意义。因此,症状的表面意义都深植于构成我们日常生活环境的社会意义和人际关系之中,也包括重新塑造我们自己的交互作用。第二层是文化含义,是指某些症状和异常在不同的时代和社会中被烙上了文化特征的印记,因此这些特殊的症状和疾痛种类带有强烈的文化含义。而通常这种含义是负面的,如艾滋病、梅毒、残疾等,并且同一种症状在不同的社会文化环境中的含义还不尽相同。第三层意义是生活环境(个人与社会环境),疾痛像一块海绵,在病人的世界中吸走了个人和社会的意义,这与疾痛的文化意义不同,后者带给病人某种意味。疾痛最深层的作用在于:对病人来说,社会生活不再那么至关重要,疾痛才是他们眼前性命攸关的大问题。第四层意义是解释与情绪,患者的疾痛诉说就是对自己疾痛经验的梳理——它对自己意味着什么,对与自己休戚与共的人又意味着什么。疾痛的故事还可能被用作政治的评论,在控诉某人受到不公正待遇和经受压迫时,它常常被引用为一种谴责,并最终通过社会政治运动实现政策立法。

从阿瑟·克莱曼对疾痛四层意义的描述中我们不难看出,疾痛经验不是单一化、单向且病理性的,而是集结社会关系、文化语境、政治经济环境、人际互动等社会因素于一体的复杂多面体。他认为,疾痛并非止于个人层面的身体症状表征,更是身体行为与地方文化系统的共享与互通。疾痛背后所隐藏的个人含义、文化含义以及政治含义通通都集合在一起,形成桑塔格笔下的"疾病的隐喻"。

桑塔格的"疾病的隐喻"与阿瑟·克莱曼的疾痛含义可谓如出一辙。桑塔格在书中详细分析了结核病和艾滋病这两种身体疾病的社会建构与政治隐喻,它们的疾病名称已经远远超越了生物医学范畴的身体机能障碍,而是社会文化、政治、社会结构等强加在它们身上的一系列意识形态观念,如"艾滋病人是可耻的""结核是文雅、精致和敏感的标志"[①] 等,这

---

① 在 19 世纪中叶,结核病就与罗曼蒂克联系在一起。结核病影响下的关于身体的观念,赋予贵族的外貌一种新的模式——恰逢贵族已不再是一种力量,而主要以一种形象开始出现之时。雪莱在 1820 年 7 月 27 日写给济慈的信,就是一个结核病人对另一个结核病人的安慰,在信中肺痨被理解为一种外显的风度,而这种外表成了 19 世纪礼仪的标志。把结核病浪漫化,是把自我提升到形象高度的那种颇有现代特色做法的第一个广为流传的范例。一旦痨病相被认为是优越、教养的标志,那它势必就被认为有吸引力。参见〔美〕苏珊·桑塔格《疾病的隐喻》,程巍译,上海译文出版社 2014 年版。

样的阐述正好印证了阿瑟·克莱曼将疾病视为一种文化解释体系的疾痛观点。

第二节 叙事与疾痛叙事

　　叙事分析最早起源于宗教研究领域，例如对《圣经》《犹太法典》和《古兰经》的解释性研究。叙事研究得到人们的普遍关注得益于俄国形式主义者弗拉基米尔·普洛普（Vladimir Propp）的著作《民间故事的形态学》在英语世界和法语世界的流通。① 至此，文艺理论界掀起了一阵叙事研究的潮流，后来延伸至人文、社会科学领域。

　　叙事是人类基本的生存方式与表达方式，叙事取向重视人的情感、体验和主观阐释，叙事内容再现了叙事者的世界观，是他的信念、思想、意图所构建的真实②。简单地说，叙事就是说故事，人类倾向于通过讲述故事的形式解释自己和理解他人。芭芭拉·查尔尼娅维斯卡认为，叙事可以从三方面来理解：行动化的叙事、作为认识方式的叙事与作为交往形式的叙事。社会生活由事件与行动构成，如果我们仅仅对我们的经验进行"事件"描述，那么我们就会遭遇一个不可解释而且是无法解释的世界。当我们在某种社会历史情境下解释某个事件时，我们就构成了某种行动的叙事，叙事作为一种行动方式，它使得在社会秩序当中行动者之间发生的都是有意向性的举动；叙事作为一种认识方式，它通过情节结构而非故事的真实或虚假来决定它对世界的认识与表现，同时也构成了"事件"与"行动"的差异，即事件是对某一现象的描述性材料，而行动却是对现象的认识与解释；叙事作为一种交往方式，人们在日常生活中通过讲故事来进行互相沟通，家庭里如此，职业场所里亦如此，"所有形式的人类交往基本上都需要被看作叙事的"③。

　　叙事与情境密不可分。社会学家舒茨（Schutz）指出，如果忽略了意向性就不可能理解人类举止，如果忽略了他们建构意义的场景也同样无法

---

① ［瑞典］芭芭拉·查尔尼娅维斯卡：《社会科学研究中的叙事》，鞠玉翠等译，丁钢审校，北京师范大学出版社2010年版，第2页。
② ［以］艾米娅·利布里奇、里弗卡·图沃—玛沙奇、塔玛·奇尔波：《叙事研究：阅读、分析和诠释》，王红艳主译，释觉舫审校，重庆大学出版社2008年版，序言。
③ ［瑞典］芭芭拉·查尔尼娅维斯卡：《社会科学研究中的叙事》，鞠玉翠等译，丁钢审校，北京师范大学出版社2010年版，第14页。

理解人类的意图。这些场景可能是制度、实践场所或其他人类创造的情境——在这些历史的情境中，特定行为和整个个体行动者的全部历史能够且必须置于其中才可以被理解。① 不管叙事是行动化的，还是作为认识方式或者交往方式的叙事，都无法脱离社会、历史情境单独存在，人们对事件或现象的解释都是基于对社会文化、政治等结构认知与理解的折射。因此，叙事并非对所谓社会真实的论证，而是社会建构性的解释，叙事是人们头脑中对社会真实经过转换后的建构，是人们知识结构、经验体系以及意识形态价值观的综合呈现。

疾痛叙事作为一种特殊的叙事，是人们对病患现象及行为的意义解释。"处在多重时间相关情境的交叉点上的行动者可以形成更大的创造性和批判性干预能力。"② 疾痛的长期性，并非简单的病理过程在一个孤立的人身上造成的直接结果，它是生活在与其他人有特定关系的、相互制约的环境中的产物，长期地、部分地源于那些人际交往中业已成为共识的负面期待——这些期待束缚我们的愿望，打击和抑制我们的自我意识。③ 正是在这个"人生重大的转折点"上，病患者才具有极强的叙事交往欲望来获得对身体、生活、人生重大变化的理解、认同与接受。

疾痛经验需要叙事，对于疾病患者和他们的照料者来说，疾痛叙事是使他们从残骸废墟中重新找到人生地图的有效方法。语言本位取向的社会建构论认为自我的存在不是一个客观的存在，而是取决于我们日常用于理解自己与他人的语言和语言表达，也就是说，问题的重点不是自我的真正本质是什么，而是自我怎么被叙说。④ 患者选择跟谁说他的故事以及说什么，叙事的经历都会影响自我身份的形成，每说一次故事，叙事者的身份或发生改变或重新发现或被摒弃⑤。

---

① ［瑞典］芭芭拉·查尔尼娅维斯卡：《社会科学研究中的叙事》，鞠玉翠等译，丁钢审校，北京师范大学出版社 2010 年版，第 5 页。

② 参见 ［澳］杰华《都市里的农家女——性别，流动与社会变迁》，吴小英译，江苏人民出版社 2006 年版，第 19 页。

③ ［美］阿瑟·克莱曼：《疾痛的故事——苦难、治愈与人的境况》，方筱丽译，上海译文出版社 2010 年版，第 213—214 页。

④ ［英］Michele L. Crossley：《叙事心理与研究——自我，创伤与意义的建构》，朱仪玲、康萃婷、柯禧慧、蔡欣志、吴芝仪译，台湾涛石文化事业有限公司 2004 年版，第 14 页。

⑤ Jennifer Ott Anderson & Patricia Geist Martin, "Narratives and Healing: Exploring One Family's Stories of Cancer Survivorship", *Health Communication*, Vol. 15, No. 2, 2003, pp. 133–143.

受伤的身体需要叙事，"我们讲述的生活故事并不是那些我们曾经所过的生活，而是这些故事构成我们那些生活的经验。疾痛叙事讲述的不是疾痛本身，而是疾痛的经验。社会科学概念的稳定性——不同时间同样的问题有同样的答案——在这里并不合适。生活在向前继续，故事就随着生活的继续而改变，经验随之改变。故事只是真实反映经验的变化，并且故事也将影响经验变化的方向"[1]。疾痛叙事不仅仅是疾痛经验的讲述，而且也构成疾痛经验的一部分，这些疾痛经验的叙事与传播影响叙事者对身体、健康以及人生的认知与行动，反过来这些认知与行动又限制了经验的传播。

作为一种传播形式或内容，疾痛叙事被纳入传播学的研究领域其实没有多长的历史，而且大多源于社会学、医学人类学、心理学的研究框架。早期的健康传播研究只重视健康医疗中传播的四个功能：诊断、协作、咨询和教育，后来伴随着疾病和疾痛这两个概念的差异逐渐被学术界所接受，个人化叙事才在健康传播研究领域中崭露头角。以病人为中心的健康传播研究，强调病人不再是健康信息的接收者和反应者，而是健康与疾痛意义的积极诠释者、管理者和创造者。这种研究模式将病人的经验、自我认知、情境作为研究的核心，而叙事则是探究病人疾痛经验的一种主要的方法。[2] 基于叙事的研究将健康与疾病问题从生物医学的范畴扩展到患者对疾痛的意义赋予的文化范畴，即疾痛不仅影响了患者的角色、关系和身份，以及疾痛意义的不同层次，它反映社会、组织、文化和家庭的预设和影响。

叙事与健康传播具有三个不同却又相互兼容的研究视角：人际传播视角关注健康叙事，比如扰乱生命进程、破坏关系、带来社会污名的慢性疾病，他们需要叙事来调整和修复他们的生命时序；组织传播视角自然把重心倾向制度化叙事，这些故事被个人与群体的共识构建着，约束着；大众传播视角引入社会和政治元叙事，常常通过媒体传播，体现普世的假设、期望以及共同价值观。[3] 在健康传播学者看来，理解和理论化健康与疾病的

---

[1] Linda Wheeler Cardillo, "Empowering Narratives: Making Sense of the Experience of Growing Up with Chronic Illness or Disability", *Western Journal of Communication*, Vol. 74, No. 5, 2010, pp. 525 – 546.

[2] Marsha L. Vanderford, Elaine B. Jenks & Barbara F. Sharf, "Exploring Patients' Experiences as a Primary Source of Meaning", *Health Communication*, Vol. 9, No. 1, 1997, pp. 13 – 26.

[3] Lynn M. Harter, Phyllis M. Japp & Christina S. Beck, *Narratives, Health, and Healing-Communication Theory, Research, and Practice*, Mahwah: Lawrence Erlbaum Associates, Inc., 2005, pp. 2 – 3.

传播，最关键的是理解叙事中体现的个人、文化和政治层面的多重性，叙事是在多种背景下理解健康与疾病传播多重性的一个框架。① 疾痛叙事不是诉说"疾病"这个事实，而是叙事者对疾病的体验，以及赋予疾病的意义。

传播与身体变化、认知情绪、意义理解以及社会结构实践的许多方面相互交织，共同制造了身体物理状态的社会意义和社会状态的生理意义。生理变化与疾病的定义和标签化是身体与传播之间相互作用的一个有力例证。生理疾病影响传播，从疼痛的叫喊到无休止的抱怨，从寻医问诊到寻求支持。反过来，这些传播行为和传播过程也影响身体的状况，如此循环往复。而且，这些特殊的、本地的经验都与传播息息相关。② 疾痛叙事作为传播的一种途径或内容，不仅将身体的疼痛表达出来，并且也会影响身体的疾病感知以及身份建构。③

传播学者非常关注疾痛叙事对病患者的功能与意义，笔者认为这是传统经验学派的传播效果研究取向在疾痛研究领域的体现。Arntson 和 Droge 提出疾痛叙事的四个功能。首先，叙事可以帮助患者与其他人理解健康与疾病，通过叙事可以了解叙述者如何赋予事件、人物和行为的意义；其次，叙事可以增加病人对生活的控制，抵抗疾病带来的无序性和不可预测性。控制行为包括计划和预测将来，评价以往所发生的事件历史以及按时间顺序或因果联系将事件进行排序，面对死亡的来临和死后安排也是最后施加控制的一种表现；再次，叙事可以体现身份的转变，首先疾病改变外在形象和身体功能，影响身份，另外疾病改变关系，这也是身份的核心维度；最后，叙事揭示了健康决策的过程和理由，通过分析病人的决定以及做决定的原因，揭示病人的价值观、世界观。④ 其他学者也阐述了与上述表达相近的叙事功能，如弗兰克提出的情绪宣泄、经验见证、身份重构和连接他人的作用⑤，Phyllis M. Japp 等也认为疾痛叙事能够理解健康与治

---

① [美]帕特丽夏·盖斯特—马丁、艾琳·伯林·雷、芭芭拉·F. 沙夫：《健康传播：个人、文化与政治的综合视角》，龚文庠、李利群译，北京大学出版社 2006 年版，第 27 页。

② Teresa L. Thompson, Alicia Dorsey, Katherine I. Miller, Roxanne Parrot, *Handbook of Health Communication*, London: Lawrence Erlbaum Associates, Publisher, 2003, p. 40.

③ Teresa L. Thompson, Alicia Dorsey, Katherine I. Miller, Roxanne Parrot, *Handbook of Health Communication*, London: Lawrence Erlbaum Associates, Publisher, 2003, p. 14.

④ Teresa L. Thompson, Alicia Dorsey, Katherine I. Miller, Roxanne Parrot, *Handbook of Health Communication*, London: Lawrence Erlbaum Associates, Publisher, 2003, pp. 16–26.

⑤ See Arthur W. Frank, *The Wounded Storyteller—Body, Illness and Ethics*, Second Edition, Chicago: University of Chicago Press, 2013.

愈、重建遭受疾病后的身份、组织健康护理事件与资源、将公共对话个人化。①

第三节 话语与意识形态

任何话语——不管是随意交谈还是正式报道，不管是直截了当还是拐弯抹角，不管是貌似中立还是仗义执言，其实都源于各种各样的现实关系或实际利害，所以，其中无不充满了形形色色的意念、五花八门的欲望、或隐或显的倾向与或高或低的追求。一句话，体现了意识形态的鲜明色彩与鲜活运动。②

巴赫金（M. M. Bakhtin）与沃洛希诺夫（B. H. Voloshinov）1929年出版的《马克思主义与语言哲学》，被西方学者看作话语理论极其重要的一本起始研究著作，语言学大师罗曼·雅各布森（Roman Jakobson）曾高度评价它的语言哲学观以及"对话"方法论，认为这部著作将会被语言学界视为"重要理论前提"。③ 实际上，话语的"对话"主义理论最早始于巴赫金的阐述。巴赫金认为每个人都存在于交往之中，自我是在与他人的对话中得以形成，这与库利（Charles Horton Cooley）的"镜中自我"概念不谋而合。巴赫金对于话语的关注点已经超出了以索绪尔（Ferdinand de Saussure）为代表的语言学研究范畴，他提出，在交往对话中活生生的言说过程及其丰富多彩的社会历史涵蕴，已经远远超越了一般语言学那些相对独立、基本不受外在因素影响的研究范围，如音位学、语法学、句法学、词汇学、语态学等等。为此，巴赫金提出了他的超语言学。④

超语言学，也就是"活的语言⑤中超出语言学范围的那些方面"。他强调语言符号与意识、知识、权力、社会结构以及历史发展的互动关系，而

---

① Lynn M. Harter, Phyllis M. Japp & Christina S. Beck, *Narratives, Health, and Healing-Communication Theory, Research, and Practice*, Mahwah: Lawrence Erlbaum Associates, Inc., 2005, p. 6.
② 李彬：《巴赫金的话语理论及其对批判学派的贡献》，《国际新闻界》2001年第6期。
③ 赵一凡：《话语理论的诞生》，《读书》1993年第8期。
④ 李彬：《巴赫金的话语理论及其对批判学派的贡献》，《国际新闻界》2001年第6期。
⑤ 巴赫金所说的"活语言"是相对于索绪尔的"死语言"研究而言的，他认为索绪尔发现并尊崇的抽象语言系统，虽有一定的科学性，毕竟只是一套理想语言模式，过于纯净与中立，因而是"死的"。它一接触现实就会发生"泄漏"，因为语言本身无法免除历史、社会与个人因素的掺杂。参见赵一凡在《话语理论的诞生》一文中的表述。

尤为重要的是，作为话语的语言表述与意识形态之间存在的不可分割的相互联系。据此，巴赫金提出"意识形态符号论"，他认为，在符号及其实际应用中，起决定作用的不是非历史性、非社会性的系统结构，而是源于现实生活的"意识形态充盈物"（Ideological Impletion）①。语法句只有被灌注进某种指向的意义与价值，才能变成社会交往中的现实句，也即话语。话语要真正成为生活和生命的表现，必须言之有物，包含有意义有价值的思想，从中能觉出真善美或假恶丑的性质，从而在对话中发生有意义、有价值的交锋。② 因此，从巴赫金的话语理论来看，话语是意识形态符号的构成体，它是不同意识形态交锋的场域，每一种意识形态符号的后面都交织着错综复杂的社会权力关系与结构，以及这种关系结构的历史发展轨迹。李彬教授认为，巴赫金以超语言学说与意识形态话语观为特色的话语理论体系，为我们批判性地剖析传播行为双方的意识形态价值观、传播活动的深层社会机制等提供了一个有效的分析视角，而且事实上它开启了后来福柯"话语即权力"的著名论断。③

福柯（Michel Foucault）的话语理论是法国理论中的核心理论，它对社会科学研究的影响可谓是经久不衰。按照福柯的界定，"话语是由一组符号序列构成的，它们被加以陈述，被确定为特定的存在方式"。福柯坚信，话语是由符号构成的，但话语所做的事却远比运用符号指称事物要多得多，更重要的是，这些多出来的东西是无法还原为语言的。其实，话语理论要揭示和描述的正是这些"多出来的东西"。④ 福柯的这一表述与巴赫金的超语言学说可以说是具有同样的灵魂，它们同样强调话语不仅仅是语言交往中所使用的语言形式与语法结构，而且是超越这些语言形式背后的社会权力关系。

福柯的话语理论出现之后，社会科学界掀起了一阵明显的"话语转向"。在西方马克思主义关于意识形态的理论中，我们可以清晰地听到福柯话语理论强有力的回声。伊格尔顿（Terry Eagleton）在阐释意识形态的形成时，明确指出意识形态的形成是通过"设置一套复杂话语手段"实现

---

① 李彬：《巴赫金的话语理论及其对批判学派的贡献》，《国际新闻界》2001 年第 6 期。
② 白春仁：《边缘上的话语——巴赫金话语理论辨析》，《外语教学与研究》2000 年第 32 卷第 3 期。
③ 李彬：《巴赫金的话语理论及其对批判学派的贡献》，《国际新闻界》2001 年第 6 期。
④ 周宪：《福柯话语理论批判》，《文艺理论研究》2013 年第 1 期。

的，正是经由这样的话语手段，原本是人为的、特定群体的和有争议的思想观念，就被看作是自然的、普遍的和必然如此的。① 福柯"话语即权力"的论断注定使得话语与具有权力特质的意识形态成为相依相生的连体婴儿。也正是如此，福柯的话语理论常被女性主义学者引用来批判具有性别压迫的父权话语体系，并且同样认为社会性别是在话语的历史发展中建构出来的。

虽然不能全然同意福柯"一切均在文本中"唯话语的观点，但是其对话语的意识形态特性的阐述的确是无可批驳。我们在讨论任何群体的话语建构与传播过程时，都无法绕开话语建构中的意识形态观念与价值，它们要么是具有统治性、普遍性的社会大多数人所持有并认同的主流意识形态，要么是具有抵抗、消解意义的，从属于少数群体或弱势群体的另类意识形态，或者是两种意识形态的交融。尤其是在传播研究中，叙事作为话语的连续体，它在建构真实的同时，也透露了叙事者所认为"正确"的构成真实的意识形态理念。

对于意识形态理论的研究已是汗牛充栋，其中最著名的是马克思主义的意识形态传统，我们熟知的葛兰西（Gramsci Antonio）、阿尔都塞（Louis Pierre Althusser）的意识形态理论都可以归为这一阵营。马克思意识形态的概念可以这样定义：在阶级社会中，适合一定的经济基础以及竖立在这一基础之上的法律和政治的上层建筑，代表统治阶级根本利益的情感、表象和观念的总和，其根本的特征是自觉地或不自觉地用幻想的联系来取代并掩蔽现实的联系。② 马克思主义的意识形态理论强调阶级性，认为意识形态往往打上阶级的烙印，在社会中占主流地位的意识形态总是统治阶级的意识形态。"统治阶级的思想在每一个时代都是占统治地位的思想。这就是说，一个阶级是社会上占统治地位的物质力量，同时也是社会上占统治地位的精神力量。"这种精神力量就构成了意识形态。③

阿尔都塞在马克思主义国家理论的基础上提出"意识形态的国家机器"，他认为意识形态的国家机器不等于镇压性质的国家机器，"我所说的意识形态国家机器是这样一些现实，它们以一些各具特点的、专门化机构

---

① 周宪：《福柯话语理论批判》，《文艺理论研究》2013 年第 1 期。
② 赵景来：《关于意识形态若干问题研究综述》，《学术界》2001 年第 4 期。
③ 参见黄新华《当代意识形态研究：一个文献综述》，《政治学研究》2003 年第 3 期。

的形式呈现在临近的观察者面前……镇压性的国家机器只有一种，它是单数；而形形色色的意识形态国家机器数不胜数，那是复数。此外，镇压性的国家机器属于公共领域，而那些非镇压性意识形态国家机器，则大多属于私人领域。如教会、政党、工会、家庭，以及大多数传媒和文化事业等，尤其是学校和教育领域，在阿尔都塞看来，那是资产阶级潜移默化推广其意识形态的第一国家机器"①。阿尔都塞的意识形态国家机器包括宗教、教育、法律、家庭、传播等机构或事物，它们往往以一种约定俗成的形式，润物细无声地影响着人们的认知与行为，然而却不被轻易察觉。

很明显，阿尔都塞的这一理论受到了葛兰西的文化霸权的影响。葛兰西认为，国家推行文化霸权除了采取强制的手段以外，往往还在诸如家庭、社会团体、新闻传媒等在内的市民社会中，通过标榜自由和民主来为主流意识形态服务。② 文化霸权就是某种主流意识形态披着文化的合理外衣垄断意识形态领域，压迫、排挤其他另类的、亚群体的意识形态体系的过程。

本书旨在分析返乡工伤者的疾痛叙事与传播特点。返乡工伤者作为社会底层中的底层，他们的叙事话语中所生产的意识形态势必带有很强烈的群体色彩，从而与社会其他群体的意识形态形成对立与冲突。因此，本书将采用马克思主义的意识形态理论，分析疾痛叙事中所蕴含的社会大多数健全者群体与工伤群体在身体与工伤这两个方面存在的相对立的意识形态，以及他们如何建构与传播从属于自己群体的意识形态观念，以表示对社会大多数人有关身体与工伤的意识形态的反对与抵抗。

这里需要特别说明的是，莱蒙德·盖斯（Raymond Guess）区分过三种不同的意识形态概念：描述的意识形态、贬义的意识形态与肯定的意识形态。③ 其中贬义的意识形态，即承认意识形态的存在，但对意识形态的价值与意向呈否定的态度，马克思基于阶级压迫与斗争的意识形态就是典型的贬义性意识形态。笔者认为马克思的贬义的意识形态理论是特定的社会历史发展的产物，在当时的历史背景下它具有很强的现实批判意义，但

---

① 孟登迎：《意识形态和意识形态国家机器（研究笔记）》，载《哲学与政治：阿尔都塞读本》，吉林人民出版社2011年版，第281—282页。
② 陆扬：《论阿尔都塞的意识形态理论》，《中国人民大学学报》2015年第1期。
③ 杨生平、刘世衡：《国外学者意识形态理论研究综述》，《贵州大学学报》（社会科学版）2011年第29卷第1期。

是这里沿用意识形态这一理论，并不是完全接受"统治阶级的意识形态就是压迫的，主流意识形态是阶级压迫的工具"这样一种普遍性的、绝对化的预设。本书中所提及的主流意识形态指的是在工伤者的疾痛叙事当中所反复提及的，社会中大多数健全者对于工伤残疾身体的主要观念与看法，而另类的意识形态则是返乡工伤者群体自己创造的、不同于社会大多数人的价值观念。

第三章 研究方法

本书是关于返乡工伤者疾痛叙事的研究，研究主题是探索返乡工伤者如何解释他们的工伤疾痛经验，以及这种解释对他们的意义。从研究问题的性质来看，疾痛经验与叙事本身就属于现象学和阐释学的范畴，笔者欲研究的问题存在于被研究者的解释之中，而非先于解释而客观存在，这与质化研究的"解释主义"范式极为相符。因此，笔者认为使用质化的研究方法更加合适。

根据质的研究者群体内部对自己探究的世界的本质、所研究问题的类型以及寻求解决办法的技术所达成的共识，质的研究可以分为五个"传统"：生态心理学、整体民族志、交流民族志、认知人类学和象征互动主义。其中交流民族志又称为微观民族志，它着重研究一个文化群体内成员以及不同文化群体成员之间的社会互动模式，考察微观层面的互动方式与宏观层面的社会文化结构之间的联系。① 本书的研究主体是返乡工伤者的工伤疾痛叙事，叙事既可以作为一种动词，与交流、传播等同使用，同时又可以指称互动传播中流通的文本，但是无论如何叙事都无法脱离交流与传播的情境单独存在。因此，本书采用交流民族志的田野调查方法，深入返乡工伤者的日常生活情境，通过反复多次的深度访谈、传播情境的参与式观察以及二手资料收集法，了解与观察他们日常的工伤疾痛传播实践，收集各种形式的工伤疾痛叙事材料，包括口述材料、自传文字、会议记录、书信往来等。

---

① 陈向明：《质的研究方法与社会科学研究》，教育科学出版社2000年版，第53—55页。

第一节 研究对象的确定

本节要回答的问题是：（1）笔者希望到什么地方，向什么人收集资料？（2）为什么要选择这些地方和这些人？因此，本次田野调查的研究对象选择需要从田野地点与具体的研究对象两个方面进行阐述。

一 田野地点

本次田野调查以贵州遵义的惠民互助服务中心与重庆忠县的自强服务站为中心展开进行。这两家民间社会组织最初都是以服务返乡工伤工人为主，逐渐延伸至当地的残疾人群体。

（一）惠民互助服务中心

惠民互助服务中心坐落于贵州省遵义市遵义县尚嵇镇，成立于2010年10月，机构旨在通过对工伤返乡人员进行探访与动员，提高本地返乡工伤人员的自组织化水平，同时为工伤返乡人员提供一个公共活动空间，通过互助与合作，改善本地区工伤返乡人员的生产生活条件，促进他们的综合发展。

惠民互助服务中心的创立者阿明原本是遵义县新民镇的一位农民，1997年前后他离开农村只身前往广东东莞打工，直到2006年发生工伤事故不得不终止打工生涯。在权益保护的过程中，他获得了当地一些农民工服务机构的帮助，后来加入其中，成为一名社会工作人员，从事工伤工友探访与关顾工作。阿明于2008年5月至2009年3月返回家乡遵义市遵义县尚嵇镇调查工伤人员返乡后的生产生活状况。他发现，对于工伤人员来说，工伤与权益保护只是他们未来人生中一个艰难的开始而已，返乡后的发展问题才是关乎未来命运的关键。因此，在各方人士的鼓励与支持下，阿明于2010年10月成立惠民互助服务中心，成为贵州省首家服务返乡工伤者的社会组织。①

尚嵇镇是黔北一个工、商业重镇，也是遵义县的交通枢纽。全镇总面积106.9平方公里，辖8村1社区，311个村（居）民组，10526户，约4万余人。2010年的官方统计数字表明，目前尚嵇镇在外务工人口大约在

---

① 由于某些原因，该机构已于2021年3月注销登记。

1.2万人左右，大部分在珠三角（如东莞、深圳、番禺、佛山等地）及长三角（如苏州、泉州、杭州、石狮等地）务工。外出务工人员以正规就业居多，所在行业多为加工制造业、建筑业及服务行业，这三个行业都是工伤风险最高的行业，也有一部分人散落在私人作坊、黑工厂里，相比之下，他们的权益包括生产安全等更加无法保障。①

惠民互助服务中心位于尚稽镇的中心，目前它已经与周边村镇的200多位返乡工伤者取得联系，其中记录在案的大约有150多位，联系密切的达70多位。惠民在探访的过程中发现，他们所接触到的返乡工伤者中只有不到10人的生活算得上正常，主要表现在个人心态及生活水平方面，比如轻伤返乡，可以正常从事农事劳作；获得合理工伤赔偿，而且家庭经济负担不大，家庭和睦等。然而大部分的工伤返乡人员都具有以下特点：（1）多数是在操作冲床或者建筑工地致重伤；（2）全家经济收入减少，生活面临危机，家庭主要劳动力负担加重；（3）一般选择私了，工伤赔偿金很低，其中将近10%的人没能拿到赔偿；（4）返乡后受到歧视及排斥，其家人无法接受现实生活，家庭不和谐甚至出现离婚的现象；（5）心理压力大，自卑，对未来生活失去信心；（6）大部分无法融入乡村社会，村庄的福利、保障制度也没有有效地覆盖到。②

正是基于返乡工伤者的生存生活现状，惠民将机构的主要工作内容设定为以下四个方面：（1）构建一个公共活动平台，重新树立返乡工伤者的生存信心和社会交往网络；（2）适当介入返乡工伤者的家庭生活，疏导家庭成员间的矛盾与问题，为返乡工伤者创造一个和睦的家庭支持环境；（3）生计发展计划，开展有关能力建设与创业生产尝试，改善他们的生产生活条件；（4）通过现身说法、培训讲座、派发资料等形式宣传职业安全健康知识，开展社会倡导，逐步提高返乡工伤者及外出务工者的工作安全与权益保护意识。③惠民在农村基层扎根已经五个年头，已经成功地在当地建立起了政府—村落—返乡工伤者三位一体的服务体系，构建了机构与返乡工伤者，返乡工伤者与返乡工伤者之间的互助自助网络，推行基础的

---

① 参见惠民互助服务中心《返乡工伤者支持行动研究项目》的项目计划书，项目编号 CHN-A0089-01-1111A-S，2011年4月。

② 参见惠民互助服务中心《返乡工伤者支持行动研究项目》的项目计划书，项目编号 CHN-A0089-01-1111A-S，2011年4月。

③ 机构负责人阿明访谈资料，以及笔者的田野观察结果。

生计发展计划为部分具有劳动能力的返乡工伤者提供一定的生计支持和精神鼓励,更有周边村镇的工伤者或残疾朋友慕名前来加入机构,寻求工伤咨询和情感支持。

(二)自强服务站

重庆市忠县自强服务站是一家专为外出民工、工伤工友、职业病患者、残疾人等社会弱势群体提供资讯服务,推动自身能力建设的民办非企业单位。它的创始人是1993年深圳致丽玩具厂大火的幸存者陈玉英(以下简称"阿英"),遭受工伤之痛的阿英在康复之后开始关注工伤工友、职业病工友以及残疾人的生存状态和心理状况,并于2002年5月成立该机构。机构的宗旨是"助人自助,自强不息",自强服务站便取"自强不息"之意。

自强服务站的前身是阿英1998年开设的残疾人免费咨询服务热线,她的初衷是为和她一样的残疾人朋友提供一个可以交流和倾诉的平台,因为她从自己的经历中深切地感到残疾人的社会交往困境以及交流传播对残疾人身心健康的重要性。阿英在自述中这样解释自己创办自强服务站的想法,"在长达8年的康复锻炼中,我受到了社会各方面的关心支持与鼓励,也是在这几年和残疾人的交往中,我发现并不是每个残疾人都像我这样有坦然面对现实的心态,也发现有太多的残疾人都没有我这样幸运地得到别人和社会大家庭的关爱与鼓励。我想:'我得把社会给我的关爱与友善继续传承!'于是,我就经常与有着切肤之痛的残疾人交流,并以自己的心路历程去鼓励、开导仍生活在心理阴影下的残疾人群"[①]。在社会友好人士及家人的支持下,阿英在免费热线咨询的基础上成立了自强服务站,将办公室从最初的家中相继迁往街道居委会和商业区。

十多年来,自强服务站一直坚持服务于忠县以及周边县镇,包括返乡工伤者在内的残疾人群体,以"激励残疾人树立自尊、自信、自强、自立精神"为最终目标。为此,自强服务站开展了如下几个方面的工作:(1)倾听残疾人的热线倾诉,为他们提供一些法律法规的解答,疏导他们的负面情绪,让这些残疾人倾诉内心的苦衷,使其心理压力得到释放;(2)接待残疾人的来信来访,鼓励残疾人朋友正视残疾,树立自我认同感,重新融入社会生活,并且适当帮助残疾人朋友解决家庭问题;(3)探访、帮扶残

---

① 阿英的自述文字,编号173935。

疾人，通过实地探访帮助残疾人解决实际的生计问题，提供力所能及的物质支持和精神支持；（4）建立交流平台，提供信息服务。一方面为致丽大火幸存者及其家属创造一个彼此交流的平台，使其能够相互帮助、相互鼓励、共同自强自立地生活与进步；另一方面是建立社会福利企业与残疾人之间的就业联系，帮助残疾人朋友实现再就业；（5）为外出民工发放《外出务工知识问答》小册子，宣传工伤法律知识；（6）建立尘肺病服务社区中心，为尘肺病患者提供基础的康复设施，同时提供一个可以供尘肺病患者相互交流病情的空间，释放他们内心的压力，促进相互鼓励、相互帮助。[①]

自强服务站的一个重要服务群体是工伤返乡者，尤其以致丽大火幸存者以及尘肺病患者为主。自强服务站首先四处收集致丽大火返乡工伤者的资料，构建起致丽大火幸存者及其家属的交流互动网络，在致丽大火10周年、15周年、20周年时举办纪念活动，成为致丽大火幸存者们相互联系的重要中介。其次，自强服务站在尘肺病患者较为集中的拔山镇设立尘肺病康复中心，积极向社会公众宣传尘肺病的病因以及病症的非传染性等知识，消除社会对尘肺病的恐慌与歧视。最后，将分散的尘肺病患者聚集起来，集中进行日常的康复锻炼，形成了一个平等互助的健康社区共同体。[②]

自强服务站可谓是国内第一家由工伤者自行创立、具有较大社会影响力、服务包括工伤者在内的残疾群体的社会组织。阿英曾先后多次受邀参加国内多个交流会议与论坛，在当地也当选政协委员，残疾人协会主席，她用自己的行为与故事为残疾人发声，从政策层面倡导一个更平等、更友好的适合残疾人出行的社会环境。

（三）为什么选择惠民与自强？

田野地点的选择并不是随意的，必须根据研究问题的需要以及现场执行的可行性等因素来综合决定。本书选择惠民互助服务中心与自强服务站主要基于以下四个方面的考虑：

第一，与研究主题"返乡工伤"的契合性。惠民与自强都是以返乡工伤者为服务主体的民间组织，他们在日常工作中会接触大量的返乡工

---

① 《忠县自强残疾人服务站工作情况汇报》，2003年4月。
② 据当事人口述，因缺乏资助资金，该康复中心在运行1—2年的时间之后停掉了。

伤者，而本次田野调查的主要工作之一就是观察机构成员与返乡工伤者的日常工伤叙事。另外，这两个机构从事社会工作的时间较长，在当地以及公益圈内都具有一定的知名度与影响力。因此笔者认为它们与本次研究主题具有很强的契合性，能够更好地回答本次研究所要回答的研究问题。

第二，研究对象的"代表性"。惠民与自强所接触的返乡工伤者在性别方面具有互补性。可能与机构创建者的性别有关，惠民所服务的返乡工伤者大多以男性为主，而由于致丽火灾幸存者大部分是女工，所以自强服务站的工伤者网络中包含了部分的返乡工伤女工。鉴于对返乡工伤者性别的"代表性"考虑，笔者同时选择这两个机构作为研究的田野地点。

第三，"中间人"的合格性。国内学者风笑天提出田野进入的"中间人"概念，他认为研究者要能参与研究对象的实际社会生活，常常需要某些"关键人物"或"中间人"的帮助[①]。本次田野调查除了需要观察返乡工伤者与机构之间的工伤叙事与传播之外，还需要分别与返乡工伤者建立个体联系，收集工伤疾痛叙事资料，因此研究者需要借助当地社会组织的社交网络来"牵线搭桥"，帮助获得返乡工伤者的联系方式，甚至深入到返乡工伤者的日常生活之中。而惠民与自强两个机构都与当地工伤者们保持着密切的联系，并且深得人们信任，是非常合格的"中间人"。

第四，当地文化与语言的接近性。田野调查常常要求研究者能够融入被研究者的文化系统当中，与他们共享一套语言交流符码，建立起获得他们信任的"自己人"关系。惠民与自强同样处于西南地区，方言以及地方文化具有极大的同质性，研究者个人的成长背景、西南方言的熟练应用使得研究者能够更加容易与当地人打成一片，利于田野现场的进入与研究的开展。

二 具体研究对象

本书将具体观察与访谈对象设定为以下三个类型：返乡工伤者、返乡工伤者家属和机构成员。其中，返乡工伤者是具体研究对象中的主体，通过与他们进行访谈，以及日常参与机构活动的观察，研究者可以获取工伤

---

① 风笑天：《社会学研究方法》，中国人民大学出版社2001年版，第245页。

疾痛叙事的第一手口述资料；第二，家庭/机构情境下的工伤疾痛叙事，通过观察返乡工伤者与家属或机构成员的工伤疾痛交流，以及对返乡工伤者家属与机构成员的访谈，研究者可以获得返乡工伤者在不同情境下的工伤疾痛叙事材料，除了口述材料之外，还包括文字叙事、热线咨询、书信往来等其他形式的二手叙事资料。

本次研究的返乡工伤者包括两种工伤类型：肢体残疾与尘肺病患者。肢体残疾的返乡工伤者主要是在工厂打工过程中，因操作机器故障或其他原因导致手部、脚部残疾，返乡之后他们需要面对的是身体残疾带来的劳动力丧失的问题，一般情况下他们的身体疼痛并不明显；而尘肺病作为一种常见的职业病，潜伏期较长，发病初期患者通常难以发觉，所以继续从事重体力劳动，但是一旦病情发作，他们的呼吸状况便急剧下降，不仅劳动能力受损，连日常的行走、吃饭、洗澡都难以自理，严重者终日需要靠呼吸机维持正常呼吸。

上述三类具体研究对象中，唯一能够在研究之前确定名单的只有机构成员这一类。由于目前两个机构的工作人员都只有两人（包括机构负责人），因此本次研究选择将四位机构工作人员全部纳入具体研究对象之中。返乡工伤者的名单主要来源于机构成员提供的工伤探访记录表与个人通讯录，第一轮"普查"后，笔者根据研究对象的身体状况、语言表达能力以及访谈意愿对名单上人员进行筛选；第二轮观察与访谈之后，再根据年龄、性别、工伤类型和居住地等个体指标进行补充与调整，最终形成观察与访谈对象的名单[①]；而返乡工伤者的家属名单则要根据最终访谈成功的返乡工伤者，以及其家属成员的身体状况、语言表达能力以及访谈意愿才能确定是否列为具体的研究对象。由此可知，具体的研究对象数量与名单都处于一种弹性变动之中，在研究开始前并不存在硬性的规定，而最终对于数量与对象的确定要视资料获取的全面性而定，即当田野调查中没有再产生新的叙事材料，笔者才选择退出场地，而最后成功完成的具体研究对象的数量与个体作为本书的具体研究对象名单。

---

① 在研究起步阶段，笔者对机构成员提供的名单进行第一轮"普查"，即对名单上的所有返乡工伤者进行摸底探访，一方面让返乡工伤者认识笔者；另一方面笔者可以通过身体状况、语言表达能力、探访意愿等因素确定第二轮的观察与访谈名单。第二轮观察与访谈则更有针对性，最后再根据访谈成功的返乡工伤者的年龄、性别、工伤类型、居住地远近再次对访谈对象名单进行补充与调整，尽量获得较为全面的工伤疾痛叙事材料。

第二节 数据收集

在确定田野地点之后,笔者便带着研究问题进入田野调查的第二个环节,也是最重要的环节:数据收集。数据收集的方法主要是深度访谈和参与式观察,深度访谈主要运用于返乡工伤者的工伤疾痛自述材料的收集,而参与式观察与返乡工伤者家属/机构成员的深度访谈共同记录返乡工伤者与家庭成员、机构成员、其他返乡工伤者之间的工伤疾痛叙事传播。

本节分为现场进入、实地调查技巧、数据收集成果三个部分。现场进入是数据收集的第一步,即笔者如何获得研究对象的信任,进入研究对象的日常生活,以及田野调查的进入时间安排;实地调查技巧部分介绍笔者在深度访谈与参与式观察中如何通过互动获得合格的工伤疾痛叙事文本;最后一部分数据收集成果则呈现本次研究最终成功观察与访谈的研究对象信息与所获得的疾痛叙事材料类型。

一 现场进入

如何进入现场以及能否顺利进入现场,不仅仅决定田野调查的成功与否,还会影响该研究的科学性及最终的研究质量。[1] 陈向明教授指出所谓"进入研究现场"至少可以指两种不同的行动:(1)研究者与被研究者取得联系,征求对方是否愿意参加研究;(2)研究者个人置身于研究现场,在与当地人一起共同生活和劳动的同时与对方协商从事研究的可能性。研究者可以在这两种方式中选择一种,选择的标准取决于具体研究项目的要求以及研究实地的可能性。[2]

在本书中,笔者针对不同的研究对象,使用了不同的现场进入方式,或者是两种方式相结合的方法。

(一)社会组织的现场进入

社会组织机构成员既是本书的具体研究对象,同时也扮演着联系研究者与返乡工伤者个体及其家属的"中间人"角色,因此,是否能够成功进

---

[1] 郑欣:《田野调查与现场进入——当代中国研究实证方法探讨》,《南京大学学报》(哲学·人文科学·社会科学)2003年第3期。
[2] 陈向明:《质的研究方法与社会科学研究》,教育科学出版社2000年版,第149页。

入社会组织机构内部，是田野调查成功的关键。

笔者进入社会组织现场的方法主要是通过上述的第一种进入现场的方式，即主动与机构负责人取得联系，征求对方是否愿意参与、支持本次研究。首先，笔者通过传统的"私人关系"获得两个机构负责人的联系电话或微信，为了尽可能降低第一次联系的唐突与冒昧，笔者决定通过短信、微信的文字形式向两位负责人介绍自己、本次研究的目的与内容以及需要他们提供的支持形式。行文以双方共同的朋友的问候作为开头，增进双方的亲近感；然后尽量使用对方群体惯用的表达方式与内容，比如讲述自己对工伤的认识与了解，工伤对工伤者生活的巨大影响等，拉近彼此间的距离。

在得到回复之后，第二次的联系尽量使用电话或视频的面对面人际传播形式，进一步阐述研究的动机和研究的计划，交谈中时刻保持谦逊与尊重，表示出机构对于研究的重要性，以及自己的研究对机构与其他返乡工伤者的意义价值所在。在来回多次的短信/微信以及电话交流的沟通基础上，笔者成功获得了两位社会组织机构负责人的认同与支持，他们表示不但愿意成为本次研究的研究对象，并且愿意作为"中间人"为笔者提供接触与深入返乡工伤者生活的机会。

（二）返乡工伤者及其家属的现场进入

笔者进入返乡工伤者及其家属的生活现场使用了上述两种现场进入方式。首先，笔者进入社会组织机构之后，一直以志愿者的身份参与机构的日常工作，包括工伤家庭探访与小组活动组织等。通过机构成员的这个身份，笔者能够在与返乡工伤者取得联系之前置身于他们的生活现场，这种方式不仅能够使笔者以一种自然的交往形式与返乡工伤者取得联系，另外还可以降低返乡工伤者对笔者身份的顾忌与防范。

一般情况下，笔者在第一次家庭探访中并不会提及任何与本次研究相关的话题，而是以机构成员的身份协助机构负责人完成工伤家庭探访的工作，初步了解返乡工伤者的个人情况与家庭情况，与返乡工伤者建立起一种"自己人"的熟络关系[1]，确定是否将该返乡工伤者作为研究对象。第

---

[1] 与返乡工伤者建立熟络关系，要基于研究者对其个人性格与家庭的观察与了解。如果工伤者结婚有孩子，那么与他的孩子保持亲密关系，则能够在短时间内拉近研究者与研究对象的距离；如果工伤者未婚，那么帮助他做家务活或农活，同他的父亲母亲聊天，熟络家庭气氛，也是能够获得返乡工伤者信任和好感的方法。总之，研究不是自上而下的"命令"与"配合"，而是人与人之间的友好交往。

二次到访,笔者则会介绍自己的身份以及研究的内容,并且征求返乡工伤者的个人意愿。在第一次友好造访的基础上,返乡工伤者一般不会拒绝"朋友"之间的这种开诚布公的"聊天",因此后续有关工伤疾痛的深度访谈得以顺利进行。

在重庆忠县自强服务站开展实地调查时,由于阿英的身体健康问题,无法每一次都亲自介绍返乡工伤者给笔者认识,因此阿英很周到地事先打电话向工伤者介绍笔者的个人情况,并且说服她们接受访谈,在此基础上,笔者再通过电话征求她们的同意,然后独自登门造访。

(三)现场进入的时间安排

本次田野调查共持续九个月,分五次进入,详细时间表如下:

表1-1　　　　　　　　　　田野调查的现场进入时间表

时间	田野地点	主要内容
2015.2.19—2015.2.21	遵义惠民互助服务中心第一次踩点	1. 与机构负责人沟通研究目的、研究内容与研究计划,获得机构负责人的认同与支持; 2. 参观惠民互助服务中心,了解机构的运作方式和主要工作内容; 3. 确定进入现场的合适方式。
2015.3.30—2015.5.30	第二次正式进入惠民互助服务中心	1. 协助机构成员完成机构内部工作事务; 2. 联系返乡工伤者,进行访谈叙事; 3. 在工作中观察返乡工伤者如何与机构成员以及其他返乡工伤者讲述自己的工伤疾痛故事。
2015.6.2—2015.6.10	忠县自强服务站第一次踩点	1. 与机构负责人沟通研究目的、研究内容与研究计划,获得机构负责人的认同与支持; 2. 参观自强服务站,了解机构的运作方式和主要工作内容; 3. 确定进入现场的合适方式。
2015.6.9	拔山镇尘肺病患者首次踩点	1. 与当地一位尘肺病患者联系,沟通研究目的、研究内容与研究计划,获得患者的认同与支持; 2. 了解当地尘肺病患者的生存生活状态。
2015.7.6—2015.8.5	第二次正式进入忠县自强服务站	1. 协助机构成员完成机构内部工作事务; 2. 联系返乡工伤者,进行访谈叙事; 3. 收集其他形式的工伤疾痛叙事材料。

续表

时间	田野地点	主要内容
2015.7.19—2015.7.25	第二次正式进入拔山镇尘肺病患者群体	1. 联系尘肺病患者，登门探望，进行访谈叙事； 2. 在患者的带领下，滚雪球般收集其他尘肺病患者的工伤故事。
2015.11	第三次正式进入惠民互助服务中心	补充完善对机构负责人、返乡工伤者的访谈记录； 开展 2 场焦点小组座谈会； 将机构五年发展历程整理成书。①

田野调查结束之后，笔者还通过互联网与多位尘肺病患者建立起联系，以网络聊天的方式进行深度访谈，这部分访谈资料虽然相对薄弱，但也是对田野调查现场资料的重要补充。

二 实地调查技巧

无论是实地调查中的深度访谈还是参与式观察，笔者需要收集的是返乡工伤者在不同情境下的工伤疾痛叙事文本，即他们如何讲述自己的工伤疾痛故事。但是，并非所有的访谈文本都可以称作叙事文本。Christopher McKevitt 在一项中风病人的叙事研究中发现，其中两个案例的访谈结果生成了叙事，但是另外两例样本却失败了，失败的原因有两个：一个是访问者的传播技巧不足阻碍了一个连续叙事文本的生成；另一个是受访者基于个性、顾虑、生活状态等考虑，使用了很多策略拒绝述说自己的故事②。

国际知名叙事理论家杰拉德·普林斯（Gerald Prince）把叙事定义为"对于时间序列中至少两个真实或虚构的事件与状态的讲述，其中任何一个都不预设或包含另一个"③。因此，合格的叙事文本应该包含以时间序列为特征的开始、发展与结尾，而讲述的两个或以上的互不预设的事件则构成叙事的情节。基于此，在本次实地调查中，笔者必须尽可能地确保返乡工伤者们能够按照自己的真实想法将自己的工伤故事"讲出来"，形成一

---

① 见张灵敏《陪伴与成长：返乡工伤者的发展之路》，社会科学文献出版社 2017 年版。
② Christopher McKevitt, "Short Stories about Stroke: Interviews and Narrative Production", *Anthropology & Medicine*, Vol. 7, No. 1, 2000, pp. 79–96.
③ [美] 杰拉德·普林斯：《叙事学：叙事的形式与功能》，徐强译，中国人民大学出版社 2013 年版，第 4 页。

个连续的叙事文本，而非一问一答的机械性文本。

（一）外围—核心的反复式访谈

工伤疾痛叙事的访谈跟一般的访谈不同，它不是以获得研究对象对某一事件或现象的看法或感受为目的，而是需要将他们置于访谈中的主体位置，向研究者讲述一个连续的，具有时间序列与情节发展的工伤疾痛故事。因此，在访谈之前，研究者需要做好充分的心理准备：叙事文本的获得并不是一次能够完成的工作。

在本次田野调查中，每一个返乡工伤者的访谈次数平均在三次以上，甚至有的工伤者进行了多达五次的访谈。一般来说，身体残疾或疾病属于个人比较隐私的领域，尤其工伤疾痛经历往往会涉及大量个人及家庭的"私事"，返乡工伤者不会敞开心怀向外人倾吐。因此，笔者采取外围—核心的反复式访谈方法，先从无关紧要的叙事话题聊起，获得研究对象的信任之后，循序渐进地从外围话题切入工伤这个核心话题。

从第一次接触到第三次、第四次访谈，笔者不但需要把握外围—核心的叙事话题方向，而且要确保访谈时间由少及多的原则。第一次访谈，笔者应该将访谈时间控制在30—40分钟以内，叙事话题自由，尽量贴近研究对象的日常生活，笔者需要在访谈中寻找自己与研究对象的共同话题，以便通过自由的访谈增进两人之间的信任关系；第二次访谈可以将访谈时间延长至90分钟，视两人关系的发展确定切入工伤话题的时机；第三次、第四次访谈的时间可以自由控制，主要视研究对象的表达欲望而定，笔者不应主动打断或终止研究对象的叙事，直到研究对象"无话可说"，不再提供新的信息，访谈停止。

（二）无结构、开放式的访谈

在进入现场之前，笔者准备了一份详细的访谈提纲，提纲中按照时间顺序以及工伤事件的关联者设置了工伤疾痛叙事的访谈线索。进入现场后的前几个访谈，笔者也一直遵循这样的访谈提纲与返乡工伤者进行交谈，但是笔者发现这样的访谈结果是一个不连续、叙事主题不断切换的叙事文本，原因在于访谈提纲限制了研究对象的工伤叙事。在叙事过程中工伤者会无意识地偏离笔者事先设置好的工伤话题，当笔者进一步强化这个工伤话题时，他又会"配合"研究重新回到主题。因此，从某种程度来说，这样的访谈形式所获得的叙事文本并不是返乡工伤者基于自己真实叙事逻辑而建构的工伤疾痛故事，而是在笔者的引导和限制下，所讲述的一个符合研究预设的"伪"故事。①

因此，在后续的访谈中，笔者摒弃了之前的访谈提纲，将整个访谈的主动性交给研究对象，并且把握访谈的一个重要原则：笔者不开启新的故事主题，即返乡工伤者想怎样讲述这个工伤故事，从哪儿说起，说些什么，都由他们自己决定。在他们的叙事过程中，笔者不做任何的"打断"，等待他们讲述完一个事件或状态之后，笔者再对之前讲述的细节进行追问。比如研究对象在讲述自己遭遇工伤的过程，笔者在叙事过程中不能随意打断，更不能开启一个新的叙事话题（不同于遭遇工伤的过程的事件），等待工伤者自行进入下一个叙事情节。

叙事访谈中往往存在这样一种情况，即笔者希望了解的某一方面内容在研究对象的叙事中完全没有被提及，这种情况下，笔者通常选择在研究对象的个人叙事结束之后对没有提及的原因进行询问。比如笔者认为家庭成员间的工伤疾痛讲述应该是研究对象叙事中的重要部分，但是在多数叙事访谈中，研究对象却很少提及，因此在叙事结束之后，笔者需要追问他们不提及的原因，"为什么在你的故事里，很少提起你的家人呢？"而不是在访谈过程中设置一个新的家庭疾痛叙事的情节。

三 数据收集成果

经过两个田野地点，为期近九个月的数据收集工作以及后续的网络访谈之后，本次研究最终成功收集33名返乡工伤者的工伤疾痛叙事文本，男性19名，女性14名，其中29名通过深度访谈形式获取资料，剩余四名通过二手资料收集方法和参与式观察获得；成功访谈3名机构成员②与11名返乡工伤者家属，三类研究对象一共收集到工伤疾痛口述材料约50万字，以及一定数量的其他形式的叙事材料，如文字叙事、书信往来、热线咨询等。参与式观察一共6次，其中机构的工伤家庭探访活动2次，返乡工伤者小组活动2次，尘肺病患者交流2次，收集到口述录音材料和观察笔记六份。

具体的访谈对象信息、调查方法、收集到的叙事文本材料信息如下表：

---

① 此处的"伪"故事并不是指故事情节的造假或编造，而是在笔者对主题的引导下，研究对象讲述了笔者希望了解的故事，而可能不是他自己想要重点讲述的故事。

② 由于三位机构成员同时也是返乡工伤者，因此33位返乡工伤者中也包含这三位机构成员。

表 3-2　田野调查研究对象具体信息及数据收集形式

序号	对象姓名	性别	研究对象类型	工伤类型	调查方法	叙事文本形式
1	WFM	男	机构负责人 & 返乡工伤者	手部残疾	深度访谈；参与式观察	口述叙事录音；观察笔记
2	RMX	女	机构成员 & 返乡工伤者	手部残疾	深度访谈；参与式观察	口述叙事录音；观察笔记
3	AZP	男	返乡工伤者	手部残疾	深度访谈	口述叙事录音
4	LZH	男	返乡工伤者	腿部残疾	深度访谈	口述叙事录音
5	DXY	男	返乡工伤者	手部残疾	深度访谈	口述叙事录音
6	CXK	男	返乡工伤者	手部残疾	深度访谈	口述叙事录音
7	YHG	男	返乡工伤者	手部残疾	深度访谈	口述叙事录音
8	LL	女	返乡工伤者	手部残疾	深度访谈	口述叙事录音
9	SSQ	男	返乡工伤者	腹部、喉部、腿部	深度访谈；二手资料收集	口述叙事录音；与机构负责人的QQ聊天记录
10	XRS	男	返乡工伤者	腿部	深度访谈	口述叙事录音
11	HY	男	返乡工伤者	全身烧伤	深度访谈	口述叙事录音
12	CYY	女	机构负责人 & 返乡工伤者	全身烧伤、手部、腿部残疾	深度访谈；二手资料收集	口述叙事录音；书信121封；工伤疾痛文字叙事31篇；工伤疾痛叙事14篇；媒体叙事3篇；
13	WXH	女	返乡工伤者	全身烧伤、手部、腿部残疾	深度访谈；二手资料收集	口述叙事录音；工伤疾痛文字叙事3篇

续表

序号	对象姓名	性别	研究对象类型	工伤类型	调查方法	叙事文本形式
14	LHZ	女	返乡工伤者	手部残疾	深度访谈	口述叙事录音
15	HYL	女	返乡工伤者	手部、腿部残疾	深度访谈	口述叙事录音
16	DWH	女	返乡工伤者	手部残疾	深度访谈	口述叙事录音
17	LDR	女	返乡工伤者	手部残疾	深度访谈	口述叙事录音
18	WXY	女	返乡工伤者	手部残疾	深度访谈	口述叙事录音
19	HXM	女	返乡工伤者	手部残疾	深度访谈	口述叙事录音
20	LZY	男	返乡工伤者	尘肺病	深度访谈	口述叙事录音
21	LHY	男	返乡工伤者	尘肺病	深度访谈	口述叙事录音
22	ZZQ	男	返乡工伤者	尘肺病	深度访谈	口述叙事录音
23	DDM	女	返乡工伤者	尘肺病	深度访谈	口述叙事录音
24	CYL	女	返乡工伤者	尘肺病	深度访谈	口述叙事录音
25	YMS	女	返乡工伤者	尘肺病	深度访谈	口述叙事录音
26	MQS	男	返乡工伤者	尘肺病	二手资料收集	文字叙事
27	QXQ	女	返乡工伤者	尘肺病	二手资料收集	文字叙事
28	GYY	男	返乡工伤者	尘肺病	参与式观察	观察笔记
29	LDY	男	返乡工伤者	尘肺病	二手资料收集	文字叙事
30	GJH	男	返乡工伤者	尘肺病	深度访谈	口述叙事录音
31	HZY	男	返乡工伤者	尘肺病	深度访谈	访谈笔记

续表

序号	对象姓名	性别	研究对象类型	工伤类型	调查方法	叙事文本形式
32	DYF	男	返乡工伤者	尘肺病	深度访谈	访谈笔记
33	WMK	男	返乡工伤者	尘肺病	深度访谈	访谈笔记
34	GYY 父亲	男	返乡工伤者家属	—	深度访谈	访谈笔记
35	LZY 侄儿	男	返乡工伤者家属	—	深度访谈	口述叙事录音
36	LZH 母亲	女	返乡工伤者家属	—	深度访谈	口述叙事录音
37	LL 母亲	女	返乡工伤者家属	—	深度访谈	口述叙事录音
38	LL 女儿	女	返乡工伤者家属	—	深度访谈	口述叙事录音
39	CYY 父亲	男	返乡工伤者家属	—	深度访谈	口述叙事录音
40	LHZ 母亲	女	返乡工伤者家属	—	深度访谈	访谈笔记
41	GYY 妻子	女	返乡工伤者家属	—	深度访谈	口述叙事录音
42	LHY 母亲	女	返乡工伤者家属	—	深度访谈	口述叙事录音
43	LHY 妻子	女	返乡工伤者家属	—	深度访谈	口述叙事录音
44	CJH 妻子	女	返乡工伤者家属	—	深度访谈	口述叙事录音
45	LZH 家庭探访	—	—	—	机构成员与返乡工伤者的工厂疾痛传播的参与式观察	口述叙事录音；观察笔记
46	LL 家庭探访	—	—	—	机构成员与返乡工伤者的工厂疾痛传播的参与式观察	口述叙事录音；观察笔记
47	返乡工伤者小组座谈会	—	—	—	参与式观察	会议笔录资料；观察笔记

续表

序号	对象姓名	性别	研究对象类型	工伤类型	调查方法	叙事文本形式
48	返乡工伤者及其家属野餐活动	—	—	—	参与式观察	活动简报；观察笔记
49	HZY 与 LZY 病友交流	—	—	—	尘肺病患者交流的参与式观察	口述叙事录音；观察笔记
50	CJH 与 LHY 病友交流	—	—	尘肺病	尘肺病患者交流的参与式观察	口述叙事录音；观察笔记

第三节 数据分析

如何处理海量的文本资料是质化研究的一大难题。质的研究十分强调根据研究问题与资料本身的特性来决定整理与分析资料的方法。根据不同研究对象提供的访谈内容的差异，本次田野调查收集到的资料可以分为三个类型：（1）返乡工伤者的工伤疾痛故事，主要来源于返乡工伤者的口述资料与其他形式的叙事资料；（2）返乡工伤者面对其他对象的工伤疾痛传播，即他们如何对家庭成员、机构成员以及其他返乡工伤者讲述他们的故事；（3）返乡工伤者对工伤疾痛叙事的评价。

由于这三个类型的文本内容穿插在每一个研究对象的数据资料中，因此，整理分析资料的第一步是根据上述三个类型进行分类，即将整体文本按照工伤疾痛故事、工伤疾痛故事的传播以及工伤疾痛叙事的评价分成三个子文本集，并且以 S、C、V 三个字母分别命名子文本集。需要说明的是，三个子文本集中的内容存在一定程度的重叠，比如返乡工伤者在讲述自己如何应对工伤疾痛的故事中会包含自己与其他残疾人的工伤疾痛传播，因此这一段叙事内容会同时归入第一个与第二个子文本中。

不同类型的子文本需要不同的数据分析方法。在本书中，笔者对第一类工伤疾痛故事的叙事文本采取叙事分析与意识形态分析的方法，而后两类子文本则采取质化研究最为常见的类属分析法。

一 工伤疾痛故事的叙事分析

审视阅读、诠释和分析生活故事及其他叙事资料的不同可能性时，主要有以下两个独立的维度：整体方法与类别方法；内容与形式。[①] 第一个维度的区分是基于分析的单元是完整的故事文本还是从中提炼或截取的部分表达或片段叙事。在整体方法的视野下，个人的工伤故事被看作一个整体，文本的各个部分被放在与其他叙事部分一体的背景下作出诠释；而类别方法则是先把原始故事解剖开，从整个故事或者分别来自不同叙述者的

---

① ［以］艾米娅·利布里奇、里弗卡·图沃—玛沙奇、塔玛·奇尔波：《叙事研究：阅读、分析和诠释》，王红艳主译，重庆大学出版社 2008 年版，第 10 页。

数个故事文本里，收集起属于某一个定义范畴的部分或个别词句①。第二个维度是关注故事文本的阅读方式，即分析的落脚点是叙事的内容还是叙事的形式。关注内容意味着了解讲述者"说了什么"，而叙事的形式则关注讲述者"如何说"。根据这两个维度的四个取向，叙事分析的方法可以分为整体—内容、整体—形式、类别—内容与类别—形式四种类别。

返乡工伤者如何构建他们的工伤疾痛，即他们的工伤疾痛是什么，来源于什么，这是本书的一个主要研究问题，因此我们需要从整个叙事文本入手分析它的叙事内容，即关于工伤他们"讲了些什么"，对他们所讲述的所有内容进行分析和归类，最终构建出他们工伤疾痛叙事的类型。鉴于此，笔者使用整体—内容的叙事分析方法来分析工伤疾痛叙事的文本资料。

整体—内容叙事分析的第一步是反复阅读叙事材料，与之前子文本分类的阅读方法不同，此处的叙事分析需要反复精读，而子文本的分类只需要在通读的情况下便可完成类别的区分。

在精读的基础上，第二步是由下自上地为每一个叙事主题进行概括与编码。第二步是叙事分析的关键步骤，本次研究所使用的编码方法与扎根理论的方法类似。扎根理论是一种研究方法，或者说是一种做质化研究的风格，其主要宗旨是从经验材料的基础上建立理论。研究者在研究开始之前一般没有理论假设，直接从原始资料中归纳出概念和命题，然后上升到理论。这是一种自下而上建立理论的方法，即在系统收集资料的基础上，寻找反映社会现象的核心概念，然后通过在这些概念之间建立起联系而形成理论。② 同扎根理论一样，笔者在进行编码之前并没有具体的编码表或分析概念体系，而是通过一级至四级的编码方式对原始资料进行由下而上、由具体至抽象的概念提炼。

一级编码是笔者完全依据叙事内容所呈现的事件进行自由的概括，不需要进行任何的关联与主题升华，就像概括段落大意一样，即使前后段落讲述的是同一个大的问题，如果讲述的具体细节不同，也应该分为两次进行编码。拿CYY的叙事文本为例，从外出打工的家庭背景开始说起，到最

---

① ［以］艾米娅·利布里奇、里弗卡·图沃—玛沙奇、塔玛·奇尔波：《叙事研究：阅读、分析和诠释》，王红艳主译，重庆大学出版社2008年版，第11页。

② 陈向明：《质的研究方法与社会科学研究》，教育科学出版社2000年版，第327页。

后战胜残疾、创造新生活，笔者一共对其进行了191次一级编码，并且对每一个编码赋予一个数字进行命名。

二级编码是在一级编码的基础上，对同一类事件进行关联性编码，并重新命名。例如，CYY的叙事文本中72号一级编码"母亲的悉心护理"与76号一级编码"哥哥对妹妹的关心与照顾"，都是属于"家庭照料"这一主题，因此在二级编码中，需要将72、76号一级编码合并为新的二级编码类别，并以"家庭照料"命名。

同理，三级编码是对二级编码的又一次主题提炼，编码级数越高，编码类别的抽象程度越高，越具有理论的特性。还是拿CYY的叙事文本为例，在二级编码中有一个类别是"家庭成员的精神鼓励与开导"，它与"家庭照料"同属于"家庭支持"的范畴，因此，在三级编码中，笔者需要将类型接近的两类二级编码再次合并，重新形成新的三级编码类别。

四级编码可以说是叙事内容的最高等级，即经过四级编码形成的主题类别不具有同质性，彼此之间互不交叠，互相排斥，无法继续合并。如CYY叙事文本中三级编码中的"家庭支持"与"社会成员支持"共同被归纳为高度概括、具有理论意义的四级编码"社会支持"。通过一级至四级的层层提炼、归类，CYY叙事文本的191个一级编码最终形成20个四级编码。

按照上述编码归类的叙事分析方式，笔者对33位返乡工伤者的口述叙事一一进行了一级至四级的编码。最后，统观每一位返乡工伤者的四级编码类别，笔者发现几乎每一位工伤者都按照工伤后的身体、心理、生活变化、所遭遇的社会不公以及自己如何应对工伤这样的叙事逻辑讲述工伤疾痛故事，因此笔者最终归纳出三种工伤疾痛叙事的类型：混乱叙事、疾痛多重性叙事与抵抗叙事[①]。

二　工伤疾痛故事的意识形态分析

通过对工伤疾痛故事的叙事分析，笔者提炼出了返乡工伤者工伤疾痛叙事的三种类型，他们在叙事中把工伤疾痛建构为一种基于身体的苦难、

---

① 一般的叙事类型是基于不同的文本或个体进行归类，即一个文本或个体被归于一个叙事类型，而本书所得出的三种叙事类型是根据文本的叙事内容进行归类，即一个人的工伤疾痛叙事可能同时包含三种叙事类型，也可能只有其中的一种类型。

社会多重权力结构的综合产物以及个体对工伤疾痛的应对与抵抗，其中后两种叙事类型占据了他们叙事的大部分篇幅。那么，如何分析工伤疾痛的社会生产与抵抗工伤疾痛这一叙事主体的内在含义？即返乡工伤者通过叙事讲述的这些事件与情节究竟想要传达的是什么？

本书使用意识形态分析的方法对其中具体的叙事类型进行分析，以探究如此叙事背后所蕴藏的两种对立的意识形态类型，以及他们如何通过叙事建构与传播属于自己群体的、有关工伤、身体的"另类"意识形态话语，与社会大多数人所持有的主流意识形态形成一种抵抗。

意识形态一词最早出现在法国思想家特拉西（Antoine Distutt de Tracy）的《意识形态诸要素》一书中，意指"观念学说"或"观念科学"，其目的是为了研究认识的起源与边界、认识的可能性与可靠性等认识论中的基本问题。[①] 在特拉西的意识形态描述中，他把意识形态与政治、信仰联系一起，忽视了日常生活中以语言互动形式出现的意识形态。在阿尔都塞的意识形态理论中，意识形态作为一种普遍的、客观存在的无意识结构，让人一出生就无可避免地被意识形态所包围，它深深扎根于社会关系之中，并以一种持续、隐性、温和的方式进行着生产关系的再生产。而作为普遍、客观存在的意识形态在日常生活中总是以某种象征形式出现，一般而言，它隐藏于我们传播互动的语言表达之中。

卢永欣认为，意识形态是同语言交织在一起的，它要通过语言来展现和表达自己；语言是理解意识形态的出发点，是实现意识形态的手段，是意识形态得以存在和发展的前提，也是意识形态一切成果的凝聚物。[②] 阿尔都塞在回复费南妲·纳瓦洛（Fernanda Navarro）关于意识形态的定义时也曾这样回复，"首先，考虑到没有语言和思想就没有人类活动，所以假如没有一整套用语词表达的观念体系，人类的实践也就无从谈起，而这个观念体系，也就是相关社会实践的意识形态。另一方面，意识形态不是哪一个人想象出来的某种观念，而是社会产生的一套观念体系，它决然不同于纯粹的个人经验，而总是牵掣着一个特定的、实在的社会现实"[③]。阿尔都塞认同意识形态以语言实践为载体流通于社会的各个角落，正是这样日

---

① 吴学琴：《大众传播话语的意识形态性分析》，《安徽大学学报》（哲学社会科学版）2014年第6期。
② 卢永欣：《语言维度下的意识形态分析》，《思想战线》2010年第3期。
③ 陆扬：《论阿尔都塞的意识形态理论》，《中国人民大学学报》2015年第1期。

积月累的社会实践构成了一套稳定的观念体系，反映社会对某一社会现象的某种共识，同时排斥其他形式的意识形态体系。

主流意识形态是统治阶级的具有"整体思维结构"亦即理论化后的价值信念和思想体系。它为社会成员提供统一的价值目标、社会理想和行为指南，使社会成员和各个群体对现存制度的合理性、合法性和社会发展目标的正当性、正确性有一个清醒认识，对自己行为和价值取向的应然性也有一个明确认识。① 在理解主流意识形态的时候，我们需要厘清它与官方意识形态的差异。不可否认，官方意识形态是最具典型性的主流意识形态，但是在我们的日常生活中，由大多数人所持有的对某一事件或人群的看法都可以形成一种主流的意识形态，它是社会主流人群所具有的共同观念体系，是相对于社会中其他另类人群而言。

返乡工伤者不管是受伤前的农民工身份，还是受伤之后的残疾人、慢性职业病患者角色，都是不同于城镇市民、健全人这类主流人群的另类群体。他们的叙事中充溢着社会主流群体（大多数健全者）对他们的身体或行为的认知与评价，以及他们对这种社会主流意识形态的不认同与反抗。因此，通过对叙事文本进行意识形态分析，我们可以窥探针对返乡工伤者的社会主流意识形态的类型与具体含义，并且呈现返乡工伤者们在叙事中建构的能够真实反映自我与内部群体文化、价值观念的另类意识形态。

英国文化批判理论家汤普森（Eduard Palmer Thompson）认为，意识形态的日常化主要是通过象征建构的谋略实现的②。本书的意识形态分析将借鉴汤普森提出的意识形态日常化建构策略的思路，在揭示工伤疾痛叙事中体现的具有压迫性的社会主流意识形态与属于内部群体的另类意识形态的基础上，进一步分析返乡工伤者建构自己群体的另类意识形态的策略与方法。

三　工伤疾痛故事传播的类属分析

工伤疾痛故事的传播是本书另一个重要的研究问题。笔者通过对返乡工伤者及其家属的访谈，以及观察不同情境下他们与其他传播对象进行的

---

① 郭维平：《转型期群体意识形态与主流意识形态分析》，《云南行政学院学报》2014年第1期。
② ［英］约翰·B.汤普森：《意识形态与现代文化》，高铦等译，译林出版社2005年版，第68页。

工伤疾痛传播，获得了有关解答这一研究问题的资料。这一类资料文本不同于前述的工伤故事文本，它并非关于工伤疾痛的一个连续的叙事性文本，而是针对工伤疾痛传播这一问题或现象的描述、解释和评价。通过这些数据资料，笔者希望可以分析出返乡工伤者工伤疾痛传播的情境类型、传播对象、传播动机等。因此，结合研究问题与具体数据资料的形式，笔者选择使用类属分析法对这一部分的数据资料进行分析。

类属分析是质化研究资料分析的一种，也是最为普遍的一种质化分析方法。它用建立类属的方式将资料按主题分成类别，按照这样的类别区分，对所有原始资料进行分门别类。在反复阅读资料的前提下，笔者按照传播对象的不同建立了四种传播类别：家庭成员的传播、残疾人/工伤者传播、媒体/学者传播、自传。建立好叙事传播的四个类属之后，笔者将所有数据资料归入上述四个类别中，然后再按照这种类属的分析方式重复循环地对四个子文本单独进行传播特点的分析，包括传播动机、传播内容、传播效果，最终分析出不同传播情境下返乡工伤者的工伤疾痛故事的传播差异。

第四节　质量控制

无论是量化研究还是质化研究，研究者都时刻面临这样的质疑：所收集到的这些数据资料是否真实？是否能够解决研究问题？也就是我们通常所说的效度问题。

"叙事"是人类基本的生存方式和表达方式，叙事取向重视人的情感、体验和主观诠释，叙事内容再现了叙事者的世界观，是他的信念、思想、意图所构建的真实。[①] 叙事既不是绝对真实的表达，但也不是虚构的文本，故事的叙事总是围绕着某些事实或生活事件的一个核心而建构，同时在选择、添加、强调和诠释"所记起的事实"方面有个性和创造性施展的自由外围空间。也就是说，我们无法用真实与否来评判返乡工伤者的工伤疾痛叙事文本，因为本书的研究对象是他们的叙事，即他们如何讲述那段已经发生的事实，而非事实本身。

---

① ［以］艾米娅·利布里奇、里弗卡·图沃—玛沙奇、塔玛·奇尔波：《叙事研究：阅读、分析和诠释》，王红艳主译，重庆大学出版社2008年版，前言。

但是，这并不意味着质化研究可以随心所欲。即使叙事不是事实本身的真实体现，研究者也必须确保研究对象对事实的建构是出于自己内心的逻辑与想法，而免受研究者的主观影响。民族志的研究过程是在研究者与被研究者双方的交往中推进的，而研究结果也是双方参与意义建构、协商的产物。民族志常用的田野调查法要求研究者进入研究对象的日常生活当中，成为他们当中的"局内人"。研究者"局内人"的身份一方面有助于研究者获得研究资料，但是另一方面却对研究资料的获得有所限制。比如研究者会倾向于从自己相熟的对象那里获取资料，而排除那些不相熟的研究对象。因此，当研究者在文字中再现他人的世界的同时，他必须认真反思自己在多大程度上影响了被研究者的观点，又在多大程度上为"现实"赋予了特定的价值色彩。[①] 这就是所谓研究者的自我反思性，它在此类研究中尤其重要。

在本书中，笔者时刻保持高度的自我反思性，避免自己的个人权威影响研究对象的观点与叙事逻辑，以及后续的文本阐释。首先，笔者以一种"无知"的角色进入研究现场，即笔者在研究之前不带有任何与研究问题相关的理论与结论预设。第二，笔者使用无结构的开放式访谈获取数据资料，避免在访谈过程中带入自己的主观判断或引导、转移研究对象的叙事话题。第三，保持"局内人"与"局外人"身份的跳转，每一次以"局内人"身份参与的访谈或观察一旦结束，笔者必须跳出"局内人"的身份去记录、评述当天的数据资料或研究发现，对研究中所发生的问题与经验加以总结，做到日日反思。第四，数据整理与分析过程中，采用自下而上的数据编码、归类的分析方式，力争从原始资料本身得出结论，而非根据笔者的理论观点选择性分析数据资料。最后，邀请研究对象参与研究结论的评阅，确保最终的研究结果没有对他们的叙事产生歪曲和选择性使用。

当然，即使笔者在研究过程中尽最大努力降低研究者对研究对象的影响，但是仍然不能完全消除人与人之间交往互动对资料收集与分析的影响。比如，笔者与社会组织机构成员走得更近，接触更频繁，从他们那里获得的叙事资料就会比其他返乡工伤者更多，而且对于这些资料的记忆也会更加深刻，在后续的研究写作中也会更容易以她们的事例或表述作为例

---

① 王熙：《质性研究中的多重研究关系和伦理"雷区"：一位行动研究者的自我反思性思考》，《教育学报》2009年第5卷第4期。

证；不过，自我反思性能够帮助研究者及时地从这种个体权威的介入中跳脱开来，审视、思考自己的行为对研究可能造成的影响，并且纠正这种影响。

但是，某些情况下，在研究伦理的要求下，研究者必须对数据资料进行某种人为的选择，避免数据的使用对研究对象产生不良的影响。比如一些与笔者关系亲近的研究对象会在叙事中表达对其他返乡工伤者的看法，其中不免一些指责与轻视，为了保证不对研究对象的现实生活带来可能的负面影响，笔者决定不将这部分叙事资料纳入分析中。

第四章 混乱叙事：个体层面的人生时序扰乱[*]

身体是连接自我与社会环境的桥梁。身体是人的行动不可或缺的组成部分，某种意义上讲，所谓行动的人，就是行动的身体。[①] 通过身体，我们可以去我们想去的地方、做我们想做的事、表达看法、抒发情绪，使我们能够介入和改变日常生活；但是也正如诺贝特·埃利亚斯（Norbert Elias）所说，我们的语言能力和意识能力寄寓于身体，从属于身体，并且受限于身体。[②] 身体使我们成为现在的"这个我"，却也约束我们不能成为"那个我"。在身体的约束下，"我"被牢牢地控制在一定的时间、空间范围内，并且与身体共同承担着分崩离析的风险，而疾病与残疾就是人类面临的最为典型的身体风险。

在我们的日常生活中，我们在健康和患病、有能力和丧失能力、出席和缺席、具身（embodiment）与离身（disembodiment）的两端之间游走。从那一刻起，我们体验身体的周期性变化和功能失调所带来的不适，同时我们也体会到莱德（Drew Leder）口中的"不正常的出现"和"脱离"。莱德认为人在身体衰弱的时候，经历了"不正常的出现"。在"不正常的出现"中，不仅我们的重要功能受到限制，而且会有一种自我意识的倾向，感到个人的失调。身体处于"不正常的出现"状态时，特点就是离开、分开或破碎，即"脱离"[③]，一种对身体健康时的正常状态的脱离。

在33位工伤者的工伤疾痛叙事中，笔者发现每一位返乡的工伤者用

---

[*] 本章部分内容已发表，见张灵敏《生活世界中的疾痛声音》，《上海交通大学学报》（哲学社会科学版）2018年第6期。
[①] ［英］克里斯·希林：《身体与社会理论》，李康译，北京大学出版社2010年版，第9页。
[②] See N. Elias, *The Symbol Theory*, London: Sage, 1991.
[③] D. Leder, *The Absent Body*, Chicago: University of Chicago Press, 1990, p. 87.

第四章 混乱叙事：个体层面的人生时序扰乱

大量的时间来讲述工伤如何成为他们个体人生中的关键事件和转折点，对于他们而言，工伤的"痛"点到底在哪里呢？

> 我看见我的手受伤了，当时心里面就想到我这辈子完了，手都没有了，所以接下来下半辈子肯定完了。（WFM，M，20150402，ZY）①
>
> 那种滋味很不好受，手被压断了，整个心情就不一样了。受伤后就想，我以后的日子怎么走，生活怎么办？（DXY，M，20150425，ZY）
>
> 我的人生要发生改变了，要过另外一种生活了，就是所有的想法、规划都变了。（LZY，M，20150609，CQ）
>
> 真没有办法，找不到怎么来，朝哪个方向，什么目标都找不到了，怎么把日子过下去？那个时候没有一点目标。（WXY，F，20150718，CQ）
>
> 一下子就成这个样子，人都失去信心了，想到手也没有了，靠什么去生存？这个瞧不起你，那个又瞧不起你，别人说嫁都嫁不出去了，哪个还要？（HXM，F，20150725，CQ）
>
> 那阵压力就大了，我还有一个女儿没有结婚，就在想能看到女儿结婚不？日子怎么过得下去？（DDM，F，20150720，CQ）

英国社会学家迈克尔·伯里（Michael Bury）在1982年发表的论文中阐释了这样一个观点：慢性疾病是一个破坏性的事件，它破坏了日常生活的结构以及作为基础的知识形式，意味着病人要接受痛苦和苦难，甚至死亡。② 伯里借鉴吉登斯（Anthony Giddens）"关键情景"的术语含义，明确指出犹如战争这样的大事件破坏既定的社会结构一样，慢性病也会破坏一个人的人生进程。伯里根据三十多位关节炎病人的访谈资料，试图从三个相互联系的方面考察疾病对病人人生进程的破坏，即认知难题、解释系统和资源获得。首先，他指出慢性病破坏了病人以往认为理所应当的假设和行为，使他们关注先前从未意识到的身体状况，就如莱德"身体二重性"所说的那样：在身体的一切功能正常时，它就似乎是不存在的；在功能失

---

① 访谈资料括号内信息按顺序分别为访谈对象姓名、性别（M表示男性，F表示女性）、访谈日期和访谈地点（ZY表示"遵义"，CQ表示"重庆"）。
② M. Bury, "Chronic Illness as Biographical Disruption", *Sociology of Health and Illness*, Vol. 4, No. 2, 1982, pp. 167–182.

调的时候，它会强烈地抓住我们的注意力。① 慢性病的发作粉碎了未来的希望和计划，标志着以前设定的人生进程无法继续，人生进程发生改变；其次，慢性病破坏了病人通常使用的解释系统，从而使他们从根本上反思自己的人生进程和自我概念。这时，病人开始思考"为什么我会现在得病"；最后，慢性病会影响病人在旧有情景下的资源获得，病人必须学会从新的情景下进行资源动员。

弗兰克从哲学层面分析了疾病对患者的根本意义：疾病扰乱了病人的人生时序，即构成将来、现在和过去的所有一切。遭遇疾病以后，现在不是过去想要到达的"现在"，而基于现在的将来也变得不可预测。② 因此，弗兰克把身体的失控和不可预测作为病人遭遇疾病后面临的最首要的身体问题，"人们总是用控制身体的能力高低来定义自己，只要这种能力是不可以预测的，那么作为行动问题的控制则不复存在。但是疾病本身就意味着预测性的丧失，而且它会导致更多的丧失：人生序列的间断、记忆功能和呼吸功能的衰退、现实生活的震动与颠覆，以及所有由病体带来的失败"③。医学人类学家盖伊·贝克尔（Gay Becker）认为"秩序始于身体，也就是说，我们对自己和世界的理解始于我们对有序运行身体的依赖"④。在很大程度上，疾病与残疾破坏了身体的有序性，使得患者的自我与现实世界陷入人生序列的断裂和失控之中，患者不知道他在哪里，更不知他将要去哪里。

伯里的"人生进程的破坏"与弗兰克的"人生时序的扰乱"这两个观点非常相似。不过伯里的概念是基于现象学的客观阐述，他站在一个比较超脱的位置，将患病以及人生进程的破坏作为一个冷冰冰的人生事件来看待；而弗兰克则更关注患者的主观体验，更深层次地解释了疾病作为"人生时序的扰乱"或者"人生进程的破坏"作用于患者身上所产生的结果——失控感与可预测性的丧失，这一重要的观点从局内人的视角贴切地

---

① Leder D., *The Absent Body*, Chicago: University of Chicago Press, 1990, p. 4.
② Arthur W. Frank, *The Wounded Storyteller —Body, Illness & Ethics Second Edition*, Chicago and London: University of Chicago Press, 2013, p. 52.
③ Arthur W. Frank, *The Wounded Storyteller —Body, Illness & Ethics Second Edition*, Chicago and London: University of Chicago Press, 2013, p. 33.
④ S. R. Kenan, "What Can Narrative Theory Learn from Illness Narratives?" *Literature and Medicine*, Vol. 25, No. 2, 2006, pp. 241 – 254.

传递了患者遭遇疾病时真正的心理感受以及由此导致的行为变化。结合从田野调查中获得的工伤疾痛叙事材料，笔者认为弗兰克的"人生时序的扰乱"这一概念，更加适合用来概括工伤者对遭遇工伤当下的生存和心理状态。

我们发现，不论是肢残工伤者还是慢性疾病工伤者，他们都不同程度地感到了这种人生时序的扰乱，他们不知道自己现在所处什么位置？也不知道是否还能回到原来的位置？接下来的路该怎么走？弗兰克接触到的一位慢性病人这样描述这种状态："曾经指引我前进的人生地图和坐标不管用了。"① Ingris Peláez-Ballestas 通过强直性脊柱炎患者的研究，认为"患病意味着患者在社会和历史中的一种存在感的丧失，患者丧失了在某种重要空间中的位置，而正是这种位置的丧失使得他们没有希望从某种隔离状态返回到原先充满存在感的位置中"②。正是这种时间和空间的迷失所带来的失控与未知的不可预测性、不确定性令患者感到焦虑、绝望，陷入一片混乱之中。

第一节　身体失控

身体失控是工伤者面临的最直接的实际后果（practical consequences）。在他们遭遇工伤，经历从健全人变成残疾人的过程中，无休止的身体疼痛和残疾导致的身体功能丧失是疾痛叙事中无法绕开的一段，因为它们无时无刻地、如影随形地存在于他们的身体和生活中。

一　无休止的身体疼痛

对正在疼痛中煎熬的人来说，疼痛是那么无可奈何，没得商量。如果要他们说明什么是"确实的"，那么"疼痛"一定是他们想到的最活生生

---

① Arthur W. Frank, *The Wounded Storyteller —Body, Illness & Ethics Second Edition*, Chicago and London: University of Chicago Press, 2013, p. 15.
② Ingris Peláez-Ballestas, Rafael Pérez-Taylor, José Francisco Aceves-Avila&Rubén Burgos-Vargas, "'Not Belonging': Illness Narratives of Mexican Patients with Ankylosing Spondylitis", *Medical Anthropology: Cross-Cultural Studies in Health and Illness*, Vol. 32, No. 5, 2013, pp. 487–500.

的例子。① 在所有返乡工伤者的疾痛叙事中，他们无一例外地在叙事文本一开始就讲述工伤治疗康复过程以及现在日常生活中存在的活生生的身体疼痛。

阿英，在一场工厂大火中全身烧伤面积达75%，她的双手双腿烧伤得几乎只剩骨头，左小腿因后遗症复发被截肢，左边身体的皮肤和肌肉全部萎缩在一起，形成一个凹坑。因为左右两边肌肉发育的不对称，在长期的压迫下，她的脊椎呈S形。她身体上每一块伤疤都时刻提醒着她"这些疼痛并未远去，将跟随她一辈子"。

> 烧伤之后，手术治疗最痛苦的事就是植皮治疗。有时候取你头上的皮，取深了，要流血；有时头上取完皮要包扎起来，头痛，身上植皮也痛。（CYY，F，20150707，CQ）

> 后面越治疗越吃不下饭，天天用那么多药。我原来一颗感冒药都吞不下去，宁愿要我的命都不吃药，因为我遗传了我妈妈的性格，打个预防针我都要晕死过去。我走到医院门口，闻到那个药味都会呕吐，我就是那种性格的人。后来受伤了，止痛片一把一把地吃，后来吃来吃去也没有吃好。关键是每一周都动手术，一听到护士推着打针的车子走过来的声音，我全身都会高度紧张、害怕，吓得发抖，真是吓怕了。（CYY，F，20150707，CQ）

阿兰，在浙江一家工厂里操作冲床时，右手被压得粉碎。虽然通过接指手术，手掌恢复了大致形状，但是手部功能几乎完全丧失，并且手术导致右手臂和右边身体长期持续性疼痛。

> 现在这个天气（4月份）手都会疼，整个这只手、腰和腿都疼。因为接手的时候，医生在腰上开了一道口子，把手放进去养了一个月，所以现在腰、腿都受影响。晚上睡觉的时候，手一碰到床单就痛，痛得根本睡不着。我每天晚上都用左手抱着右手睡觉，不敢动，一动就疼，只能自己一人躺着流泪。（LL，F，20150403，ZY，田野笔记）

---

① Scarry E., *The Body in Pain*. New York: Oxford University Press, 1985, p. 4.

第四章 混乱叙事：个体层面的人生时序扰乱

阿华，在轮船公司操作机器时左手被绞进机器，在大力抽取过程中，腹部三根肋骨被压断，至今留在腹中未接上。在每天日常的行动中，她都能感到肋骨骨头尖戳中腹部肌肉的阵阵疼痛。

> 我弯腰拖地的时候，肋骨断了的地方（是尖的）就会戳到肉，那种痛真的说不出来，所以现在拖地这种家务，我做起来都要花很长时间。（DWH，F，20150716，CQ，田野笔记）

健康疼痛很大程度上挑战着自我认知。治疗和康复过程被认为是对自我认知的袭击，它使得人简化成问诊号码或病房号码。具象的自我被扔下地狱，本来持续不断的自我呈现就此中断，日常生活中到处充满着疾病调整、适应。[1] 工伤者忍受着身体残肢和慢性疾病的疼痛，选择自己独自适应这无休止的身体疼痛和心理创伤。从自我认知上来说，他们希望通过这种方式来证明自己仍然存在能力和价值，对自己的疼痛充满控制力。

然而事实上，身体的疼痛处于极度私密的身体场域之内，它具体的意味似乎只有身体本身才知道，如一位工伤者所言的那样"疼痛无关乎他人"，疼痛也无法向人言说。伊莱恩·斯凯瑞（Elaine Scarry）也曾这样评论过疼痛的不可言说性："对于其他人来说，'听说的疼痛'总是那么难以捉摸，往往是'将信将疑'感觉的最基本例子。于是，关于疼痛，我们注定不会有共同语言：它既无法否认，又无法确认。"[2] 我们在工伤者的身体疼痛的叙述中发现，除了"痛"这个字眼，他们几乎没有使用其他合适的词语来向他人形容身体疼痛，而且大多数工伤者都表示，在现实生活中她们并没有向任何人讲述过身体所承受的痛苦，包括她们的家人，因为"他们不会懂"。

> 你跟谁说？谁会明白？你说你有多痛，告诉别人，别人能懂吗？就算能懂，他又能帮你什么？这是我自己的事，任何人都帮不了我，只能自己把眼泪往肚子里吞。（LL，F，20150419，ZY，田野笔记）

---

[1] Charmz K.，"Struggling for a Self: Identity Levels of the Chronically Ill"，*Research in the Sociology of Health Care*，Vol.6，1987，pp.283–321.

[2] Scarry E.，*The Body in Pain*. New York: Oxford University Press，1985，p.4.

二 身体功能丧失

身体的疼痛是一个仅涉及自我的概念,工伤者可以根据自己的意志选择将它隐藏起来,从而实现自己对身体疼痛的控制。但是,身体功能的丧失则是残缺身体暴露于各种社会关系网络中的开端,它与工伤者的社会角色、社会期待以及自我身份的认同有着密不可分的联系。

不管是明伤的身体残疾,还是暗伤的职业病,工伤都意味着某一部分身体功能的丧失或者不健全,比如行走能力、精细动作能力、呼吸能力等等。当几十年来理所当然的身体功能一下子丧失时,平时认为最简单不过的一个动作都变得异常艰难。英国医学社会学家迈克尔·凯利(Michael Kely)和大卫·菲尔德(David Field)在探讨慢性病和身体的关系时明确指出,"诸如饮食、洗澡、去厕所这样的生活细节是慢性病经历的核心问题,适应疾病首先是指适应身体"①。跟慢性病一样,工伤残疾或者尘肺病患者都必须在忍受疼痛的同时,面对诸如吃饭、走路、洗脸、挠背、上厕所这些不成问题的问题。

阿云,在浙江打工时左手被机器压断,伤口缝合之后只剩下一个小"肉球"。

> 这个手,吃饭端碗都成问题。刚开始那段时间我不知道打烂了多少个碗,真的打烂了好多碗,你不知道当时我心里有多么生气。(DXY,M,20150421,ZY)

阿梅,在深圳打工时双手被气压机压碎,右手经接骨手术后恢复手部形状,但是只有尾指能够正常活动,其他手指丧失功能;左手中指接骨后不能弯曲,仅大拇指和尾指恢复了劳动能力。

> 我的手全是接起来的,因为那些骨头全部压碎了,最后用钢针穿起来。等它长定型过后,才把钢针抽出来,当时痛惨了,另外那只手也是一样。我这只手(右手)看起来有两个手指头,但是都不能活

---

① 郇建立:《乡村慢性病人的生活世界——基于冀南沙村中风病人的田野考察》,《广西民族大学学报》(哲学社会科学版)2012年第2期。

第四章 混乱叙事：个体层面的人生时序扰乱

动，就是小指头下面这个勾勾还能勾点东西。另一只手只有大拇指和小拇指好点，中间三个手指都是接的，直到现在都不能伸直，关节也弯不下来。（HXM，F，20150725，CQ）

我练习写字的时候，扔掉了无数只笔，写着写着笔掉地上了，我不捡，而是用脚把笔踩烂。我生气，笔掉地上我都不想捡。（HXM，F，20150725，CQ）

阿雪，在深圳工厂打工右手手肘以下部位被机器压断，现在所有的生活自理都靠左手。

刚开始回家，我把自己关在屋里，你知道我干什么吗？练字。我练习用左手写字，一开始根本写不了，连笔都不会拿。吃饭的时候，筷子都拿不稳，菜一夹就掉，家里亲戚看不过去，就给我拿勺子来，我妈坚决不让，让我必须练习用筷子吃饭。（WXY，F，20150718，CQ）

阿花，一场工厂大火的幸存者，全身烧伤面积超过60%，整个后背、腿部烧伤严重，腿部功能部分丧失。

我回家以后一直躺在床上，上厕所都要我妈和我哥背我去。你知道农村的厕所，猪圈那种，拿个长板凳放在里面。他们把我背进去，我坐在上面，手扶着墙，屁股就那样掉着上厕所。等我上完他们又进来背我出去。（WXH，F，20150710，CQ）

身体功能的丧失使得工伤者在很长一段时间内无法进行身体管理和生活自理，他们需要依靠家人的帮助才能完成原来自然而然能完成的事情。对于农村外出的劳动力来说，身体是他们唯一的资本，他们忍受世界工厂里无止境的加班、糟糕的工作环境、机械冷血的身体管理制度以及微薄的工资，为的是完成自己无法在农村完成的角色责任。然而工伤所导致的身体功能丧失，意味着他们失去了这个资本，无法再自如地控制自己的身体，继续履行一直以来担当的家庭贡献者或独立者的社会角色，相较于身体功能障碍所带来的生活难题，这恐怕才是他们真正担心的事情。

第二节　自我认同危机：我已经不是原来的"我"

慢性病破坏了身体和自我之间的统一，并迫使自我认同发生改变。① 自我认同是个体依据个人的经历所反思性地理解到的自我。② 吉登斯在自我认同的阐述中，首先强调了身体与"自我认同"的关系。他认为，身体不仅是一个生物实体，而且还是一种行动系统，它被体验为应对外在情境和事件的实践模式。在日常生活中，身体的嵌入，是维持连贯的自我认同感的基本途径。③ 工伤所带来的身体功能的丧失或不健全使得身体作为这种"行动系统"的合法性受到质疑和挑战，由于身体的"脱离"，工伤者们一直以来连贯的自我认同感发生断裂，从而出现危机。

Charmaz 在研究慢性疾病对患者的影响时，用"自我的丧失"来概括病痛对慢性病人的影响：他们失去了先前的自我形象，但没有发展出同样有价值的新形象。④ 在 Charmaz 看来，自我概念总是同过去、现在和未来联系在一起，病痛的介入使得过去、现在和未来这个原本持续的时间序列发生分岔，所以便出现"自我的丧失"这种危机状态。⑤ 从这个意义上说，人们实际上总是把过去、现在和未来视为界定和认识自我概念的关键，尽管他们通常意识不到自己的自我概念如何根植于时间。

吉登斯也同样认同这种观点，他一直将自我认同作为一种连贯性的存在，它常被设定为一种叙事，一种与时间序列不可分割的连续性叙事。自我不是一个静止固定的概念，它在回答"我现在是谁"这个问题时，实际上涵盖了个人对过去的自己、现在的自己以及将来的自己这三个关键时间点上的自我的综合考量。

在返乡工伤者的自我认同危机叙事——我已经不是原来的"我"中，

---

① Charmaz K., "The Body, Identity and Self: Adapting to Impairments", *The Sociological Quaterly*, Vol. 36, No. 4, 1995, pp. 657 – 680.

② ［英］安东尼·吉登斯：《现代性与自我认同：现代晚期的自我与社会》，赵旭东、方文译，生活·读书·新知三联书店1998年版，第275页。

③ 贾国华：《吉登斯的自我认同理论评述》，《江汉论坛》2003年第5期。

④ 郇建立：《慢性病与人生进程的破坏——评迈克尔·伯里的一个核心概念》，《社会学研究》2009年第5期。

⑤ K. Charmaz, "The Body, Identity and Self: Adapting to Impairments", *The Sociological Quaterly*, Vol. 36, No. 4, 1995, pp. 657 – 680.

我们可以明显地看到两种具有时间指向的叙事结构。一种是处于社会角色失范状态的"现在的我",另一种是紧接着讲述的"过去的我"。

一 现在的"我":社会角色失范

身体功能的障碍撕裂了返乡工伤者的日常生活,导致他们的社会角色陷入失范状态,从而产生强烈的、前所未有的自我危机感。这种危机感既是源于失范所带来的混乱和停顿,更重要的可能是这种失范的不可逆性。

社会角色是与人们的某种社会地位、身份相一致的一整套权利、义务的规范与行为模式。[1] 在不同的生命历程中,人们所扮演的社会角色不一样。生命历程正是个体在不同的人生阶段扮演社会规定的不同角色和事件,这些角色或事件的顺序是按年龄层级排列。[2] 在我们的田野调查中,根据返乡工伤者所处生命历程阶段的不同,他们的社会角色大致可以分为已婚核心家庭的顶梁柱和未婚的为己奋斗者两种类型。我们可以从以上两种社会角色失范的叙事中理解自我认同危机产生的缘由。

(一)顶梁柱角色的失范

在已婚的核心家庭中,工伤者一般承担了整个家庭生存和发展的使命。他们离开农村到城市去打工,希望能够挣钱回老家盖房子,供子女上学,这是他们顶梁柱角色的全部责任和期待。工伤发生后,身体的疼痛和失控他们尚可以忍受,但是顶梁柱角色的失范使他们感到深深的焦虑,进而产生对自我的怀疑。

> 受伤了,我不能出去打工挣钱了,这个家怎么维持?盖房子欠的债还没有还完。我大儿子初中都没读完,就说不读了,要出去打工。他不是不想读,他晓得妈妈的手受伤了,家里困难。他爸爸又有病,挣不了多少钱。我现在这个样子,什么都干不了,看着这个家困难成这个样子,我只能每天做点饭,太没用了。(LL,F,20150403,ZY)
>
> 自从这个病(尘肺病)发作以后,我再也不能出去找事情做了。稍微一动就累得不行,重体力活儿都干不了了。天天只能躺在床上,靠吸氧机维持呼吸,吃饭洗脸都是她(妻子)照顾。家里本来就困

---

[1] 郑杭生:《社会学概论新修》,中国人民大学出版社2013年版,第155页。
[2] 包蕾萍:《生命历程理论的时间观探析》,《社会学研究》2005年第4期。

难，我不但不能出去挣钱，还要让家里花钱来给我看病，病发一次要花几千上万元啊，还拖累她一天哪里都去不了，在这儿照顾我。有时候我觉得死了算了，活着太拖累家人，我成了他们的一个大包袱，不如死了。（CYY，M，20150719，CQ，田野笔记）

  当时家里盖房子欠了债，我就出去打工，想挣点钱还债。后来把脚砸断了，当时我就觉得完了，这个家以后怎么办？我成为残废了。（XRS，M，20150525，ZY）

  现在我在家就只能做一点家务，做起来还很慢。家里任何事我都不能跟我老公一起分担。现在我老公什么都不准我去做，就让我一天在家里耍，像小孩一样，想到哪里耍就到哪里耍。他说："你想去你妈妈那儿还是去其他地方，你就自己去。"像哄小孩一样。（DWH，F，20150716，CQ）

  作为家庭顶梁柱的他们，在遭遇工伤最初的那段时间里，第一想到的就是整个家庭未来的生活何去何从，他们没有想过自己，因为家庭的发展是他/她形成自我认同的重要来源。当自己无法再支撑起整个家庭的正常运转时，他们把自己定义为"没用的""残废的""家庭的包袱"和"被人照顾的小孩"。这样一些自我认同的标签一直跟随着他们，就像身上的残缺或疾病一样，它们与工伤者赋予自己的社会角色相互冲突，使得工伤者在没有找到重建自我的方法之前，一直处于自我认同丧失的泥潭中。

（二）为己奋斗者的角色失范

  对于受伤时还没有结婚的工伤者而言，他们对于原生家庭的责任并没有太重，外出打工承担的使命更多是"为了未来更好的自己，奔一个好前程"，比如多赚点嫁妆钱，或者挣钱回家做生意，总之只要能摆脱上一辈农村人的贫穷命运就可以。相对年轻的为己奋斗者们正处在人生的储备期，他们为了自己的婚姻未来和家庭未来，到城市工厂打工，幻想和期待能够通过自己的奋斗改变农村人的命运，可是工伤犹如晴天霹雳，让他们的梦想破灭。

  看到人家（一个小孩儿）只有那么高一点，走起路来一晃一晃的。我就在想，我那么大高个，怎么就走不动？我曾经哭过，想到人家那么小都能走，我比人家大、比人家高，怎么不能走呢？算了，我还比不上一个小孩儿。我心里想，当时一下子砸死了还好些，我以后怎么生存啊？（LZH，M，20150415，ZY）

当时初中没读了，在帮家里干活。我交了个男朋友，想出去打工给自己挣点嫁妆钱，就去了深圳一个塑料花厂。我的手刚受伤住院的那段时间，我最担心的是不知道我以后的婚姻是什么样。我成这个样子了，还能不能找到一个健全人组成家庭？我想找一个差一点的人，因为我自己配不上。（LHZ，F，20150712，CQ）

当初为了躲开我爸爸，不跟着他一起生活，就跑出去打工，想靠自己过上想要的生活。现在受伤了，又不得不回来跟着他。刚从浙江回来的那两个月，我都绝望了，什么都干不了，没有人跟我说话，很没有信心，过了今天不知道明天是什么样，感觉一下子就只剩我一个人了。（SSQ，M，20150520，ZY）

为己奋斗者的自我认同危机更多是来源于自我效能感的降低，这直接导致了他们对未来婚姻和生存能力的不自信和自我贬值。在叙事文本中，他们把受伤后的自己与小孩比较，认为自己不如一个孩子；将自己拟化为婚姻市场里的商品，工伤使得自己变成残次品，需贱价销售；当工伤者意识到"为己奋斗者"的身份已经丧失，并且无力改变时，便觉得自己被排斥在世界之外，成为"被排斥的孤独者"。

二 过去的"我"：能力出众者

Garro 在研究慢性病人如何建构疾痛叙事时发现，"当人们在讲述故事时，总是把过去重构进他们的疾痛叙事中，而且也重新评估和刷新他们关于现在和将来的观念"①。社会角色的失范固然会使返乡工伤者感到强烈的自我存在的危机，当他们叙述这种危机时，总是会跟过去的自己联系在一起，沉浸在过去那个"能干""比别人好"的自我中获得一些认同。

---

① Garro, Linda, "Chronic Illness and the Construction of Narratives", in Mary-Jo DelVecchio Good, Paul E. Brodwin, Byron J. Good and Arthur Kleinman, Eds., *Pain as Human Experience*: *An Anthropological Perspective*, Berkeley: University of California Press, 1992, pp. 100-137.

> 那时候在工厂上班,操作机器那一块我可以说是工作能手,没有人比得过我,没有人不佩服我能干。我做什么都做得很好,不拖拖沓沓,基本我做了以后就不需要别人去清理、整理。我那个时候上班拿奖金,每个月都要比他们多……现在就不行了,现在没有办法……就算在家里,有时都还需要别人来帮助我。我不想别人来伺候我、帮助我,我宁愿去帮助别人,也不愿意别人帮助我。我是这种人,一次拿不走的东西,宁愿自己跑两次,也不愿意别人帮我。我总觉得别人帮我,就始终欠别人一个人情,总觉得自己不自主就不行。(DWH,F,20150716,CQ)

> 手没有受伤的时候,在我们生产队,没有哪个人的手力比我大。正儿八经的,不是吹牛。我那时候才十几岁,我老家那边一个亲戚,装一柜子粮食在巷板里,我真是平手扣起来,直接给他抬,直接挪出来。那时有两个人,但是我一个就给他扣起来了,也好几百斤样子。现在不行了,有些事情还是有点吃力,像割草、插秧子那些还是有点恼火,砍柴都有点不行了,就怕那种要单手的活儿。(AZP,M,2015040,ZY)

当一个病人在述说他的病情时,对自己或他人来说,自我也在述说时逐渐形成。[①] 的确,在某一时刻,我们常把记忆中能做的事情与现在能做的放在一起考虑,来修正我们的自我形象、社会形象和行为方式[②],以形成新的自我。就像老年人总是喜欢不停地跟后辈讲述自己辉煌的过去一样,这样的叙事能让他们重新正视人生的历史感,坦然地与衰老共存。通过叙事结构中的时间闪回,返乡工伤者暂时逃离令他们无所适从的现实生活,回到那个充满自信、优越感的"过去的自己",实现了两个处于不同时间节点上的自我之间的对话,在这样的对话中达到自我身份的重新协商,建立起人生时序的连续性。这样的闪回叙事,能够让他们弥补自我存在的丧失所带来的空洞感,同时在头脑中增强他们控制未来的自信。

[①] [英] Michele L. Crossley:《叙事心理与研究——自我,创伤与意义的建构》,朱仪玲、康萃婷、柯禧慧、蔡欣志、吴芝仪译,台湾涛石文化事业有限公司2004年版,第262页。

[②] [美] 帕特丽夏·盖斯特—马丁、艾琳·伯林·雷、芭芭拉·F. 沙夫:《健康传播:个人、文化与政治的综合视角》,龚文庠、李利群译,北京大学出版社2006年版,第201页。

第三节 家庭关系的恶化

阿瑟·克莱曼指出，患病苦难与其说是个人经历，不如说是父母、配偶、兄弟姐妹和孩子等主体之间的经历。① 美国医学社会学家安塞姆·施特劳斯（Anselm L. Strauss）及其同事在研究慢性病人的生活质量时指出，慢性病人面临的问题同时也是家庭成员的问题，"她或他的命运实际上也是他们的命运"。② 每一个人在社会中的存在都离不开与他人的关系联结，当疾病扰乱了一个人的人生进程时，他所归属的那个关系群体也将同他一起承担这种失序，而家庭作为人的基本群体，不可避免地与病患者一起被置于疾痛的中心。

一 家庭的中落

> 我把家庭搞垮了。为了来医院看我，我爹妈把家里的牛马卖了，用来付一去一来的车费，一千多块钱呢，家庭就是这样搞垮的。一开始他们来看我的时候，还没有告诉我卖牛马的事，因为医生跟他们说，不要刺激我，不然伤口就恢复不好。我一回到家，看见我家牛圈、马圈门都开着，我问爹妈，家里的牛马呢？他们说卖了，卖了就有车费去看你了。受伤这件事整垮了我，也整垮了我家，我家不好就是这样开始的。那个时候在农村，一头牛、一匹马是很不得了的，一个家里的口粮全靠它们。为了我这个伤，牛、马卖了，庄稼没得做了。以前是牛耕马驮，后来都是我爹妈一锄头一锄头地挖。我老爸想到这些，就觉得没有多大意思，他说："家庭都被你医垮了，虽然我们没有出钱医治你，但是一去一来的往返（也要花钱），牛马都卖了，怎么办呢？"我回来在家躺着养伤，要吃点好的，不然伤口就长不好。家里穷，老人家就想办法弄米回来，拿大米饭给我吃，他们就吃木沙。我哭过很多次，你知道吗？我想到我爹妈为了我真的是太辛苦，太遭罪了。（LZH，M，20150423，ZY）

---

① A. Kleinman et al., "The Social Course of Epilensy: Chronic Illness as Social Experience in Interior China", *Social Science and Medicine*, Vol. 40, No. 10, 1995, pp. 1319 – 1330.

② 郇建立：《病人照料与乡村孝道——基于冀南沙村的田野考查》，《广西民族大学学报》（哲学社会科学版）2013 年第 1 期。

上面这段叙事讲述了工伤不仅导致了工伤者的身体疼痛、身份危机，同时还将他所属的原生家庭拖入万劫不复的境地。他的父亲母亲为了从农村坐车去城里看受伤的儿子，把家里最值钱的牛马贱卖，从此家里的农活只能依靠父母亲的两双手。粮食供应不上，父母亲将最好的大米给受伤的儿子吃，而他们只吃木沙果腹。对于厂方和当地政府来说，工伤只是一个有待解决的生产事故和劳动仲裁事件，但是对于工伤者和他的家庭来说，却足以摧毁一个艰难延续几十年的家庭和两代农村人的生活勇气，令他们本来就卑微的生活雪上加霜。他的母亲（父亲已去世）现在七十多岁了，还仍然弯着腰在烈日下割草种玉米，她说："儿子本来就是那个样子（腿部高位截肢），我多做一点粮食，他只要管他自己就可以了嘛。"

二 家庭的解体

在重大利益事件面前，平常生活中不易发现的各种隐藏的、潜在的关系都将浮出水面，社会关系的结构也将暴露无遗。① 随着工伤者的自我价值降低，家庭利益链条断裂，家庭成员关系分崩离析，尤其见于已婚核心家庭之中。已婚核心家庭不同于原生家庭，它并非基于血缘和亲缘建立起来，在农村它更多象征着一种利益共同体，婚姻伴侣则更像是过日子的合作搭档。当工伤者丧失身体功能导致"合作过日子"的能力下降时，这个利益共同体就会面临解体的危机。

> 我们结婚有十二三年了，现在离婚也两年了，所以说夫妻是假的。只要你在命苦的时候，夫妻就是假的，没有什么指望的。我病（尘肺病）发以后，她打电话骂我。以前她要什么我给她买什么，我那烂房子卖了1万多块钱，她拿到钱就走了。她觉得我挣不到钱了，真的是无情无义。如果不得这个病，我们肯定不会离婚。发病前两年，我存的钱还扛了一阵子，现在没了就离了。因为这个病，我小儿子都不认我，现在他是他妈妈在管，我一分钱都没有出。他觉得我没有资格管他，他跟我说："你没有资格管我，我妈都没有管我，妈出

---

① 徐晓军：《内核—外围：传统乡土社会关系结构的变动——以鄂东乡村艾滋病人社会关系重构为例》，《社会学研究》2009年第1期。

钱了都没有管我"。他今年回来说："我妈都没有说我成绩差，你一个外人凭什么说？"他当我是外人，说这些伤感情。我不想说，我放在心里，想想算了。我那个大儿媳妇跟我说，他们买房子我没有出钱，所以不管我。（LHY，M，20150720，CQ）

尘肺病一旦病发，患者的劳动能力便基本丧失。对于一个农村家庭来说，劳动力是全家人生活的指望，也是利益共同体双方相互衡量的重要指标。上述叙事中的工伤者不但丧失了丈夫这个身份，他作为父亲的权威也被工伤瓦解。所以，已婚有家庭的工伤者在工伤之后无时无刻不担心这个现实问题，如果家庭有幸得以维持，他们则对另一半的"不嫌弃"和子女的孝顺无尽感激。但是现实是残忍的，工伤使他们丧失了健康的身体，强壮的劳力，更令他们中的多数人失去了自己毕生经营的家庭，成为家人嫌恶的"负担"。

三 家庭关系的僵化

家庭关系的僵化是工伤后家庭整体状况陷入谷底，但又还未达到解体过程中的必经阶段。工伤者离开城市回到农村老家以后，他的家庭成员们便承担起了照料的工作。家庭照料一般是指某个或多个家庭成员对另外一些家庭成员所提供的超出常规范围的帮助和支持，其内容包括日常生活照料，以及相应的经济支持和精神慰藉。①

工伤者的家庭成员以"家庭照料者"的角色（父母、配偶、子女）卷入工伤疾痛之中，与工伤者一起承担着工伤所带来的一系列后果。从内心上来说他们是无法接受的，但是基于亲缘伦理和婚姻的道德，他们不能逃离。正如 Guy Ramsay 在 17 位精神病患者的家庭照料者研究中指出，一方面家庭照料者认为照料是他们的责任，他们不惜一切代价完成照料的义务，但是另一方面他们又期望能够从照料的责任中解脱。② 家庭照料者在内心的拒绝与道德伦理的约束之间来回挣扎，僵化的家庭关系便会在此过程中产生。

---

① 苏薇、郑刚：《家庭照料对照料者心理健康的影响》，《心理科学进展》2007 年第 6 期。
② Guy Ramsay, "Mainland Chinese Family Caregiver Narratives in Mental Illness: Disruption and Continuity", *Asian Studies Review*, Vol. 34, No. 1, 2010, pp. 83–103.

刚回来那两年我的脾气很暴躁，因为想到手受伤了，家庭太困难了，怎么会没有压力？脾气也好不了。我小女儿忍受不了家里的这种低沉的气氛，也不怎么跟我说话，她根本不知道该跟我说什么。有一天，我跟她说话，她没有回答我，我就生气了，觉得她因为我受伤看不起我，就对她发了脾气。后来，她用刀子在自己的手上划口子，划了好多道道，还拿刀在手上写字，左手写"死了算了"，右手写"坚强"。你看这是多大的压力，后来在医院输了几天液才好。你说我那个家庭，当时就成了这个样子。（LL，F，20150403，ZY）

我现在跟着我母亲，一个月就靠她一个月一千块的养老金生活。她七十多岁了，每天要给我端洗脸水、洗脚水，说实话真的对不住她，她那个年纪应该是享老年福的时候，但现在却还在这儿照顾我。有时候自己觉得没有未来，把老人拖累了，凭什么老人七八十岁了来伺候你，端屎端尿的？有时候我妈态度不好，态度不好我就要发脾气。我这人脾气非常急，不管你是谁，不要来惹我。有时候我开空调或者电视忘记关了，她就说我浪费电，我一听到这个话就生气。（LHY，M，20150720，CQ）

当返乡工伤者眼看着至亲们对自己一天天失去耐心和尊重，昔日其乐融融的亲情关系变成单纯的"照料者"和"被照料者"关系的时候，他们的心比遭遇工伤还要痛。一位尘肺病患者曾这样跟笔者说："其实尘肺病患者最怕的不是死，而是在死的时候，他们没有在亲人心里面留下一个好的形象"。尘肺病作为一种暂不可治愈的慢性疾病，患者的家属在长期的照料过程中非常容易感到一种高压和无力感。就是在这种长时间的煎熬中，患者与家属之间的亲情被消磨殆尽，甚至恶语相向，埋怨不断。笔者与一位尘肺病患者的母亲聊天，她在整个谈话过程中并没有流露出"儿子患病"的伤感，而是强调自己命苦，在别的老人享天伦之乐的时候她却必须在家"收拾烂摊子"。

工伤导致家庭关系的僵化，反过来家庭关系的僵化又进一步加剧工伤者的身体疼痛与病症。在这个过程中，我们看到工伤照料与康复成了工伤者家庭内部的问题，当家庭无法承受这个问题时，便会出现关系受损甚至破裂的状况，最后这些悲剧又落在工伤者个人的身上。

第四节 社会交往的断裂

疾病发生时,它重塑了患者的社会关系,限制了他的社会世界。① 严重且长期的慢性疾病常常伴随着身体的限制,因此导致社会关系网络的萎缩。病人不能够再出去工作、社交或者参加大范围的活动,而这些活动在他们生病之前是经常参加的。② 由于身体疼痛和身体功能的丧失,工伤者处于不同程度的身体控制中。某种意义上来说,身体好像一个监狱,病人身陷其中,无法同环境进行心向神往的联系③,进而导致社会交往的断裂,形成社会隔离的生活局面。

通过返乡工伤者的"社会交往的断裂"叙事,我们发现两种形式的社会交往断裂:主动的社会交往断裂和被动的社会交往断裂。主动的社会交往断裂指的是返乡工伤者囿于身体的限制和自我的丧失,主动做出隔离社会关系网络的交往策略;被动的社会交往断裂则是社会关系网基于某种社会偏见或利益链的断裂将返乡工伤者排斥在外。

一 主动的社交断裂

> 反正认识的人我们就不能打招呼,为什么?真的提不起气,别人会觉得你怎么这个样子跟我说话,这样就不好(尊重别人)了。自己没有钱,是有病的人,就不要去凑热闹。就算提得起这个气,说也说不出什么来,说话都太累了,人家还会觉得你这个人怎么这么不情愿和我说话。还有好多人情往来我也不走动了,别人给你请客送礼,好多人情都还不了,没有这个能力,我们也不好意思欠别人的。只有不得不去的才会去,一般能不去的我就不去,别人也知道我是没有办

---

① K. Charmaz, "Stories of Suffering: Subjective Tales and Research Narratives", *Qualitative Health Research*, Vol. 9, 1999, pp. 362–382.

② Theresa L. Thompson, Alicia Dorsey, Katherine I. Miller and Roxanne Parrot, Eds., *Handbook of Health Communication*, London: Lawrence Erlbaum, 2003, p. 18.

③ J. Corbin & A. Straus, "Accompaniments of Chronic Illness: Changes in Self-biography and Biographical Time", *Research in the Sociology of Health Care*, Vol. 6, 1987, p. 263.

法、没有钱。(LHY，M，20150720，CQ)

  其实一开始我们几个（工友）还没联系上的时候，我真的不知道怎么才能走出去。就是不想出门，怕被别人笑。现在的话，也就是和几个熟悉的朋友一起出去玩一下，总觉得和不认识的人一起不舒服，人家看见你的伤又会用那种表情看你，我懒得跟他们再解释。所以现在社交圈子越来越小，一般我就一个人在家待着，亲戚家都尽量不去走动，我自己总觉得不好意思，特别是有时候脱鞋会吓到别人，所以我从来不去亲戚家过夜。(WXH，F，20150710，CQ)

  施特劳斯等人在研究慢性病人的生活质量时指出，社会隔离有两大起因，一是病人的被迫退出，二是他人的主动退出。[①] 无论是病人的被迫退出还是他人的主动退出，病患者实际上都是处于一个被动隔离的角色，不同于返乡工伤者叙事中的主动隔离决策。

  在返乡工伤者看来，主动的社会交往断裂是一种"识相"的表现。虽然他们在现实生活中可能并没有遭遇过歧视、排斥，但是固有的社会偏见和态度内化、深植于他们的思想之中，所以他们在这种现象发生之前选择主动退出，将自己隔离于可能存在的社会污名和歧视之外。

  很明显，主动的社会交往断裂所导致的社会隔离并非像我们一直所认为的那样，总是充满负面意义。这里的社会隔离不仅能使工伤者免于社交尴尬，而且还能帮他们减少不必要的麻烦和负担。的确，工伤者的这种交往策略的调整从侧面揭示了社会主流的身体文化对肢体残疾和病患者根深蒂固的"边缘化"，但是另一方面，也是非常重要的一点，它体现了工伤者对这种窘境的主动应对，这种主动的社会隔离起到了保护他们尊严、增强对病体和外界事物的控制的作用。

  在我们多数的传统叙事中，病患者或残疾人总是被塑造为社会交往隔离的受害者，我们从一开始就预设"缺乏正常社会交往的人是苦恼的"，虽然对于大多数人是这样，但是我们忽略了工伤肢残者和病患者他们的主观感受，他们是否愿意与我们正常交往？在我们所认为的正常的社交方式

[①] A. L. Strauss, *Chronic Illness and the Quality of Life*, St. Louis: C. V. Mosby Co., 1975.

里，他们是否会觉得自在轻松？在我们的社会文化环境还没有发生质的改变之前，他们选择主动退出社会交往网络，发展出适合自己的一套不同于健全人的社交传播策略，无疑是他们主体性的表现。这一部分内容我们将在后面第六章进行详述。

二 被动的社交断裂

处于被动的社会交往断裂中的返乡工伤者，一般是在遭遇某种社会污名、歧视或不友好态度的情况下，从原先的社交行为中被迫退出，进入隔离状态。返乡工伤者在谈及这一段经历时，总是充满气愤、埋怨的情绪。

> 有一回，我拄着双拐在路上走。那天下点毛毛雨，我妈着急回家，就走得有点快，我在后面慢慢走。那会儿正好学校放学，有几个小学生走过来，看着我说："看！看那个瘸子"，边说还边笑。当时我恨不得找个地洞钻下去，全身都起了鸡皮疙瘩，脸涨得通红，非常气愤。由于注意力分散了，没有注意脚下，拐杖一下子打滑，我双腿跪在了地上。妈呀，我这个膝盖本身就是光骨头，跪在那个水泥板上，好痛啊，摔了好多个伤口，起不来了。我妈回头看我摔了，又回来背我，路面滑，她背不起来我，还好边上有个老婆婆来帮忙，才把我背到医院去。当时我觉得我为什么要承受这样的歧视？我内心是真的接受不了的。后来从医院回家后一段时间，我都没有恢复过来，就是怕出去见人。（CYY，F，20150708，CQ，田野笔记）

上述这种被动的社会关系断裂叙事中，"瘸子"的身份标签和说话的嘲笑语气是社会主流文化对残疾身体赤裸裸的排斥和歧视。主流文化中健全身体与残缺身体的二元对立将后者置于一种"次等的""另类的"地位，这种高下之分的权力结构一旦形成，"残疾"的意义就超越了身体本身。联合国《残疾人权利公约》在序言中特别指出，残疾是一个演变中的概念，残疾是伤残者与阻碍他们在与其他人平等的基础上充分和切实地参与社会的各种态度与环境障碍相互作用所产生的结果。① 迈克尔·奥利弗（Michael Oliver）在《理解残疾》一书中指出，"残疾同身体无关，它是社会压迫的一种后果"。② 残疾作为一种范畴，它不再是对具有某种特征的身体状态的客观描述，而是经过高低划分之后的等级判断。在以"健全身体"为优的主流文化中，返乡工伤者作为一种"下等"的身体，他们被排除在健全人正常的社会交往之外。

另外一种形式的被迫退出是基于身体功能丧失后个人价值的下降。徐晓军在乡村社会关系的研究中指出，随着改革开放的推进，市场经济体制的确立，市场经济利益导向机制的形成，乡村社会成员的利益观念和行为得以展现，乡村人际关系在差序上的亲疏远近实质上演变为利益关系的远近。由血缘关系、伦理维度决定的差序格局，一旦产生即已固定；而使这种既定关系得以维持、扩展、变迁的关键，在于关系双方在互动中对彼此占有的稀缺资源的交换或利益的交换，乡村社会中人与人之间的关系由于利益的介入，变得愈来愈理性化了。③ 在农村文化中，身体是一个人最大的生存资本，身体功能的丧失或不健全使得返乡工伤者从利益关联者变成利益丧失者，相应地原来亲近的人际关系也就此疏远。

> 现在的人都重钱，像我们这些病人，大家都分了等级了。不管是亲戚朋友，还是谁，都重钱，谁瞧得起我这样的病人？像那个时候我们在社会上还是混得可以，三朋四友多得很，现在得病了，没有一点消息，人家就瞧不起你了。（LHY，M，20150720，CQ）

> 以前的朋友现在都很少联系了，像我们现在这种，挣大钱已经不可能了，你跟人家就不在一个档次上了。收入啊，各方面的生活水平啊，都不能跟人比了，人家怎么还可能和你联系呢？有时候在QQ上和他们聊天，我发一句，他们好长时间才回，要么不回，这样你还不懂吗？算了，就不联系了。（YHG，M，20150411，ZY，田野笔记）

---

① 参见联合国《残疾人权利公约》序言的第五点，http：//www.un.org/chinese/disabilities/convention/convention.htm，2021年4月26日登陆。
② M. Oliver, *Understanding Disability: From Theory to Practice*, London: Macmillan, 1996, p. 35.
③ 徐晓军：《内核—外围：传统乡土社会关系结构的变动——以鄂东乡村艾滋病人社会关系重构为例》，《社会学研究》2009年第1期。

第四章 混乱叙事：个体层面的人生时序扰乱

> 有些事情，一谈起我有点鬼火冒（生气）。你（在外打工挣钱的姐姐和弟弟）谈起那个钱不得了，我说："是有钱就高三辈吗？"有时间一回来，待不了两天就要出去打工，我说："钱能挣得完吗？"家里老妈瘫成这个样子，他们什么都不管，每个人都在说钱钱钱，好像出去打工是个多不得了的事情。我现在是被绑在家里，哪里都去不了，什么都不能出去做。（AZP，M，20150506，ZY）

身体功能的丧失使得工伤者在朋友眼中的"价值"降低，随之而来的是朋友的"瞧不起""发信息不回"。朋友关系如此，家庭中的兄妹关系亦如此。身体健全、可以出去打工挣钱的同胞可以免于家庭的照料责任和负担，而因工伤返乡的工伤者则理所应当要承担这一义务，因为他不再具有挣钱的价值，不具备与同胞们协商家庭责任归属的资格，从而不得不从社会交往中退出，回到家庭中。

被动的社交断裂叙事与主动的社交断裂叙事存在很明显的区别，体现在叙事用词上。在每一段被动的社交断裂叙事中，总会出现象征权力压迫关系的语词，比如"歧视""瞧不起""不在一个档次""高三辈"这样的表述。返乡工伤者使用这样的词语揭示了现实社会关系中的贵贱之分和权力压迫，正是这种压迫关系导致了他们的社会隔离。

在主动的社交断裂叙事中，返乡工伤者则几乎很少使用这样类似的表达。他们将自己退出正常社会交往的决定描述为"善解人意""为人着想"，比如"不跟认识的人打招呼，是因为害怕自己说话提不起气，不尊重别人""不去亲戚家是怕会吓着别人"。在他们的叙事中，没有谈及社会关系中其他人对待自己的看法，全部是自己如何考虑，决定是否进行社会交往，所以，他们在叙述这种社会隔离时，情绪更多表现的是无奈和不好意思，而非气愤。

但是，不管是主动的社交断裂还是被动的，从最终结果来看，它们都导致了返乡工伤者陷入一种隔离的社会状态。他们长期独自忍受身体的疼痛以及身体失控所带来的日常生活的颠覆，但是又无法从社会交往关系中获得足够的社会认同和社会支持来重新建立自我，自卑的身份认知以及自我价值的崩塌又将再次加剧社会隔离的程度，如此循环。虽然他们发展出了一套自己的生存哲学,但是那只是退而求其次的折中选择,并非最佳模式,他们的生活世界仍旧虚无,如阿瑟·克莱曼所说的那样,疾痛像一块海绵,在病人的世界中吸走了个人和社会的意义①,有时它更意味着"潜在的社会死亡"。

---

① [美] 阿瑟·克莱曼:《疾痛的故事——苦难、治愈与人的境况》,方筱丽译,上海译文出版社2010年版,第34页。

第五章　疾痛多重性叙事：工伤疾痛的社会生产

本章将从社会层面分析工伤疾痛的多重性意义。在疾痛叙事中返乡工伤者不但对自己遭受的苦难记忆犹新，还总是不断地解释"我为什么会受伤？我如何会成为现在这个样子？"这样的解释话语实现了返乡工伤者对工伤疾痛的社会多重性的建构。

威廉姆斯（Williams）指出，病人在解释病因时，不仅关注病因学的说法，还会联想到他们的人生经历，如恶劣的工作环境、不愉快的工作经历、家庭成员的死亡、生活事件的压力、自我的压抑。[①] 威廉姆斯的个人病因观超越了疾痛的生物医学模式，但是他对疾痛的社会意义的阐释更多是基于对慢性疾病的生活文化的考察；而工伤与一般的慢性疾病不同，它从头至尾都散发着身体、文化、资本生产模式、社会权力结构的气味。

第一节　基于身体的社会污名化

污名"stigma"一词最先由希腊人发明，用来指代身体记号，而做这些记号是为了向公众暴露携带记号的人其道德地位有些不光彩或不为主流社会所接纳，通常携带身体记号的人是罪犯、奴隶、叛徒等。现在，这个词被广泛应用于社会学的底层研究中，表示弱势群体身体或身份上的耻辱性特征。

欧文·戈夫曼（Erving Goffman）的污名研究是该领域的典型代表，他

---

① 郇建立：《中国乡村慢性病的社会根源——基于冀南沙村的田野考察》，《北方民族大学学报》（哲学社会科学版）2014年第6期。

认为污名是一种令人大大丢脸的特征，①这种特征会降低个体在社会中的地位，使他从一个完美的、有用的个体变成一个有污点和丧失部分价值的人，污名是社会对某些个体或群体侮辱性、贬低性的标签。②戈夫曼提出三种差别较大的污名：第一种是对身体的深恶痛绝，即各种身体残疾；第二种是个人的性格特点，比如软弱、专横、自私等；第三种是与民族、种族和宗教相关的集团意识强的污名，③比如纳粹时期的犹太人、城市话语中的"农民工"等，这类群体的污名并非源自某一个具体的身体特征，而仅仅是因为他们的群体归属。返乡工伤者，尤其是肢体残疾的工伤者，他们在城市打工时被贴上"农民工"的身份污名，遭受来自公众和政策的排斥和歧视，即戈夫曼笔下的第三种污名；当他们受工伤残疾回到农村老家后，又面临着来自身体残疾相关的第一种和第二种社会污名。

社会污名包含三个成分：刻板印象、偏见和歧视排斥。刻板印象是对其他社会群体所持有的消极观念，如：将患精神疾病的病人看作是危险的、没有能力的；偏见是指对刻板印象的赞同以及所表现出来的消极情绪反应，如：恐惧、愤怒、厌恶等；歧视、排斥是指由偏见所引起的行为反应，如：拒绝交往、拒绝提供就业或上学的机会等。④无论是观念上的污名，还是在现实生活中遭遇的污名歧视行为，对于返乡工伤者来说，都是建立在身体疼痛与功能失控基础上的又一次身体伤害，而且后者的伤害往往大于前者。如阿瑟·克莱曼所言，工伤疾痛的文化意义常常给病人烙上了他们难以抵挡、不易对付的印记。这种印记要么是耻辱，要么是社会生活的死刑。不管是哪一种，这种烙印是无法躲避的。⑤

一 作为"怪物"的身体

阿梅，20世纪90年代在工厂打工时双手被冲压机压碎，经多次接骨

---

① ［美］欧文·戈夫曼：《污名——受损身份管理札记》，宋立宏译，商务印书馆2009年版，第3页。
② 张宝山、俞国良：《污名现象及其心理效应》，《心理科学进展》2007年第6期。
③ ［美］欧文·戈夫曼：《污名——受损身份管理札记》，宋立宏译，商务印书馆2009年版，第5页。
④ 陈福侠、张福娟：《国外残疾污名研究对我国特殊教育的启示》，《中国特殊教育》2010年第5期。
⑤ ［美］阿瑟·克莱曼：《疾痛的故事——苦难、治愈与人的境况》，方筱丽译，上海译文出版社2010年版，第28页。

第五章 疾痛多重性叙事：工伤疾痛的社会生产

手术，大致恢复手掌形状，但是大部分功能丧失，由于大量的手部修补手术，她的手掌几乎变形。她讲述了一次至今仍令她记忆深刻、尴尬、气愤的真实遭遇，从她的故事里，我们可以看到由身体健全者建构的主流身体文化对肢残者的污名伤害。

> 有一次坐火车（从深圳）回家，那个时候我手已经好了。我记得火车上很挤，后面人一挤，我就往前面倾斜，手就去扶车门。前面是一个女孩子，她一转过来看到我的手，一下就尖叫起来。那个女孩子的那种反应，就像我是一个蛮难看的怪物。自己心里面很伤心，但是我还要给别人说对不起。那个女孩子的行为我也理解，我应该是碰了别人一下，我给她说声对不起，但过后我就很伤心。假如说我是好手，她绝对不会那种反应，最多说你是怎么搞的？那尖叫起来的声音真是刺耳，整个车厢都感觉你就是个怪物一样，我眼里看到的都是冷眼和嘲笑，我最怕的就是看到那种冷眼，心里那种感受真的说不出来，感觉自己从这个世界消失算了。（HXM，F，20150725，CQ）

一声尖叫，足以道明了主流身体文化对残缺身体的憎恶与嫌弃，没有其他的理由，仅仅是因为它与健全身体的不同。在主流社会文化中，健全、完美的身体是达成社会期待和规范的物质基础，一旦丧失这个基础，个体则无法实现与自然、社会的联结，从而被归为异类。因为"身体是我们施以劳动的对象——饮食，睡眠，清洁，食物调节，锻炼。这些劳动称为身体实践，既可以是个体的，也可以是集体的。这些实践把我们与自然界联结在一起，我们的身体既是环境，同时也将我们置于密实的社会规范和规则系统之中。对身体的破坏是一种耻辱，而符合文化界定的完美的身体则是赞美和钦羡的对象"。[①] 毁损的面容、畸形的肢体、鲜明的怪异行为都会成为患者的烙印，因为它们打破了所谓可接受的外表仪容和行为的文化传统底线，形成所谓丑陋、可怕的或非人的等其他文化范畴。[②] 正因如此，阿梅因为她的手而成了引起别人尖叫、恐惧的"怪物"。

[①] ［英］布莱恩·特纳：《身体与社会》，马海良、赵国新译，春风文艺出版社2000年版，第278页。

[②] ［美］阿瑟·克莱曼：《疾痛的故事——苦难、治愈与人的境况》，方筱丽译，上海译文出版社2010年版，第188页。

慢性疾病研究者发现，告知一个人患了癌症是个非常可怕的宣判，这几乎会彻底改变其对自我和世界的看法。但更具有讽刺意味的是，他感受不到身体上的疼痛和变化，① 所以得知患了癌症比癌症本身更可怕。同样的道理，"残疾"这个标签比残疾本身更令人恐惧，因为它意味着一种耻辱和尴尬，它提醒着大众"此人有污点，仪式上受到玷污，应避免与之接触，尤其是在公共场合"。② 就像对于阿梅来说，那一声尖叫或许比受伤的手更难令她接受，"她为什么要这样？我的手是打工受伤的，又不是干其他什么坏事，她为什么要这么害怕？"

时隔二十年，阿梅说起这个遭遇仍然落泪不已，想象一个二十岁正当年的女孩儿双手残疾已经令人难过，那一声尖叫，击碎了她最后的坚强和信心，那众目睽睽的冷眼"围观"，让她深刻体会到健全身体对残缺身体的污名与歧视，她认为在健全人的眼里，她成了令人避之不及的"怪物"。

二 "残废"的主流话语

英文里，残疾（disability）有"无能"的意思，在中文的惯用表达中，"残"与"废"也总是如影随形，因残而废的观念在人们脑海中根深蒂固长达几千年。"残=废=无能"的思维定式长期存在于社会大多数人的主流话语中，③ 更多时候"残废"直接取代了"残疾"成为残疾人的代名词。"残废—无能"这样的主流话语不仅阻碍了社会公众对残疾人的正确认知，导致残疾人的社会地位下降，同时也降低了残疾人的自我效能感，影响他们自我身份的认同。

在返乡工伤者的疾痛多重性叙事中，我们可以看到"残废"这个词语的大量使用，有的来自于占据社会大多数的健全者，而也有一些来自于工伤者自己。Corrigan 在研究精神疾病污名时指出，污名的形成过程包括公众污名与自我污名。前者是指社会主流群体对污名群体的刻板印象以及相应的抵制行为；后者是指当人们内化了公众污名时出现了自尊和自我效能

---

① ［美］帕特丽夏·盖斯特—马丁、艾琳·伯林·雷、芭芭拉·F.沙夫：《健康传播：个人、文化与政治的综合视角》，龚文库、李利群译，北京大学出版社 2006 年版，第 10 页。
② ［美］欧文·戈夫曼：《污名——受损身份管理札记》，宋立宏译，商务印书馆 2009 年版，第 1 页。
③ 周林刚：《社会排斥理论与残疾人问题研究》，《青年研究》2003 年第 5 期。

第五章 疾痛多重性叙事：工伤疾痛的社会生产

的降低。① 自我污名可以说是公众污名在污名群体头脑中的投影，它代表着污名者对这种主流文化的认同，并且不断地向自己发出心理暗示：我无能，我什么都干不了，然后逐渐丧失主动的生存和社交能力，继而又加深公众污名。

（一）来自健全者的"残废"污名

> 我学开拖拉机，农机站的站长说，少了几个手指头你还做得了这个事情？意思就是说我没有资格开车。他可能是考虑到安全问题，也可能就是这个意思。（WFM，M，20150402，ZY）

在大多数身体健全的人的预设中，身体残疾意味着什么事都做不了，只能依赖别人，更别说开车这种对手指要求较高的工种了。上述叙事中农机站站长的话就隐含了这样的意思，他认为手指不健全的人根本不可能安全驾驶车辆，而他们花钱买车开是一种"任性"的行为。

持这种看法的不单是个体，我们的驾驶政策也具有同样的污名倾向。2009年12月修改的《机动车驾驶证申领和使用规定》出台，规定允许五类残疾人可以驾驶机动车，"右下肢、双下肢缺失或者丧失运动功能，但能够自主坐立的残疾人，可以申请残疾人专用小型自动挡载客汽车准驾车型的机动车驾驶证；允许手指末节残缺或者右手拇指缺失的人员，可以申请小型汽车、小型自动挡汽车准驾车型的机动车驾驶证；允许有听力障碍但佩戴助听设备能够达到合格标准（两耳分别距音叉50厘米能辨别声源方向）的人员，可以申请小型汽车、小型自动挡汽车准驾车型的驾驶证"。规定中对于手指的要求是仅允许手指末节或右手拇指缺失的残疾人可以考取驾驶执照，而其他形式的手部残疾则不具备考取驾照的资格。2016年4月，《机动车驾驶证申领和使用规定》（公安部令第139号）开始施行，放宽了上肢残疾人申领驾照的申请条件，左手只要三指健全，不需要拇指必须健全，右手手掌完整，即可以申请相关车型的驾驶证。

国家交管部门出于安全的考虑，认为手部残疾的人无法驾驭机动车辆，所以不赋予他们驾驶机动车的合法性，这是典型的基于健全人身体考

---

① P. W. Corrigan, A. Kerr, L. Knudsen, "The Stigma of Mental Illness: Explanatory Models and Methods for Change", *Applied and Preventive Psychology*, Vol. 11, 2005, pp. 179 – 190.

虑的政策制定。因为在手部残疾的个体看来,"我手残疾只能证明我手受了伤,但是我还能做这个事情(开车)。要开车就必须考证,但是他就不让你考,因为你少了这几个拇指,不是你想考就能考。残障车辆那也是针对下肢残疾的人,我们手指残疾的就是不允许考驾照,因为他们认为我们没有手指就开不了车,但是我见过很多像我们这样的,人家开车开得好着呢"。

国家政策作为主流文化思想的集中体现,它代表着一种"残疾等于能力丧失"的刻板印象,因为健全人开车需要五个手指掌控,所以政策制定者站在健全人的角度认为,没有手指则不能安全地驾驶车辆,但是事实证明手部残疾者同样能够安全地驾驶机动车,只是他们的方法与健全人不一样而已。可是,我们的政策没有考虑到这种不同。

> 我们不需要改装车子的任何东西,就能够把它(车)开走,我们是能够达到这种条件的。但是现在法律条款规定不允许我们考驾照。所以制定这些办法的人,没有站在这个群体里面来考虑,没有搜集或者调研,手受伤达到哪种程度?他到底能不能开车?他没有经过一个评估,所以谈到这个事情,可能在这方面就是对我的歧视和不尊重。(WFM,M,20150403,ZY)

这样的公共政策依然体现了健全、完美的主流身体观念对残缺身体的污名化与歧视,即使这种歧视披着"保护"的外衣,但是仍然无法遮掩它对残疾人追求更高生活质量的限制。

据中国残疾人联合会统计,截止到2010年,中国共有各类残疾人8502万人,约占全国人口的6%,其中重度残疾者超过2500万人。[①] 然而,我们却很少能在街道上看到出行的残疾人,更不要说在工作场合或其他社会活动中。返乡工伤者在遭遇工伤成为残疾人之初对于残疾也有如此的疑问:"我很害怕,我不知道该怎么处理这个事情(残疾),因为我从来没有在街上见过这种""我出去都很少看见跟我一样的人,我就很纳闷,难道全县城就只有我一个残疾人吗?"什么原因导致残疾人很少出现在公

---

① 中国残疾人联合会:《2010年末全国残疾人总数及各类、不同残疾等级人数》,https://www.cdpf.org.cn/zwgk/zccx/cjrgk/15e9ac67d7124f3fb4a23b7e2ac739aa.htm,2021年2月20日。

共生活和公众视野中呢？因为残疾人进入公共空间要付出的代价太大，他们不仅要承受来自人们的好奇眼神、歧视眼光，同时连最基本的方便他们出行的无障碍设施都变得障碍重重。

虽然国家、地方政府一直在致力于改善残疾群体的生存状态与社会地位，但是现实仍然没有太显著的变化。阿英曾这样描述她的出差经历：

> 我最讨厌的就是当年北京的天桥，阶梯特别长，还没有电梯，也没有无障碍通道。我一个人要提着行李、挂着拐杖上那么高的楼梯。当时我的手和脚都好痛，但是没办法，只能自己忍着痛走上去。下天桥的时候，我就直接把行李扔下去，然后自己再慢慢走下去，把它提起来，所以我的行李箱都坏了好多个，全是这样摔坏的。（CYY，F，20150713，CQ，田野笔记）

无障碍设施的缺失与不完善看上去是一个城市建设的问题，但是这个问题背后却是基于这样的一个"污名"逻辑：残疾人不属于城市的公共生活，他们是无用的人，应该待在自己的空间里比较安全。健全者的"残废"污名限制了残疾人的行动空间和发展空间，他们被主流身体文化隐形地束缚在自己狭小的私人领域，被迫切断与公共社会的连接，彻底退出公众视野。这样的后果又反过来加重残疾人对自我价值的怀疑，从而认同主流身体文化的歧视和限制。

（二）自我的"残废"污名

疾痛的威胁在于打乱自我的身份认知，即我是谁。它最大的力量在于向我们展示一个糟糕的、损坏的、不可靠的和终逃不过一死的自己。严重且长期的疾病更使得人们深陷于一个陌生疏离的现实，在那里几乎一切都变了。[①] 的确，肢残工伤者和职业病患者都被卷入了一个于自己来说难以接受的病残世界，在那里一切都变了，以前那个能干的自己消失了。自我认同的丧失可以说是每一位工伤者都必定经历的一个阶段，但是有的工伤者很快重新建立起了自我认同，相信自己只是"残疾，而非以健全者为主体的公众污名中的残废"，而有的工伤者则坠入自我的残废污名中不可自拔。

---

① Morris, David B., *Illness and Culture in the Postmodern Age*, Berkeley: University of California Press, 1998, p. 22.

像我们这种人，做什么都不行，就是不方便。他们叫我去学车，那种平板摩托车，我学的时候在老家的田埂边摔了一跤，就没再学了，始终还是不方便。像我们这种，就是残疾人，如果说把手弄全还行，现在这样，如果真的出点什么事故的话，家里承担不起的。像我们这些人也不适合开店，嘴巴不会说，太差了；以前干的泥水工肯定也干不了了。你问我现在想做什么，想不好，也想不出来。（YHG，M，20150411，ZY，田野笔记）

上述叙事中的工伤者反复强调"我们这种人"，笔者问他："你是哪种人？"他回答："残废人。"在他的叙事中，他否定了周围人给出的所有生存建议，因为他觉得他这种人做不到，所以在田野期间，笔者观察到他一天除了打打牌，下下棋，几乎什么都不做，完全靠父母养活，每个月的低保作为他的零花钱使用。随行的工伤者想尽办法说服他走出家庭，出来做事，并且用很多自立的残疾人故事鼓舞他、激励他，他仍然一口否决，认为自己没有能力做到，因为"只有一只手，不行"。

根据舒茨的观点，社会中的个人在他们的环境中活动时，都是用常识眼光看待日常事务。这种常识观念来自地域文化环境，是业已被公众接受的、看待社会现实的方式。[①] 如果一个人的身体外表和身体管理使其被他人归类为"有欠缺的"社会成员，他就会将这种标签内化，并融入"受损的"自我认同。我们在领会自己的身体的时候，往往就像是照镜子，而镜子里的映像则是由社会的观点与偏见所框定的。[②] 自我的"残废"污名实际上是上述公众污名作用于工伤者身上的体现，然而自我污名往往比公众污名还可怕。在前面阐述的来自健全者的"残废"污名叙事中，我们除了发现主流文化与意识形态对肢残者的刻板印象和社会排斥之外，还看到了工伤者对这种主流身体文化的认知与反抗，但是自我污名则将工伤者的自我扼杀于萌芽之中，他们不停地告诉自己："我是残疾人，我不行，我不可能行。"他们几乎没有去做太多的尝试，便给自己判了死刑。

文化人类学家玛丽·道格拉斯（Mary Douglas）将身体区分为物理身体和社会身体，社会身体制约着我们对物理身体的理解。我们对物理身体

---

① A. Schutz, *On Phenomenology and Social Relations*, Chicago: University of Chicago Press, 1968.
② ［英］克里斯·希林：《身体与社会理论》，李康译，北京大学出版社2010年版，第82页。

的经验总是支持某一特定的社会观点，它总是被社会范畴所修改，并通过它被了解。物理身体是基础，社会身体是本质，两种身体之间的相互影响和转化主要是通过赋予物理身体充满社会意义的象征而实现的。[①] 对于携带自我污名的工伤者来说，主流文化所界定的"残废"身体是社会身体，他们对自己物理身体能力的认知总是受到这一特定社会观点的影响，他认同"残疾＝残废＝无用"的主流身体文化观念，所以在不做任何尝试的前提下，他调整自己的物理身体，使之成为社会身体所要求和期望的那个样子。

在返乡工伤者的污名叙事中，我们常常发现一种折中的现象，即抵抗公众污名与认同自我污名的结合。一方面，返乡工伤者控诉着主流文化施加于他们残缺身体上的公众污名，他们认为自己虽然身体残疾，但是头脑还是好的；但是另一方面，他们又如 Charmaz 所描述的那样，认为残疾使得自己变得无能，无法应对"不确定的缺失，即对顺其自然的未来失去幻想，同时对维持健康的个人信念也失去信心"[②]。如何理解返乡工伤者的这种叙事逻辑呢？笔者认为，返乡工伤者遭遇工伤致残期间，始终经历着两种价值观的碰撞，一种是受伤前所持有的主流的健全身体观，即认同残疾＝残废的公众污名；另一种则是残疾人"残而不废"的价值观，它是对健全身体观这种主流意识形态的反抗。当返乡工伤者的自我认同尚未建立起来时，前者势力明显大于后者，健全者的"残废"污名内化成自我污名；当自我认同完全建立起来时，后者势力大于前者，我们会发现工伤者对主流群体"残废"污名的强力抗争。当自我认同正处在建立过程中时，两者势均力敌，所以会出现两种价值观交替出现的逻辑现象：既在实践中认同残疾＝残废的价值观念，但是又反对主流社会人群将这种歧视和不公强加于身。

三　基于身体的就业排斥

社会排斥是社会污名的行为体现，它与刻板印象、偏见一起构成了污名。对于返乡工伤者来说，最显著的社会排斥形式莫过于就业排斥。因为

[①] 文军：《身体意识的觉醒——西方身体社会学理论的发展及其反思》，《华东师范大学学报》（哲学社会科学版）2008 年第 6 期。

[②] K. Charmaz, "Stories of Suffering: Subjective Tales and Research Narratives", *Qualitative Health Research*, Vol. 9, 1999, pp. 362–382.

只有通过就业，才能获得劳动权益和实现自身价值；才能摆脱贫困、改善生活状况、提高生存质量，帮助减轻家庭的负担；才能增强自我生存和发展的能力；才能以平等的姿态真正参与社会活动，提高社会地位，实现平等、参与、共享目标，实现回归社会，融入社会，缩小与健全人的差距。①

《中华人民共和国残疾人保障法》规定："国家保障残疾人劳动的权利。各级人民政府应当对残疾人劳动就业统筹规划，为残疾人劳动就业创造条件。"然而，现实中残疾人的就业状况并不理想，他们很难从事集体劳动，尤其在农村，残疾人只能进行个体经营和农业劳作。有关数据表明，当前残疾人的就业率只是非残疾人的一半左右，平均工资也只有非残疾人的一半左右。②

田野调查中的返乡工伤者大多在农村从事农业生产，一部分从事个体经营和打零工，只有少数两位有着相对稳定的工作和收入。就业与工伤者及其家庭的经济收入直接相关，就业市场的排斥使得他们不具备经济实力维持受伤前的正常生活，有的甚至无法支付相对昂贵的康复费用，从而加剧工伤带来的伤痛。

从社会排斥理论的自我责任归因③来看，残疾人的就业困难似乎与他们的身体状况、文化水平等自身素质相关，即残疾人素质低，不被劳动市场所偏爱，因为他们无法创造市场价值。很明显，这样的自我责任归因同样是基于主流的身体意识形态，"残疾 = 残废 = 无能 = 素质低"这样的思维方式造就了残疾人在劳动市场的就业排斥。同等劳动能力条件下，一个健全人与残疾人，就业提供方会选择健全人，而非残疾人，仅仅因为"残疾人"这个身份标签。

阿平，在浙江打工时左手三个手指被压断，无奈从城市回到农村老家进行身体康复。身体复原后，尝试重新进入城市打工，在上海辗转数十家工厂，最后皆因他的残疾身份被拒之门外。

---

① 许琳：《残疾人就业难与残疾人就业促进政策的完善》，《西北大学学报》（哲学社会科学版）2010年第40卷第1期。

② 赖德胜、廖娟、刘伟：《我国残疾人就业及其影响因素分析》，《中国人民大学学报》2008年第1期。

③ 社会排斥的自我责任理论认为，脆弱群体所遭受的社会排斥是他们自己的责任，是由于他们自身的行为和态度所造成的，甚至是他们不参与社会而形成的社会排斥。参见周林刚《社会排斥理论与残疾人问题研究》，《青年研究》2003年第5期。

第五章 疾痛多重性叙事：工伤疾痛的社会生产

我手残疾后回家的第二年，我家兄弟的亲家在湖北搞工地，喊我跟他们做工地。我本来是想跟他一起去广东的工厂，但是他说我手不行，不好找，兄弟的亲家喊我跟他一起走，我说行，到了工地跟着老板打混凝土。打混凝土也恼火（辛苦），要上跳板，但跳板是动的，稍微一放多了，就推不走，我就用手掌抵住斗斗车的板子推着走。我在那儿做了半年多，才把这只手的力量稍微锻炼起来，要不然还是一直闲着，根本做不了什么。现在练出来了，提水泥、卸水泥都没有问题。

后来一个朋友叫我去上海，工厂都找好了，800块钱一个月，包吃。他来火车站接我，我们多年没见了，他看见我的手，问怎么了？我说被冲床冲了，你不知道？他说他不晓得，我一听就知道完了，果然一去厂里就麻烦了。人家一看就说，不行，进不到厂。朋友说他原来那间厂就出现过这种情况，老板不会要我们这种。没有办法，我就在上海找工作，待了一年多，光介绍费就花了好百块钱，但是没有一个工作能干成的。

我进过木材厂、电焊厂、玻璃厂，后来进过一个黑板厂，你知道我是怎么进去的吗？进厂的时候厂长就拿笔记本给我，让我填表，一填表手肯定会被他看到，我就把笔记本的封面立起来挡住，不让他看到，写完之后，他说你明天来上班。第二天到厂里上班，工厂包吃，一两百个工人一起吃饭，你想在哪儿吃就在哪儿吃，反正没有桌子，就在车间吃。我就端着碗，背着大家吃饭。后来一个工友，山东的，他问我的一个老乡："你这个老乡怎么从来不说话呀？"整整半个月，我真的没有和谁说过话，因为少说话、少了解比较好，毕竟不能让别人知道我的手。

我和一个安徽的工友一起做工，他是师父，他最先知道我的手。那天他突然喊我去锯黑板，黑板是铁的，要拿着切割机切。我一听，完了。我一切，他说你这个手指怎么没有插进去？我说不是，是我的手受伤了，他说不要紧，只要你自己拿得起机器，做得了这个活儿，那你就做，做不了的话我来弄。我觉得他还是可以的。

但是后面不行了，一吃饭这手就被看到了。一开始我觉得工人知道不要紧，但是后来工人知道了，他会跟代班讲，代班肯定会跟厂里讲。后来突然间厂长喊我进去，他说你手是怎么回事？我说我的手在

> 浙江打工的时候被冲床冲了，当时进厂的时候，没有让你知道，如果你知道肯定不会要我。他说现在知道了也不会要，我说不要算了，把工资结了，他说不行，叫我把我的工资表拿给他看，他还不放心。（AZP，M，20150506，ZY）

长期的工厂求职经验使工伤者明白了劳动力市场的潜规则：只要成功遮蔽自己的残疾身份，便可以如健全人一样获得工作机会。所以，上述故事中的工伤者在入职考察时用笔记本挡住自己残疾的手，在工厂做事时避免与工友接触，吃饭也躲得远远的，他试图通过这些手段来隐藏身份，保住得来不易的工作。后来他的残疾身份被曝光，即使他在工作期间表现良好，业务师傅认可他的工作能力，他也难逃被辞退的命运，辞退理由并不是他事实上的无法胜任工作，而是"残疾"的身份标签使得工厂主认为他无法胜任。

熊斌、董志强等学者在重庆市残疾人力资源的实证研究基础上，建构了一个残疾人在劳动力市场上被排斥的理论模型。模型指出，企业雇用残疾人 A 比雇用健全人 B 能获得更高的劳动效率。如果企业拥有 A、B 两人的完全信息，则企业应该理性地选择雇用 A。但在劳动力市场上，用人单位并不知道 A 的劳动效率大于 B 的劳动效率，在这种情况下社会排斥便产生了，企业往往会招聘健全人 B。实际上，在同等条件下，甚至在残疾人的人力资本存量更高的情况下，许多用人单位仍然会录用健全人而排斥残疾人。[①]

除了直接拒之门外的就业排斥之外，还存在一种披着"照顾""同情"外衣的就业排斥形式，即"福利就业"。国家政策规定如果企业雇佣一定数量的残疾人，那么该企业可以享受某些方面的优惠。于是，市场上出现了一种企业利用残疾人挂靠的现象，它们为残疾人提供一些表面上的工作，然后向国家申请优惠政策。但是，这样的"福利性"就业往往令肢残工友更加愤愤不平。

> 我在超市上班是朋友介绍的，条件是把我的残疾证拿去超市挂

[①] 熊斌、董志强：《残疾人力资源开发：一般分析以及基于重庆的实际研究》，四川大学出版社 2002 年版，第 156 页。

靠。我同意了，但是要求给我一份工作。我还是吹（夸口）一下，说我在家里面，拖地洗衣服什么都会，在超市找一份拖地的工作我能行。过了一段时间他们给我打电话，让我来上班，防胜部（音译）还差人。防胜部（音译）也就是搞后勤，看门那种。就是站着，看人家提东西出来没有，比如说拿了东西的话，就叫他不要往这儿走，去前面结账。

在那儿工作两年，我工资一分钱都不涨。领导觉得我是个残疾人，不涨也还是会在那儿做，他觉得给了我一种照顾。假如说我是正常人的话，肯定要给我涨工资的，因为其他的员工都涨了，只有我没有涨。我去问过，他说名额不多，可是我知道大家都涨了，他当然不会明说我手怎么样。我知道他们不会给我涨工资，因为别人好脚好手的嫌工资少还说得过去，他总觉得我是被照顾的，不然的话还做不了这份工作。所以还是受歧视，就业这块是百分百受歧视。（LHZ，F，20150712，CQ）

福利就业的说法其实是一种官方说法，它是为了集中解决残疾人就业难的问题而设置的福利政策。初衷虽好，但是在实际执行层面，残疾人成为企业可资利用的获益来源，他们不被企业视为具有主体性的就业者，所以他们付出同样的劳动，却无法获得与健全人一样的工作待遇。在企业的潜意识里，他们为残疾人提供就业机会是出于某种交易，抑或是照顾，残疾人应该感到知足和感激，至于劳动权利就不要奢望了。这种情形下，残疾人的身体被工具化，在官方话语里，他是福利政策的"受益者"，但是在工伤者的叙事里，他们成为丧失部分正当劳动权益的伪劳动者。

第二节　返乡之后：反亲缘行为

工伤者拖着病体被迫离开城市回归农村家庭，工伤就由劳资双方的赔偿问题转化成了工伤者与乡野环境的相处问题。当工伤者走出家门，踏入生于斯、长于斯的乡野环境中，他们发现"城市留不下，乡村回不去"的可悲现实。如果说混乱叙事揭示了工伤在私人领域对工伤者家庭关系和人际交往的影响，那么返乡之后的反亲缘行为叙事则讲述了农村乡野文化对返乡工伤者的满满恶意。

基于生物学广义适合度视角而发展出的亲缘选择理论认为，利他行为一般出现在亲族之间，并且与近亲程度成正比。也就是说，个体之间的亲缘关系越近，彼此之间的利他倾向就越强，因为关系越近，相同基因就越多。①这是亲缘利他行为的生物学解释，从基因遗传的角度来说，人作为一种生物体，具有亲缘利他行为选择的本能，即"血浓于水"。社会学研究也指出，对于个体来说，来自于亲缘群体的保护和约束是持续其终身的；而更重要的还在于，它是构成一个社会最亲密纽带的主要来源。②在农民社会这个费孝通笔下的熟人社会中，亲缘关系是村民具有强烈的群体同属感的来源，无论生产、生活，家里的大小事务，亲缘关系都缠绕其中，农村乡民的日常生活可以说就是建立、维护亲缘关系网络的过程，而亲缘关系内部的连带和相互扶助也是永恒的。

但是，从返乡工伤者的叙事中，我们却看到了普遍存在的反亲缘行为的出现。反亲缘行为，顾名思义，即与亲缘关系内部的相互扶助行为相反的行为。刘晨博士在研究村庄内亲兄弟俩因为"养老""分房"等利益问题大打出手，甚至一方对另一方实施道德侮辱的现象时，提出"反兄弟行为"这个概念，认为兄弟之间在发生争斗行为时，已经将兄弟血缘关系搁置一边，两者之间形成不是兄弟的"反兄弟"关系。③反亲缘行为将反兄弟行为扩大，它存在于更广泛的亲缘网络之中，包括直系、旁系以及姻亲关系。乡野空间施加于返乡工伤者身上的反亲缘行为，体现为亲缘网络成员对工伤者及其家庭的"落井下石"和"利益趋近"。

一 落井下石——有限资源的争夺

受伤以后我家就败了，真的好穷，最关键的是，人家要欺负你。我家那头大水牛本来能卖一千多块钱，但是最后只卖了600块钱，就是我伯伯（父亲的表哥）从中赚了200块钱。意思就是说，人家知道

---

① 刘鹤玲：《广义适合度与亲缘选择学说——亲缘利他行为及其进化机制》，《科学技术与辩证法》2007年第24卷第5期。
② 郭于华：《农村现代化过程中的传统亲缘关系》，《社会学研究》1994年第6期。
③ 刘晨：《村庄内亲兄弟的"反兄弟行为"》，中国社会科学网，http：//ex.cssn.cn/shx/shx_bjtj/201508/t20150803_2105183.shtml，2015年8月3日。

第五章 疾痛多重性叙事：工伤疾痛的社会生产

我受伤了，知道我爸爸急着用钱，就来骗我爸爸。我伯伯就当那个中间人，让我爸爸600块把牛卖给牛贩子，然后牛贩子再分他200块钱，其余的牛贩子赚了。牛贩子赚点钱我不心痛，人家做生意的就是要赚，但是为什么你（伯伯）要来骗我老爸？都是亲戚啊，明知我家遭难等着用钱，为什么还要中间来一道？

牛马卖了以后，我爹妈都是靠锄头做地里的活，一锄一锄地干。我爷爷家就只有我爸一个儿子，没有兄弟，所以人家看你家败了就都来欺负你。我爹妈去借牛来犁地，我伯伯就跟人家说，不要借给我们家，就是这么不近人情。

有段时间出大太阳，特别干，水不够用，水泵又坏了，我就想去借个水泵。先找的是我幺爸（父亲的表弟），我说幺爸把你的水泵借我抽一下，他说你拿去抽。因为他们是几家合伙买的水泵，所以我还要去问我二爸，我说二爸拿你们水泵抽一下，有意见没有？他说没有意见，我又去问我家三伯娘，我三伯说你拿去抽。然后我爸爸就去背水泵，他去的时候，三伯娘看到他来，就不高兴，大声说："嘿，机器都买不起，老是借人家的来抽。"我爸听见了，但是还是把水泵背回家来了，他回来跟我说，你三伯娘有意见，说我们家没机器。你知道老人家听到这些话心里有多难受，都是亲戚。（LZH，M，20150423，ZY）

亲缘关系是基于血缘而发展出来的一种具有先赋性的关系类型，它影响着人们的行为逻辑和交往倾向，前者表现为宗族内部的特殊主义行为逻辑，也就是按照宗族的规范和利益来安排自己的行为，而非按照普遍规则的法律和正义行为；后者表现为在交往中讲究血亲情谊，宗亲内部的交往要亲密于、重于外部交往，二者产生冲突时，要迁就于宗亲。[1] 但是，在上述叙事中我们既没有看到宗族内部的特殊主义行为逻辑，更没有看到讲究情谊的血亲交往，反而是在返乡工伤者及其家庭艰难地从工伤灾难中爬起的时候，所谓的亲人狠狠地踢了他们一脚，演绎一出落井下石的戏码。

乡野环境中的反亲缘行为犹如一记重拳，使本来已经满目疮痍的工伤

---

[1] 杨华：《农村阶层关系研究的若干理论问题》，《人文杂志》2013年第4期。

家庭雪上加霜。亲缘网络不仅没能作为主要的社会支持形式出现，反而加重了工伤家庭向外寻求支持的困难程度。"兄弟之间别说帮忙了，不欺负你就算好的了"，这样说的工伤者不在少数。是什么使得原本崇尚亲情关系的农村家庭变成如此这样反亲缘呢？工伤者这样解释："分家三年为寨邻。你家穷，人家就要欺负你，他其实也得不到什么好处，但是他就想看你的笑话。"

工伤者的解释有两个层次：第一，亲缘关系的重新定义；第二，农村有限资源的争夺。在农村社会中有这样一种说法，"分家三年为寨邻"，意思是说一旦分家超过三年，彼此的亲戚关系便成为邻居关系，即使互相之间存在血亲。这种亲缘关系的重新定义消解了亲缘利他行为的关系基础，原本意义上的亲人在新的关系定位中，不再被所谓的宗族规范和交往方式所约束。

杨华在多年的农村阶层分化调研中发现，我国农村发展的态势是血缘、地缘关系正快速被阶层关系所取代，阶层关系逐渐成为农村的主要社会关系。[①] 而经济状况是影响农村阶层划分的重要指标，趋富避穷几乎成为大多数人的行为准则，这正应景了徐晓军的"外围高度利益化"[②] 的研究结论。从生存理性到经济理性[③]的转变过程中，和谐共处、守望相助的亲缘关系变成有限资源的竞争关系，谁获得更多的资源，或者说谁具有更强的获取资源的能力，那么谁就可能处于农村阶层结构的上层。然而，身体功能障碍所带来的劳动能力丧失使得返乡工伤者及其家庭获取资源的能力大大降低，为了争夺有限的农村资源，亲缘系统内部成员对返乡工伤者及其家庭进行排挤与欺负，导致他们阶层地位下降，沦为农村社会底层中的底层。

二 利益趋近——社会支持的削弱

与落井下石截然不同的一种反亲缘行为体现为亲缘网络追求某种利益而对工伤者及其家庭趋之若鹜，如果追求利益成功，亲缘关系得以持续；一旦失败，亲缘关系瞬间破裂。我们将这种行为称为"利益趋近"，即血

---

① 杨华：《农村阶层关系研究的若干理论问题》，《人文杂志》2013 年第 4 期。
② 徐晓军：《内核—外围：传统乡土社会关系结构的变动——以鄂东乡村艾滋病人社会关系重构为例》，《社会学研究》2009 年第 1 期。
③ 李培林：《巨变：村落的终结——都市里的村庄研究》，《中国社会科学》2002 年第 1 期。

缘与情感不再是维系亲缘关系的核心要素，利益成为工伤者与亲缘网络是否维持正常关系的控制器，而亲缘关系反过来又成为追逐利益的工具。

"利益趋近"行为包括三个方面，疾病获益他知、疾病获益他知的话语表达和利益分享的诉求行为。首先，亲缘网络主观上认为工伤者及其家庭从工伤事故中获取大量的物质利益，这是利益趋近行为的认知基础；疾病获益他知引发亲缘网络对获益的表达，表现为对工伤者及其家庭的"羡慕"话语，最后落实到提出分享利益的诉求行为。

（一）"疾病获益"他知

疾病获益感（benefit-finding）是医学领域的一个理论术语，指患者从特定疾病中感知益处。[1] 在认知适应理论的基础上，Behr等认为患者及其家庭的疾病获益感可能包括：患病后，家庭成员给予患者的关注增加了整个家庭的幸福和满足感，强化了家庭亲密感；患者及家庭成员会意识到因疾病给家庭未来带来的问题，而主动为家庭的未来做规划；个人的成长，例如疾病给家庭带来沉重压力的同时，家庭成员的责任感增加，从而在面对压力和困难时能更好地应对等。[2]

"疾病获益感"主要从患者的主观体验出发，强调患者及其家庭对疾病经历的积极意义构建，同时它所包含的"获益"大多是指精神意义层面的自知，而较少涉及物质获益。此处，我们借鉴疾病获益感的概念和返乡工伤者的利益趋近叙事，提出疾病获益他知概念：外界对患者及其家庭从疾病中获取利益的猜想，通常情况下，他知的"疾病获益"更多倾向于物质获益和责任免除，而非精神获益。对于返乡工伤者而言，乡野中的亲缘网络普遍认为他们从工伤中获得了大量的物质财富，同时免除了"干活"这一终生的生存责任。

> 我刚回来的时候，村里的人就都在传，说我这个伤拿了三四十万元，但是根本没有。他们就在那儿说，我听了很不舒服，好像我残疾了是一件好事情，是赚钱的事情。但是，谁也不愿意残疾，如果谁给

---

[1] 刘谆谆、张兰凤、杨晓峰、马书丽：《国外癌症患者疾病获益感的研究现状及启示》，《医学与哲学》2014年第35卷第11B期。

[2] S. K. Behr, Murphy, D. L. Summers, *User's Manual: Kansas Inventory of Parental Perceptions (KIPP): Measures of Perceptions of Parents Who Have Children with Special Needs*, Beach Center on Family and Disability, University of Kansas, 1992, pp. 3–10.

我捐只手，我给他 20 万元。还有，社会上的人都认为残疾人有钱，国家要给我们钱，认为我什么都不用做，在家里耍（玩）就行了。（HYL，F，20150715，CQ）

那时候还在乡下，一出去别人就指指点点，在背后议论你。就说"那个女孩子获赔了好多钱""你看那个女孩子那么年轻那么漂亮，手烧伤了，一辈子就完了，怎么办？头发也扎不了，怎么办？管他的，还是赔了那么多钱"怎么怎么样。我一听这种话就头大，觉得好烦。那次香港朋友来了之后，村里的人就觉得，别人又给我多少钱之类的。还有我们烧伤者和家属去红十字会领了一个赔偿款，然后别人就觉得，政府还在给我们钱，但实际上不是那么一回事。包括残疾人吃低保也一样，他们都有一种普遍心理，"你们残疾人是国家养起的"。我就要给他解释，我真的没有吃低保，我自己有一份工作，我有收入，我真的没有享受低保。（CYY，F，20150711，CQ）

村落外部世界总是用"钱"来描述工伤对于工伤者的意义，认为工伤者是工伤事故和残疾身份的"获益者"。他们不仅得到了"一大笔"赔偿款，还获得了外界社会和政府不间断的经济援助，从而免除了农村人所言的"劳累命"。这样的疾病获益他知在村落里不断传播，工伤者的工伤经历被解释为"获得大量金钱财富和经济援助的划算的生意"。然而对于工伤者而言，这样的获益话语，第一，阻碍了他们的苦难共享，无法在乡野空间中获得工伤疾痛的认同和共情；第二，降低了工伤者从亲缘网络那里获得社会支持的可能性，因为在其他人看来，工伤者已经获得了太多的支持；第三，影响了工伤者"独立""自强"的自我认同和社会认同的重建，在工伤者付出超出常人的努力，期望重新获得认同时，外界会将这样的结果归因为他们所获得的赔偿与资助，而非他们自己的努力。

（二）疾病获益他知的话语表达

耶，你们安逸耶，发财啦，十几万呀。
你好噢，坐起天天耍，什么事情都不用做。（LL，F，20150419，ZY，田野笔记）

这是阿兰的亲人（小叔子和嫂子）来到她家跟她说的两句话，阿兰当场愤而回击:"你觉得好的话,我给你钱,你把你的手锯了。"从疾病获益话语表达的内容来看,他们把工伤者的生存状态定义为"安逸""好""天天耍",而工伤则被描述为一种"发财"的暴富行为。

"安逸"作为西南地区一个常见的方言词汇,在不同情境和语言结构中具有不同的意义,这种差异从感情色彩来说,安逸一词具有褒义、贬义和中性三种意义。安逸的褒义性语义通常表示好的意思,诸如舒服、轻松、悠闲、美丽、美好、精彩等;贬义性语义多数包含指责、气愤、不满、不服气、反讽等。[①] 在习惯用法中,褒义用法的"安逸"前面多会与程度副词连用,如"真安逸""好安逸",但是安逸一旦与语气助词"耶""了"连用,则呈现出反话正说的贬义效果,表示反讽、不服气和指责。此处的"耶,你安逸耶"和"你好噢"的表达则是后面一种用法。

"发财"和"什么都不用做"是外界对工伤者"安逸""好"的具体所指。"发财"作为一种具有经济效益的主动行为,工伤者被置于利用身体创造财富的主语位置,从而否定了工伤者在工伤灾难中的被压迫者的身份,将工伤合法化。"什么都不用做"则包含了两层意思,一方面,返乡工伤者是工伤事故赔偿款的享受者;另一方面暗指他是身体残疾的无用者。工伤者认为"他为什么这么说?就是来看你的笑话呗。我还不愿意要这个钱,不愿意坐着什么都不能干,谁会愿意?"

在返乡工伤者的混乱叙事中,工伤者把工伤叙述为"扰乱自己人生时序的苦难",然而对比强烈的是,他的亲人们却认为这样的状态是轻松的、舒适的,苦难经验的不被理解以及工伤致富的误解使得工伤者感到亲缘网络的背叛。另外,"安逸"状态的反话正说实际上道明了亲缘网络对工伤者的讽刺,意指他是"游手好闲"的无用之人。因此,我们看到一种乡野空间对工伤者的复杂情绪,一方面他们看不起受伤残疾回家的工伤者;另一方面他们又对工伤者因获取赔偿款而在物质财富上超越自己持一种羡慕嫉妒恨的态度,于是出现了上述那样的疾病获益他知的话语表达。

(三)利益分享的诉求行为

由于亲缘网络仅仅把工伤者视作工伤的获益者,而不关心他们因此所遭受的痛苦,所以他们从行为上表现为对工伤者经济利益的趋近,而非情感上的接近和共情。"他们都觉得我很有钱,但是他们不知道这个钱是我

---

① 黄文科:《安逸——在四川方言中的广泛应用及释义》,《青年文学家》2014 年第 36 期。

用我这只手换回来的,我的后半辈子就全靠它了,他们为什么不这样替我想一下?"当亲缘网络向工伤者提出利益分享的诉求时,双方则由于不同的工伤认知模式而产生分歧和矛盾。

> 每个工伤家庭都是这样,家人希望你把钱拿出来,他们认为这个钱里面有他们的一份,但是这是我后半辈子的依靠,我肯定不会拿出来,所以矛盾就会产生。(RMX,F,20150422,ZY)
>
> 说起这个钱我就生气,我最烦的就是这个钱。我当时盖房子,大哥大嫂都来帮忙,后来他们问我借钱,我没有借,因为我盖完房子剩下的钱还要维持家庭生活。后面他们就再也不来往了,连我的新房子都没来过。哎呀,问我借钱的人太多了,我没办法,就放到一个老辈子(长辈)那里了,由他给我管理。(DXY,M,20150421,ZY)
>
> 当时拿了十多万块钱回家医病,我当时都是快死的人了,回来治病就靠这笔钱。我大姐夫就想借两万块钱去买车,说让我带动大家一起致富。借给他们以后,一直都不还。我哥哥去问过很多次,都说没钱不还。他没有想过这是我的救命钱,后来我就告到法院去了,强制执行,不过现在也都还没还清。算了,现在我们两家已经完全不来往了。(CYY,F,20150709,CQ)
>
> 我老公受工伤赔的这些钱,我婆婆说交给她,因为她把我老公养大,还帮我们带孙子,所以要分十几万作为她的养老钱。另外他的兄弟也说工伤期间到处跑,帮我们处理,也要分钱。我就不给,给了他们,我这个家怎么办?他受伤成了那个样子,以后家里什么不得花钱?儿子读书也要花钱,我就不给他们,所以他们怂恿我老公把我赶出家门,如果我不把钱拿出来,他们就不让我回家。(ZCX,F,20150703,ZY,田野笔记)

亲缘网络无视工伤者的工伤疾痛,提出利益分享的诉求,这本已违背了以相互扶助为核心的亲缘交往逻辑,然而诉求行为的失败导致亲缘关系的破裂,更是令工伤者体会到工伤疾痛在乡野空间中的特殊意义,"这个社会很现实,在哪儿都是一样,农村更是这样,你好的时候谁都捧着你,你受伤了没有人想来帮你,恨不得都踩你一脚。他们看到的只有你的钱,根本不是你这个人,亲戚也是这样。你不要想着去靠别人,只能靠自己,这个你生病的时候就懂了。"①

社会支持的强弱与疾病患者的疾痛体验具有很强的相关性。阿瑟·克莱曼通过大量的临床研究指出,"有些心理和社会因素常常会对疾痛趋向恶化起决定作用。这些心理因素包括无奈、焦躁和放弃;社会因素包括生存严重受威胁、社会支持遭损害以及压抑的社会关系,它们助长了心理—生理不平衡的恶性循环。反之,疾痛向抑制状态的转变(指一种内在的健康改善系统)似乎常常与社会支持的增强、自我效能感的提高,以及重新燃起的希望相联系"②。在返乡工伤者的工伤叙事中,存在个别在乡野空间获得足够社会支持的案例,这样的案例与上述的反亲缘行为形成鲜明的对比:获得社会支持的返乡工伤者呈现了乐观的精神状态,即使物质生活同样缺乏,但是他们积极追求生活的意义,感恩周围村邻的帮助和理解,建构亲密、健康的乡野亲缘关系。虽然工伤者的乐观性格与获取社会支持的认知之间可能存在鸡生蛋、蛋生鸡的逻辑问题,但是从客观事实上来说,社会支持的获取对于返乡工伤者重建人生时序具有十分重要的作用。

利益趋近这一反亲缘行为严重破坏了返乡工伤者在乡野空间的社会支持获取,因为它损坏了获得社会支持的情感基础:工伤疾痛的认同与理解。周建国、童星认为,人与人之间的关系正由情感为纽带的联结向以理性为轴心的相互依赖关系转移,以情感为核心的人际关系结构正逐渐被以理性为核心的人际关系结构所代替。③ 正是在这样缺乏情感的理性——工具主义关系中,亲缘网络成员鲜少关心返乡工伤者所遭遇的工伤疾痛,反而更多重视人际关系中此消彼长的价值利益。

第三节 工伤的归因:我为什么成这样?

疾痛问题,作为人类的苦难经验向病人和相关的社会群体提出了一个最基本问题:为什么偏偏是我?我为什么会成这个样子?这是一个典型的

---

① 访谈资料,WFM,M,20151116,ZY。
② [美]阿瑟·克莱曼:《疾痛的故事——苦难、治愈与人的境况》,方筱丽译,上海译文出版社2010年版,第6—7页。
③ 周建国、童星:《社会转型与人际关系结构的变化——由情感型人际关系结构向理性型人际关系结构的转化》,《江南大学学报》(人文社会科学版)2002年第1卷第5期。

归因问题。返乡工伤者通过对工伤事故以及由此连带产生的后果进行因果关系的追问,来探寻工伤事件发生的原因和意义。在他们的工伤归因叙事中,我们发现工伤并不是一个简单的安全生产事故,从它的发生到治疗再到处理整个过程,都赤裸裸地体现了工厂管理者的权力渗入,资本生产模式对身体的伤害与压制不仅是导致返乡工伤者疾痛产生的直接原因,同时也构成了工伤疾痛的一部分。

一 资本生产酿造的一场大火

阿英,1993年深圳致丽玩具厂大火的幸存者,虽事隔多年,她依然清晰地记得当时大火发生和工人逃难的场景。①

> 1993年11月19日,大家跟往常一样,早上7:30上班,中午11:30下班,我中午吃完饭也和往常一样去冲凉。因为厂里没有热水,所以我们早上用桶把自来水接好,放在太阳底下晒一下,希望水可以变得暖和一些。我清楚地记得,那天中午我换上了一套新买的休闲服和新鞋子,是用15号刚发的工资买的。我迅速地洗完换下来的衣服,高高兴兴地打卡,准备上班。由于是计件发工资,做得多才得的多,不做就没有半毛钱,所以我们大家都拼命工作。13:50左右,空电梯洞口处开始冒烟。刚开始我们二楼的工人没有反应,因为以前也发生过好几次这样的情况,我们也跑过几次,但是车间主任跟我们说:"没有什么事,跑什么跑。"所以我们后来就不敢跑,看着那些小火花在那里飞来飞去。
>
> 万万没有想到,这次的烟越冒越大,而且是从洞口冒上来。见此情况,大家才急忙扔下手中货物,匆匆忙忙地往楼梯口跑。而我们的车间离出口位置最远,前面几条生产线的人都跑在前面,后面的人也争先恐后地往那儿跑。其实这个楼梯间非常小,只能三个人并排通行。车间四四方方的,其他三方的门都是长期锁起来的,听说是为了方便管理,可能是怕工人偷玩具,所以窗户用铁柱焊死还加上铁丝网。因此火灾发生时,我们的第一反应就只能是往唯一的通道出口跑。

---

① 叙事资料来源于陈玉英自述《梦断葵涌 悲情回眸》一文,以及部分访谈资料。

> 当我跑到楼梯间的时候,看到前面被堵住了。这个卷闸门以前被损坏过,平时它会自动掉下来一半,人们需要弯着腰才能进出。也许是人群乱跑发出的震动,卷闸门被震下来堵住了去路,而后面的人们全然不知,依然奋力往前挤,于是在一片混乱之中,出现了人踩人的情况,我的鞋子也在这个时候被挤掉。
>
> 后面听那些逃出来的工友说,消防队车子进不来(没有消防通道),后来的处理结果是消防队队长被免职。其实工厂本身和管理层也是有问题,渎职、工厂的消防设施不合格、防火品灭火器不能用、电路线老化不合格,是要停业整顿的。(CYY,F,20150707,CQ)

这场大火最终导致了87位工人丧生,以女工为主,烧伤47名女孩儿,阿英是其中烧伤最严重的一位。是什么导致了这场改变她一生命运的大火?电源线路的老化、火灾信号的忽视、货物的堆积、逃生通道的封锁、安全检查的敷衍这一系列的行为催生了这场世纪灾难,而工厂的这些行为归根究底是源于资本生产模式的贪婪和剥削。

20世纪80年代末90年代初,随着国家改革开放的逐渐深入,大量外国资本进入中国,这一资本全球化的过程在中国本土催生了一个新的群体——农民工。① 有学者认为农民工的迁移行为在总体上缓解了我国农村剩余劳动力的压力,对劳动力空间位置的合理配置、城乡劳动力的结构性补充、城乡经济的繁荣起到了积极的作用,② 这样的阐述将农民向城市迁移、成为"农民工"这一行为视作"解决农村闲散劳动力""帮助农民脱贫"的具有积极作用的经济行为。但是在返乡工伤者的叙事中,他们表达了当时离开农村、离开亲人到城市打工的无奈。农业生产所收获的粮食除了能够维持一家人的生存外,无法为家庭积累现金财富,但是随着市场化在各个领域的普及,子女的教育、家人的医疗、家庭的发展诸方面都需要大量的现金,所以丢掉家里的农活到城市打工是他们唯一的出路。因此,某种程度上来讲,农民向城市的迁移并不是农村剩余劳动力的转移,而是城市对农村重要、支柱型劳动资源的掠夺。在对致丽大火的三位幸存者的

---

① 有关农民工这一身份或称呼的产生以及社会变迁的阐述,请参见万小广《转型期"农民工"群体媒介再现的社会史研究》,博士学位论文,中国社会科学院研究生院,2013年。
② 唐斌:《"双重边缘人":城市农民工自我认同的形成及社会影响》,《中南民族大学学报》(人文社会科学版)2002年第22卷第S1期。

访谈中获知,她们当时全部经过当地劳动局的考核、选拔,才被介绍到深圳工厂,并且当地劳动局从中可以获取一定数额的介绍费。

正如潘毅博士在《中国制造》一书中所提出的,从农村地区涌向城市的"民工潮"远远不是贫困或者农村剩余劳动力过多等观点所能解释的。贫困作为具体的社会欠缺形态,是由国家权力与资本权力共同创造和组织出来的。农村与城市之间的巨大反差,是户籍制度持续实施的结果,更为重要的是,这种既有的城乡差距被国家和市场共同建构出一种消费性话语,从而不断激起一种力图消除这种差异的社会性欲望。① 因此,农民工的形成是国家与资本生产合力构建的一个制度性结果,当他们进入世界工厂的那一刻起,他们的身体就交给了企业老板。

潘毅博士在深圳一家港资工厂的民族志研究②活生生地展现了一副资本生产模式如何规训、驯服女工身体的景象。冰冷的机器时间、极具控制力的流水线空间、长期的站立、以分秒计算的如厕、梦里的尖叫和身体的痛楚等等,都是全球化资本生产对工人身体的赤裸裸的伤害。2012 年"两岸三地高校关注富士康调研组"发布的报告,更是揭露了富士康决策层为了遮蔽其资本生产模式对工人的剥削,伪造"六休一(每周工作六天休息一天)"的假象,实际上是"十三天休一天",甚至"三十天休一天"。③

工伤(包括职业病)可谓是资本生产模式压迫身体的极端表现。在 33 位返乡工伤者的田野调查中可以发现,除了少数是自己操作不当导致工伤以外,多数工伤事故是由于工厂设备的老化、不规范、长期加班的疲倦、无上岗培训等企业行为造成的。

> 这个机器本来是两个开关控制,两只手要同时按下去的,对不对?但是这个(其中一个)开关坏了,工厂就吊了一根绳子来做开关,但是这个绳子是可以失控的。一拉绳子,明明看到它上去了,但是手去拿产品零件的时候,它又落下来了,失控了。所以,用机器真的就是一秒钟的问题。工厂本来就是赶货的时候,怕耽误进度,就用这么一个简单方法来处理。我受伤醒来第三天,有人去(工厂)看

---

① 郑广怀:《社会转型与个体痛楚——评〈中国制造:全球化工厂下的女工〉》,《社会学研究》2007 年第 2 期。
② 潘毅:《中国女工——新兴打工者主体的形成》,任焰译,九州出版社 2011 年版。
③ 潘毅:《富士康在说谎 无法代表工人心声》,《中国工人》2015 年第 3 期。

第五章 疾痛多重性叙事：工伤疾痛的社会生产

（检查），发现那个机子全部都改装了，全部搞成双层合并控制开关了。（RMX，F，20150422，ZY）

  本来我搞压机搞得好好的，那年正月间，厂里冲床缺人，但是很多人都怕冲床，冲床太大了，没人做。老板的舅子就叫我来做，刚好上午做，下午就把手压碎了。我以前从来没有做过冲床，想都没有想过。相对来说做压机要好一点，始终要比冲床安全一点，因为压机慢一点。冲床随便踩一下就下来了，手就完了。我知道那种危险，但是没有办法，厂里面说缺人，没有办法只有做了。（AZP，M，20150506，ZY）

  在全球化过程中，中国成为国际资本的首选地，很大程度上是因为中国的廉价劳动力在参与国际生产分工的过程中发挥了极大的比较优势，中国的制造业工厂，凭借低廉的用工成本在残酷的市场竞争中生存下来。[①] 为了追求更高的利润、降低工厂运营的成本，企业偷工减料、无视安全生产的隐患，用"计件报酬"的方式激起工人"主动选择加班"的伪主体性行为，掩盖这一模式对工人身体的伤害。这一系列工厂管理手段使得企业实现了原始资本积累，但是却是以工人残缺的身体、扰乱人生时序的苦难和返乡后依然如影随形的工伤疾痛为代价。

  前哈佛大学研究员黄万盛在分析美国"占领华尔街"经济危机时深刻剖析了美国市场经济现象背后的意识形态和核心政治价值。[②] 由于受到制度拜物教和迷恋理性化的资本主义的影响，推崇市场经济者认为市场有属于自己的一套秩序，合理、合法、合规地利用规则挣大钱成为市场经济的游戏规则，它缺少了一种情——对千千万万被搞得倾家荡产的人的同情。受功利主义的影响，工厂主将工人当作实现资本积累的工具，只要能够在制度范围内最大限度地获得利益，其他的一切，比如工人的健康、福利、权益等等都无足轻重。

  因此，资本生产制度对身体的压迫和伤害背后隐藏着一套已经发展成

[①] 魏万青：《劳工宿舍：企业社会责任还是经济理性——一项基于珠三角企业的调查》，《社会》2011年第2期。

[②] 参见黄万盛在2011年11月广州召开的"社会经济在中国"会议上的发言《重新认识市场经济》，载张曙光、黄万盛、崔之元、孟捷、何艳玲、林深靖、翟学伟、吕新雨、潘毅、宋磊等《社会经济在中国》（上），《开放时代》2012年第1期。

熟的意识形态，即资本主义市场经济的意识形态。在全球化资本涌向中国内陆的那些年里，这一套意识形态也随之无孔不入地渗透进我们的生活。正是对这种经济理性的意识形态的认同，才会出现持续不断的工人权益遭受忽略和侵犯的社会现象。正如潘毅所言："市场经济背后一定是讲竞争，富士康为什么一定要庞大，我认为它是经济发展的逻辑所造成的，资本家没有良心与不良心之分，资本就是资本，它要垄断苹果的生产订单的时候，一定需要竞争，竞争的时候就一定要对劳动者进行剥削，这是资本主义市场经济的必然恶果。"[①]

二 工厂主的蔑视："你要打官司，我们奉陪到底"

阿秀，七年前在广东一家电子厂打工时左手四只手指被冲床压得粉碎，原因是冲床设备故障。工厂提出与她私了，五万元买断她的那只手，她不同意，工厂问她要多少钱，她说："我不是要钱，而是根据国家法律索赔我的工伤损失。"于是她向劳动局仲裁中心提出劳动仲裁，工厂经理对阿秀轻描淡写地说："好，阿秀，你要打官司，我们奉陪到底。"

这样的对白几乎出现在很多工伤者与工厂的维权过程中。工伤者明明是工伤事故的受害者和申请工伤赔偿的权利者，但是在劳资双方工伤处理的传播话语中，工伤者变成向厂方"要钱"的麻烦者，甚至是"敲诈者"；当工伤者运用法律武器争取自己的合法权益时，厂方那一句"奉陪到底"反而带着"正最终能胜邪"的"正义感"和资方天生相对于工人所具有的"优越感"。

但是，从工伤维权的现状来看，资方的底气十足并不是没有来由的，资本的强大足以令身处正义一方的工伤者在维权之路上处处碰壁，头破血流。

> 住院两个月就让我出院，然后每个星期去医院换一次药。每次换药的时候，要打很多次老板电话才接，他才带我去换药。我们本来在厂的旁边租房子住，他怕我们去找他麻烦，就给我们换了住处，搬到

---

① 潘毅：《社会经济的国际经验——以西班牙蒙德拉贡合作社为例》，载张曙光、黄万盛、崔之元、孟捷、何艳玲、林深靖、翟学伟、吕新雨、潘毅、宋磊等《社会经济在中国》（上），《开放时代》2012 年第 1 期。

第五章 疾痛多重性叙事：工伤疾痛的社会生产

离厂比较远的地方。你不同意搬？他会问房东拿钥匙，进屋把我们的东西直接搬走。浙江的天气非常热，我们担心这样下去伤口会感染，没办法就同意与老板私了，拿了六万块钱回老家了（如果走正常的工伤赔偿程序，赔偿金额至少在 20 万元上下），后来回家治疗还花了 1 万多元呢。（LL，F，20150419，ZY，田野笔记）

阿兰的手至今都没有完全康复，虽然在医院已经接骨成功，但是现在手部的功能仍然没有恢复，很大原因是工厂的逃避责任导致她的手得不到及时、充分的治疗。因此，从工人遭受工伤开始，他所经历的每一个步骤都摆脱不了工厂的影子。入院治疗期间，工厂对工伤者的治疗诉求采取能躲就躲的策略，逼工伤者知难而退，同意采取厂方的处理结果；工伤诊断书、治疗方案、缴费单这些维权所需要的重要资料全部握在工厂的手里，工伤者往往无法通过自己的力量获得；当工伤者提出工伤认定进行劳动仲裁时，工伤认定的材料需要工厂的签字盖章，而工厂为了逃避责任，常常一拖再拖；在计算工伤赔偿数额时，工厂选择瞒报或扣留工伤者的工资条，以降低工伤赔偿的金额；法院诉讼过程中，厂方惯用的伎俩是拖延战术，无论是通知书认领还是上诉，工厂总是选择在合法周期的最后期限里做出行为，企图用时间拖垮工伤者，逼其撤诉或与厂方私了。

我向当地劳动局提出工伤认定，好在我的工牌这些都还留着，可以证明我是工厂的员工。但是工伤认定材料上需要工厂的盖章，还有在医院治疗的那些材料也需要工厂盖章。我每次去盖章，经理都说老板不在，每次都盖不成，我来回跑了好多次都不给我盖。我没办法就去劳动局办公室闹，劳动局的工作人员才跟老板打电话叫他们给我盖章，我去了以后工厂还是不给我盖，我只好又去劳动局闹，他们又给工厂打电话说："你们是不是要我们亲自过来才肯盖呀？"就这样才把这个章盖了。工伤评级下来后，要根据我的每月工资来核定工伤赔偿数额。我当时每个月的工资是 2800 元，但是他们就说是 1000 多，而且还不把工资单拿出来，我们多次就这个金额问题在劳动局办公室大吵大闹，劳动局也非常生气，后来要求他们把工资单拿出来，这样才把工伤赔偿的金额确定下来。（RMX，F，20151116，ZY，田野笔记）

上述工伤者的维权过程虽然艰难,但是最终由于得到相关政府部门的支持取得了维权的成功。但是在她成功的过程中,她丧失了作为一个"老实"女人的尊严:"你以为每次去劳动局里那样闹容易吗?真的是要厚着脸皮去,你以为我愿意这样(丢人现眼)?但是如果不这样闹,我一个外地人,谁会理你?一个女人,成天在政府部门和工厂来回跑,真的是很难的。"

但是,不是每一个工伤者都能有阿秀这么强势的能量,也不是每一个工伤者都能像她这么好运获得当地相关部门的支持,很多情况下,当地政府部门与工厂企业有着说不清道不明的暧昧关系。

> 我夫妻俩向宁波鄞州劳动局申请工伤认定,三个多月后,劳动局对我们分别认定,该职业病为工伤,我的是尘肺I期合并肺结核,支气管扩张,为三级伤残,我爱人是I-尘肺,为四级伤残,两人完全丧失劳动能力。可是企业对这个鉴定结果不服,要求重新鉴定,随即向宁波市劳动鉴定委员会申请鉴定,后来鉴定结果全部变了。我们七个人当中只有一个人是六级伤残,我们夫妻俩被鉴定为七级伤残,对此我们一通茫然,不知所措,就这么拖着。后来对方通过仲裁局来调解,以七级伤残来调解,三万多元的赔偿数目,我们一直不同意。企业等不了了,就找到政府,鄞州区总工会的有关人员来一同协调,我们考虑到病情严重,没有同意。随着政府和总工会的有关人员调解不成,工厂就开始恐吓我们,说我们的肺结核是细菌结核,会传染,讲话时还侧着身子讲话,为此我们大家都很气愤。

这是一位已故尘肺病患者阿生临终前书写的自传文字,他起名叫作《我的一生》。在他的人生叙事中,他讲述了他如何患病,如何与工厂维权,如何治疗以及最终等待死亡的过程,其他只字未提。在自传的最后,他说他要感谢很多人,因为这些人在他患病维权的过程中给予了他很多关心和帮助,他会一生铭记,祝好人一生平安。这样的叙事不是个例。重庆忠县拔山镇是宁波草席厂尘肺病患者非常集中的一个乡镇,笔者在田野调查中接触到的每一位尘肺病患者,几乎都义愤填膺地讲述十多年前他们艰难的维权过程。

阿勇,尘肺III期,现在与妻子勉强经营一家水果摊,只求自己在有生之年能够为这个家多付出一点。1993年，年轻的他随着乡镇里的大多数人到宁波草席厂打工，一做就是七八年。每天接触大量含氯的蔺草粉，工厂没有任何的防护措施，每一位工人都彻彻底底地暴露在这些粉尘之中，也没有人告诉他们这个粉末会夺走他们的健康。2001年媒体的报道使得工厂的工人得知"尘肺病"这一说法，于是纷纷要求工厂为工人组织工伤鉴定，但是工厂一拖再拖。阿勇开始走劳动仲裁、打官司的法律程序，光是证明劳动关系这一点就打了三年官司，防疫站检查之后，给他的结论是"0＋尘肺病"，就是说确定是尘肺病，但还达不到Ⅰ期。他拿着片子到杭州红十字医院的心肺科求诊，医生告诉他的结果是："无论按照什么标准，你这个至少是Ⅰ期以上。"为什么会出现这种鉴定差异？阿勇解释道："草席厂是当时地方政府的支柱产业，工厂出了这么大事，把压力转向了当地政府。工人维权索赔必须要有防疫站的权威鉴定，去防疫站做鉴定要出示劳动合同才行，可是那时候工厂是不跟工人签合同的；另外，如果你能去做鉴定，防疫站会降低尘肺的级数，Ⅲ期的给你说Ⅱ期，Ⅱ期的给你说Ⅰ期，Ⅰ期的说你没有患病。"

第四节 康复治疗的煎熬：你的身体我做主

当一个病人被宣判患有癌症时，他很可能会面临这样的境遇：治疗比疾病还要可怕。一位返乡工伤者这样描述在医院治疗的经历："我最难熬的日子就是在医院的日子，每天像个傻子一样，医生说干什么就干什么，说不让干什么就不干什么，喝点水，吃个饭，上个厕所自己都说了不算，太难受了。有时候，我觉得我就像一只小白鼠，护士每天在身上这儿打一针，那儿又打一针，像做实验一样。"的确如此，在医院里，病人远离自己的正常生活，并在很大程度上处在"去人性化"的地位，他们按照医院划定的标准（年龄、性别、患病类型、严重程度）进行分类并居住，没有个人隐私，接受着"标准化"的科学治疗,[①] 患者被简化成一个号码、一个床位、一种疾病符号。

在笔者接触到的这33位返乡工伤者中，接近1/3的工伤者详细讲述了自己遭受工伤后在医院治疗的医疗故事，这的确出乎笔者的意料。或许是

---

① 富晓星、张有春：《人类学视野中的临终关怀》，《社会科学》2007年第9期。

人在身体受到重创的时候，会更加注意某一环境中身体的感受和反应。虽然他们的医疗故事各不相同，可是每个故事都有一个共同的主题：医疗护理系统对患病身体的不尊重。

一　医疗过程中的零传播

事隔 20 多年，阿英说起那段在医院治疗的日子，仍然惶恐不安。

> 那个时候我还没有恢复意识，要死不活的，感觉不到痛。她（护士）来插尿管，因为衣服没有烧干净，（和肉）粘到了一起，要用剪刀把烧烂的衣服裤子剪掉，然后给我插个尿管，痛！
>
> 我醒一会儿，就看到窗子外面，天已经黑了，那个时候我不知道我是在哪个医院。身边一个人都没有，那种日子好恐怖。后面把我拉到一个黑屋，一会儿才看到亮光，是坐电梯。又把我拉去做检查，最后又拉到一个黑屋去。我这个人本身胆子小，很害怕是坏人要把我拉到哪儿去。说是拉到哪个医院去治疗，但是去了之后医生又下班了。最后在医院走道上睡了一个晚上，没有病房，没有一个人管。
>
> 第二天，有个阿姨提个茶瓶去接水。我看到她茶瓶滴了一点水，我想那点水要是滴到我嘴巴里该多好，人真是干渴得要死，像在沙漠里面渴死那样。我就跟她说，让她倒点水给我喝，她给我倒了点，我还要喝，护士就来了。她不准阿姨给我喂水，然后走了。我当时渴得很，我就好好跟那个阿姨说，我说谢谢你给我倒点水，她说医生不准你喝。
>
> 我现在才知道，我先是在我们当地的镇医院，后面转到深圳市医院，再后来转到南方医院。当时我一个人在屋里，伤口就开始痛了。但是一直没有人管，我到处看，我怎么到这个医院了？我感觉还没有深圳市医院好，但是他们说这个医院技术好。他们给我安排在一个临时空房间里面，一点不像病房。
>
> 来了南方医院后，身体是彻底的痛，靠吃止痛片。白天、晚上困了都没有办法睡，躺也没有办法躺，但还是只能躺着。每周动一次手术，身体每况愈下，越来越消瘦，越来越痛，就是接二连三做手术，我完全是刀板上的菜想怎么择就怎么择。

第五章 疾痛多重性叙事：工伤疾痛的社会生产

> 从头到尾，我只知道我是烧伤，其他任何都不知道，比如烧得多么严重？哪儿烧没了？怎么治？治不治得好？从来没有人说。我第一次手术下来整个头、整个身体、手脚，到处包满了，我听说手术动了几个小时，医生教授都换了几批，但是从来没有人直接告诉我，我的受伤情况到底是怎么样。包括后面我爸爸和村里的一位长辈来医院照顾我，都没有人跟他们说。我爸爸来这么久他都不知道我到底烧到了哪里，到底有多严重。(CYY，F，20150708，CQ)

阿英的这段医疗叙事里，几乎不存在一次完整的医患交流和传播，仅有的一次是跟素不相识的阿姨的对话。阿英描述了她像一个货物被人们从一个地方拉到另一个地方，没有人告诉她要去哪里，去那里做什么，以及为什么要去那里，这样的零传播令阿英感到恐惧，她担心自己是否遇到了坏人，她在猜测她进入的黑屋到底是什么地方。她终于在一个不像病房的空房间里安置下来，但是仍然没有一个医生、护士来询问她，没有人关心她口渴不渴，没有人跟她解释为什么口干不能喝水，剩下的仅有那句简单粗暴的"不准喝"。每周一次的手术，全身上下裹得紧实的绷带，阿英忍受着治疗的痛苦，却不知道为什么要承受这样的痛苦。在无止境的"无声"治疗中，阿英感到一种强烈的"权利剥夺"———一种较少或不能控制自己生命的感觉，即一个人的生命是由其他人或环境，而不是自己决定的，[①] 她的身体她做不了主。正如工伤者们在一次小组座谈中纷纷表达的那样，"到了医院，你就是砧板上的肉，医生想怎么弄就怎么弄"，这样的感受是"可怕的，不被尊重的"。

当一个人对自己的身体丧失控制，失去决定权时，与非法禁锢似乎没有什么两样。因为自理能力下降，病人对家庭照料者、医疗和健康护理服务更加依赖。因此，通常病人的角色被认为是消极的，病人需要寻求医疗救助和听从医生的建议。[②] 工伤者一旦进入医院的大门，他们便不再是自己身体的主人，因为他们无法平等地从医疗护理人员那里获得身体的信息、医疗的信息，从而在自己的医疗决策过程中被隐形。

[①] [美]帕特丽夏·盖斯特—马丁、艾琳·伯林·雷、芭芭拉·F. 沙夫：《健康传播：个人、文化与政治的综合视角》，龚文庠、李利群译，北京大学出版社2006年版，第314页。

[②] Theresa L. Thompson, Alicia Dorsey, Katherine I. Miller and Roxanne Parrot, Eds., *Handbook of Health Communication*, London: Lawrence Erlbaum, 2003, p. 18.

> 其实我这只手当时直接截掉，可能比现在要更好。现在这只手虽然接起来了，但是什么都做不了。医生肯定是和老板商量，手接不接是医院说得算，不会和我们商量。一般的医院都会接，只要还接得起。我们问医生，手接起来以后筷子能不能拿？他说可能行，也可能不行，你说怎么办？（LL，F，20150403，ZY）

更有甚者，医院为了能够把工伤者的手接上，会替代性地从工伤者的脚部切割筋骨来接到手上，至于接上的效果如何，医院似乎也无法确定，最终的结果就是工伤者的手不仅没能恢复功能，而且还失去了一只完好的脚。在这样的医疗过程中，医疗人员剥夺了工伤者参与自己医疗决策的权利，他们不知道医生将要采取的治疗方案，更不知道这个治疗方案结果如何，是否适合自己，但是最后失败的结果却是由工伤者自己承担。像上述故事中的阿兰，她的右手严重压碎，医院在未经她允许的情况下从腰部、腿部切割大量筋肉接到手上，最后接好的那只手手不像手，不止影响平时的劳动，而且右半边身体还因"移植"落下了永久的毛病。

我们在现实中遭遇的医疗零传播的现象还有很多，比如打疫苗或手术前的知情同意书，大多数情况下，医生在不解释该知情同意书的情况下便要求病人或家属签字，对于他们进一步的咨询不作回答或是草草了事。但是从法律的角度来说，对相关信息的了解要在签名（或未签名）之前进行，并且专业人员应使用外行能够理解的话语解释这个医疗程序，而且，外行人可以自由地提问题，表达自己的关心。换言之，一个人表示同意或不同意治疗的决定，应当是一个传播事件的结果。①

这种零传播现象的背后隐藏的是医患关系的权力不对等。正如帕森斯（Talcott Parsons）在其著名的"病人角色"② 概念中所阐述的那样，医生与病人之间本身就是一种不平等的关系，他认为患病过程不仅仅是生理上的疾病状态的感受，而且应被认为是一种社会角色的功能失调，一旦出现这种社会角色的失调，患者便需要及时被纠正。而医生角色正是纠正这一

---

① ［美］帕特丽夏·盖斯特—马丁、艾琳·伯林·雷、芭芭拉·F. 沙夫：《健康传播：个人、文化与政治的综合视角》，龚文庠、李利群译，北京大学出版社2006年版，第261页。
② Talcott Parsons, *The Social System*, London: Routledge, 1991.

功能失调的有利助手,其任务就是通过治疗和预防疾病,来抵消病态的消极作用。① 帕森斯赋予了医生"纠偏者"的英雄角色,病人则扮演着等待、依赖医生来拯救自己的无助者和无知者角色。

在长期占据主导地位的生物医学话语模式里,病人不是一个完全的人,而仅是一种疾病、一种症状、一种越轨,一个有待医生去解决的"问题"。医生作为一种职业,需要长时间专业化和抽象化知识体系的培训,因而医生与病人之间造成了一种知识壁垒(Knowledge Barrier)。知识的不对称造成医生与病人之间地位的不对等,尤其是在一对一的互动中,容易形成医生的权威和病人的依赖。②

在福柯看来,医生的知识(专业化)已经转化为权力,或这种知识本身就是权力,专业知识的话语加强了医生干预和控制他人行为的能力。③ 在不对等的医患关系中,医生凭借对医学知识的垄断控制着病患者的治疗,而作为无知者的病患者则无权决定自己的身体何去何从。

二 误诊

医生通常对医学知识拥有垄断地位,他们拥有诊断病人病症、控制病人行为的绝对权威,而医院(尤其是综合医院)是医生行使权威的合法化的社会控制机构。④ 正是这样的权威地位,使得病人对医生的诊断和治疗无条件地服从和遵守,他们认为只要服从医生的指令,便可以从病态状态中回到正常的社会轨道中来。如果病人对医生的诊断和处方提出质疑,甚至不执行,那么这样的病人将会被贴上"不依从者"⑤ 的标签,与"好病人"区分开来。

在生物医学范畴中,没有什么疾病是不可以被诊断和治疗的,如果某疾病不能被病理学知识所辨明,那么医生常常将疾病定义为"神经官

---

① 陈倩雯、郑红娥:《国内外医患关系研究述评》,《医学与哲学》2014年第35卷第3A期。
② 余成普、朱志惠:《国外医患互动中的病人地位研究述评》,《中国医院管理》2008年第28卷第1期。
③ H. Waitzkin and T. Britt, "A Critical Theory of Medical Discourse: How Patients and Health Professionals Deal with Social Problems", *International Journal of Health Service*, Vol. 19, No. 4, 1989, pp. 577–579.
④ 富晓星、张有春:《人类学视野中的临终关怀》,《社会科学》2007年第9期。
⑤ See J. Heymann, *Equal Parter*, Boston: Little Brown & Co, 1995.

能症"①。即使真的出现了医生误诊的情况,病人多数只能自认倒霉。返乡的尘肺病患者通过叙事讲述了他们一直以来被医院误诊,从而导致病情延误、加重甚至死亡的遭遇。

小琼,1993年到深圳某纺织厂打工,进厂时出示了健康证,证明小琼入厂时的身体健康状态。2002年4月15日,葵涌卫生预防保健站到工厂为工人体检,发现她肺部阴影模糊、密度不均、边缘不清,保健站工作人员要求她去医院复查。小琼来到葵涌医院,医生得知她在纺织厂工作后,跟她说得的是职业病,她继续追问,医生便不再理她。后来,在卫生预防保健站的介绍下,她找到了深圳市龙岗区慢性病医院的专治医生,医生说她是慢性病,可以边上班边治疗,但是医生却给小琼开了很多不是治慢性病的药,让她吃了再说。

小琼听从医生的医嘱,按时服药,可是病情反而加重了。后来医生又给她开了一些药,吃了不到两个月,小琼的肝出现了问题。医生诊断说现在只能先保肝,肺部的问题先放一边,以前的药不能再吃。小琼作为一个听话的"好病人",认真执行医生的指令,可是最后不仅没有治好她肺上的疾病,反而弄坏了肝脏。打工多年攒的积蓄花光了,工厂不认可她的疾病是工伤,最后她只能拖着病重的身体回到老家。②

工厂糟糕的工作环境和安全防护设施的缺失导致了小琼身患恶疾,可是医院医生的误诊却是造成小琼"旧病未好,又添新伤""无法认定工伤""耗尽积蓄,无奈返乡"的直接原因。当小琼的肝脏因为服用医生所开的药物出现损坏时,医生对之前的误诊并没有丝毫反省,而是把误诊结果当作一个新的疾病来诊断治疗。

这样的经历在返乡工伤者的叙事中还有很多:

> 刚开始去医院看病的时候,医生说我得的是肺结核,吓死了,开了很多治肺结核的药。我吃了大概一年多,不但没好,反而肝、肾都受到损害。这个你去找谁说?医院也不会负责,但是我的身体的确就是坏了。(LHY,M,20150720,CQ)

---

① 参见[美]阿瑟·克莱曼《疾痛的故事——苦难、治愈与人的境况》,方筱丽译,上海译文出版社2010年版。
② 故事源于小琼的自述文字《一个病人的自述》。

我爸爸 2000 年的时候去医院检查，说是肺结核，开了好多药，一次要吃一大把。但是你知道那种药副作用很大的，吃到后面身体非常差，关键是他根本就不是肺结核啊。吃到后面人都肿了，不到 3 年就过世了，很少有得尘肺的两三年就去世的。（LZY 侄儿，M，20150720，CQ，田野笔记）

今年（2015 年）开年，我开始咳得厉害，一开始以为是感冒，就买些感冒药来吃，但是怎么吃都吃不好。我觉得不对劲，就去医院检查，医生说我是合并性肺结核，但是我做那个肺结核的测试，手这个地方没有起包，这就说明我不是肺结核。但是医生就说我是肺结核，开了好多药，我知道我不是肺结核，是尘肺病。（CYL，F，20150720，CQ）

尘肺病在医学上被误诊的现象一直存在，它常常被与其他肺部疾病混为一谈，比如肺结核、支气管炎、肺炎等。在某一个医学发展阶段，有限的医学知识、医疗实践还无法准确检测人类身体所存在的所有功能失调和疾病，但是处于绝对权威与自信的医疗护理人员往往对"确定的诊断"以及"处方的指令"情有独钟，他们无法接受"不能确定是什么疾病""不知道是什么病"这样的诊疗措辞，宁可"误诊"也不愿意承认自己的"不能诊"。因此，当尘肺病这一病理症状超出普通医生医学知识体系和临床实践，即使存在明显的证据证明患者不是肺结核，医生仍然凭借自己多年行医的经验做出肺结核的诊断结果，导致尘肺病患者遭受身体和精神的二次伤害。

三 工伤康复治疗中的命悬一线

在阿英烧伤入院治疗期间，由于医护人员的疏忽，她经历了三次生死之旅。

我在医院悬了三次，就是差点死了。第一次是我睡在一个铁架子床上，护理人员抬我到浴缸里面洗澡。护理把水龙头打开之后就走了，我在床上躺着，那个时候我整个人身体都很微弱，没有力气说话。结果水慢慢地淹到我颈上来了，我赶快把嘴巴鼻子往上面抬，使劲喊护理员："阿姨阿姨！"希望她听到来关注我，我使劲喊，但是没人答应。我以为要被淹死了，护理员后面跑过来关了水龙头，她被吓到了，因为马上就淹到我嘴巴上面来了。后来听说她以前把水放太满，把一个病人淹死了，出过一个事故的。

第二次悬，是那天我一个人在屋里，护理员中午下班了。可能旁边病房里的病人死了，要对病房进行消毒，护理员走之前就把我的门关上了，她以为她把门关上了，旁边那屋的消毒气体过不来，但是那门上下都有缝隙，我又在那儿躺着，动不了，一只手输液又不敢动。真是没有办法，气体来了，要憋气，气都要断了。后面我才用手把盖的纱布扯上来把鼻子嘴巴遮一下，我使劲喊也喊不答应，谁能听到呀？我一个人在屋里，重症监护室没有一个人。后来护理员来帮我打饭，她一进来闻到这个味道受不了，赶快把门打开，解了床锁之后，把我推到过道里。她说这个屋怎么那么大的味？你怎么不喊？我说我使劲喊你，你不答应。她说她要是来晚一点，我已经死在那里面了。

还有一次输血，我那个时候完全是输白蛋白来保命。一输血，嘴巴就像打了口红一样，有血色；不输，人就像死了一样，嘴是白色的。有一次输血过敏了，输到说不出话来。但是还是有一点意识，表达不出来，声音都嘶哑了。医生就赶快开药，另外输药，没有输完的半袋血蛋白马上不输了，后面用那个药又好了一些。我就在医院悬了好几次，濒临死亡那种。（CYY，F，20150707，CQ）

阿英告诉笔者，事故发生后，没有一个医护人员来正式跟她交流过这次事件，更别提道歉、赔偿，而她考虑到有惊无险，后续的治疗还要依赖医院医生，并且自己孤身一人在外打工求医，无依无靠，就此作罢。像很多工伤者说的那样，到了医院你的身体就不再属于你，你控制不了将会发生什么。

还有一种风险存在于工伤者出院后的康复过程中。一般情况下，只要工伤者的表面伤口开始恢复，医院便会要求工伤者出院，其间的原因大致有两个：医院床位紧张；为工厂企业主省钱。工伤者出院之后回到自己的出租房进行康复治疗，通常每个星期去医院检查一次，换一次药，但是由于没有专业的医护人员照料和处理伤口，加上工伤者住宿、生活条件有限，身体的康复过程非常缓慢，甚至出现恶化的情况。

阿花，在医院治疗半年左右，表面伤口开始好转，但是还不能起身。

第五章 疾痛多重性叙事：工伤疾痛的社会生产

此时医院要求她出院，回家慢慢康复。由于在城市没有亲人照料，她便随父母回到农村老家休养。出乎意料的是，一段时间之后，她的腿部开始长瘤子，腿部关节、手臂关节处的肌肉出现粘连，严重影响行动能力。但是，这个时候工厂不再担负她的医疗费用，她的这些伤病也不在工伤保险的报销范畴内，所有的医疗费用必须由她和她的家人承担。

无论是阿英遭遇的医疗事故风险还是阿花的病情复发、恶化，都暴露了医疗护理系统对工伤者受伤身体的粗暴对待和忽视失职。在康复医疗过程中，"医生的声音"占据绝对控制地位，"患者的声音"微乎其微。因此，病人该如何治疗，治疗到什么程度，什么时候可以出院自行康复，全部都由医院说了算。

阿英的无奈和阿花复发的痛楚恰好揭露了医疗护理系统与病患者之间强烈的地位差异，在强大的医疗霸权面前，工伤者丧失了他们的话语权和申诉权，只能保持沉默，无奈地服从。这实则涉及的是医学的一元性和多元性的观念差异，本质是"以疾病为中心"和"以患者为中心"医疗概念之间的认识差异。前者的科学主义理念倾向于将病人"去人性化"，如在一些外科手术中，身体往往被视为一台可修复的"机器"——需要定期"维修"和"检查"。[①] 正是这样"去人性化"的现代医疗本质，才使得医护人员无法做到学者 Kabaa 和 Sooriakumaran 提出的那样："医生要尝试进入患者的生活世界，从患者的眼中了解疾病，而不是将患者再当作生物医学上的一种病变。"[②]

另一方面，返乡工伤者的医疗风险叙事也反映了工伤政策在康复治疗方面所存在的不足。第一，工伤条例没有明确规定工厂与医院的康复治疗责任，导致他们有空子可钻。2011年1月实行的修改后的《工伤保险条例》规定："职工因工作遭受事故伤害或者职业病需要暂停工作接受工伤医疗的，在停工留薪期内，原工资福利待遇不变，由所在单位按月支付；停工留薪期一般不超过12个月。伤情严重或者情况特殊，经设区的市级劳动能力鉴定委员会确认，可以适当延长，但延长不得超过12个月。工伤职工评定伤残等级后，停发原待遇，按照本章的有关规定享受伤残待

---

① Cecil Helman, *Culture, Health and Illness: Introduction for Health Professionals*, Oxford: Butterworth-Heinemann, 1994, p. 80.

② R. Kabaa, P. Sooriakumaran, "The Evolution of the Doctor-patient Relationship", *International Journal of Surgery*, Vol. 5, No. 1, 2007, pp. 57-65.

遇。工伤职工在停工留薪期满后仍需治疗的，继续享受工伤医疗待遇；生活不能自理的工伤职工在停工留薪期需要护理的，由所在单位负责。"①

条例里所指的"停工留薪期"实际上就是工伤者入院治疗的时期，条例规定伤情严重的情况，这一时期可以适当延长，也就是说工伤者最长具有两年的留薪治疗康复期。这一政策只是规定了工伤者拥有合法康复治疗权利的最长年限，但是却没有明确指定工厂与医院的康复治疗义务，如果出现康复治疗不力的情况，由谁来代表工伤者、向谁追究责任？拿阿花的治疗经历来说，她在法律上具有长达两年的合法康复治疗期，但是医院在住院半年之后单方面要求她出院自行回家康复，导致她旧伤复发恶化。如果更严重地出现阿英那种医护事故，是否应该追究工厂和医院康复治疗不力的责任呢？如何追究？这些在工伤政策里均没有涉及，但是现实中已经出现很多工伤者被迫出院的事实，他们的健康权益已经受到侵害。

第二，工伤条例没有赋予农民工工伤者返乡康复治疗期间的合法工伤待遇。虽然条例规定"在两年康复期满后如需继续治疗的，仍然可享受工伤医疗待遇"，但是它忽略了农民工工伤者的一个基本现状，即大多数农民工工伤者由于无力承担在城市的生活成本，所以选择回到老家进行康复。在这一现实情况下，当他们的病情出现复发、恶化，需要进一步治疗时，他们无法享受工伤医疗待遇，工厂也不会承认其工伤的合法身份，而高额的治疗费用往往令他们望而却步。

总的来说，现行的工伤保险条例没有考虑到农民工工伤者这一特殊群体的现实状况，忽略了他们在康复治疗期间可能遭遇的种种康复风险，而这些日常照料中存在的风险往往对工伤者的生命与健康极其重要。

《超人》的扮演者克里斯托弗·里夫（Christopher Reeve）在自传《我还是我》中详细记录了他在日常的康复照料中所遭遇的风险。他的故事让社会公众明白了，日常的照料康复对于一个失去行动能力的病人来说多么重要，而美国的卫生保健保险通常不包括24小时的专业照料保障。在里夫与社会各界的推动下，美国的保险公司税法进行了改革，将24小时的日常照料、康复风险纳入保障体系内。② 或许我们也可以借鉴美国的康复

---

① 参见中华人民共和国国务院令第586号《国务院关于修改〈工伤保险条例〉的决定》，2010年12月8日国务院第136次常务会议通过，2011年1月1日起开始实施。

② 参见描述帕特丽夏·盖斯特—马丁、艾琳·伯林·雷、芭芭拉·F.沙夫《健康传播：个人、文化与政治的综合视角》，龚文庠、李利群译，北京大学出版社2006年版，第29—31页。

经验，将具有社会保障性的工伤保险与商业性的医疗风险保险相结合，一方面保证工伤者在受伤初期能够接受医院的正规治疗；另一方面当他们在返乡康复期间出现康复风险时，能够获得由当地保险公司提供的保险理赔，帮助他们渡过难关，最大程度地达到身体康复。

第五节 尘肺病患者的寻求合法性叙事[①]

重庆忠县拔山镇有这样一群特殊的病人。20世纪90年代他们慕名前往浙江宁波的各种席草厂打工，由于浙江的工厂允许两夫妻一起进厂，同时为每个家庭提供一帘之隔的栖身地，并且对于工人的年龄没有严格要求，所以不被广东工厂所青睐的那些已婚夫妻潮水一般地涌向浙江。

席草厂是宁波当时的支柱产业，几乎所有的席草厂都集中在宁波，它专门生产日韩家庭使用的榻榻米。榻榻米的原料是一种叫作蔺草的植物，从头一年的十月份开始种植，到第二年的五六月份收割。收割回来的蔺草被放在一个洒满蔺草粉和氯粉的水池里，泡软，然后捞起来，挂在烘干机上烘干，再捆起来，这个环节叫"烘草"。烘干的蔺草上面沾满了蔺草粉这种物质，工人在捆绑的过程中吸入大量的蔺草粉和氯粉粉尘。烘草的下一个环节叫作"拔草"，工人们首先用刀在蔺草捆的底部切一刀，保证根部的整齐，然后将草捆立起来靠在墙上，由于蔺草的长短不一，上面部位就显得参差不齐。拔草工人的工作就是手动将不同长度的蔺草从草捆里拔出来，分类扎捆，长的用来做大席子，短的做小席子。在这个抽拔的过程中，他们越是用劲，呼吸就越快，吸入的蔺草粉和氯粉颗粒就越多。整个车间都被这些粉尘包裹，没有任何防护措施的工人蒙得像一个"灰人"，即使两个工人面对面碰到，都无法辨认谁是谁。在他们工作的七八年里，他们根本不知道尘肺病是什么，也没有人告诉他们这些粉尘有毒。

尘肺病的潜伏期是相对较长的，在染病的初期病人几乎感受不到什么

[①] 本节部分内容已发表，见 Lingmin Zhang, "Resistance to Dominant Narratives and the Construction of Identity Legitimaly: Counterstories of Chinese Migrant Workers with pneumoconiosis", *Chinese Journal of Communication*, Vol. 12, No. 2, 2019, pp. 149–167。

症状，于是工人们为了赚取一个月一千多元的"巨额"收入，继续从事着这个行业。直到某一天他们开始不停地咳嗽，感到喘气的不畅，噩梦才就此开始。

黄大姐坐在丈夫的床前，说着丈夫身患尘肺病的始末，说着自己日日夜夜照料他的点点滴滴，当说到"如果他走了，这个家就散了"时，四十多岁的她哭得像一个被人遗弃的小孩儿。躺在床上，插着氧气管的郭大哥费力地起身，用他那瘦骨嶙峋的手帮妻子擦去眼泪，然后又慢慢躺下，一行眼泪从他的眼角滑落。他很想跟我们说说他的故事，可是刚说两个字就累得直喘气，如果没有呼吸机每天维持他的呼吸，可能他早就撑不住了。（笔者完成这部分文字的第二天，接到当地朋友的短信，郭大哥于2015年11月25日去世。）

在拔山镇这样的尘肺家庭还有很多，他们有着非常相似的经历和工伤疾痛叙事。他们讲述着自己患病的原因和经历，述说着在应对尘肺病的过程中所遭遇到的来自家庭、社会、医院、工厂的种种不公，他们拼命地在叙事中寻求尘肺病身份的合法性。

通过对BII（Biologically Invisible Illness）患者的研究，Phyllis M. Japp和Debra K. Japp发现了一种叙事主题——合法性叙事。他们对合法性叙事这样下定义："因为一些疾病在医学和道德领域的模糊性和不可视性，所以我们相信，需要重新建构某种类型的叙事，将这种疾病与众不同的身份与差异公之于众，这种叙事就是合法性叙事。"[1]他们提出合法性叙事包含四个相互联系的核心要素：建立病痛的合法性（the need to establish the legitimacy of suffering）、寻求道德的合法性（the search for moral legitimacy）、寻求医疗的合法性（the search for medical legitimacy）和寻求公共的合法性（the search for public legitimacy）。这四个要素相互关联，相互交叉，患者通过合法性叙事构建起他们的合法性身份。

合法性叙事不仅仅提供了个体疾痛经历的材料，而且为我们开启了一扇文化价值观、社会规范和期待的窗户，使我们能够理解这种缺乏身份合法性的疾病以及正在遭遇这些疾病的患者。返乡尘肺病患者的合法性叙事

---

[1] Phyllis M. Japp & Debra K. Japp, "Desperately Seeking Legitimacy: Narratives of a Biomedically Invisible Disease", in Lynn M. Harter, Phyllis M. Japp and Christina S. Beck, Eds., *Narratives, Health, and Healing—Communication Theory, Research and Practice*, Mahwah: Lawrence Erlbaum Associates, Inc., 2005, pp. 107 – 130.

第五章　疾痛多重性叙事：工伤疾痛的社会生产

包含以下五个方面：寻求病痛的合法性、寻求道德的合法性、寻求医疗鉴定的合法性、寻求政策的合法性和寻求社会认知的合法性。

一　寻求病痛的合法性

每一个尘肺病患者的叙事都是身体疾痛的发声，他们需要通过这种方式使大家理解尘肺病的痛苦到底有多大。尘肺病患者发病以后，出现咳嗽、呼吸困难的危状，说话、吃饭、走路都显得无比困难，但是由于尘肺病的不可视性，从表面上看尘肺病患者跟普通人并无两样，因此他们所经历的病痛常常得不到理解。

> 这个病真的吓人。外表上一点都看不出来，人家根本就不知道你有病。你说你有病，人家还不相信呢。如果一个残疾人下楼梯，人家看到了，会过去扶一下。但是如果我们尘肺病人从这儿走，不小心撞到人家，人家还要说你呢。他们不知道我们下楼梯比残疾人还要困难，累得很。如果能让我选，我宁愿断只手或者断只脚，也不愿意得这个病。（LZY，M，20150609，CQ，田野笔记）

他们经常听到这样的质疑："真的有那么严重吗？有那么难受吗？"在外人看来，尘肺病的症状和痛苦令人难以想象和理解，它不像其他我们熟知的疾病，比如癌症、痛风等，社会公众对这样一些疾病的症状和痛苦具有共同的认识，当身边出现这样的疾病患者时，外界能够给予理解、同情和照顾。但是对于尘肺病患者来说，他们可能更多面临的是不信任和反感。就像 Barker 在 FMS 患者研究[①]中指出的那样，他们尽可能详细地向其他人描述疾病发病的密集性和严重性，希望能够获得人们的信任，但是越多的解释，越让人觉得他们爱抱怨，不可相信。

> 其实这个病比癌症严重多了。癌症它多半是病发的时候痛两三个月，时候到了一撒手就走了。可是尘肺病呢，它时时刻刻都在发病。吃饭、睡觉，动一下都觉得累得不行。喘不上气来的感觉真的不知道

---

① K. Barker, "Self-help Literature and the Making of an Illness Identity: The case of Fibromyalgia Syndrome (FMS)", *Social Problems*, Vol. 49, 2002, pp. 279–300.

怎么说，难受得很，感觉你的胸部像是被什么东西拧着一样。但是这个病一时半会儿又死不了，它就天天拖着你，拖着你的家人，这种长时间的折磨没有人能受得了。有时候，反而觉得死了都比现在这样强。（LHY，M，20150720，CQ）

尘肺病患者讲述着疾病给他们身体带来的痛苦，以及给家庭所造成的物质和精神压力，他们竭尽全力地向社会诉说这种不为人熟知的病痛状态，寻求着身体病痛合法性，企图以此击碎外界对他们的质疑和不信任。

阿勇一边帮顾客挑选西瓜，一边跟笔者说："我们很感谢你们能来关注我们，听我们说说这些，如果不说出来，永远不会有人知道尘肺病有多么严重，不会知道我们的生活是什么样子。"在田野调查的相处中，尘肺病患者几乎较少谈及物质生活上的困难，他们反复讲述尘肺病给身体和生活带来多大的痛苦和影响，也没有提出任何物质资助的请求，似乎他们更想获得的是人们对尘肺病疾痛的理解和共情，或许他们在寻求病痛合法性的道路上太孤独了。

二 寻求道德的合法性

人们对病痛合法性的质疑会演变成对病患者自我完整性与人格身份的挑战。[1] 当人们无法理解和信任尘肺病患者的日常疼痛时，道德的非合法性就比较容易发生。在朋友、亲人或者路人的眼里，尘肺病患者被认为是不值得信任的人，是借病偷懒的人。

> 我得病回来以后，我小舅子介绍我到一个厂里面做事。我搞外运，他在家里弄点架子，他的工资1500元，我才800元，比我高一倍。我每天拉点货，收点料，回来就休息。他说我这个人好懒，我老丈人也说我懒得很。但是我自己就觉得累，想休息，我怎么来帮你？他不理解。其实我有病，是真的累。他们只知道我有病，但是不知道病得怎么样，因为外表也看不太出来。小舅子就跟我老丈人说我懒，

---

[1] Garro, Linda, "Chronic Illness and the Construction of Narratives", in Mary-Jo DelVecchio Good, Paul E. Brodwin, Brodwin, Good and Arthur Kleinman, Eds. , *Pain as Human Experience: An Anthropological Perspective*, Berkeley: University of California Press, 1992, pp. 100 – 137.

我知道他们瞧不起我。(LHY,M,20150720,CQ)

帕森斯定义了病人的两种权利：正常社会角色的免责及健康不良的指责。① 尘肺病患者由于行动能力的受限，本应该能够享受"正常社会角色的免责"这一权利，但是由于尘肺病病痛的合法性得不到认可，所以当尘肺病患者无法完成正常的社会角色所赋予的责任时，便容易遭受来自道德层面的谴责。上述故事中的"懒"就是这种道德非合法性的标签，从而影响患者的社会地位和自我身份认知——"我知道他们瞧不起我"。Barker在文章中这样描述得不到合法性认同的病患者的经历，这类疾病的受害者"承受着病痛之外的另一种负担，它源于社会公众对疾病症状以及由此产生的病患者行为的怀疑"②。

当尘肺病患者面临来自亲人、社会的怀疑和道德批评时，他们的合法性叙事便充当了这样一个"抵抗"的角色。这样的叙事为尘肺病患者提供了发声的机会，向外界表达自身的主体感受、解释和辩驳。上述叙事中的尘肺患者用这样的叙事寻求着道德上的合法性——尘肺病患者不是懒，而是连呼吸都困难的他们，真的无力承担普通人看似简单的动作和工作。

三 寻求医疗鉴定的合法性

在典型的疾痛叙事中，如何命名自己的疾病往往是叙事的中心。Mengshoel在一项强直性脊柱炎患者研究中指出，"寻医问诊的旅程非常有必要，因为诊断能够给予疾病在社会文化意义上的可信性"③。当我们给予疾病一个名称或诊断时，它会赋予患病这个经历以意义，使得我们可以与家庭成员和医生一起处于一个共同的语言话语体系中讨论疾病。

但是对于尘肺病患者来说，要得到一个合法的疾病认定是多么的艰难。几乎每一个尘肺病患者在患病初期都想尽一切办法获得权威的合法鉴定，有的患者甚至跟老板打几年官司，就是为了争取一个能够去合法机构

---

① [美]威廉·科克汉姆：《医学社会学》，杨辉、张拓红译，华夏出版社2000年版，第146—147页。
② K. Barker, "Self-help Literature and the Making of an Illness Identity: The case of Fibromyalgia Syndrome (FMS)", *Social Problems*, Vol. 49, 2002, p. 280.
③ A. M. Menshoel, "Living with a Fluctuating Illness of Ankylosing Spondylitis: A Qualitative Study", *Arthritis Care and Research*, Vol. 59, No. 10, 2008, pp. 1439–1444.

进行鉴定的机会，"我必须要去做鉴定，我要知道我是不是得尘肺病了，这个对我很重要"。但是现实往往是残酷的，多数农民工尘肺病患者在正常情况下难以获得医疗鉴定的身份合法性。

> 我第一步去的是宁波第一人民医院，医生说："你这个肯定是尘肺，但是我们不可能给你这个结果。"因为医院的医生没有权利下这个尘肺的结论。后来老板带我去另外一个医院检查，医生肯定给他说了实话，但是他跟我说问题不大。我又跑到宁波防疫站，防疫站专门检查职业病这块。初步检查说是尘肺，但是没有说多严重。最后他说如果要做进一步鉴定的话，需要厂方出示一个劳动合同，确认劳动关系。但是，我们打工哪里会有劳动合同，老板也不给我出这个证明。后来我还是想去做一个权威的鉴定，我想知道我到底是不是尘肺，是几期，严不严重。所以我就跟老板打确认劳动关系的官司，打了三年多，最后打赢了，我才去防疫站做的鉴定。（LZY，M，20150609，CQ）

《职业病诊断与鉴定管理办法》第11条明确规定：职业病诊断需要下列资料：（1）职业史、既往史；（2）职业健康监护档案复印件；（3）职业健康检查结果；（4）工作场所历年职业病危害因素检测、评价资料；（5）诊断机构要求提供的其他必需的有关材料。① 很明显，五个材料中有四个材料都必须工厂给予或出示证明，但是正如肖云端在尘肺病维权困境的研究文章中所表示的那样，让用工单位开具证明去确诊工人在本单位工作时患上了职业病，这无异于"与虎谋皮"；而对于拒绝提供证明的不良企业，法律却没有规定任何惩罚。② 正是因为法律法规存在这样的政策漏洞，才会出现张海超"开胸验肺"事件，企业不仅不愿意为他开具劳动关系证明，而且连他曾经的健康体检报告也"在搬家过程中丢失"。显

---

① 参见中华人民共和国卫生部第24号令《职业病诊断与鉴定管理办法》，自2002年5月1日起实施。因为考虑到本书中所调查的尘肺病患者的患病时间在2000年前后，所以此处按照2002年实施的管理办法中的条例进行说明。2013年4月10日起实施中华人民共和国卫生部第91号令《职业病诊断与鉴定管理办法》，其中对该部分内容的规定请见第21条。

② 肖云端：《农民工健康权益保护的困境与对策——以"开胸验肺"事件为分析视角》，《湖北社会科学》2010年第3期。

然，这样的法律规定某种程度上有利于企业合法地剥夺尘肺病患者的医疗鉴定合法性。因此，大多数尘肺病患者面临的医疗鉴定上的非合法性背后实际上是工厂生产制度和相关不完善的法律法规政策共同作用的结果。①

另一种医疗鉴定上的非合法性体现在职业病检测机构的"误诊"，像张海超最初在郑州某职业病防治所鉴定所得到的"肺结核"身份认定一样。为什么这里的"误诊"要打上引号呢？因为检测机构的"误诊"可能并不是医学领域的行为，而是工厂资方干预下的人为误诊。在前面第三节我们详述了工厂资方如何阻碍工伤工人的合法维权，其中引述了尘肺病工人的维权遭遇：当地防疫站降低尘肺病工人的期数，Ⅲ期的诊断鉴定为Ⅱ期，Ⅱ期的为Ⅰ期，Ⅰ期的鉴定为没有尘肺，这样的做法不仅剥夺了尘肺病患者在医疗鉴定上的合法性，而且更重要的是，抹杀或削弱了他们作为工伤受害者向企业维权的合法权利。即使他们从医学范畴里被诊断为尘肺病，但是没有一纸鉴定书，就无法获得合法的尘肺病身份，自然也无法具备我国工伤保险条例里所规定的申请赔偿的权利。

四 寻求享受保障政策的合法性

拔山地区的尘肺病患者大多数没有获得合法的工伤赔偿，他们回到农村老家，和不堪一击的家庭一起相依为命。他们丧失了劳动能力，不能再从事农业劳动或者其他职业，不仅无法为家庭创造收入，还由于长期的药物治疗令他们的家庭背上沉重的负担。虽然2011年新修订的《职业病防治法》第62条明确规定，因为不具劳动关系证明而无法获得工伤赔偿的尘肺病患者，可以向地方人民政府民政局申请医疗救助，或者其他生活方面的救助。但是即便如此，他们在现实生活中仍然被排斥在农村医疗和社会救助政策的保障体系之外，无法获得享受保障政策的合法性。

（一）医疗保险政策的合法性

新型农村合作医疗（简称新农合）是目前我国农村地区实行的主要的医疗保险福利政策。它是由政府组织、引导、支持，农民自愿参加，个

---

① 2021年1月，最新的《职业病诊断与鉴定管理办法》（中华人民共和国国家卫生健康委员会第6号令）发布，管理办法规定了企业在10日内提供相关材料的义务，法律制度的完善和严格执行势必会提高尘肺病患者获得医疗合法身份的可能性，也为他们后续得到合法的权益补偿提供重要保障。

人、集体和政府多方筹资，以大病统筹为主的农民医疗互助共济制度。新农合报销范围大致包括门诊补偿、住院补偿以及大病补偿三部分。新农合无疑是一项造福农民的医疗福利政策，但是尘肺病患者却鲜少能被纳入这样的政策之内。大爱清尘发起人王克勤在农民工尘肺问题与研究论坛上发言，认为相关的医疗保险几乎抛弃了"尘肺病"。①

阿海被诊断为尘肺Ⅲ期，每天必须服用大量的药物和依靠呼吸机维持生命。为了获得一年1000元的医疗福利保障，他托了很多熟人在当地医院办了一个特殊证件，上面这样注明他的病症：慢性支气管炎，半阻塞性肺气肿。"你不这么写就得不到这个补贴，因为在医疗补贴政策里根本就没有尘肺病这个疾病，虽然尘肺病比这些病严重得多，但是没办法。"在当地的新农合报销政策里，尘肺病也同样没有被纳入大病补偿的行列，而且由于尘肺病多是在家里康复休养，所以它日常的医疗费用无法通过门诊补偿和住院补偿来获得支持。阿海告诉笔者，另外一位严重的尘肺病患者由于得到村领导的关心，专门为他申请了一个大病治疗的资格，"他买药也可以报，住院的话可以报销百分之九十，而我们住院只能报百分之七十，而且他还可以报两次，我们就只能报一次。这样的话，他的日子又要比我们好过得多"。

医疗保险政策的非合法性使得尘肺病患者无法获得像其他严重疾病那样的社会福利支持，他们只能通过其他的渠道，如民间社会组织来获得社会支持。

（二）社会救助政策的合法性

尘肺病患者除了无法享受大病医疗的福利政策之外，还未被低保的社会救助政策所覆盖。农村低保即农村居民最低生活保障，它的保障对象是家庭年人均纯收入低于当地最低生活保障标准的农村居民，主要包括因病残、年老体弱、丧失劳动能力以及生存条件恶劣等原因造成生活常年困难的农村居民。尘肺病患者丧失劳动能力，没有任何收入，显然符合低保的救助政策，但是在实际操作中却不是这样。

> 虽然我们的生活困难，但是我们是申请不到低保的。为什么呢？

---

① 参见报道《专家建议尘肺病患者应全入医保》，人民网，http://gongyi.people.com.cn/n/2014/0303/c151650-24509791.html，2014年3月3日。

因为我们这个病表面上看不出来，人家看你好好的，怎么来吃低保？你说你呼吸困难，不能工作，人家怎么相信你呢？像我是没有尘肺病鉴定证书，所以肯定证明不了我是尘肺病，就算你有那个鉴定书，人家也会把你这个当作工伤，叫你去找打工的工厂和那边的政府部门。人家还说你拿了工伤赔偿，就不要拿低保了。我们这样的尘肺病患者拿到低保的很少。（CJH，M，20150721，CQ，田野笔记）

低保政策的严格审核是一件好事，但是它的的确确把尘肺病这样一个特殊的职业病群体排除在地方的社会救助范围之外。他们在外地打工时无法维护自己的合法权利，拖着病体回到家乡又得不到合理的社会帮扶，孤立无援的状态使得他们更加清楚地意识到尘肺病这一非合法性身份的尴尬。

（三）尘肺病治疗政策的合法性

在调查过程中，尘肺病患者还讲述了第三种来自尘肺病治疗政策的非合法性。阿恒曾经在病情严重的时候到重庆第六医院住院，他发现有一些煤矿尘肺病工人在这里免费接受疗养，其中有一些工人的症状还比较轻微。他们不仅能享受每年5000元的免费治疗，而且还可以在医院用这笔钱买尘肺病相关的药物。阿恒很得意曾经用较低的价格从这些煤矿尘肺病工人手里购买到一些药物，但是他也表现出一丝不服气：

> 为什么都是尘肺病，他们就可以享受这样的治疗政策，我们却不行呢？我们买点药都要子女凑钱，但是他们却可以免费买到药再转卖给我们。那种药50块钱一盒，他们免费拿到之后，再20、25块钱卖给我们。不过，这个政策是2004年以后才出来的，我们查出尘肺病是2002年，肯定享受不了这个政策，所以说我们得病的时间不对。（CJH，M，20150721，CQ）

2004年11月，经国务院批准，中国煤矿尘肺病治疗基金会成立，同时启动尘肺病康复工程。该工程的主要任务是开展以大容量肺灌洗为主的综合治疗、研究和推广工作，以使煤矿尘肺病患者改善症状，延缓病情升级，提高生活质量，延长寿命。这样的尘肺病康复治疗政策将煤矿工人以外的所有尘肺病患者排斥在外，构建了尘肺病患者群体内部的阶级地位差异。

在媒体的主流意识形态和某些政策所体现的官方意识形态里，尘肺病患者等同于煤矿工人，使得其他职业导致的尘肺病天然缺乏某种身份的合法性，他们无法获得国家认可的尘肺病鉴定身份，无法被纳入医疗、救助、尘肺病康复等与其生命持续息息相关的社会支持体系。

五　寻求社会认同的合法性

阿勇和他的妻子苦心经营着一个小小的水果摊位，虽然是下力气的苦活，但是他每天一定是穿得干干净净、整整齐齐，没有人会想到这是一个已经尘肺病Ⅲ期的病人。他说他一点不害怕死亡，只是害怕死了以后在家人的心里没有留下一个好印象。

阿勇在他的疾痛叙事里竭力地寻求着社会认同的合法性，渴望社会公众认知到这样一个群体的存在，理解他们身体上不可名状的痛楚，赋予他们社会道德的公正评价。

> 其实说老实话，我们不是希望给我们多少钱，你只要来看一下，什么东西都不带，我们也会很开心的。因为我们知道还有人在关心我们，这就够了。就拿阿阎来说，我们每次去他家看他，他都要坚持送我们出来，他从那半山坡一直送，走一步两步就要坐着休息，因为走着很累。他的病很严重，但是还坚持送我们出来。我们一去他家，他非要拿自己种的玉米给我们吃，他觉得我们这么远去他家，只为了看他。所以只要有人来看我们就够了，证明我们还没有被忘记。
>
> 我们出去打工那么多年，不管怎么说，也是为社会做出了贡献。现在生病了，如果哪天死了，别人也不会知道我们是出去打工生病死的，还以为是什么普通的疾病。我们不应该就这么无声地死去，我希望我们的死能够唤起社会的关注，减少尘肺病这种职业病发生在下一代的身上，这也算是我们的价值。（LZY，M，20150609，CQ）

疾痛叙事满足创伤者渴望见证的需求，他们总是需要去和其他人检验他们经验的真实性。[①] 尘肺病患者害怕被社会所遗忘，害怕他们的经历不

---

① ［英］Michele L. Crossley：《叙事心理与研究——自我，创伤与意义的建构》，朱仪玲、康萃婷、柯禧慧、蔡欣志、吴芝仪译，台湾涛石文化事业有限公司2004年版，第265页。

为人所见证。他们渴望社会公众理解他们身体的病痛和内心的恐惧，认同他们"为社会做贡献而患病"的道德正义性，并且支持他们具有获得政府和社会政策关心的正当性。他们的叙事就像是社会公共空间与尘肺病生活世界之间的一座桥梁，通过叙事，社会听到他们被压抑太久的声音，体察他们所遭遇的来自各方非合法性的限制，并且感受他们竭力寻求合法性、摆脱多重压力的强烈欲望与不懈的努力。

弗兰克笔下的探询叙事（quest narratives），[①] 使我们重新思考了我们的生活、事件的优先顺序和价值观。在现代文化中，许多慢性及长期的疾病患者除了面对生理的康复问题，还必须对该疾病在其生命中所代表的意义负起责任。于是，疾痛故事的叙述就构成了弗兰克所谓的道德至上以及牵涉个人责任的深层假定。在阿勇的叙述中，我们发现他把寻求社会认知的合法性作为自己的一种责任，一种证明尘肺病患者患病、死亡的价值的责任，这种叙事伦理结合道德的概念，将他和其他的尘肺病患者塑造成一个"伦理人"，这也是他们通过叙事对疾痛意义的一种重构。

第六节 返乡工伤女工的身体叙事

在梳理田野调查的文本资料时，笔者发现不同性别工伤者在叙事内容的侧重点上具有明显的差异，如下表：

表 5-1　　　　　不同性别返乡工伤者的工伤疾痛内容分布

序号	工伤疾痛形式	男	女
1	身体的疼痛	1*1[②]	5*14[③]
2	机能障碍，能力下降	8*23	4*9
3	外形的变化	0	5*10
4	残疾身体管理	1*2	6*11
5	家庭困顿	7*9	1*2

[①] Arthur W. Frank, *The Wounded Storyteller—Body, Illness and Ethics (Second Edition)*, Chicago: University of Chicago Press, 2013.
[②] 此处 1*1 的意思是有 1 位男性讲述了身体的疼痛，且这样的内容在他的叙事中出现了 1 次。下同。
[③] 此处 5*14 意思是有 5 位女性讲述了身体的疼痛，且这样的内容在她们的叙事中出现了 14 次。下同。

续表

序号	工伤疾痛形式	男	女
6	原生家庭关系恶化	5*11	1*2
7	择偶过程	1*1	6*17
8	婚姻受挫及归因	1*3	6*37
9	生育	0	3*13
10	工伤归因	7*18	9*16
11	艰难的维权	4*10	3*5
12	污名化与歧视	3*9	8*25
13	职业困境	2*2	3*10
14	社会交往困境	1*2	2*12
15	医疗霸权	3*9	4*11
16	康复政策缺位	2*2	4*12
17	工伤的正义	3*5	0
18	获得社会支持	6*60	7*55
19	自我认同重建	7*51	5*53
20	尝试多种生计道路	6*17	3*14
21	重新定义夫妻关系	0	5*21
22	视孩子为唯一	1*2	5*17

根据表格中的叙事内容对比，我们很容易发现男性返乡工伤者的疾痛经验更集中在劳动能力下降所导致的家庭生计问题以及生计改善方面（序号2、5、6、17、20），这些经验更加指向具体的生存与发展；但是女性工伤者则更关注身体的变化、夫妻/两性关系、生育与社会污名化①这些问题（序号1、3、4、7、8、9、12、21、22），而这些问题都不约而同指向一个叙事中心：女性身体。

在过去的女性疾痛经验研究中，突出社会性别视角的文献主要集中在

---

① 社会污名与歧视更多出现在女性的疾痛叙事中，通过进一步分析这些具体的内容，笔者发现这种社会污名与歧视叙事带有明显的性别意义。返乡工伤者因为身体残疾或多或少都会遭受身体健全主义的压抑，但是他们的侧重点有所不同，男性工伤者往往是因为"丧失养家能力"而遭到歧视，而对于女性工伤者的污名则多是基于不符合社会规范的女性身体本身。

父/男权制对女性疾痛经验构建的影响与控制这个方面,包括①男权社会的职业分工所带来的女性身体疾痛;① ②两性关系中男人对女性生育、身体的控制;② ③家庭中女性角色规范导致的特殊身体疾痛;③ ④社会性别规范对女性身体的约束。④ 身体一直是女性主义性别研究的焦点,女性主义者认同福柯关于"身体是各种权力作用的场域"的观点,认为女性的身体是性别权力控制在个体上的微观体现,并且身体的形象与其象征意义极大地影响着女性的主体身份认同。由于疾病、健康与身体具有强烈的不可分割性,因此,在研究女性的病痛与身份认同问题时,"身体"自然而然成为研究者们共同关注的核心,甚至形成一股"重返身体中心"的热潮。笔者通过前述表格的对比分析所得出的结论也正好回应了"以身体为中心的工伤女性疾痛"这种共识。

在仔细聆听和阅读返乡工伤女工的身体叙事之后,笔者发现她们的身体叙事主要围绕以下四个方面展开:"不合格的身体""残缺身体的社会想象""正常的身体"与"去性别化的身体"。

一 不合格的身体:女性气质的消失

> 我以前最爱臭美了,我们厂里好多人不认得我,但是看到哪个姑

---

① 参见 Andrea Chircop & Barbara Keddy, "Women Living with Environmental Illness", *Health Care for Women International*, Vol. 24, No. 5, 2003, pp. 371 - 383. 张灵敏《中国大陆流动女工健康研究述评》,《妇女研究论丛》2014 年第 4 期。

② 参见 Abigail Harrison & Elizabeth Montgomery, "Life Histories, Reproductive Histories: Rural South African Women's Narratives of Fertility, Reproductive Health and Illness", *Journal of Southern African Studies*, Vol. 27, No. 2, 2001, pp. 311 - 328; 肖扬《社会性别视角下的妇女生殖健康》,《浙江学刊》2001 年第 5 期; 龙秋霞《妇女易感艾滋病的社会文化原因探析及对策建议——基于广东的调查》,《妇女研究论丛》2006 年第 1 期。

③ 参见 Susan Sered & Maureen Norton-Hawk, "Disrupted Lives, Fragmented Care: Illness Experiences of Criminalized Women", *Women & Health*, Vol. 48, No. 1, 2008, pp. 43 - 61; 何潇、何雪松《苦痛的身体:一位青年女性打工者的疾病叙事》,《当代清华研究》2011 年第 6 期。

④ 参见林耀盛《性别识盲及其不满:以精神为论述对象》,《女学学志:妇女与性别研究》2002 年第 14 期; 林晓姗《性别特质、身体实践与健康风险行为》,《妇女研究论丛》2011 年第 1 期; 宋琳《HIV 女性感染者对亲密关系的理解与实践》,硕士学位论文,中国人民大学,2014 年; 黄盈盈、鲍雨《经历乳腺癌:从"疾病"到"残缺"的女性身体》,《社会》2013 年第 2 期; 鲍雨、黄盈盈《经历乳腺癌:疾病与性别情境中的身体认同》,《妇女研究论丛》2014 年第 2 期; 曹慧中《成为母亲:城市女性孕期身体解析》,《妇女研究论丛》2014 年第 1 期; 郭戈《愉悦与病痛——女性身体话语的两种路径》,《贵州社会科学》2016 年第 5 期;等等。

娘耳朵上戴这么两个大圈圈的耳环,就知道肯定是我(笑)。那个时候还很流行照相,一到工厂放假的时候,我们几个姑娘就约着到镇上的照相馆去拍照,要穿上新买的裙子哦,你知道吧?那个时候很流行那种摆很大的裙子,还有烫那种卷卷头发,照完相的相片还要寄给好朋友。记得工厂大火发生之前的那个中午,我还打了两桶水洗了个温水澡,换上我刚买的一套新的运动衫,挺好看的,下午上班就……唉,现在不行了,我这个样子怎么打扮?你看不出来,我的脸其实被烧变形了,我的牙齿歪了,我左边烧伤得比较厉害,左边屁股烧的只剩骨头了,肉长不起来,就都长在右边,加上我长期挂拐杖,用力不均,所以脊椎呈 S 型。我买裤子很难买的,两边屁股不一样大,腿也不一样长,没有合适的裤子啊。我的右脚掌这里不能弯曲,所以我不能穿平底鞋,只能穿坡跟鞋,我的鞋都是坡跟的,包括拖鞋。很羡慕人家那些女孩儿可以穿裙子,可以打扮自己,我不能穿,但是我很喜欢裙子。我买了好多裙子放在家里,在外面不敢穿,我就回家穿,我回家还穿吊带呢(笑)。在外面连短袖都不敢穿,这么热的天只能穿长袖长裤,手上腿上这些伤疤怕吓到人家。我有张照片,是我在深圳打工那时候照的,真的蛮漂亮的,蛮讨人喜欢的,现在这个样子真的好丑,而且我觉得我现在越来越丑,没有女人味。(CYY, F, 20150711, CQ)

阿英的这段叙事回荡在"过去"与"现在"之间,她的自我认同始自于女性身体在时空变换中的模样。她讲述了这场工伤对自己身体的伤害与影响,反复回忆过去那个穿着大摆裙、戴着大耳环、爱照相臭美的小姑娘,然后再回到现实空间中审视这个面部变形、身材走样、满身疤痕、身体残缺的自己。她定义过去的自己是"美"的,"讨人喜欢"的,而现在的自己是"丑"的,"没有女人味"的,言下之意是不讨人喜欢的。

女人不是天生的,而是社会文化建构的结果。① 在传统的社会性别规范中,一个女人之所以是女人,除了具备亲和、善良、耐心、善于照料等心理特质以外,首先要求她的身体必须符合男权社会对女性气质的要求和塑造。如中国古代妇女的缠足,19 世纪欧洲女性的束腰,以及近代以来风

---

① [法]西蒙娜·德·波伏瓦:《第二性》,郑克鲁译,上海译文出版社 2011 年版。

靡全球的高跟鞋浪潮，再到现在走进平凡百姓家的瘦身、割双眼皮、隆鼻隆胸、美妆等等，都是男权社会对女性身体审美的具体要求，而身处其中的女性不知不觉地将这种要求内化于心。就像阿英认为的那样，女孩子就是要穿着漂亮的裙子，戴着时尚的耳环，当受伤的身体离这些象征女性气质的物件越来越远时，她便被看作一个"不合格"的女人。

阿英绝不是个例。在接受访谈的十位肢残工伤女工中，有五位都讲述了工伤对身体外形的损伤以及女性气质的消失。对于她们来说，女性气质的消失是一件可怕的事情，因为它意味着自我性别身份的丧失，而性别身份的丧失往往连带着后续一系列的痛苦遭遇，就像多米诺骨牌一样。

阿雪，20世纪90年代离开老家去广东打工，由于机床设备故障，左手手臂被压断截肢。阿雪告诉笔者，她当时出去打工时有一个男朋友，是隔壁邻居家的儿子，两人感情还不错。她受伤回家以后提出分手，男友不同意，坚持要跟她结婚，阿雪最终选择了拒绝。我问她为什么坚持要分手，她说："身体没了，感情的基础没有了。"阿雪认为，合格的女性身体是两性关系的基础，而手部残缺的她不再符合女性身体的要求，她丢失了"女人"身份，就像她解释的："我已经不是原来的那个我了"，因此这段感情必须终止。

在工伤女工们看来，工伤所致的残疾身体意味着女性气质的消失以及由此导致的女性身份危机，她们在感情中的"自知之明"正是她们丧失自我性别认同的体现。男性工伤者同样具有自我认同的危机，但是他们的危机是源于生存能力的下降和家庭责任的无法履行，而不是身体外形变化本身，当他们的劳动能力得到恢复时，作为男性的身份危机便得以解除，但工伤女工的女性身份认同将随着女性气质的消失难以复原。

二 残缺身体的社会想象：贬值的女性

自我总是经由他者而现身，库利的"镜中我"理论则说明了这一点。研究对象过往的生活世界，无时无刻不是与他者互动后共同建构的。工伤之后，返乡工伤女工们遭遇了性别身份认同的困境，她们先于别人一步将自己的女性身份剥离掉，但是他者对残缺身体的反馈仍然令她们意识到：女性身份就是一个女人的全部，丧失女性身份的女人是一个贬了值的人。

（一）婚姻市场中的次等品

> 刚受伤回来那阵，我最担心的就是结婚问题，没有想过其他的。我手成这个样子，就和以前的男朋友分了，是我提出来的，他没说什么，毕竟我知道自己是什么样子。我妈和家里的人都说不要挑，我这个样子不是去挑别人，而是人家挑我，所以那种条件好的男生我都不考虑。那时候我爸介绍我到他们矿区开了一个杂货店，因为我还是挺勤快的，大家都比较喜欢我，就有一个叔叔想把他的侄儿介绍给我，我没同意，他侄儿长得好好的，又有工作，我怎么配得上人家？但是我也不想找残疾人，因为我自己残疾了，家里不可能两个残疾人，日子怎么过？所以我只能找家里条件很差很差的，那样才配，我妈一直这么劝我，那些什么浪漫的事情就别想了。（LHZ，F，20150712，CQ）

> 我最生气的是我受伤回到家，我爸妈很担心我嫁不出去，到处托人帮我介绍。我舅妈给我介绍一个傻子，就是脑子智障的那种，我当时好生气。我不同意，她还不高兴跟我说："你不看一下你自己是什么样子，还想找个什么样的？"（HXM，F，20150725，CQ）

工伤女工们在日常生活中与他者频繁地互动，婚恋问题成为她们与家人共同关注的核心问题，她们的社交圈不时地将这些性别观念传递给她们：残疾的身体＝不合格的女性＝贬值的个体，久而久之，她们也相信了。在家人与朋友看来，残缺的身体是次等的身体，女性更是如此，一个女人如果身体不符合传统社会对女性身体的要求，即使你再优秀，在两性关系市场里也处于劣势的一方。传统的男权社会早已规定好了这个"价值"的内涵，女人的最大价值是在于她的美丽身体以及所象征的女性身份，其他的"优秀"都需要建立在这个基础之上，以至于在十多年后的今天，工伤女工们还能听到这样的对话：

> 街坊（不太熟）：你老公天天骑车来接送你，你好幸福！
> 阿英：嗯，是的呀。
> 街坊：你老公跟你一样也是残疾人吗？
> 阿英：不是，他身体很好。

第五章 疾痛多重性叙事：工伤疾痛的社会生产

> 街坊：哦，是这样啊，我还以为他和你一样，那你还赚到了。
> 阿英：……

在这几句简短的对话中，有一个很重要的词叫作"赚到"。"赚"是商品交易中出现的词语，它一般指低成本的产品以较高的价格卖出后所挣到的利润。在这个对话情境中，街坊把残疾的阿英比作低价的商品，出嫁就是售卖出去，而健全的男性则代表着高价，因此阿英能嫁给一个身体健全的男性就是"赚到"。阿英在生活中是一个比大多数健全人（包括她的丈夫）都要优秀的女性，但是即使如此，她仍然是一个在婚姻市场中贬值的个体。

（二）残缺的身体还能生孩子吗？

在女性的生命周期中，生育是一件不可绕开的重要事情。阿英说她起初不想生孩子，担心身体吃不消，但是她的丈夫在外打工时回信说他的姐姐拜了当地一个很灵的人，说他们肯定能要一个孩子。在强烈的心理暗示下，阿英决定怀孕产子。女性的身体总是与生育联系在一起，身体在女性身份中的重要地位往往也是因为女性身体的生殖能力。在返乡女工的工伤疾痛故事中，我们发现社会舆论对工伤身体有一种执意的想象：残缺的女性身体会影响她们的生育能力，这种想象也是使得工伤女工的个体价值贬值的重要原因。

> 跟你说一个好笑的事情。在我女儿两岁多的时候，我在老家镇子上开了一家店，我天天都在店里看着。有一个街坊，隔得稍微有点远，年纪也有点大，过来买东西，看到我女儿，她问我这是谁家的孩子，我说是我的，她不相信，还问是不是我亲生的。我当时觉得太荒唐，我女儿出生都两年多了，邻居们都看见的，但是她就是不相信是我自己生的。你说好笑不好笑？她以为我受伤了就不能生孩子了，我身体残疾，但是我的生育能力没问题呀。刚结婚那年我没有怀上孩子，我婆家人就说是我不能生，我不相信，我的生育能力肯定没问题的，所以我就坚持带我老公去医院做检查，后来诊断出来是我老公的问题。然后我就带他到处去看医生，去过好多个省，中药西药都吃，还请过神，最后终于怀上了，看谁还说我不能生？（WXH，F，20150609，CQ）

当时我家里人帮我介绍这个老公的时候，有人跑去他家讲，说我身体残疾，生不出孩子，我老公没听这些话。后来我女儿出生，我老公就抱着女儿回老家，在街上绕了一圈，就是告诉那些人，谁说我生不出孩子？像是炫耀，其实就是澄清，否则那些人不知道要讲到什么时候。（CYY，F，20150713，CQ）

波伏瓦在《第二性》中提到，在远古时代，由于女性的生殖与生育行为超出了当时人类的认知范围，人们（男人们）认为女性的身体像大自然一样充满神秘感，是神灵将他们的种子播撒在女性身体这片土壤里，因此女性在那个时代具有至高无上的地位。但是随着人类思维的逐渐发展，人们开始了解生育的本质，男人们发现自己越来越能够控制和改变自然，于是把女性赶下神坛，开始控制女性的生育来为男性的利益服务，女性身体自然成为他们控制生育的重要领域。①

至今我们的社会中还流行着一套评价女性生育能力的身体规范，比如屁股要大，胸要丰满，盆骨要宽，甚至有些养生的妈妈在挑儿媳妇时还要摸手、看舌头。一个瘦削白净的女性常常被以"太瘦了""没有血色"为由质疑其生育能力，一位身体有缺陷的女性更能够激起社会舆论对其生育能力的担忧和想象。正是如此，阿花才要想尽一切办法证明自己的生育能力没问题，阿英的丈夫要带着女儿回老家游街一圈以破谣言。

三　正常的身体：独立能干的超人女性

同帕森斯的"病人角色"（sick role）②和梅凯尼克（Dowid Mechanic）的"患病行为"（illness behavior）③这两个概念相比，疾痛经验采用了一种"局内人"的视角，更加关注病人对疾痛的看法，同时，它也更加强调病人的主体性和能动性。④ 在由残缺身体所带来的自我女性身份崩塌与身

---

① ［法］西蒙娜·德·波伏瓦：《第二性》，郑克鲁译，上海译文出版社2011年版。
② T. Parsons, "Social Structure and Dynamic Process: the Case of Modern Medical Practice", in Talcott Parsons, Eds., *Social system*, New York: The Free Press, 1951.
③ D. Mechanic, "The Study of Illness Behavior: Some Implications for Medical Practice", *Medical Care*, No. 1, 1965.
④ A. Kleinman, *The Illness Narratives: Suffering, Healing and the Human Condition*, New York: Basic Books, 1988.

体污名化面前,工伤女工们没有退缩,不管是情愿还是不情愿,"日子总要往下过",她们在他人面前展现出超人一等的身体管理智慧与毅力,成为人人称赞的独立女性。

右手残疾的阿雪探索、创造了一套独特的左手生活方式。一只手不能扎头发,阿雪就要么剪短头发,要么买一个发夹把长头发盘起来;左手写字歪歪扭扭不够整洁,她就把纸歪着摆放,写完之后再把纸正过来;卖水果称秤时,右手无法提起秤上的绳索,她就把秤的绳子加长,挂在自己的右手臂上,左手调整秤砣的位置;在外面做小工剥花生,其他人都是一只手按着花生,另一只手用锤子锤,显然无法完成的她借鉴自己称秤的经验,用秤砣代替锤子,把秤砣吊在右手臂上,左手按着花生,秤砣提起放下,花生便被锤成两半,她在固定时间内剥花生的速度比其他人还要快。

> 洗衣、做饭、做家务、照顾儿子、卖水果、做小生意,这些都难不倒我,基本上我都可以自己完成,可能就是比健全人要慢一点。但是,没关系,慢一点没什么,我有足够的耐心就可以。刚受伤的那一阵,的确很受打击,觉得自己废了,什么都做不了了,但是后来慢慢地,我什么都能做的时候,就没有这种感觉了,而且越来越熟练。我虽然残疾,但是我不靠任何人,我靠我自己就能生活。(WXY,F,20150718,CQ)

阿雪通过自己的方法重新获得了自己身体的控制权,即使只有一只手,她也同样可以完成自己作为一个独立个体所承担的社会责任。当她可以像一个健全人一样不用依靠别人独自生存时,她的内心里升腾起对未来的掌控感,她不再感到惊慌失措,身体控制权的回归让她重拾自信——"我靠我自己就能生活"。

阿兰的残疾情况与阿雪类似,她的整个疾痛叙事都在讲她是如何履行一个正常人的职责,包括母职、妻职与子职。她说她从来不把自己当成残疾人,也从不利用残疾人的身份去要好处,健全人能做到的她都可以做到。"正常人"几乎是所有工伤女工奋斗的目标,在每个人的故事中我们都能听到她们迈向这个目标所付出的努力与艰辛。她们日复一日地训练自己的身体,想尽办法尽快独立不依赖他人,不给家庭造成负担,终于她们做到了在众人面前的"正常人"形象,无所不能的身体就是它的标志。

但是，故事往往不全是励志的，正常化身体背后是性别身份对女性的重重枷锁。阿蓉说家里所有的家务都是她做，即使自己的左边身体无法使重力，她仍然大冬天背着全家的衣服到河边去手洗，然后背回四楼的家，然后再到油坊去帮助丈夫磨油籽，接着再回家做晚饭。我问她为什么要承担这么多事务？她说："我本来就是残疾，再不勤快些，眼睛洒水（机灵）些，真等着别人把你赶出家门吗？"

阿雪的独立宣言里也少不了这么一段心酸往事：

> 刚结婚的那一两年，我的手还不行，做家务有点慢，我老公就嫌弃我，朝我摔碗，有时候还要打我，我婆家人对我也没有什么好脸色。没有谁能靠得住谁，只有靠自己，我那时候就明白了这个道理，所以后来我就使劲练习我的手，能够下地去种地了。在家种了两年地，我觉得我自己可以了，我就跟他说我要去城里找事做，我要自己做。（WXY，F，20150720，CQ）

阿梅十分能干，她自己在当地开了一家抄手店，虽然她右手残疾，但是几只剩余的手指头异常灵活，这是她苦练数载的结果。抄手店生意很好，她的家庭经济情况得到很大的改善，周围邻里都把她当成是管家、挣钱的一把好手。她的丈夫一表人才却五体不勤，穿着名牌西装，戴着名牌手表参加同学、朋友聚会，但从来都不带阿梅一起去。

> 店里的生意基本上是我一个人在管。坦白说，我身体不便，管理这个店真的很累，我也想有人能帮帮我，但是我老公不行。我给他买名牌衣服，买名牌手表和包。他去参加朋友聚会从来都不带我，我知道是什么原因，我这样怎么带得出去？我想着累就累点，吃亏就吃点，谁叫我是这个样子呢？（HXM，F，20150725，CQ）

他者对于工伤女工"正常"身体的反馈的确促使她们建立起"独立、能干的人"的自我身份认同，但是她们仍然清晰地意识到自己在日常家庭生活中所处的"第二性"角色，即不管她们在性别以外的领域如何出类拔萃，仍然因为无法获得作为一个女性的性别身份认同而感到歉疚，表现在对丈夫的忍气吞声，加倍地讨好家庭成员，承担大量的家庭劳动等方面。

第五章 疾痛多重性叙事：工伤疾痛的社会生产

四 去性别化的身体：减少的女性欲望

工伤女工们可以通过正常化身体获得外界社会的认同，但是对于家庭内部的"夫权暴政"却无能为力。如何解释与应对家庭中不平等的性别权力关系？这是现在以及未来横亘在她们面前的主要问题。弗兰克指出伤者应对疾痛的一种方法：减少欲望。① 他认为身体的受伤扰乱了伤者的人生时序，使得他们丧失了对未来生活的控制感，为了重建人生的时序，他们不得不减少自己的欲望，降低对未来的期待，以使得自己受伤的身体能够重新跟上生命之轮的前行速度。这一策略在返乡工伤女工的疾痛叙事中也反复出现，她们建立一个去性别化的自我，泰然地看待男权家庭中的种种性别不平等关系。

> 我老公每天工作完回来就躺在床上看网络小说。我做好饭他就出来吃饭，我们吃饭的时候都不说话，他没有什么跟我说的，我们俩分房睡很多年了。我现在什么都不想，也不期望他对我嘘寒问暖，我们一天都说不上几句话。有时候一说就要吵架，像这样不说话还挺好的，大家各过各的。（LDR，F，20150714，CQ）

> 自从我一个人到县里找事做以后，我就不指望这段婚姻，指望老公这个人。现在他在外地打工，一年回来一次，回来就带些钱给我，毕竟安这个家还是要花钱。但是我们两个基本没交流，一说话就吵架，我吵烦了，不想吵了。平时我都一个人在家，有时候晚上躺在沙发上看电视就看睡着了，一个人真的挺寂寞的。但是现在我不想那些事，只要他带钱回来供孩子读书，我自己怎么样无所谓，我也不想像那些人那样重新去找，没什么意思，还不是一样。（WXY，F，20150709，CQ）

> 我第一个老公图我的工伤赔偿款，还家庭暴力，我和他离了；第二个老公本来相处挺好但他也出轨了，我想不明白他为什么要这样。我能想到的就是我是残疾，他嫌弃我的身体。如果我身体没问题，我不会找我第一个老公，第二个老公也不会出轨。离婚这么多年，我都

---

① Arthur W. Frank, *The Wounded Storyteller—Body, Illness & Ethics* (Second Edition), Chicago and London: University of Chicago Press, 2013.

不敢再找了，我甚至对男性有些恐惧，我不想每次都跟人家解释我身上的这些伤是怎么回事，我更不想看到他们那个害怕的眼神。我现在不想那些事情，只要找份工作供女儿上大学就行，我个人怎么样都行，浪漫的事情是小姑娘们才谈得起的。（WXH，F，20150608，CQ）

拉康说欲望是主体之所以为主体的动力，由于时间的作用，主体的欲望趋近于虚无和否定，只有主体通过积极的否定外部世界，否定"他者的话语"，主体的力量才得以显现。① 通过工伤女工们的身体叙事，我们知道即使她们从他者那里获得的身份认同从"残缺的女性身体"转变为"正常的身体"，但是她们仍然无法被认可为一个"合格的女人"。于是，她们在无数次的自我与他者的妥协、沟通中，逐渐否定关于社会性别的一整套"他者话语"，表现为减少传统社会规范塑造的女性欲望，如依赖男性伴侣、追求浪漫、稳定、幸福的家庭等等。她们倾向于塑造一个去性别化的身体，放弃社会性别文化规定的"合格的女性"身份，进而实现"独立自主的人"的主体身份。

五 性别化工伤叙事的再思考

返乡工伤者内部并不是铁板一块，通过对比分析不同性别工伤工人的疾痛故事，我们发现女性疾痛经验的特殊性在于更加强调"身体在工伤发生之后的时空序列中所经历的变化"。研究发现，返乡工伤女工将自己的身体定义为"不合格的身体"，它体现在女性气质的消失与怀念叙事中；随着她们与他者互动的频度越来越高，社会舆论将传统的性别规范不断地引用、重复，她们的身体经由他人无边地想象与揣测，被塑造成一具"贬值的身体"；后来工伤女工们重新夺回了身体的控制权，在他人面前呈现出了一个无所不能的"正常化的身体"，独立、坚强、能干这些自带光环的字眼围绕着她们，但是当发现"正常化的身体"依然不能改变家庭关系中的性别不平等时，她们学会减少或放弃自己对于两性关系的欲望，将自己包装成"去性别的身体"。

为什么返乡工伤女工们会在疾痛叙事中建构这样一副身体景观呢？产生她们身体疾痛的特殊根源到底在哪里？女性主义研究对女性受压迫的原

---

① 陈慧平：《"时间"与主体——拉康主体理论的深层解读》，《学习与探索》2016 年第 9 期。

因进行了多元的研究和讨论,激进女性主义提出男权制的重要概念,认为女性受压迫的基本根源是以男性为支配中心的男权制度对女性身体的统治,只有推翻这样的社会制度,女性的处境才有实质性的改善;自由主义女性主义则更多诉求于政治、社会文化体制的不平等,强调从社会结构因素进行调整而给予女性平等的权利;社会主义女性主义将性别与阶级联系起来,认为女性在男权制下受到的阶级压迫来自私有财产制,马克思主义女性主义更直接地将女性的从属地位根源归因于女性"以爱为名"的无偿的家务劳动;后现代主义女性主义则从历史范畴出发指出性别差异是文化的,不是生理的,男性中心的话语体系导致了女性权力的边缘化。[①] 但是,在工伤女工的身体疾痛问题上,我们却无法从上述论述中直接找到现成的答案。

笔者认为,探讨工伤女工身体疾痛的根源需要建立在一个基本事实上,那就是工伤女工"女性+残疾人"的双重身份,她们的身体遭受着男性中心主义与健全中心主义的双重压迫,这二者不是相对割裂的,而是互相缠绕产生化学反应,形成一种新的、特殊的压迫形式。身体的遭遇深深影响着工伤女工性别身份与主体性的形成,从而引发新的身体疾痛。

(一)回归身体的物质性:性别身份认同的无法修复

巴特勒认为身体的物质性在性别的形成过程中十分重要,这个地方的"性别"实际上同时指代了生理性别与社会性别。她指出身体的物质是身体的文化可理解性,这里的理解包括自我的理解与社会他者的理解,而身体的物质性是身体物质的具体体现,比如身体体貌(头发、眼睛、鼻子、手、腿等)、身体功能(生殖、血压、心脏等)。[②] 在这些具体的身体形态中,社会性别规范通过话语强制规定了什么样的身体是要紧的/有关系的,这就是所谓的身体的物质化,身体物质化的过程实际上是身体文化可理解性的过程。

身体残疾以后,返乡工伤女工的身体物质性发生了变化,不光滑的皮肤、变形的腰臀、残缺的手臂等身体体貌使得她们的身体不再符合传统男权社会对"要紧的/有关系的女性身体"的规定,从而丧失了文化可理解

[①] 李银河:《女性主义》,山东人民出版社2005年版。
[②] [美]朱迪斯·巴特勒:《身体之重:论性别的"话语"界限》,李钧鹏译,上海三联书店2011年版。

性，所以工伤女工们将自己的身体定义为不合格的身体。为了能够消除这种文化不可理解性，她们开始改造自己的身体：穿长衣长裤、整容、戴假肢，然而这些改造的方式加重了她们的身体疼痛①与性别身份危机。

身体物质性、性别气质与角色期待共同形成了一个人性别身份的认同。然而对于女性来说，建立一个"女人"的性别身份很大程度上依赖于身体物质性（女工们所谓女性气质的消失也是基于身体物质性之上的），它是女性身份认同的基础；而对于男性而言，性别气质与角色期待才是构成性别身份认同的核心要素。比如，如果一个女孩身体魁梧，但是具有温柔、亲切的女性气质，她依然会因为男性化的身体被嘲笑，反过来如果一个男生身材矮小或瘦弱，但是他具备所谓勇敢、果断、强势等男性气质，他同样是人们盛赞的"爷们儿"。正是身体物质性在不同性别的性别身份建构过程中占据不同的重要性，女性身体这一肉身的存在与女性身份之间具有非常强烈的指向关系，因此无论工伤女工们在现实生活做出何种努力，当身体无法得到修复时，她们永远难以建立起符合社会规范的女性身份。

（二）游离的主体性：否定式身份—伪肯定式身份—肯定式身份

主体性是弱势群体研究常出现的一个词，学者们反复强调要建立边缘群体在社会中的主体性。② 主体总是与客体相对应，一个人的主体性体现在他/她定义"我是谁"的行动过程中所展现出来的能力和地位，即用自己的话语与行为来定义我是谁，而不是由社会其他人来界定。

在工伤女工的身体故事中，"不合格的身体"与"贬值的身体"都是社会性别文化对于她们的否定式身份建构，虽然"不合格的身体"是女工们自己给残缺身体贴上的标签，但是严格意义上来说，这是男权权力内在化的表现，她们的自我认知实际上是一种镜像的"他者"。

在被他者的过程中，工伤女工们展现出高度的"主体性"。她们克服身体障碍承担家庭事务，努力扮演一个妻子的社会角色，其次她们在外开

---

① 在多个残疾人案例中，笔者发现佩戴假肢对于肢残者的意义在于美化外形而非弥补身体功能，戴假肢让他们看起来更像是一个正常人，但是却要忍受戴假肢引起的身体不适，甚至有的肢残者表示他们不戴假肢的时候走路比戴假肢要快得多。

② 参见曹晋《传播技术与社会性别：以流移上海的家政钟点女工的手机使用分析为例》，《新闻与传播研究》2009 年第 1 期；潘毅《中国女工：新兴打工者主体的形成》，九州出版社 2011 年版；邱林川《信息时代的世界工厂：新工人阶级的网络社会》，广西师范大学出版社 2013 年版；卜卫《"认识世界"与"改造世界"——探讨行动传播研究的概念、方法论与研究策略》，《新闻与传播研究》2014 年第 12 期；等等。

疆辟土，为家庭创造较多的经济财富。"正常化的身体"帮助她们找回了个体的自信，也从"他者"那里获得"独立能干的正常人"身份认同。社会主义女性主义学者提出，女人的从属地位是因为女性在经济方面对男性的依附，但是为什么工伤女工们取得了家庭的财富创造权与占有权，却仍然在家庭两性关系之中处于弱势呢？

通过观察，笔者认为原因可能在于工伤女工辛勤致富所获得的肯定式身份是一种"伪肯定式"身份，这种肯定是建立在对性别身份的否定基础上。巴特勒的性别表演理论①认为，一个人在性别表演的过程中建立其主体性，虽然她不否认其他社会因素如种族、阶级、血统等因素对主体性建立的影响，但是性别的作用往往隐蔽而强大。尤其在女性的主体性建立过程中，性别的影响常常跟其他因素产生分离，造成主体性的游离与混乱。就像工伤女工一样，一方面她们基于自己控制身体的能力具备了强大的自我认同，建立起"正常人""创业能手"等身份，但另一方面她们回到家庭中又变成了那个"不合格的女人"，从而无法获得性别身份认同。正是这两种身份的冲突与碰撞导致了返乡工伤女工的主体性身份无法真正地实现统一与确立。

---

① ［美］朱迪斯·巴特勒：《身体之重：论性别的"话语"界限》，李钧鹏译，上海三联书店2011年版。

第六章 抵抗叙事：应对工伤疾痛的实践经验

病人不是被动的承受个体，他们四处寻医问诊，动员各种社会资源促进自己的健康恢复和心理重建。如安塞姆·施特劳斯在慢性病人的生活质量研究中所阐述的那样，慢性病人在日常生活中会使用各种生活策略去适应与对付疾病，以使他们能够活着，而且更好地活着。①

患病无疑是慢性病人转折性的人生经历，它所反映的是日常生活结构的断裂，经历过这样的危急时刻之后，个人再也不会像以前那样生活了。②从个体被诊断患有某种疾病或开始接受身体的或心理治疗的那一刻起，他们就积极地进入这样一种状态——"与家人、朋友、同事和医务工作者一起形成和重新探讨他们的身份"③，而这样的状态使得他们能够在原有生活世界被摧毁之后重新建立人生地图，重获对生命与生活的自我控制。因此，如何应对疾痛是病患者在讲述自己的疾痛经历时必不可少的叙事内容，它不仅记录了病人与疾病缠斗的特殊生命历程，而且还是病患者与病后生活世界发生联系的重要见证。

返乡工伤者不仅遭遇着工伤所带来的人生时序的扰乱，而且还承受着来自各种社会权力结构的不公与伤害，这一切苦难的经历妄图打垮他们，而且也曾一度将他们打垮，但是"人总是要活着"，他们积极地进行身体康复和心理调适，竭尽所能与所遭受的苦难与不公作对抗，发展出一套属于自己的生存方式和生活哲学。返乡工伤者对工伤疾痛的抵抗分为个体层

---

① See A. L. Strauss, *Chronic Illness and the Quality of Life*, St. Louis: C. V. Mosby Co., 1975.

② [美]诺曼·K. 邓金：《解释性交往行动主义：个人经历的叙事、倾听与理解》，周勇译，重庆大学出版社2004年版，第39页。

③ C. M. Mathieson & H. J. Stam, "Renegotiating Identity: Cancer Narratives", *Sociology of Health and Illness*, Vol. 17, 1995, pp. 283–306.

面和社会层面的抵抗，前者指的是工伤者个人身体的调整与适应；后者则代表他们对社会主流的关于身体与工伤的话语的抗争。

第一节 个体层面的抵抗：身体管理术

正如健康传播学者而言，"本质上讲，健康问题增加了不确定性，动摇了我们生命的秩序和可预知性。但是，疾病打破了我们生命的平衡，迫使我们重新定义我们是谁，并增加了我们的应激水平"①。返乡工伤者与身体失控和社会污名的对抗始于对身体控制权的重新习得，几乎所有的返乡工伤者都是从这一个体层面的抵抗叙事内容开始，将他们的抵抗—重生之路展开在我们面前，也就是从这一叙事时刻起，返乡工伤者们露出了久违的微笑，那是一种获胜时得意的表情，是笔者在之前的叙事访谈中从未看到过的。

一 夺回身体的控制权

阿虎，今年32岁，十多年前在贵阳铝厂打工时因工厂设备意外导致左腿高位截肢。当我们第一次去他家探访他时，他妈妈告诉我们他下河钓鱼去了，笔者诧异地问了一句："他一个人吗？他能行吗？"老人家笑着讲："他都是一个人啊，早就习惯了。"

见到他本人是在惠民的一次小组活动上。笔者站在惠民的大门口，看见一位残疾朋友拄着双拐健步如飞地走过来，惠民的工作人员说："那就是阿虎。"小组座谈在二楼会议室举行，起初笔者担心他不方便走上二楼，所以小声地问工作人员，是否需要扶他上去，工作人员笑着说："不用，一会儿你就会发现他比一般正常人上楼梯都快。"果然，笔者见到了这一幕，他把双拐放在一楼，单脚迅速地、不停留地跳到二楼，座谈结束后他又熟练地单脚跳下一楼，一切那么自然。

笔者很惭愧之前对阿虎的担心和质疑，虽然笔者想表达的是对他的关心，但是这种关心实际上暴露了笔者——一个身体健全者对残疾人生存能力的不信任。同大多数人看法一样，笔者认为缺少一条腿的生活似乎障碍

---

① ［美］帕特丽夏·盖斯特—马丁、艾琳·伯林·雷、芭芭拉·F. 沙夫：《健康传播：个人、文化与政治的综合视角》，龚文庠、李利群译，北京大学出版社2006年版，第209页。

重重，连基本的走路、上下楼梯都无法自己完成。但是，阿虎颠覆了笔者以往对残疾人的刻板印象。

在后面相识的日子里，笔者看到了阿虎一条腿在田地里耕种的样子，他妈妈说他收割起玉米来比村里其他身体健全的人还要快；阿虎带我们去他常常钓鱼的河边游玩，贵州的山路曲曲折折很不好走，但是阿虎走在我们前面大步流星、如履平地，当我们在吊桥上被吓得不敢往前行走时，阿虎回过头看着我们，笑得直不起腰。

除了家里的农活，阿虎还找到了一条生财之道：挖蒙梓树根。这种树常常生长在高处的峭壁上，阿虎与同伴一起系着安全绳索爬到几百米高的悬崖峭壁上，寻找值钱的蒙梓树根。去年他靠卖蒙梓树根赚了几千块钱，这在农村是一笔相当可观的收入。一谈到这个经历，阿虎得意洋洋的神情溢于言表：

> 这个蒙梓疙头（音译），一般的地方它不长，就算长了，也不值钱。只有长在山顶的峭壁上那种才能卖钱，但是这个钱不是谁都能挣到的，因为它有一定难度，也比较危险。不是吹（自夸），就算你好手好脚的都不一定能爬得上去、挖得到。（LZH，M，20150331，ZY，田野笔记）

阿虎的话充满了强烈的自我认同，他认为健全人能做到的事情他同样能做到，关键是健全人无法做到的他也能做到。笔者很清楚，阿虎成为今天的阿虎一定付出了超常人的努力和心血，或许他也在无数个不眠的夜晚看着自己的腿默默流泪，但是现在的他重新夺回了对自己身体的控制权。在每天的日常生活中，他娴熟地控制自己仅剩的那一条腿，如何长久地站立，如何保持身体的平衡，如何自如地行走、转向、上下楼梯、爬坡下河。残缺的身体丝毫没有阻碍他行动的自由，他可以去到任何想去的地方。他不仅具备了照顾自己、独立生活的自理能力，而且还用两只手、一条腿支撑起了他和妈妈的这个家。

初次见阿雪，是在她上班的瓷砖店里，她负责每天开门、关门，帮老板看店，有客人来询问时给予自己诚恳的建议。她面前的桌子上，摆着几副未完成的鞋垫，她告诉笔者这是她自己做的，用一只左手做的。如果绣好了，拿到市面上可以卖到一百块钱一双。笔者问她做这个难不难，她笑着说:"不算很难,就是慢慢做。"

她用没有手掌的右手固定住鞋垫,左手拿着针线精准地沿着图案的轮廓一针一针地穿过来穿过去,每完成一针,阿雪都要停下来检查自己缝得是否整齐。她边做边跟笔者说:"其实,我们做什么都是没问题的,只不过就是要换一种方法,做得慢一点而已。"她一边说着自己独创的这些身体管理经验,一边给笔者示范着,看到笔者笨拙地尝试时,她咯咯地笑出了声。

颜阿姨,一位尘肺病患者,患病也已经十多年。她的丈夫于几年前患尘肺病去世,现在她多数时间一个人居住在老家,与女儿相互照应着生活。她的病情比前几年严重了很多,有的时候出现咯血的症状。她说她去医院照片子的时候,看到自己的肺就跟当时丈夫的肺一样,她很清楚自己的身体状况和病情未来的发展。从她的讲述中,笔者没有听到她对尘肺病的恐惧和担忧,除了对丈夫的想念,她说她自己还是很"想得开"。

尘肺病如影随影这么多年,颜阿姨似乎对它已经很熟悉。她说尘肺病目前治不好,全靠平时的保养,尤其不能感冒,要注意保暖,比如即使天气热也要穿袜子,脚部千万不能着凉;肺结核的药不能乱吃,吃多了不仅治不好尘肺,反而会加大其他器官的负担;如果尘肺病人在吃饭的时候突然被卡住,千万不要让他的亲人去扶他、拍他,这样的动作往往会加大肺泡的压力,导致肺泡破裂而亡。

这些经验一部分是颜阿姨自己疾痛经历的总结,还有一部分源于其他病友经验的分享,如最后一条经验便是一位已经去世的尘肺病患者的真实经历。通过长期的疾痛康复实践,颜阿姨建立起了一整套如何在日常生活中最大限度维持健康、关键时刻保护生命的应对机制,实现了对疾病的有效控制与自我效能感的提升。

控制感对于一个人经历疾病之旅中的艰难时刻、获得安慰、感到被理解方面,具有启蒙意义,并至关重要。[①] 就像这些控制疾病的经验之于颜阿姨一样,它不仅可以在某千钧一发之际拯救她的性命,更重要的是使颜阿姨感到自己对身体和生命的自主性。

在田野调查中,笔者接触过很多位跟阿虎、阿雪、颜阿姨一样的返乡

---

① [美]帕特丽夏·盖斯特—马丁、艾琳·伯林·雷、芭芭拉·F. 沙夫:《健康传播:个人、文化与政治的综合视角》,龚文庠、李利群译,北京大学出版社 2006 年版,第 59 页。

工伤者，阿坤用只有两根手指的右手割草、砍柴、种玉米、收菜籽，样样精通；只有一只左手的阿华洗菜切菜、穿衣服、拖地，什么都难不倒她；身体严重烧伤残疾的阿英更是游历多国，只身面对各种现实环境对身体的苛责。他们每个人都用不同的方式讲述了他们适应残疾、病痛的方法和经历，身体控制感的失而复得使他们具有足够的底气去应付他人的异样眼光和刻薄语言，也使得他们有信心去重新规划自己的未来。

二 污名管理的传播策略

德劳（DeLoach）和格瑞（Greer）在1981年提出适应残疾的三阶段模型：污名隔离、污名认可与污名融合①。在调整的初期，即污名隔离时期，残疾个体认为自己因残疾受到了不同的对待，而他们一般不承认自己与别人不同；在污名认可与融合阶段，他们开始了解自己与别人的不同，开始寻找应对身份改变的方法，融入新的文化，最终形成应对策略，学会适应和成功地生存。从传播的角度来看，在每个适应残疾的阶段，残疾个体都能找到在主流文化中进行污名管理的传播策略。

（一）打掩护

肢体残疾的返乡者由于身体携带的"污名符号"②更容易遭受社会污名的伤害。在众目睽睽下，任何看得见的"瑕疵"都成为供全世界欣赏的伤疤，而工伤者也担心自己那些"隐藏的瑕疵"被揭开。他们花费大量精力来否认身体的"瑕疵"——这些瑕疵成为他们拒绝自己的身体，将其视为不同或异类的基础。毫无疑问，这些"瑕疵"会转换他们传播的方式，戈夫曼笔下的一种污名符号控制的策略——"掩饰"就此产生。

戈夫曼认为，丧失对身体的控制力，会带来一种不体面身份，这对大部分人来说是尴尬而耻辱的。不体面的身份很大程度会造成传播互动的危机，它使得人们往往采用可以令自己感到更轻松自在、更有控制权的身体管理策略，以显示他们可以在人际交往和传播中控制自己病残身份的能力。戈夫曼制造了一个术语"打掩护"（covering），来形容当人们的身份有污点时，如何试图不让污名符号那么明显，以使得传播对象的注意力从

---

① DeLoach and Greer, *Ajustment to Severe Physical Disability: A Metamorphosis*, New York: McGraw-Hill, 1981.
② 参见戈夫曼的描述：污名符号与声望符号形成对比，它所指的标记在于引人关注不光彩的身份差距、在打碎一副本可以是浑然一体的画面方面特别有效，我们对此人的评价随之降低。

他的污名身份上转移，从而成功实现污名隔离的身体状态。

阿云，2008年在浙江工厂打工时左手掌被冲床压断，现在回到农村老家以农业生产为主。第一次见到阿云，他穿着短袖，双手紧抱于胸前，健全的右手朝外，左手则藏在右手与身体的夹缝中，坦白说，他掩护得很好，笔者根本没有看出来他哪里有残疾。第二次见阿云是在惠民的一次生计帮扶民主投票会上，阿云来得很早，当天穿得非常正式，白衬衫搭配深色西装，头发抹了发油、做了造型，非常有精神。交谈过程中，阿云的肩膀时不时地出现左倾的迹象，顺着他倾斜的方向，笔者注意到他左手边的衣服袖子整齐地塞进左边的衣服口袋里，就好像左手是一直插在口袋里一样，而右手则自然地暴露在外。会议结束以后，笔者跟惠民的工作人员聊及此事，她解开了阿云肩膀倾斜的谜团："因为每一个手部受伤的工友都不希望别人看见他受伤的手，所以他们总是假装揣在衣服口袋或者裤子口袋里，有时候为了使自己的衣袖能够够到口袋，他们的肩膀会不自主地往下倾斜，以将就口袋的高度。"

"打掩护"总是涉及一种努力，即努力约束那些最容易被当作污名的缺点，不让它们显露出来。① 例如上述故事中的阿云，他的双手紧抱、右手朝外，衣服遮掩、肩膀倾斜，都说明了他在日常交往传播过程中，为遮蔽污名符号所做的各种努力。这样一种污名隔离的行为，来源于社会污名对残疾群体的舆论伤害，甚至行为伤害，同时也是残疾个体认同并内化社会污名的表现。

还存在一种"打掩护"的方式，它一方面隐藏了残疾个体的身体缺陷，但是这种方式本身却凸显了他与众不同的污名身份。阿申，我们是在惠民的一次户外烧烤活动认识的，她的左手指被切草机切断，手部功能基本丧失。我们见面时天气很炎热，大家都穿着短袖短裤，而她左手戴着一只手套，右手正常裸露在外。笔者问她为什么这么热的天气还要戴着手套，她说："我很怕冷，再说露在外面我觉得挺不好看的。"阿申试图用手套遮蔽自己受伤的手，但是正是夏天戴手套的这个行为暴露了她的手部残疾。

人们总是约定俗成地遵守传播礼仪，避免对表面身体信息的深层揭

---

① ［美］欧文·戈夫曼：《污名——受损身份管理札记》，宋立宏译，商务印书馆2009年版，第140页。

露,以维持传播互动的正常有序完成。所以,不管工伤者的打掩护行为成功与否,最起码他们实现了污名隔离的初衷:通过精心设计的"打掩护"方式获得与健全人在传播过程中的同等地位。在这样的互动过程中,人们的注意力不再关注他的污名身份,他也不必应对因污名身份而产生的社交尴尬,从而在正式的互动内容中维持自发地参与。

(二) 主动披露

另外一种污名管理的策略是"主动披露",即蒙受污名者在传播互动过程中主动把他的污名符号作为话题引入交谈中,这样有望防止该话题受到压抑而产生尴尬。怀特(Ralph K. White)等学者在适应残疾的研究中指出,"受伤者感到,作为一个人,他不被理解。这种感觉连同非受伤者在他面前会有尴尬,产生了一种紧张、难受的关系,这进一步将他们分开。为缓解这种社会紧张,获得更多接受,受伤者不但会自愿满足非受伤者外露的好奇心……还会亲自主动讨论受到的伤害……"①

主动披露污名信息是蒙受污名者转守为攻的一种传播策略。通过向传播对象率先暴露自己的受伤信息和受伤过程,蒙受污名者打破了原本传播互动中的尴尬僵局,这一举动使得他们向自己证明了,他在这个传播情境中是起到控制作用,占据上风。

阿蓉,在轮船公司工作时右手卷进机器,外形与功能严重受损。她讲述了如何运用"主动披露"的策略来应付日常生活中的传播僵局。

> 以前走在大街上的时候,我发现总是有人盯着我看,尤其是一些年纪大的人。起初我不知道他们在看我什么,后来我才反应过来,他们在看我的手。他们就只是那样看我,什么都不说,我觉得如果你想问就问,老是这么看,还边看嘴里边嘀嘀咕咕,我觉得这个让我不舒服,虽然我认为他们不是什么坏人。所以,之后我只要再在路上遇到这种情况,我就主动把手拿出来,笑着跟他们说:"看嘛,出去打工受伤的。"一般我这样说了,有的人就会继续跟我聊,她就能理解我的手为什么成了这个样子;还有的人就会不好意思,因为他也觉得这样看我很不好。所以,我发现其实自己不要介意人家这样看你,你自

---

① R. K. White, B. A. Wright, and T. Dembo, "Studies in Adjustment to Visible Injuries: Evaluation of Curiosity by the Injured", *Journal of Abnormal and Social Psychology*, Vol. XLIII, 1948, pp. 16 – 17.

第六章 抵抗叙事：应对工伤疾痛的实践经验

己主动一点，告诉他们想知道的就可以了。（LDR，F，20150717，CQ）

返乡工伤者与健全人的传播尴尬大多源于健全人对工伤者的残疾具有本能的好奇心，但是又碍于交际礼仪不好意思当面问，所以出现上述故事中那种欲言又止、好奇死盯的场面。阿蓉使用"主动披露"的传播策略成功地化解了这种僵局，她主动向好奇者讲述自己残疾的由来，这一行为不仅能够满足健全者的好奇心，打开她们的传播局面，而且还提醒健全者意识到自己举动的不礼貌，作为交往补偿，健全者会在日后的接触中更加注意自己的言行，同时增加对阿蓉的好感和认同。

戈夫曼认为，如果蒙受污名者谈到他的缺陷和他所属的群体，使用他与同类在一起时用的那种语言以及常人与常人在一起谈论他们的那种语言，是有用的——因为这就为在场的常人提供了"明白人"①的临时身份。② 同类群体（残疾群体或健全人群体）中对残疾的共享词汇的运用，使得平时被区隔化的情境融合在一起，原本被认为是禁忌的话语流通于两个群体之间，此时受伤者与健全者成为一个重新结合的"自己人"群体。

前面提到的阿虎，他非常喜欢在河边钓鱼，由于每天都会有很多城里人驱车到这儿钓鱼，所以久而久之他们便认识了，只不过从来没有说话。一次偶然的场合里，阿虎帮助他们解决了一个小问题，他们向阿虎表示感谢后，很小心地、颇有礼貌地问阿虎："怎么称呼您？""不用这么客气，大家都叫我跛哥，我知道你们平时也这么喊的，没什么，就这么喊嘛"。一来二去，阿虎与他们成了好朋友，在阿虎父亲去世的时候，这些朋友还专门从城里赶过来参加葬礼。

"跛哥"是阿虎与村里其他"明白人"见面时的称呼，他认为大家都那么熟悉，这样叫他反而更轻松一些。其实，在河边钓鱼所形成的这个偶然群体中的成员私底下也这样称呼他，只是从来没有当面与他交流过。阿

---

① 参见戈夫曼的描述，明白人，是一群健全人，他们特殊的经历使他们对蒙受污名者的秘密生活了如指掌，也抱有同情，他们发现自己在一定程度上为这个集团所接受，享有某种受到礼遇的成员资格。在明白人面前，有缺点的人无须感到羞耻，也无须自我克制，因为他知道，尽管自己有缺点，但仍然会被当作一个普普通通的人。
② ［美］欧文·戈夫曼：《污名——受损身份管理札记》，宋立宏译，商务印书馆2009年版，第160页。

虎在主动披露行为中使用"跛哥"这个词，不仅消除了其他钓鱼者在社交中的尴尬，而且还给予了他们"明白人"的合法性，即阿虎把他们当作"明白自己，了解自己，会尊重自己"的人，于是一个长期有效的传播关系就这样建立，阿虎收获了朋友，收获了别人对他的友谊和尊重。

"主动披露"还是工伤者向外求助、获得社会支持的常用策略。阿英讲述了她在无助时如何通过"主动披露"策略向路人求助，最终获得帮助和社会认同的故事。

> 我经常一个人出差，拎着一个大箱子，还要拄拐杖，上下楼梯真的很吃力。以前我都是先把箱子从楼梯上扔下去，然后再慢慢走下来，那时候我不好意思叫别人帮我，觉得不好意思，怕人家笑。但是后来我想通了，我需要帮助的时候就应该向别人求助，至于帮不帮我是他的事，这也是一个残疾朋友教我的。所以后来我出差，提不动箱子的时候，我就会先四处看看，找那种自己没有什么行李，身体比较好的年轻人。我会主动跟他说："您好，能帮我个忙吗？我腿有残疾，能不能帮我把这个箱子提上去？谢谢！"我很有礼貌地告诉他我腿不方便，所以向他求助。有些人会警惕地看着我，担心我是骗子，我就再跟他解释，我是哪里人，因为什么受的伤，我这次出差来做什么，就是很真诚地告诉别人我的情况，然后人家听了就会帮我把箱子提到楼梯上去。过后还夸我很厉害，残疾了还能自己出来工作，很了不起。经过很多次之后，我就觉得我们残疾人在外面的时候，有困难就要向人求助，不要不好意思，不要怕人家看不起。当然会有人不理睬你，但是你看我还是遇到很多好人，不但帮我的忙，最后还夸奖我，我觉得很好。（CYY，F，20150716，CQ）

阿英经历了隐瞒污名到主动披露污名的转变过程，她通过向其他人坦白自己的残疾经历，去获得社会其他人的理解、支持和赞同。虽然"打掩护"和"主动披露"都能实现工伤者在现实传播情境中对污名符号的控制，但是无疑"打掩护"还只是处在德劳和格瑞笔下的适应残疾的初始阶段——污名隔离。工伤者通过掩饰将自己的污名隐藏起来，达到隔离污名的状态，但这种策略归根结底还是助长了社会污名文化对残疾个体身体与精神的刻板偏见；而"主动披露"策略则达到了适应残疾的高级阶段——

污名融合，工伤者一方面通过主动暴露自己的污名符号找到了在主流文化中的生存之道，更重要的是他们的坦白是对污名文化重重的一记反击——"我只是身体有缺点而已，并没有什么不同，无须隐藏"。

三 工伤者的身体话语

江立华教授在一项农村慢性病患者的研究中指出："伴随着慢性病患者对自己新身份的适应，他们会改变原有的感觉方式、思维方式和行为方式，逐渐解构原有的身体观、人生观、价值观和世界观，对原有认同对象进行甄别、筛选、重新排列组合，形成新的与身体、自我、生活和生命有关的'库存'知识，重构出新的身体认同、自我认同和社会认同。"①

返乡工伤者在日常生活中逐渐适应残疾身份，重新夺回身体的控制权，发展出各种社交策略应对主流文化中的残疾污名，慢慢地，他们形成了一套自己的身体话语，帮助他们阐明自己对身体残疾与健康的新的看法，而这一套话语正是对主流的身体文化的最强反击。

（一）我是残疾，但我还没废

一次，笔者跟阿明去一位工伤者家里探访，正巧家里没人，我们就站在房子前的院子里等候。这时走过来一位老人家，他看见阿明受伤的手，问阿明说："你也是残废啊？"阿明笑着回答："老人家，我是残疾，但是还没废。"

> 现在很多人还是叫残疾人为残废，好像人残疾了就成废人了一样，什么都做不了，做不成。但是你看我什么不能干？除了有时候挠背不太方便（笑）。我见过很多工伤者，他们做农活在当地是能手，没有什么能难倒他；还有用一只手开旋耕机的、修机器的，很多很多。我们残疾了，没有手或者没有脚，但是我发现我们并没有废，我们还能做很多事情。（WFM，M，20150509，ZY，田野笔记）

阿明的话是返乡工伤群体的共同心声，他们不认同传统社会对他们的认知和判定，用自己的经历向社会公众证明：残疾不等于残废，不等于无

---

① 江立华、袁校卫：《从身体到心理：慢性病对农村患者生命进程的破坏》，《湖南社会科学》2015年第3期。

能。返乡工伤者在不同场合反复强调自己独立生存的能力，表达对周围"残废"污名的气愤与不认同，他们企图建立符合自己日常实践的身体话语，来对抗主流的身体文化对病残工伤者的歪曲和歧视。

（二）我只是身体有残疾，但我们并无两样

阿虎曾经跟笔者说过一句话："我们只是身体有残疾，长得不太一样，就像每个人都长得不一样是同样的，有高有矮，有胖有瘦，有的人手指长，有的人手指短。所以说我们都是一样的，没有什么不一样。"在我们的主流文化里，有缺陷的身体是另类的、次等的，这是一种典型的以健全身体为中心的霸权话语。尽管返乡工伤者在生活中表现得那么出色，他们依然逃脱不了"另类、不一样"的标签。但是，他们除了身体跟健全人的不一样，还有什么不同呢？以健全身体为中心的霸权话语将躯体的差异置于统治性的位置，躯体的差异决定了工伤者个体在社会中的地位。

健全者评判残疾个体的是与非、幸与不幸，习惯用同情、可怜的眼光和语气对待残疾者的人生，但是正如阿虎所说的，每个人都有残疾，有的是手残疾，有的是脚残疾，更有的是心灵有残疾，有的比较明显看得出来，而有的则比较隐蔽难以被察觉，我们每个人都是一样，无论残疾与否。

> 谁说跛子是不幸的人？他们说的，还是你说的？就因为他们不能跳舞？一切音乐在某一时刻总要停止。就因为他们不能打网球？很多时候天气太热！就因为你得帮助他们上下楼梯？还有其他什么事情是你可以做的？小儿麻痹症并不悲惨，只是很不方便而已；它意味着你不能再任性地发脾气，不能再跑进房间用脚把门踢上。"跛子"这个词糟糕透顶。它太具体！它把人分开来！它太富有暗示性！它太屈尊俯就！它就像从茧子里蠕动出来的蛆，让我想吐。①

在田野调查中，笔者也曾反复反思自己对返乡工伤者的态度。一开始笔者习惯于用健全人的行动、生活标准去评判残疾人的生存能力，在潜意识里认为他们与健全人不同，是需要健全人去关心、照顾的次级群体，然而我们却忽略了这样一个事实：残疾人具有一套不同于健全者的生存方

---

① N. Linduska, *My Polio Past*, Chicago: Pellegrini and Cudahy, 1947, pp. 164 – 165.

式，这套方式只是不同而已，并无高下之分。

（三）我是残疾，但我是健康的

1948年世界卫生组织在其宪章里这样定义健康：健康不仅免于疾病和衰弱，而且是保持在身体上、精神上和社会适应方面的完好状态。1978年世界卫生组织在《阿拉木图宣言》中又重申了这一观点，继续指出：健康不仅是疾病与体弱的匿迹，而且是身心健全、社会幸福的完美状态。到了20世纪80年代末，世界卫生组织又根据认识、理解水平的提高和实际需要，继之又把道德健康纳入并作为其内涵，将前后不同的阐释版本最终在总体上归纳为：健康是身体、心理、社会适应性和道德的完好状态。①

不管是哪个阶段的定义，世界卫生组织对健康的描述都基于一个共同的基础：身体的完好状态。无论如何解释此处的"完好状态"，工伤者的残疾身体恐怕都无法被纳入健康的范畴之内。但是在与多位返乡工伤者的接触过程中，笔者真切地感到了他们积极、健康的生存面貌。

> 我觉得我是很健康的，虽然我少了一条腿，但是这并没有影响我正常的生活和社会交往。我可以去我想去的地方，做我想做的事情。我的心理也很健康，没有自暴自弃，没有埋怨任何人，没有去报复社会。难道这样不是健康吗？（LZH，M，20151118，ZY，田野笔记）
>
> 你问我健不健康？你觉得我健康吗？我当然健康了，我身体里面又没有得什么病，我做什么都做得了，虽说手指是少了几根，但是这样就不健康吗？我见过很多身体健全的，但是它器官有病，平时走路都累得不行，他们还没我们健康呢。所以身体残疾并不能说我们是不健康的。（RMX，F，20151116，ZY，田野笔记）

的确，返乡工伤者的身体不是完好无缺的，但是他们通过长期训练和康复恢复了生存能力和心理健康，他们能够独立适应现代化的物质生活和社会人际交往。返乡工伤者重新建立了一种以"生活效果"为视角的理解健康的话语，健康无关于身体是否健全，而是看他是否拥有一整套健全的

---

① 刘宗祥、刘东海、桂兰、刑晓冬、海杰、王赫达、董赫男：《对世界卫生组织的健康描述或界定无实践性成因的哲学探析》，《内蒙古民族大学学报》（社会科学版）2013年第39卷第4期。

生活方式。毋庸置疑，这样的健康主张对主流权威的健康定义来说，是一种挑战，一种来自"另类群体"的挑战。

返乡工伤者对身体残疾与健康的看法并不是以始贯之的，它经历了认同主流身体文化观到病残个体另类身体话语的主体性转变。在受伤初期，他们刚刚从健全人身份变为残疾人个体，世界观与价值观还来不及跟上身体状态的骤然变化，所以他们仍然持有健全人对身体残疾与健康的认知与理解。身体残疾的客观事实与他们头脑中根深蒂固的社会污名文化发生了激烈的碰撞，在那个阶段他们无一不面临着身体的撕毁与精神世界的崩塌。

这样的冲突强烈呼唤着工伤者内心价值体系的重建，他们通过长期的身份适应，一定程度的社会支持和情感鼓励，慢慢地重新建立起了全新的身体观和健康观。它们代表着工伤者日常生活实践的全部意义，同样，这些意义也支撑着工伤者一步步走出家门、回归社会；它们更是工伤者对"残疾＝残废＝异类＝不健康"此类社会主流身体文化的大声反对，这样质朴的话语见证了他们与身体歧视竭力抗争的历史，也为社会理解身体残疾与健康提供了一条另类的认知路径。

第二节 社会层面的抵抗：有关尊严的口舌之战

返乡工伤者不满足于个体层面恢复身体的行动能力来抵抗工伤疾痛，他们还存在强烈的欲望向施加各种不公于他们身体之上的社会环境争取一个普通人应有的尊严，这便是他们在社会层面对工伤疾痛的抵抗。

中国有句古话，叫作"人争一口气，佛争一炷香"，大致意思是说做人要有骨气、有志气，不要丧失尊严。在返乡工伤者的抵抗叙事中，我们经常能听到这样的话，"我们残疾人更要有自尊""做人不管是不是残疾，都要有尊严"。根据库利有关"人性"或人类本性三层意义——遗传本能、社会情感和人类行为的特殊类型——的表述①，尊严作为一种普遍存在且不断演进的人类本性或情感，经历了从"熟人社会"扩展至"陌生人社会"的演变，最终形成一种在特殊环境，如工厂、市集、乡村邻里、偶然

---

① ［美］查尔斯·霍顿·库利：《人类本性与社会秩序》，包凡一等译，华夏出版社1989年版，第19—20页。

群体等，或某种风俗中尊重个人基本权利的人类行为的特殊类型。

著名经济学家奥利弗·威廉姆森（Oliver Williamson）从治理的经济学角度分析了劳动组织这一特殊环境内部的尊严。[①] 他认为尊严包括"自我的尊重"和"社会的尊重"两部分，其中"自我的尊重"实际上是劳动者对尊严的认知，即自我对"应该获得哪些尊严"的认知。威廉姆森指出个人的尊严由"物质收益"和"社会认同"两部分构成，物质收益可以是工作收入或其他福利，社会认同则包括职位的晋升、参与管理以及劳动组织内外部的社会赞赏。而"社会的尊重"是对劳动者实际获得的尊严的描述，当"自我的尊重"与"社会的尊重"之间无法达到相应程度的匹配时，劳动者很容易产生"尊严的被剥夺感"，同时激发他们维护尊严、追求尊严的抗争行为。

多数返乡工伤者在社会不同环境中都强烈地感到尊严的"被剥夺感"。他们在工厂打工受伤时无法享受一个劳动者应得的尊严，拖着病体回到农村以后要遭受来自乡村邻里的"废人""寄生虫"等的恶意误解和嘲讽。透过返乡工伤者的抵抗叙事，笔者看见他们在日常生活中拼尽全力实践"尊严"二字的决心和执拗，不管是维护自己权利的维权行为，还是对乡邻恶语的直起反击，抑或劳动者价值的慷慨陈词，都精确地诠释了工伤者对自尊的理解与争取，以及对侵犯、剥夺他们"物质收益"和"社会认同"两种自尊形式的社会不公行为的不满与愤怒。

一 基于底线道义的维权：我应得属于我的那部分

马克思对资本主义社会生产逻辑的研究[②]显示，在单一化的现代性中，对商品的绝对崇拜以及日趋广泛的现金交易，使人与人的关系逐渐被物与物的关系所取代。马克思的卓越之处在于他意识到了由于对商品的崇拜，即拜物教所导致的"物化"是一个全球化过程，没有一个人可以幸免。随着资本主义在全球的扩张，我们看到人们相互之间的关系越来越屈从于物化的形式：物质条件确保人有尊严地生活，可是在现代社会，正是物质的

[①] ［美］奥利弗·E. 威廉姆森：《治理的经济学分析：框架和意义》，载埃瑞克·G. 菲吕博顿、鲁道夫·瑞切特编《新制度经济学》，孙经纬译，上海财经大学出版社1998年版，第69页。
[②] ［德］马克思：《资本论》，中共中央马克思恩格斯列宁斯大林著作编译局译，人民出版社2004年版。

丰饶过度，剥夺了人的尊严感。①

世界工厂在全球资本的生产和流通过程中扮演了重要的作用，它将工人的劳动进行全面的物化，认为工人与企业之间存在一种公平交易的契约，工资是对工人劳动的合理报酬。正是在这种劳动力商品化的影响下，基于工人劳动力这种所谓"自然物"所衍生的资本利润被企业和社会定义为理所应当的产物，而工人在此过程中所丧失的权利和尊严也被理解为劳动力交易可能出现的自然后果。

因此，工伤事故发生以后，工厂老板本能地将工伤视为生产流水线上一个偶发插曲，一个冷冰冰的 Bug，静静等待修复即可。当工伤者向工厂提出合理合法的工伤赔偿时，工厂大多摆出"被敲诈"的无辜姿态，视工伤者为"终于逮着机会讹工厂的无耻小农"。

> 出院以后，我就想找老板谈赔偿的事情。但是我去了以后，老板根本不见我，经理来和我谈。他一看见我，就一脸的不耐烦，问我："你到底想要多少钱？"什么叫我要多少钱？我又不是乞丐、要饭的。他说话的语气和态度就好像我借着受伤来讹诈他们一样，我听了心里真是鬼火冒（非常气愤）。（20150710，CQ，田野笔记）

这是一位在户外偶遇的工伤工友第一次见到笔者时所讲的工伤经历，他现在说到工厂经理对他的态度和说话语气，都仍然抑制不住内心的气愤。他的气愤不在于工厂老板不给予他合理的工伤赔偿，而在于经理那一番充满蔑视、伤害尊严的话。然而正是在工伤者强烈地感到这种尊严的"被剥夺感"时，坚决的维权之心就此种下。

阿凯，六年前在工伤事故中丧失了他的左手臂。他花了将近三年的时间把维权官司从基层法院打到省劳动厅，光是来回政府机构与农村老家的车费就花了近 3 万元，其他的诉讼费以及这期间整个家庭的开销更加不是一笔小数。期间，他还无数次地遭受到工厂以及社会人员的暴力威胁和恶意检举，承受了巨大的压力和痛苦。从理性计算的角度来看，阿凯完全可以答应当时工厂提出的 10 万元工伤赔偿的诉求，但是为什么他要冒着暴力威胁、家庭生活的举步维艰以及败诉的风险坚持打这场实力悬殊的维

---

① 成海鹰：《论尊严》，《伦理学研究》2012 年第 4 期。

第六章 抵抗叙事：应对工伤疾痛的实践经验

权官司呢？阿凯告诉笔者，当工厂的管理人员像打发无赖一样跟他讨论工伤赔偿事宜时，他就决定了要维权到底；当工厂雇佣社会人员到他家来闹事威胁他时，他更加坚定了维权的决心，不为别的，"就为这口气，我就想要一个公道"。

> 当时大家坐下来谈赔偿的事。一开始说 5 万元，我不同意。我查阅过一些工伤赔偿法律方面的书，我的手至少能被评为四级伤残，就算按贵州省的最低工资收入也不止 5 万块钱。然后提高到 8 万元，他们说不能再加了，要就要，不要就算，我还是不同意。后来他们加到 10 万元，我还是不同意。他们就冒火了，说我们这种人得寸进尺。什么叫我们这种人？我们是哪种人？我当时就跟他说："我们就按照国家的法律来处理，你的钱多一分我都不会要，但是我应得的那部分你一分也不要少，那是属于我的。"后来打官司，他们就叫了好几个混混来我家里，叫我不要打官司，否则后果自己承担。我当时一点都不怕，跟他们说："如果你们是来我家里做客，那么我请你们坐，但是如果你们是来威胁我的，那么我家不欢迎你们，请你们走。"我怕你了？我是按照国家的法律来做的，我又没有违法，我怕什么？他们竟然用这种手段逼我撤诉，我就要跟他们打到底。最后事实证明我是对的，我胜诉了，他们一共赔偿了将近 38 万元。（20151119，ZY，田野笔记）

阿凯说起他的维权经历非常激动，时隔多年，他仍然记得当时事件发生的点点滴滴，或许对于他来说，维权这件事并不完全关乎他得到了多少赔偿款，而是他最终争得了他所谓的"那口气"。应星在研究农村群体性抗争行为的发生机制时，提出了以"气"抗争的解释框架，他认为斯科特"生存伦理"①的框架不完全适用于中国的农民集体抗争行动，在中国传统文化中，农民政治行为伦理有一个特殊的概念表达："气"。"气"主要是

---

① 所谓生存伦理是指农民在进行决策时并不符合古典经济学假设，而是生存至上。亚当·斯密的古典经济学认为，人在做决策时追求的是利益最大化，而生存伦理则认为农民在进行决策的时候考虑的更多的是如何规避风险。因为在严酷而强大的生存压力面前，农民实在无暇顾及利益的最大化，农民在意的也许不在于统治者"拿走了多少"，而更关心"剩下多少"。参见斯科特在《农民的道义经济学：东南亚的反叛与生存》中的描述。

指中国人在蒙受冤抑、遭遇不公、陷入纠纷时进行反击的驱动力，是中国人不惜一切代价来抗拒蔑视和羞辱、赢得承认和尊严的一种人格价值展现方式。①

黄振辉博士在此基础上提出了"底线正义"的解释路径，他认为农民工"气"的根源在于他们的"底线正义"遭到了践踏，他们的抗争行为是对底线正义的坚持与捍卫。②"底线正义"是道义政治的核心范畴，包含了诸如公平、公正等最基本的人格权利。黄振辉博士认为非常有必要将这个概念引入农民工的抗争行为研究当中，因为正如上述阿凯的维权故事一样，他付出难以想象的努力去维权，不单是为了获得一笔超大数额的赔偿，更多是为了坚守"要回属于我应得的那部分"的公道正义。在他的维权故事中，道义不是获得利益的手段，而是目的，因为他最终胜诉后拿到手的实际赔偿并不比工厂一开始给出的数额多多少。

阿禄的维权故事更加从"底线正义"的视角阐释了工伤者维权抗争的道义性。他在深圳打工时一只手指的末指节被机器压断，从工伤事故的严重性来讲，他的受伤程度可以说比较轻微。但是事故发生之后，工厂管理者不但不给予法定的工伤赔偿与待遇，反而以开除离厂威胁他。阿禄认为工厂的处理方式不合法，且损害了他的自尊，于是走上漫漫维权之路，屡次上诉失败后，他还只身前往更高级别的司法机关申诉。他说："哪怕最后我胜诉，判他就赔偿我一块钱，我都要打这个官司，我要的就是最后法庭宣判的公正。"阿禄很清楚即使走正常的诉讼，他的工伤也拿不到多少赔偿，很有可能到最后还需要倒贴一些维权成本，但是他坚持与厂方周旋两三年，为的不是通过法律的"道义"手段获得金钱利益，而正是为了他口中所讲的一纸胜诉的公正。

阿凯与阿禄的维权叙事实际上隐含了两种工伤解释框架的抗争，一边是来自工厂对工伤的"讹诈"解释框架，另一边则是工伤者群体的权利框架，而维权行动则是工伤者捍卫自身的工伤权利话语，反抗且推翻资方这种有损工伤者底线道义的强势话语的道义政治实践。

---

① 应星：《"气"与中国乡村集体行动的再生产》，《开放时代》2007 年第 6 期。
② 黄振辉、王金红：《捍卫底线正义：农民工维权抗争行动的道义政治学解释》，《华南师范大学学报》（社会科学版）2010 年第 1 期。

二 自我价值的认同：我靠的是我自己

"尊严"一词起源于拉丁语 dignus，意思是有价值的。早在古希腊罗马时代，人们就意识到人是有尊严的存在，人追求有尊严的生活。这不仅体现在强大资本势力面前的"争一口气"，即使在稀松平常的乡村生活中，返乡工伤者也常常以口头驳斥的形式与质疑他个人价值的邻里兵刃相见。在他们看来，这同样是一场维护尊严的战斗。

返乡工伤者的疾痛叙事里讲述了大量这样的"战斗"故事。阿蓉受工伤后很长一段时间在家里休养，她的伤情逐渐好转，身体行动能力也得到了一定程度的恢复。在家人的鼓励下，她走出家门参加社区活动，跟邻居打打牌，帮助居委会工作人员处理一些社区的杂务，慢慢地她的自我价值认同得以重新建立，对待生活也更加自信。在一次偶然的社区活动中，阿蓉照旧忙着跑上跑下，一位邻居对她说："哟，你都这样了，一天还跳上跳下的。"阿蓉这样跟笔者解释她对这句话的理解，"她是在嘲讽我，她认为我都残疾了，只有一只手，还这样放肆、不安分，意思是我在巴结居委会想要好处"。阿蓉当即回击道："我是只有一只手，但是我没有靠任何人，如果哪天某些人也像我这样，说不定还不如我呢。"

阿蓉与邻居的口舌之争似乎有些幼稚可笑，但是这样的口水战却是两种话语体系相抗衡的缩影。在邻居的话语里有三个关键成分，第一个是语气词"哟"，第二个关键成分是"这样了"，最后一个是"跳上跳下"。在口语表达中，"哟"常用来代表说话者对说话对象出乎意料的语言或行为的反应，多带有不满、讽刺、揶揄的贬义意味，如"哟，来得早呀"表达的是说话者对传播对象早到的吃惊，潜台词是"你不用这么积极吧"。邻居使用的"哟"置于句首，实际上是对句子后面部分内容的否定和不认同；"这样了"是一个指示代词，在句子中充当宾语时，往往具有强烈否定与指责的含义，如我们常用的"你怎么成这样了？"它表达的是对目前状态的极度不满意；"跳上跳下"在西南地区的方言语境中的确存在"放肆、不安分、不守常理"这样的含义，如学校里的老师用"太跳了"来评价不听管教的学生；在形容某人到处拉关系走后门时也会使用"跳上跳下到处找人走关系"这样的说法，此处的"跳上跳下"取的正是这个意思。从这三个主要语言成分的语用含义来看，邻居的话确实构成了对阿蓉行为的不理解和不认同，她认为阿蓉作为一个残疾人，应该要安分守己，质疑阿蓉"跳上跳下"行为背后的功利目的。

阿蓉的回击传达了两个层面的意义：否定质疑和肯定自我价值。"我是只有一只手，但是我没有靠任何人"这样的转折性句式强调了阿蓉对"残疾人独立自强"的观念表达，她在认同残疾人具有局限的基础上，凸显残疾人"身残人不残"的尊严和人格，从阿蓉叙事的语气和表情来看，"不靠任何人"是她引以为傲的道德品质。最后一句是一个比较句式，阿蓉通过一种假设的比较来肯定自己的价值，她将"独立应对和控制残疾身体与残缺生活的能力"视为其获得自我价值的重要源泉，同时认为这样的能力并非人人皆有。

阿蓉在谈及这段口水战时，还引用了很多生活中的例子来支持自己的观点。比如她在叙事中讲述了她如何自己一个人负责家里的所有家务，如何跟其他人学习绣鞋垫补贴家用，如何在油坊协助丈夫生产菜油、处理生意。她引用这些事例迫切地希望说服笔者相信她的观点，理解她是一个"独立、不依靠他人"的残疾人。阿蓉认为"自立"是残疾人个体的尊严所在，她们希望通过自己的努力被身边的人视作"有价值的存在"，任何带有"没有价值、依赖别人的寄生虫"意味的话语都将激起她们奋起反击、维护尊严的欲望。

阿英同样讲述了她在村庄里与乡邻发生舌辩的故事。阿英受了重伤回到家乡后，整个村子都在谣传她得到了很多钱，国家给了她大量补偿，社会公众为她募捐了大笔善款，他们认为阿英现在的"好"生活全部是在其他人的资助下达成的，可是阿英却想好好地跟乡亲们解释一下：

> 我刚回来的时候，包括后面康复了之后，人家都认为我拿了很多钱，认为我捡了个大便宜。但是他们不知道我自己付出了多么大的努力。我真的想好好跟他们解释一下，我没有吃国家的低保，我也没有得到很多钱，社会好心人为我筹的钱也全部用来治病了，否则我也活不到现在。我现在有工作，靠我自己的努力养活我自己和我的家人，我真的没有靠别人。（CYY，F，20150711，CQ）

阿英告诉笔者，她在身体恢复以后，自己报名去学习无线电修理、学习电脑。无论天晴还是下雨，她都挂着两根拐杖，冒着大家异样的眼光和怀疑的态度，坚持每天准时到培训中心学习；她坚持每天读书看报，写信投稿，重新练习思考、写作；每次出差的时候，她必须忍受身体的剧痛和不友好的社会环境给她带来的歧视与伤害，难以承受压力的她曾经一个人在北京的街道上失声大哭。可是乡邻们没有看到她为此所付出的辛苦和努力，往往将她现在所有的成就视作外界的"恩惠"。

不管是阿蓉的故事还是阿英的故事，她们叙事中的邻里话语背后都存在一个惯常的意识形态，也就是本书在多处提到的"残疾无用论"。在以健全身体为中心的社会主流文化中，残疾人是没有价值的，所以他们只能向外寻求帮助，个人不存在控制生活、改变生活的能力。阿蓉和阿英通过日常的"斗嘴"向主流社会传达属于她们自己的声音：残疾人具有独立自主的生存能力，不是社会的寄生虫。

虽然前面阐述的身体管理术同样是对此类主流话语的抗争，但是当人们的思想在头脑中根深蒂固之时，现实中的具体行动往往无法进入他们的视野，这就使得直接的口头驳斥的传播形式虽短却更有力，它不仅能够令邻居乡亲了解工伤者的内心世界，理解他们对现实中所遭受的不公的愤怒，反思自我的言语与行为背后的霸权意识，另外还能够使工伤者跨越身体残疾这道屏障，更加清楚自己的自我身份与认同。正如 Geist 所讲，交流可以成为转化的工具，可以体验同情，跨越自我体现和脱离间的壁垒。通过交流互动的方式反抗脱离的状态，可以建立同情和理解。从脱离到体现的转化会使有分歧（冷漠）的紧张感得到减轻，激发理解那些人们的愿望，他们正承受着我们未曾经历过的折磨，并以此超越通常出现在患病、残疾或感到脱离的人们心中的"另类感"（距离感）。①

三 工伤的正义：我因"公"而伤

沈原等多位学者在建筑风钻工罹患尘肺病的调查报告中记录了这一幕场景，至今为之动容：

> 一位丈夫五年前就因尘肺病去世的资大姐说她丈夫，"在外面干了十来年，一分钱也没有拿回来，过年的时候都经常不回家，直到最

---

① Do & Geist, "Othering the Embodiment of Persons with Physical Disabilities", in D. Braithwaite & T. Thompson, Eds., *Handbook of Communication and People with Disabilities: Research and Application*, Mahwah, NJ: Erlbaum, 2000, pp. 49-65.

后的几个月，他说他身体不行了，2004年4月终于回来了，回来到处看病，也花了很多钱，可是到10月份，还是走了。你看看村里这些得病的人，就是活死人，什么都不能干。小孩因为他爸爸，七八岁就开始给人家干活赚钱。"说到孩子，她掩面而泣。短暂的沉默之后换来的是她的爆发。"凭什么他们的青春都留在深圳，家里一分钱都拿不到却要负责给他治病，却要养活他的小孩老人。去深圳看到那么多高楼大厦，哪个不是他们建的，可你看看家里，还是土堆房，一直说要攒钱盖房子，房子还没盖，人就没了。危害生命的事，当地部门不管，国家富起来了，应不应该为工人讨个公道？"①

这位资大姐道出了无数返乡工伤者内心的不甘：我把我的青春、我的身体甚至我的生命都献给了城市建设，但是为什么我受伤生病之后却被抛弃了？最后连我日夜思念的家乡也在不断地疏远我、嫌恶我，为什么？

在与阿秀的一次彻夜卧谈中，她向笔者讲述了她的工伤疾痛故事。当她说到回老家后，她家婆如何刁难她、嫌弃她，村里的乡亲如何在背后议论她时，显得异常激动。她将积压在胸口多年的愤怒一下子释放，接二连三的质问在宁静的乡村黑夜里显得更加凌厉、尖锐。

工伤绝对不像你想象的那么简单。当初大家都是为了摆脱农村穷困的生活才出去打工，谁不是为了家庭，为了子女？出去打工也是为城市做贡献，我们一个月干大量的工作，但是却只得到很少的工资，中间多出来的去哪儿了？被工厂老板赚了，还有给城市交税了，你说我们是不是做了贡献？但是我们受伤以后回来，当地部门不理，那边的单位也不理，几头不管的这个道理是从哪里来？没有农民工去外地打工，城市当地的人也没有好日子过，也发不了财；没有农民工出去打工，农村这些地方的条件，也不会发展这么快。农民工在外面打工很多年，他挣的钱就是在这两个地方花，一个在城市租房子、生活，大部分花在了城市，然后再带钱回家盖房子、做生意，虽然只是小部分，但是也为当地做了贡献。为什么受伤了回来，就没有人过问了

---

① 沈原、程平源、潘毅：《谁的责任？——张家界籍建筑风钻工深圳集体罹患尘肺病调查》，《中国工人》2010年第1期。

第六章 抵抗叙事:应对工伤疾痛的实践经验

呢?没有。(RMX,F,20150422,ZY)

阿秀的叙事阐述了"工伤"一个很重要的隐含义:"公"伤。她认为农民工受伤是因"公"而伤,她的话语赋予了农民工工伤的正义性——为国家做贡献而受伤,从这个意义上来说,工伤是属于公共范畴的公共事件,理应受到国家和社会层面的关注和解决,但是现实却与之相反,多数情况下工伤成为工伤者及其家庭私人领域的事,与社会无关。在各种社会权力的驱使下,工伤最终从"公"伤沦为"几头都不理"的"私"伤。

社会公众普遍认为农民工外出打工是其个人的主体选择,那么打工受伤就像平时走路遭遇从天而降的坠落物一样,只能算作自己"倒霉""不走运",无论如何上升不到为"公"而伤的高度,况且工厂还赔偿了医药费。但是,目前已有很多的研究①论证农民工这一特殊群体是国家、资本与市场三方合力促使形成,虽然农村劳动力向雇佣工人的转变是任何一个国家工业化发展的必然结果,但是我国农民工的社会身份丧失与权利剥夺却是社会多方因素共同造成的。杨思远在《中国农民工的政治经济学考察》中这样描述农民工群体:

> 他们像候鸟,冬去春来;又像秋千,摇荡于城乡之间;他们具有二重身份,既是农民又是工人:他们不具有任何身份。既不是农民,也不是工人……就他们自己来讲,现有的身份不明确是什么原因造成的,他们不知道;将来会怎么样,他们也不知道。作为个体的农民工,每个人有自己的打算,作为一个阶级,他们还处于失语状态……②

因为农民工群体的身份合法性得不到国家与社会普遍认同,即使国家权威话语多次公开肯定农民工是我国城市建设的贡献者身份,但是话语表达与现实实践之间却总是隔着千沟万壑,话语身份无法转换成现实身份,无法从根本扭转社会公众对农民工群体的认知与认同。而工伤中"公"性质的退场与农民工群体身份得不到认同具有直接的联系。阿玉用军人受伤

---

① 参见潘毅《中国女工——新兴打工者主体的形成》,吕途《中国新工人:迷失与崛起》,宋少鹏《能动的主体与刚性的制度:路在何方?——〈打工女孩〉与〈中国女工〉的不同出路》等。
② 杨思远:《中国农民工的政治经济学考察》,中国经济出版社2005年版,第398页。

与农民工打工受伤做比较，很清楚地阐明了同样的受伤行为却因群体的社会身份以及它所具有的相关权利的社会规定不同而产生天差地别。因此，工伤者的工伤问题亦是一个阶级问题，它能否成为"公"伤，能否获得因"公"受伤的合法性认定与农民工这一群体的阶级地位有着直接的因果关系。

如同尘肺病患者的寻求合法性叙事一样，阿秀和阿玉的叙事也对工伤的正义性具有强烈的渴望，她们的叙事阐释了以下三种基本的话语需求：（1）农民工是国家与社会建设的贡献者，这是对农民工的身份认同需求；（2）农民工是因"公"受伤，而非"自己不小心""倒霉"，这是对工伤正义性的需求；（3）工伤应该被纳入公共范畴成为社会公共问题，而非私人领域的事件，这是对工伤公共化的政策需求。健康传播中的叙事视角强调疾痛经验的意义，叙事作为理解健康和疾病的工具，我们可以通过它了解叙述者如何赋予事件、人物、行为的意义（解释模式）。[1] 返乡工伤者的疾痛叙事显然已经超越了疾病与残疾本身，他们通过叙事寻求病残工伤的社会根源，同时发出自己微弱的、推动政策改善、社会进步的抗争性声音。

第三节　苦难的生活哲学

我们在现实生活中常常会遇到同常识观念相抵触的实际问题和阻碍，比如生活资源的缺乏、人生无常、世事无奈等。在这种时候，我们不仅仅发现经验的意义，并且创造意义。也就是说，我们处于价值观的变更或过渡状态，需要寻找其他的观念来看待我们的不测经历。我们常会用道德观念来解释和处理伦理方面的困扰，或者用宗教教义使我们的不幸升华为某种意义。[2] 在严重疾病的情况下，意义会从极度痛苦中产生，以调解我们个人和文化的困境。当病残或死亡把我们震离现实的日常轨道时，我们就会转向那些意义的源泉，它们会赋予生活以活力。[3]

---

[1] Theresa L. Thompson, Alicia Dorsey, Katherine I. Miller and Roxanne Parrot, Eds., *Handbook of Health Communication*, London: Lawrence Erlbaum, 2003, p. 16.

[2] Keyes, C., "The Interpretative Basis of Depression", in A. Kleinman and B. Good, *Culture and Depression*, Berkeley: University of California Press, 1985, pp. 153–174.

[3] [美] 阿瑟·克莱曼：《疾痛的故事：苦难、治愈与人的境况》，方筱丽译，上海译文出版社2010年版，第170页。

第六章 抵抗叙事：应对工伤疾痛的实践经验

返乡工伤者在疾痛叙事的最后总是不约而同地讲述工伤苦难对于他们的意义，积极的意义也罢，无奈的得过且过也罢，正是这样一套价值观的建立，支撑着他们一天一天地应对工伤后苦难的生活，笔者把他们所定义的工伤意义称为"苦难的生活哲学"。生活哲学指一种新的哲学观、生活观，一种对哲学的态度，一种生活方式，一种哲学生活，"人应该怎样生活"或"什么样的生活才值得过"是生活哲学的中心问题。① 返乡工伤者的"苦难的生活哲学"则是指工伤者在遭受工伤之后，对于"我应该怎样面对苦难的生活"的思考，它既是工伤者的苦难生活观，同时也是他们某种生活实践的统称。

从应对苦难生活的角度来看，返乡工伤者的"苦难的生活哲学"同样具有抵抗苦难的意义。除了上述一系列基于行动的对各种权力结构关系的抗争形式，如身体管理术、口头驳斥的传播行为之外，他们内心里的这套有效的生活哲学理论，使得他们像坚韧的野草一般，在多重伤害下仍然顽强、倔强地抬起头，直面苦难。

一 苦难的"正常"论

杜大姐一边梳着头发，一边说："我现在就把自己当成正常人，把这个病当作正常的、普通的疾病，过一天算一天。"杜大姐患尘肺病已经十多年，这两年时有吐血症状，她告诉笔者在刚得知患病的前几年，她天天哭，心理压力非常大，但是她发现越是在意这个疾病，她的身体状况就越差，所以她不时宽慰自己，将尘肺病视为日常生活中常见的疾病，如感冒、肺病，她不再吃医生开的"肺结核"的药物，像一个正常人一样，过着正常普通的生活。

接触到的大多尘肺病患者都持有这样一种视尘肺如普通疾病的"正常化"心态。他们认为只有抱着这样的生活理念，他们及其家人的未来才能在平静的日子中度过。如果哪天病发离去，就当作正常的生老病死，起码病发以前还能活得"像个正常人"。

笔者去陈大姐家两次，都正好碰到她在跟邻居打扑克，她一看见笔者就邀请笔者加入她们的娱乐活动中。笔者一直坐在她的身边旁观着"战局"，偶尔给她支个小招。拍牌声、争论声、嗑瓜子声、得意的大笑声此

---

① 李文阁：《我们该怎样生活——论生活哲学的转向》，《学术研究》2010年第1期。

起彼伏，很难想象这是一位尘肺病三期患者的日常生活。看到她脸上泛起的笑容，笔者原本想向她了解尘肺病疾痛的想法瞬间消散，笔者想：就这样让她做一个她心中的"正常人"吧，不要再让她回忆那悲伤的过去，想象那令人恐惧的未来，实在太残忍。

国外许多学者都把"正常化"（normalization）视为一种基本的应对疾病的形式。施特劳斯等人指出，慢性病人的主要任务不仅是活着或控制症状，而且是尽可能正常地生活，而他们在多大程度上能过上正常的生活，这既取决于他们能够做出的社会安排，又取决于症状、治疗方案及他人的疾病知识对生活的侵入程度。[1] 杜大姐的苦难"正常"论并非随意建立，它的产生是基于她目前的疾病症状、家庭生活状态以及参考其他尘肺病患者应对方法等一系列的因素，它更像是一种几经权衡之下形成的、具有成效的、应对疾痛的生活策略。杜大姐把这种策略当成指导她生存的圣经，像一个忠诚的信徒，时刻诵念，自觉地遵守。

一个人能否真正做到明知死亡即将靠近，却还平静应对呢？杜大姐停下手里的活儿，笑着说："如果不这样还能怎样呢？起码这样想的话，我心里会好受很多，还能多赚几年活头，我的家人也不用天天担心我。"按照戴维·凯莱赫（Dawid Kelleher）在一项糖尿病病人的适应情况研究中所指出的那样，"正常化"首先是指从心理上排除慢性病的冲击，以便尽量减少它对个人认同的影响；另一方面，"正常化"还意味着把病痛或治疗方案视为"正常的"，从而把它更加充分地融入个人认同和公众自我。[2] 杜大姐的苦难"正常"论弱化了尘肺病这一致命疾病对她及其家人的冲击，它不仅能够减轻她内心的恐慌，使她回归到"正常"的生活轨道中，而且还能避免她的家庭因她的病情成为惊弓之鸟，以此建立她"正常人"的个人认同和社会认同。

二 苦难的"财富"论

疾痛将病人带到西方认识论——人的本质二元论的最基本方面。我们

---

[1] A. Strauss, J. Corbin, S. Fagerhaugh, B. Glaser, D. Maines, B. Suczek & C. Wiener, *Chronic Illness and the Quality of Life* (2nd ed.), St. Louis: Mosby. 1984, p. 79.

[2] D. Kelleher, "Coming to Terms with Diabetes: Coping Strategies andNon-compliance", in RobertAnderson & Michael Bury, Eds., *Living with Chronic Illness: The Experience of Patients and Their Families*, London: Unwin Hyman, 1988, pp. 137 – 155.

第六章 抵抗叙事：应对工伤疾痛的实践经验

每个人的人体本身与我们拥有（感知或感受）的身体是分离的。根据这种认识论，病人就是患病的身体，同时也可以说他或她有个病体，而这个人可以像旁观者一样看待这个患病的身体。因此，病人既遭遇疾痛，却也可以超然于疾痛之外，甚至疏远它。① 时隔多年，返乡工伤者站在一个第三者的角度看待这段工伤经历，将它放在整个人生旅途中来评价它之于他一生的意义。

人们通过叙述改变了自己的生活，这些叙述至少传递了三种不同形式的变化。第一种变化形式是一个人可以发现自己再生，第二种变化形式是一个人发现了"我可能会成为谁"，第三种变化形式是积累后的顿悟。② 返乡工伤者中不乏这样将工伤苦难视作开启新局面、塑造新自我的人生"财富"者，他们在倾诉工伤苦难之后，总是不忘做出"过来人"的姿态讲述自己如何在苦难中成长，苦难如何打磨出现这样一个新的自我。

> 苦难是一笔财富，我非常认可这个说法。如果没有这样一段经历，我的人生会很平静，不会像现在这样子。我觉得上帝给我关了一道门，但是又给我开了一扇窗，而且我把这扇窗利用地非常好。受工伤的确是我人生的转折点，我以前那么一个爱打扮、爱漂亮的小姑娘，那么怕吃药打针，但是没想到我居然动了37次手术，好几次死里逃生，后来还能有自己的家庭，有我的女儿，真的是太不可思议了。本来我连我死后埋在哪里都已经想好了，但现在居然还能做这么多事情，开了自强服务站，认识那么多优秀的朋友，从他们身上我真的学到了太多太多。如果没有那次工伤事件，没有自强，我可能也和其他的妇女一样，一天打打麻将，照顾一下孩子。有时候我觉得真的是太不可思议了，像我们这样只有小学文化的人，现在还能成为政协委员，能够在一些政府会议上作报告，而且人家都觉得我说得还挺好的。每年我还为我们残疾人向政协提提案，比如在公交车站安装椅子，为残疾人办理乘车优惠卡等等。我没有想到我还能够影响到一些人，一开始我只是觉得在我们县里有一些影响，但是后来去到外面，

---

① ［美］阿瑟·克莱曼：《疾痛的故事：苦难、治愈与人的境况》，方筱丽译，上海译文出版社2010年版，第29页。
② ［美］帕特丽夏·盖斯特—马丁、艾琳·伯林·雷、芭芭拉·F.沙夫：《健康传播：个人、文化与政治的综合视角》，龚文庠、李利群译，北京大学出版社2006年版，第42页。

177

我发现真的对他们也有改变，太不可思议了。（CYY，F，20150724，CQ，田野笔记）

阿英在叙事中多次用到"不可思议"这个词，她把工伤后的人生比喻为一场不可思议的旅程，在这个旅程里，她不仅收获了美景，自己也成为构成这美景的一朵绚烂的花。她不认同"因祸得福"的说法，她承认工伤给她的身体、家庭、婚姻带来了不可逆转的痛苦和改变，但是她用了大量的语言来描绘工伤之后寻找到的这一片"神奇""不可思议"的生活世界，一个与她的想象完全不同的世界。她的起死回生、开创社会组织、崭新的阅历、见识、政治实践以及她的行动给别人带去的影响，诸如这些"财富"不仅增加了她人生的戏剧性和神秘感，平添了生命的厚度和广度，而且使她感到"影响且改变"社会的道德使命感、崇高感。

阿瑟·克莱曼曾说过："人一旦有慢性疾病，就有点像修正主义的历史学家，会在疾痛引起的诸多变化中，以新的眼光重新审视过去的事情。诠释已经发生的事及其原因，预测可能发生的事，使眼前的病患现实成为一个不断自我反思的与疾痛意义较量的过程。"[1] 在不同的疾痛时期，病患者对疾痛经历的叙事与意义的构建也具有明显的差异。阿英的故事有很多个版本，不同时空背景下她所讲述的内容总有着某种特别的倾向。比如，在刚受伤的初期，阿英的故事是一部痛彻灵魂的灾难文字，疾痛意义对于她而言就是一种痛不欲生的苦难；恢复期间，阿英讲述了大量康复期间父母的悉心照料、外界提供社会支持的内容，苦痛的文字逐渐减少，疾痛的意义随之转向对家庭和社会支持的感恩；到了后来成立自强服务站，阿英更多地希望社会能够了解她所做的事业，认可她的自我价值，而它所遭遇的一切苦难只是一个引子，一种叙事背景的交代，此时的疾痛意义正是个人价值与社会认同的重新建构。工伤事故至今（田野调查进行的时间，2015 年）已经 22 年了，阿英的叙事多了一份成熟与厚重，她像一位走遍人生四季、尝尽世间冷暖的长者一样，与笔者谈生命际遇、聊人生感悟、诉说社会责任与道德，工伤疾痛之于她就像是漫长的人生长河里所激起的那一股漩涡，惊起了波澜，但却阻挡不了生命河水的流淌。

---

[1] ［美］阿瑟·克莱曼：《疾痛的故事：苦难、治愈与人的境况》，方筱丽译，上海译文出版社 2010 年版，第 53 页。

三 苦难的"宿命"论

在生活的层面上、在常态的前提下，民俗宗教和民间信仰在其自身机制的运作下对人们的情感、心理等精神领域都起着重要的慰藉作用和强大的维系功能。[①] 宿命观念作为一种生活中最为普遍的俗信形式，常常被人们作为因果关系的终极解释。所谓宿命论，或曰命定论，简单地讲，就是认为人们的得失荣枯，乃至国家民族的兴衰成败皆已有定数，不可更改，无论如何也逃不脱命运的安排与支配。[②] 大多数返乡工伤者在叙事中使用宿命观念来解释人生中的这场工伤事故，即使明知工伤事故源于设备安全性的缺乏以及其他外界因素，但是他们仍然相信人生起起落落之命运早已是尘埃落定。

对于返乡工伤者而言，宿命论并不是单纯的封建迷信，或是逃避责任的推脱之辞，他们往往是在无法解释人生苦难，但又不得不咬牙面对的时候，使用宿命论来缓解内心的不忿，疏导因工伤给自己与家庭带来灭顶之灾而产生的内疚和自责情绪。宿命论能够帮助返乡工伤者平静地正视苦难的到来，以一种"既来之则安之"的平常心态对抗苦难。

阿华坐在沙发上，讲述完工伤的经历与苦难之后，她许久没有说话。突然，她猛地坐起来，拍着笔者的肩，说："你知道吗？这一切都是命。"说到命运时，阿华一反之前低沉的叙事风格，整个人激动起来。

> 1999 年从煤矿下岗，我跟我兄弟媳妇去深圳打工。有一天在外面走，一辆私家车从我脚上碾过去，我兄弟媳妇吓得不得了，大声喊停车，然后那个轮子就压在我的脚上，整个车就压在我的这只脚上。但是你说怪不怪，我的脚居然一点都没红、没肿，也不痛。所以说，我命里就是不该在外面受伤，如果那一次把脚弄残疾了，可能也就赔个几万块钱，拿回家三两下把钱花光就什么都没有了。不像现在这种国家单位，每个月发工资，交养老保险，所以这就是我的命，命里要带残疾，现在这样比那时候在外面受伤残疾要好很多。我相信这就是命

[①] 梁家胜：《互为表里的生活与俗信——从宿命观念和风水信仰切入》，《青海民族研究》2011 年第 22 卷第 3 期。

[②] 魏文哲：《论"二拍"中的宿命论》，《明清小说研究》2008 年第 2 期。

运，逃不脱的。

后来我在厂里出事了，我两个朋友跟我家里人说，以前（受伤前）她一个朋友会看相，当时看见我的时候就跟我的朋友说，我这个人命里要带残疾，否则我的婚姻就会有问题。所以实际上就是说，残疾是化解我婚姻问题的一个方子，这都是命里注定的，你不得不信。所以说与其天天在家唉声叹气，还不如想开点接受现实，还过得开心点。（DWH，F，20150716，CQ）

在阿华的解释逻辑中，身体残疾是她一生中不可逃脱的命运，之前遭遇车祸逃过一劫，而这一次的工伤事故则避无可避；而且她还认为工伤残疾化解了她与丈夫的婚姻问题，更是赋予了她"为爱舍身"的英雄式浪漫色彩。阿华认为这是一个无法避免的灾难，所以从容地接受它是最好的解释与应对的方法。

阿平的逻辑与阿华极为相似，他说："我们农民本来就是过苦日子的，受工伤只不过就是更苦一点而已，就算我不受这个伤，我也可能会遭遇其他的苦难，这个很难说。"阿平有着农民极为朴素的苦难观念，虽然他的语言中没有提及宿命之类的字词，但是整句话的表达也没有脱离"农民苦难宿命"的意思。对于苦难的承受和"宿命论"的解释代表了农民对社会世界的认知与分类图式，在苦难面前，他们别无选择，因为无论如何，他们都不得不应对日常生活中的种种苦难，"活着""过日子"是他们终其一生要完成的使命，这便是郑广怀笔下所谓的"寻求生存的底层"[①] 的现实图景。

宿命论的苦难表达总是具有一种以静制动的强大力量，在工伤疾痛以风卷残云之势向工伤者袭来时，他们居然波澜不惊，淡然置之。苦难的"宿命"论与"正常"论虽然从结果上看都是一种平静接受现实的应对态度，但是从根本上来说，持有宿命论的工伤者往往承认自己已经无法再过回"正常"的生活，宿命观念使得他们没有怨言地认可另一条不同于以往"正常"的异类轨道，并且赋予这条异类轨道存在的合理性。

宿命论的归因解释往往被视作消极的避世理论，它使得人懒散消沉，

---

① 郑广怀：《社会转型与社会痛楚——评〈中国制造：全球化工厂下的女工〉》，《社会学研究》2007 年第 2 期。

丧失斗志,很难想象这样一种解释话语能够成为返乡工伤者抗争苦难的武器。在农民研究中,农民的宿命论解释常常被批评为农民意识"落后"与思想愚昧的证明,某种程度上说,这种批评的确具有精英意识形态之嫌,它跟将革命前的农民视作没有阶级斗争意识或被"虚假意识"所支配的从属群体具有相同意味。① 这样的观点始终将诸如农民的底层群体置于阶级对立的斗争活动中,似乎缺乏"挺身而出,斗争到底"姿态的底层均是被奴性化的群体,它忽略了"生存文化"之于底层群体日常生活的必要性与显著性,对于他们而言,生存是第一要义,基于行动的斗争、抗争均不能以颠覆生存为前提。

在返乡工伤者的苦难实践中,宿命论的解释往往具有积极的意义。阿勇这样解释尘肺病患者的宿命论调:"在不能改变的特定事实面前,没有办法,只能认命。这个是命中注定的,应该要这样想,如果他把这个归到命理上认命的话,他就不再去埋怨,不再去乱想。其实他并不是不介意自己身体受伤,而是为了更好地生活,他必须得放下,认命就是一种心理安慰。"

郭于华教授在受苦人的苦难讲述研究中指出,对于这些底层的人们来说,苦难构成了那个时代人们日常生活的主要内容。从人们的讲述中体验这种苦涩可以发现,这种种痛苦是弥散于生命之中的,因而通常是无从归因的,常常不可避免地带有先赋性和宿命论色彩。"宿命论"的解释体现的并不是一种实际判断或指导行动的生活态度,而更类似于一种处理人际关系和释放内心焦虑的方式与技巧。② 返乡工伤者一旦回归到农村生活,面临的最大苦难不再是与各种导致其苦难的权力体系做斗争,而是病残后实实在在的艰难的日常生存,为了能够肩挑起一家老小的生计,他们不得不放下对不公的愤懑,而宿命论的苦难解释即是他们释放愤怒与焦虑,调整状态重新应对生活的手段与方法。

---

① [美]詹姆斯·C. 斯科特:《农民的道义经济学:东南亚的反叛与生存》,译林出版社第2013年版,第235—234页。
② 郭于华:《作为历史见证的"受苦人"的讲述》,载《倾听底层:我们如何讲述苦难》,广西师范大学出版社2011年版,第23—42页。

第七章 工伤疾痛叙事的传播情境

在前面第四、五、六章中，我们聆听了多重维度的返乡工伤者的工伤疾痛故事，那么本章将要回答的问题是有关疾痛叙事的传播情境：我们在哪里可以听见这些叙事内容，即返乡工伤者在什么场所，跟什么人讲述这些工伤疾痛。

传播学者认为，传播与身体变化、认知情绪、意义理解以及社会结构实践的许多方面相互交织着，共同制造了身体物理状态的社会意义和社会状态的生理意义。生理变化与疾病的定义和标签化是身体与传播之间相互作用的一个有力例证。生理疾病影响传播，从疼痛的叫喊到无休止的抱怨，从寻医问诊到寻求支持；反过来，这些传播行为和传播过程也影响身体的状况，如此循环往复。而且，这些特殊的和本地的经验都是与传播息息相关。[①]

叙事既是内容，又是传播的一种方式。工伤疾痛叙事作为一种传播活动，它同样与返乡工伤者的身体物理状态（生理病残）及其社会意义（工伤疾痛与社会权力结构的联系）密不可分。身体的残缺与失控催生了工伤者个体层面的混乱叙事，工伤后的治疗、维权、返乡等随之而来的工伤与现实社会权力结构的化学反应共同构成了工伤者的疾痛多重性叙事，最后身体控制的回归、自我认同感的提升又决定了工伤者疾痛叙事的"重建—抵抗"走向。从这个角度来说，工伤者的身体状态以及社会经历影响了返乡工伤者工伤疾痛叙事内容的生产。

不过值得注意的是，返乡工伤者的工伤疾痛经历（包括身体与心灵的变化以及一系列的现实际遇）不仅仅塑造了他们的叙事内容，而且还影响

---

① Theresa L. Thompson, Alicia Dorsey, Katherine I. Miller and Roxanne Parrot, Eds., *Handbook of Health Communication*, London: Lawrence Erlbaum, 2003, p. 40.

了疾痛叙事在日常生活中的传播情境,即返乡工伤者跟谁说,不跟谁说。Christopher McKevitt 在中风病人的叙事研究①中发现少数中风病人使用多种策略拒绝讲述自己的故事,通过对这种拒绝叙事的分析,他建议疾痛叙事分析需要加入对情境和叙事者的研究。很大程度上,传播情境规定了工伤疾痛叙事的情节与内容,面对不同的传播对象,返乡工伤者往往存在一套特定的传播策略,决定了她说还是不说,以及着重说什么。

第一节 家庭沉默

在病患者的健康传播研究中,家庭一直被认为是患者的主要传播情境,而且家庭传播在病人的健康恢复过程中提供了非常重要的支持。Jennifer Ott Anderson 与 Patricia Geist Martin 在《叙事与治疗:一个癌症幸存者的家庭故事研究》②一文中研究了一对经历癌症诊疗夫妇的健康叙事,癌症幸存者和她丈夫的叙事集中于他们与癌症抗争,彼此互相支持以及自我身份改变的过程。通过对家庭成员的叙事研究,作者得到这样的结论:支持型关系是治疗的核心,而这种关系是通过家庭成员间的传播形成的。Mary Sormanti 与 Karen Kayser 博士也在研究中提出类似的结论,即核心家庭关系与患者的身体健康状况具有正相关关系,病患者能够从核心家庭成员那里获得情感支持、工具型支持、医疗支持等帮助③,而这种紧密关系的维系离不开核心家庭成员之间的疾病传播与互动。

那么,对于返乡工伤者来说,家庭是他们进行工伤疾痛叙事的主要情境吗?他们的家人是叙事的主要对象吗?他们是否能从叙事的家庭传播中获得上述提及的各种社会支持呢?

阿虎受工伤回家后一直与年迈的父母一起生活,他是家里的"老幺",几个哥哥姐姐都已经分家,各自成家立业。阿虎回家后一直躺在床上养伤,他的妈妈每天照顾他的饮食起居。虽然家庭条件不太理想,但是父母

---

① Christopher McKevitt, "Short Stories about Stroke: Interviews and Narrative Production", *Anthropology & Medicine*, Vol. 7, No. 1, 2000, pp. 79 – 96.

② Jennifer Ott Anderson & Patricia Geist Martin, "Narratives and Healing: Exploring One Family's Stories of Cancer Survivorship", *Health Communication*, Vol. 15, No. 2, 2003, pp. 133 – 143.

③ Mary Sormanti, MSW & Karen Kayser, "Partner Support and Changes in Relationships During Life-Threatening", *Journal of Psychosocial Oncology*, Vol. 18, No. 3, 2000, pp. 45 – 66.

总是尽最大努力确保他饮食的充足与营养,以使他的伤口尽快痊愈。刚刚遭遇工伤的阿虎内心极其焦虑,他无法接受残疾的身体以及依赖父母的生活,脾气越来越暴躁,常常朝母亲发火,平日里说话也很不耐烦。正如混沌叙事讲述的那样,阿虎面临着身体失控的恐慌,他的自我认同无法重新建立,他的家庭因工伤遭受乡邻的欺凌,种种问题使他丧失了对未来生活的自信。但是,阿虎将这所有的内心感受都藏在心里,没有跟父母说过一句。笔者问阿虎为什么要把这些苦憋在心里,不跟家里人倾诉,他笑着反问笔者:"说什么?怎么说?你说了他们也不会懂。"

阿明与阿虎一样,他从遭受工伤到现在,几乎没有跟他的家人,包括父母与妻儿,说过一句有关工伤的话。他说,在医院治疗的那些日日夜夜对他来说简直是煎熬。在夜深人静的夜晚,他常常看着自己断裂的手指,泪流满面,但是他却没有把这些工伤疾痛告诉自己最亲的人。从他在社会工作者的帮助下维权索赔,到他成为一名社工志愿者,再到他决定离开广东回老家创立民间团体,这一切他都没有跟家里人解释一句,他的家人也从来没有问过他受伤后的身体疼痛、心理感受、未来打算等等与工伤相关的问题。

女性工伤者在家庭中同样对自己的身体疼痛与工伤经历闭口不提。阿兰受工伤回家的前两年脾气非常火爆,内心的抑郁无法排解,所以她三天两头借故与家人吵架。她的女儿跟笔者说,在那段时间里,她几乎不与母亲说话,她明知这次工伤事故对母亲的打击非常大,但是她却不知道该跟母亲说些什么,所以只好刻意躲着母亲。阿兰的手至今仍然隐隐作痛,她说每天晚上睡觉都是痛苦的,手不能碰到床单,碰到就会钻心的痛,于是她整晚将这只手抱在胸前,一动不动,翻身更是不可能。笔者问她,这些痛苦家里人知不知道?他们有没有帮你缓解身体的疼痛?她说她从来不会跟家人说这些,即使再疼,她都选择一个人咬牙承受。

在接触到的多数返乡工伤者的家庭里,工伤都是一个无人提及的话题,仿佛这个事情从未发生过。用 Geist Martin 的话说,"在家庭里聊疾病常被认为是禁忌",工伤者不主动说,家人也不主动问,就这样工伤疾痛的故事在他们的家庭里被隐藏起来,成为公开的秘密。家庭是人们最重要的生活空间和传播空间,但是为什么返乡工伤者却在这里保持沉默?阿明的一番话或许道明了其中缘由:

第七章 工伤疾痛叙事的传播情境

说什么？难道说我痛得在床上哭，说我不知道以后的日子怎么过吗？说这些家人也不会懂，因为他没有受过伤，他安慰不了我，反而还让他担心，给他们添麻烦，大家都会不高兴。另外，说这些起什么作用呢？像谈赔偿、我去做志愿者，还有我回来做社会组织这些事情，他们又不懂，说了也是白说。他们通过第三者，比如邻居，去了解我在做什么，还要更好一点，反正我不会跟他们讲，他们也不会来问我。从小到大就是这样，我和他们说什么都说不到一起。（WFM，M，20150402，ZY）

从阿明的解释中，我们可以解读出工伤疾痛在家庭内部零传播的三个可能性原因。首先，重在一个字：懂。工伤疾痛在家庭传播中的沉默源于返乡工伤者心中的那句"他们不会懂"，看似平常的一句话，背后却涉及了两个不同身体文化群体间的话语隔阂。

疼痛的意义是特定地域、特定群体文化系统中标准化的"真理"。基于一套共同的疼痛解释与感知符码，特定地域文化与群体文化系统内部形成一套理解疼痛的话语共同体，话语共同体内部的成员具有同样的传播标准，他们了解工伤者表达疼痛的内容和解读方式，然而对于共同体外的人来说则可能完全无法理解。比如，痛经的症状和疼痛的程度几乎只有具有同样经历的女性能够明白，男性以及没有经历过痛经的女性可能无法完全理解她们口中或者身体所表达出来的疼痛。当两个群体文化系统对于疼痛的感知符码不一致时，不仅会使得疼痛的传播无法得到接受和理解，还可能会引起信息的误读，认为是"无病呻吟"的娇嗔体现。

在工伤者带着残疾的身体返回家庭时，他早已将自己与家庭成员划分进两个持有不同身体观念的"健全人—残疾人"对立群体之中。他认为由于身体物理状态的不同，身处"健全人"群体的家人无论如何都无法理解从属于"残疾人"群体的自己，包括身体上的疼痛、残疾的限制以及整个未来的改变。在家庭内部抬头不见低头见的"混合接触"[①] 过程中，工伤者时刻会面临一个蒙受污名者最担心的问题——"接受"的问题[②]，即使

---

① 蒙受污名者与常人处在同一"社会情境"中的时刻。
② ［美］欧文·戈夫曼：《污名——受损身份管理札记》，宋立宏译，商务印书馆2009年版，第11页。

是最亲的家人，他也会怀疑家人是否真的接受残疾的自己。于是，工伤疾痛在家庭内部的零传播成为返乡工伤者避免家庭成员之间因身体文化不同而产生交往尴尬的最佳方法，同时这也是维持家庭按照原有模式运行、不受其影响的最优选择。

其次，在我国传统的家庭文化中，"报喜不报忧"是一种常见的中国式家庭相处方式，即子女或父母为了不让对方担心，选择只告诉好的事情，而隐藏不好的事情。这样一种观念也出现在返乡工伤者对家人的传播过程中。正如阿明前面说的，不跟家里人说工伤相关的事情，是不让家里人担心。他认为作为在外打工的儿子、丈夫，本来扮演着家庭顶梁柱的角色，为了把这个角色继续扮演下去，他必须做到表面的坚强，否则"这个家还有什么指望呢？"同阿明一样，阿坤也是坚决认为不应该跟家里人提及受伤的事，"我告诉他们干什么？他们知道了以后，指不定着急成什么样子呢。我还能搞得定，不用跟他们说"。

在"报喜不报忧"的传统思维后面，这样的零传播实际上还隐含了返乡工伤者试图继续维持家庭角色，争取自我身份重建的执着。在我们的田野调查中，绝大多数工伤者都是为了家庭外出打工，是这个家庭的"指望"和"未来"，并且他们也将这份家庭的责任定义为自己毕生的追求和存在的意义，那么当工伤的降临使得他们意识到即将面临这种角色危机时，他们仍然会试图以某种方式恢复原有的角色系统。而工伤话题的禁忌便是他们实施控制的一种有效方法，因为一旦他们被暴露在这个话题面前，就等于将他们的伤口、脆弱、身份的不合格、角色的失范统统置于众目睽睽下，而他们还没有做好准备去应对。某种程度上说，工伤疾痛在家庭内部的零传播为他们营造了一个控制失序、维护自尊的安全空间。

最后一个原因可能源自原生家庭关系的固有形态。家庭传播反映了家庭成员之间的人际交往，折射了家庭成员之间的交往关系。每个家庭都有一个相对稳固的传播机制，这个传播机制蕴含着一套自身的价值理念，正是这套家庭伦理在一定程度上塑造了个体的特质，也区分了散落在社会角落的各个家庭。[1] 阿明在解释中提到，他从小到大与父母的沟通不多，婚后与妻子也是彼此不过多干涉，所以情感传播的缺乏是这个家庭原本的传播惯例。他们互相之间不善于进行情感的交流，并且认为这很矫情，毫无

---

[1] 杨席珍：《家庭传播刍议》，《新闻传播》2015 年第 12 期。

意义。这也恰好解释了,为什么身处同样的生存环境中,有些工伤者家庭充满了成员间的相互关爱与支持,而有的家庭却在表面上呈现出漠不关心。

不管是缘于何种原因,工伤疾痛在家庭内部的零传播现象是一个相对普遍的客观事实。从返乡工伤者来说,这是他们主动使用的一个避免交往尴尬、继续扮演家庭角色的传播策略。所以从这个角度而言,零传播并不一定是一件消极的事,反而体现了返乡工伤者对于工伤疾痛的某种控制与管理。

第二节 同类人传播

正因为工伤者与健全人属于两个不同的群体文化系统中,他们之间缺乏一套"身体疼痛"的共同符码,所以时常会产生无效的疼痛叙事的传播。在这种情况下,工伤者通常会根据不同的传播对象转变相应的传播策略,要么选择群体内部传播,要么选择群体外部零传播的疾痛传播方式。返乡工伤者的家庭沉默就是一种群体外部零传播的典型表现,而与此相反的是,他们与同一类型的人,比如工伤者、残疾人的交往传播活动却相对频繁,我们把这一群体内部的传播称为"同类人传播"。同类人传播为返乡工伤者提供了一个类似于戈夫曼笔下的"后院"这样的空间,在这个互动空间里,他们无须遮掩,既没有必要设法隐瞒污名,又不必过分在意、处处想方设法对它视而不见。[①]

阿英刚刚恢复行动能力的时候,对外面的世界总是十分向往,所以她时常挂着拐杖去广场上玩。她说她一般只与和她一样的残疾人聊天,或者跟广场上的老人说话,因为她认为年轻人肯定不愿意理会她。在阿英的潜意识里,其他残疾人、老人跟她一样,同是属于不被主流的身体文化认可的次等群体成员,所以她们之间进行交流、传播变得理所当然,而且也更加轻松。

同类人之间的传播实际上是"明白人"与"明白人"的传播,他们彼此知晓与理解对方的污名符号,不用像跟健全人交流那样随时担心污名符

[①] [美] 欧文·戈夫曼:《污名——受损身份管理札记》,宋立宏译,商务印书馆2009年版,第110页。

号的暴露；而且作为群体内部成员，他们熟悉共同的相处规范、拥有共同的身体语言以及共同的身体遭遇，这些都使得他们之间的传播误差大大减小，甚至有时一个眼神、一个动作便能实现有效的传播。

阿雪是一个非常感性的人，她说自从她受工伤残疾之后，只要一走在大街上，就会注意观察是否有人跟她一样。如果遇见残疾人，她会主动上前跟他打招呼。她讲述了这样一个故事：

> 我前天去了一趟重庆，遇到一个残疾人，是个男的。他两只手都没有，一只手臂长点，另一只比我的还要短一点。他在拿裤子口袋里面的钱，我看得很清楚，他穿的是短裤，裤包有点大。他一只手把裤包撑开，另外一只手就从里面拿出来。拿出来之后，两只手就这样捧着，然后用嘴把钱咬住，再慢慢把不用的钱卷起来，放回裤包。对一个正常人来说，这是个再简单不过的事情了，但是他还得用两只手这样捧着，用牙齿把它咬住，多么困难。别人说他什么都不会做，但是我想那个残疾人肯定什么都会做，因为我看他那些动作，很熟练。他在拿钱的时候，掉了一张在地上，我走上去捡起来给他，那种感觉很心酸。这个经历是没有办法说的，只有我们经历过的人才会懂，才会知道他那一个拿钱的动作要花多长的时间去练习。（WXY，F，20150718，CQ）

正是基于共同的身体经验，他们才能对彼此行为产生共情与理解，而这种共情与理解的重要基础在于：平等。就像阿花这样说她与阿英的交往，"我们两个都是受伤的，所以我们在一起玩非常轻松，她不用害怕被我看到她的伤口，我也不介意，我们互相还帮对方擦药。只有我们两个在一起的时候，我们才感觉自己不是受伤的人，就是两个普普通通的女孩子。"同样的身体物理状态使得她们处于社会交往的平等地位，她们可以丝毫不用顾忌主流社会的异样眼光，可以忘却彼此身上的伤疤，因为对于彼此来说，她们都是一样的。"平等"对于长期蒙受污名的人来说是多么重要，这也是返乡工伤者选择同类人传播的原因所在。

一般来说，返乡工伤者的同类人传播行为具有三种主要形式：工伤诉苦、病情的交流与抗争经验的分享。

第七章 工伤疾痛叙事的传播情境

一 工伤诉苦

笔者接触过的大多数返乡工伤者都认为自己"命苦",一方面"苦"源于农民的身份,即郭于华教授笔下的骥村人所谓的"受苦人"——从事种植业的体力劳动者①;另一方面,也是更重要的一个方面——工伤之苦。

返乡工伤者在与同类人传播的过程中,不管是熟悉的同类人,还是偶然相识的同类人,他们的话题都是围绕工伤之苦所展开。就像第四章混乱叙事的内容一样,他们所诉的"苦"包括受工伤的过程、身体的残疾、家庭的困顿、自我认同的危机这些工伤的"实际后果"②,而"象征意义"层面的家庭关系变故、社会污名与歧视、社会权力结构的不公等则极少提及。因为信奉"生存伦理"的返乡工伤者对于工伤之于生存的威胁具有更刻骨铭心的体会,并且每一个返乡工伤者往往都会面临同样的"实际后果",而"象征意义"则因人而异,所以返乡工伤者这种同类人"诉苦"的传播形式实际上也是某种共同经验的分享与延伸。

还记得第一次跟阿明去阿平家,他家还住在祖上留下来的老房子里,外面看上去岌岌可危,家里的地面也坑坑洼洼。我们刚在火炉旁坐下来,他就跟我们说:"你看,家里这个烂样子。"由于受工伤阿平丧失了外出打工的"合格性",当母亲生病瘫痪后,姐姐和弟弟都要求他在家里照顾老人,而健康的他们则在外地打工挣钱。作为目前家里唯一具有行动能力的人,阿平每天要负责为瘫痪的母亲、智障的妻子做一日三餐,还要负责她们每月的医药费用以及家庭的生活开支。同胞姐弟以打工为名拒绝承担母亲的生活与医疗费用,巨大的生存压力使得阿平常常借酒浇愁,面对家庭这个"烂样子",他无数次摇头叹气:"我这个日子过不下去了。"

阿平的诉苦更像是一种宣泄,因为他知道我们并不能实质性地帮他改

---

① 郭于华:《作为历史见证的"受苦人"的讲述》,载《倾听底层——我们如何讲述苦难》,广西师范大学出版社 2011 年版,第 23—42 页。
② 迈克尔·伯里把慢性病的意义分为两类:实际后果与象征意义。实际后果指的是慢性病给个人和家庭所带来的实际的问题、成本和后果,包括慢性病的创伤、疼痛以及残疾的后果,治疗方案的冲击时面临的劣势等等;慢性病的象征意义意味着不同的病具有不同的意蕴和形象,而这些差异不仅影响个人如何看待自己,还影响了他们如何看待别人对他们的评价。参见 M. Bury, "Meanings at Risk: The Experience of Arthritis", in Robert Anderson & Michael Bury (Eds.), *Living with Chronic Illness: The Experience of Patients and Their Families*, London: Unwin Hyman, 1988。

变什么。① 家庭内部的零传播使得阿平的内心积聚了太多的怨气、怒气，阿明这个"明白人"的到来为阿平提供了一个"发牢骚"的传播机会。在整个传播活动的过程中，阿明除了静静地聆听之外，还适时地对阿平的同胞姐弟表示不满，为阿平鸣不平。对于阿平来说，"诉苦"这种传播形式是一种苦难的见证，他传播的动机在于获得同类人对工伤之苦的理解与认同，以及关键时刻"与他站在一条战线上"的群体归属。

相较于像阿明这种存在稳定的交往关系的同类人而言，返乡工伤者更容易从初次建立关系的同类人那里获得"榜样"效应。所谓"榜样"效应，是指返乡工伤者通过与初次见面的同类人进行工伤疾痛的交流与传播，将同类人视作榜样，把同类人的生存状态与精神面貌作为自己未来可以达到的目标，重获自我价值的认同和未来发展的信心，增强对未知生活的控制感。正所谓强关系带来信任，弱关系带来信息②，我们更容易从认识、熟悉的人那里获得安全感和信任感，而从不太熟悉的人那里了解自己从未接触过的新信息。这也是为什么返乡工伤者容易从偶然相识的同类人那里获得榜样力量，而从熟悉的同类人朋友那里得到群体归属感的原因。

阿虎受伤返乡之后一直处于自卑、悲观的情绪之中。一次去县医院换药，在候诊室里他认识了另外一位残疾人，他双腿高位截肢，佩戴着假肢。阿虎一见大家都是残疾人，上前搭话，并且跟他讲述了自己的遭遇和现在的窘境。这位残疾人朋友跟他说："你不要担心，平平常常地过，只要人生一辈子过得快乐就行了。钱是人找的，我做不了重的活，就做轻的，只要人勤快，哪里找不到钱？你看我站起来形象挺好的，但是戴的假肢，我双腿都是假肢，你不相信我脱开给你看。我双腿没有了都能生存，

---

① 在第一次与返乡工伤者接触时，我一般不说明自己的研究身份，只是作为工伤者阿明的朋友和同事，陪同他进行工伤家庭的探访。所以不存在阿平为了获得我的同情与支持夸大工伤之苦的嫌疑。另外，阿明虽然是民间组织的负责人，但是他也是地地道道的农村人，他与阿平认识多年，民间组织的功能也一直局限在返乡工伤者的资料收集和咨询上，并未涉及一些重要物质的资助。

② 社会学家格兰诺维特在"弱关系力量假设"中提出，个体可以通过弱关系从另一个群体中获得信息，在自己群体内共享信息后，再流向其他群体，从而提供一种信息传递通道，使信息传播范围无限扩大，很难被封闭在小范围内。对于个体而言，弱关系是造成社会流动的重要资源；更多的新信息通过弱关系而非强关系流向个体。而强关系则包含着彼此之间的某种信任、稳定，从信息传递来看，强关系是一种重要的可直接利用的信息来源，可以减少机会风险，可作为社会融合的一种重要动力。

你怕什么？那个女人是我媳妇，人家看得起我，觉得我有经济头脑，有什么关系？你不要怕，不要考虑其他问题，只考虑你自身，该怎么过就怎么过。"

阿虎说他就信这位只见过一次面的残疾朋友的话，回家以后他就开始思考自己的生存之道，什么是适合自己的赚钱门道？哪些工作不适合自己的身体？慢慢地他寻找到了一条自己的发展之路。或许这样类似安慰与鼓励的话，阿虎已经听过很多，但是唯独这位初次见面的同类人的话令他醍醐灌顶。阿虎把这位朋友视为"了不起"的榜样，他的经历的确使阿虎打消了对未来的恐惧与焦虑。

为什么这位同类人的话会产生如此强大的传播效果呢？我们不妨来细细分析这段话。总的来看，这段话表达了三层意思：第一，双腿残疾，生存风险更高于阿虎；第二，令人艳羡的婚姻，代表着成功的现在；在第一、第二这两条论据的支撑下，第三，给予阿虎建议——不要担心，过好自己的生活。"双腿残疾"与"成功的现在"这两个具有强烈反差的社会现实同时出现在话语表达结构之中，使得它的说服效果异常显著。阿虎将这位同类人的情况设定为一个固定的"锚"，通过拿他跟自己对比，获得对自己身体的自信，以及对未来发展的确定感和可触及感。

二 病情的交流

早上六点，天已经完全亮了，但是拔山这座小镇仿佛仍在沉睡中，没有苏醒。笔者背着包来到阿海的楼下，他已经在外面过道里等了很久。笔者看了一下手表，确定自己没有迟到。阿海说他每天凌晨三四点就起来站在外面，看着太阳一点点地从东方升起，因为卧室里太热、不透气，他根本无法入睡。

这天早上，阿海骑着摩托车载笔者到另外一位尘肺病工友阿恒的家里去做客。阿恒家与阿海家不在一个镇，骑摩托车大概需要一个半至两个小时。阿海说他最喜欢这样骑着摩托车去病友家里玩耍，呼吸新鲜空气，心情特别愉快。

阿恒家在一个独立的小山堡上，四周围长满了杂草，大概齐大腿那么高。每天阿恒都要沿着这条长满杂草的路去集市上跟人聊天、打牌。阿恒也是重度尘肺病患者，身体消瘦，眼窝深凹，两条腿瘦得只剩骨头，这几乎是大部分尘肺病患者的身体表征。我们的到来使得阿恒家多了一份生机,他和他的老婆赶紧搬出凳子招呼我们在院子里坐着休息,很快阿海和阿恒就进入了他们的病情讨论过程中。

阿海:你最近怎么样了?我感觉自己越来越严重了。

阿恒:我还可以,每天可以骑着摩托车出去耍一下,走路肯定是喘得不行。

阿海:我看你也还可以,我上下楼梯、走路都觉得吃力,随时要揣着这个喷雾,感觉不好了马上喷一下,就感觉好一点,你也买一个来用用。

阿恒:我买了一个这种,但是我很少用。一般情况下,只有感觉不行了才喷。你试过这种药没有?

阿海:什么药?我每天要吃一大把药,肺病的、支气管的、消肿的,40多颗。

阿恒:就是这种,名字叫xxx,我女儿给我买回来的,不算贵,一天吃3颗,基本上一盒可以吃一个礼拜,一盒一百多,一颗药差不多5块钱。我吃了觉得效果还可以,你试一下不?

阿海:你这个药我没吃过,但是我吃过和这个名字很像的,吃了五盒,一点用都没有,真的,一点用都没有。后来我就不吃了,换另外一种药。

阿恒:我看一下你吃的这些药,你吃得太多了,我没有像你这样吃这么多。

阿海:我反正是吃一颗觉得没用,就吃两颗,两颗没什么用就吃三颗。

阿恒:药还是少吃一些,副作用肯定还是有的。我听他们说吃猪油煮水鸡蛋对肺特别好,我老婆现在每天都给我做一碗,我觉得咳得没有以前那么厉害了,你叫你妈妈弄给你吃一下。

阿海:你有你老婆、女儿照顾好太多了。我反正是越来越恼火了,不晓得熬得过今年不。管他的。

阿恒:不要那样说。我前两个月去医院住了一次院,照了一个片子,医生说肺部气泡受腐蚀的程度越来越高了。

阿海:你去把你的片子拿来我看一下,我现在都会看普通的片子了,你拿来我一看,就知道你的肺是什么情况。我跟你讲,我的

第七章 工伤疾痛叙事的传播情境

肺部那一块基本是白色网状的，正常的、好的肺照出来应该是黑色的一片，但是我们尘肺的就不是，它肺部的纤维组织、细胞已经被粉尘堵死了、坏死了，相当于是被吃空了，哪天那些泡泡一破，就该死了。

阿恒：我去拿来给你看嘛。

…………

阿海：你不要担心，你比我好多了，日子还是要好好地过，人家有些得尘肺的还不是活了几十年，看开一点。（CJH-LHY，M，20150721，CQ）

在两个多小时的聊天中，阿海和阿恒一直在互相交换着自己的病情发展、药物使用和身体康复等相关的信息。尘肺病作为一种在医学上缺乏十足合法性的慢性疾病，它并没有一套公共的、有效的，可供病患者普遍遵循的治疗方案，因此每一位尘肺病人都在各自长期的康复治疗中，摸索发展出了一套适合自己的应对方法。比如阿海和阿恒都尝试过多种药物，一些是医院以肺结核、肺气肿或支气管炎等近似病症所开的药物，另外大部分是他们通过各种渠道，包括健康类电视节目、民间另类疗法、病友推荐等获得，在不同药效的比较以及医药成本的权衡之下，最终选定某几种药物作为自己的固定方案。迈克尔·伯里也曾表达过类似的意思，他认为长期慢性病人不仅熟悉不同药物的直接效果，而且还十分熟悉它们的医学副作用，就像医生一样，病人也会从医学的角度权衡治疗的成本与利益，最终做出自己的治疗决策。[①]

另外，尘肺病患者往往热衷于将自己认为有益的治疗方案推荐给其他病友，或者是以讨论的形式为病友分析各种药物的优劣势，就像阿海与阿恒的上述传播一样。他们通过互相交换各自认为有效的治疗方法，形成某种共通的疾病治疗"知识库"，并且这个"知识库"会随着患者之间交流、互动的传播次数增多而不断地更新，使得它能够在某一时刻为患者的治疗决策提供参考和信息来源。正如江立华教授指出的那样，"患者之间的互动是适应患病后角色变化的重要途径，也是形成新的'库存知识'的

---

① Bury. M, "The Sociology of Chronic Illness: a Review of Research and Prospects", *Sociology of Health and Illness*, Vol. 4, 1991.

关键，而'库存知识'的重构是意义赋予的关键"。① 这样一套"库存知识"的形成，既增强了尘肺病患者对慢性疾病的控制能力，同时也成为凝聚尘肺病患者的黏稠剂，通过这种传播方式，他们从松散的个体逐渐形成一个具有共同经历、共同目标的"疾病抗争共同体"。

受伤的人总需要被关注和照顾，所以三折肱为良医，他们所受的伤害也会成为能量的源泉，使他们能够医治他人的创伤②，久病成医说的就是这个道理。阿海在聊天当中就树立了这样一个"医生"的角色，他不时地用专业的医学术语，如肺部纤维、细胞、网状、肺泡等，为阿恒解释尘肺病患病的原理，并且强调自己在长期的寻医问诊过程中已经学会了"看片子"。Nicole L. Defenbaugh 在研究 IBD 患者如何揭示自己的疾病身份时提出"使用医学语言透露"这种传播方法，被访者如此解释这种疾病揭露的策略："我喜欢这个方法，是因为我觉得在我说出这些的时候，我的身体与疾病是分开的……在这样的传播中，我扮演的是我医生的角色。"③ 病人角色向医生角色的转换恰好为患者提供了这样一个空间，使得他可以暂时脱离疾病的异类轨道，重新回到极具控制力的正常世界之中，这种控制力不仅体现在对自己疾病状态的掌控，还包括对其他病患者的引导与指示。

回去的路上，笔者问阿海为什么要骑这么远的摩托车去看望一个病友？他说大家具有很多共同话题，每次跟病友们聊完都觉得很开心，因为他时常觉得自己很孤独。"在家里的时候我觉得很孤独，因为没有人跟我说这些话，我想说的这些他们也没有兴趣。只有跟病友们聊天，我才能觉得我还有些意义，我安慰他们，把我的一些经验告诉他们。"说到这里，阿海显得有些失落，但是很快又跟笔者说起其他的话题，聊他以前骑着摩托车兜风的轻快日子。

三 抗争经验的分享

同类人传播的第三种形式是积极的抗争经验的分享，这一类传播者往

---

① 江立华、袁校卫：《从身体到心理：慢性病对农村患者生命进程的破坏》，《湖南社会科学》2015 年第 3 期。
② [英] Michele L. Crossley：《叙事心理与研究——自我，创伤与意义的建构》，朱仪玲、康萃婷、柯禧慧、蔡欣志、吴芝仪译，台湾涛石文化事业有限公司 2004 年版，第 265 页。
③ Nicole L. Defenbaugh, "Revealing and Concealing Ill Identity: A Performance Narrative of IBD Disclosure", *Health Communication*, Vol. 28, No. 2, 2013, pp. 159-169.

往往具有较高的自我认同、良好的表达能力和社会交往能力，而且物质生活具有一定保障。总的来说，他们在返乡工伤群体中扮演了一个"群体代表"的角色，一方面由于他们成功地解除工伤危机，成为工伤群体中的"正常人"；另一方面在与健全人群体进行日常交往时，他们能够维护残疾群体的尊严和形象，成为一个"出色的残疾人"。

  作为群体代表的他们为这个群体建立了一套群体规范，不仅对自己严格要求，同时还努力纠正群体中其他成员的偏离行为。这套群体规范包括"积极维护合法权益""努力成为一个正常人"和"独立不依靠他人"三个部分，体现了他们"工伤正义战胜资本邪恶、残疾人自尊自强自信"的群体价值观。首先，群体代表要求所有的工伤者都能够勇敢站出来与工厂老板维权，而非为了眼前的蝇头小利放弃自己的权利。他们往往用"没有权利意识""法律意识不够""懦弱"来形容那些与老板私了，仅获得少量赔偿的返乡工伤者。其次，他们认为正常人能做到的事情，残疾人也能做到，因此要求返乡工伤者用"正常人"的规范来约束自己，即阐明残疾人不应该要求特权。最后，残疾人应该身残志坚，不要企图依靠国家和他人。他们明确批判那种三番五次要求国家、集体、群体给予"好处"的返乡工伤者。正是基于这样的群体规范和价值观，群体代表们才热衷于将自己认为值得推广的经验传播给其他的工伤者，包括维权的经验、自强不息的经验和抗争污名的经验等。

  记得在惠民文化服务中心的一次小组活动上，阿凯慷慨激昂地为在场一些刚受工伤的工友讲述自己成功的工伤维权经验。他的经验叙事大致从阐述维权事实、道德评判和维权启蒙三个部分展开。第一步：阐述维权事实。阿凯以讲故事的形式讲述自己与工厂斗智斗勇的每一个抗争回合，包括工厂各种推脱责任的伎俩以及自己的对应之策；第二步：道德评判。通过对基本维权事实的介绍，阿凯将工伤者与工厂老板置于两个象征着正义与邪恶的对立位置上，用"卑鄙""坏""狡猾"等负面意义的词汇形容工厂的行为，反过来用"拿起法律武器""不畏强权""斗争到底"等英雄式的词语概括自己的维权经历。阿凯不仅使用好恶意义明显的语言对工厂与自己进行道德评价，而且富有激情的身体语言也传播了他作为英雄、斗士的正面形象。维权事实加上富有感染力的口头语言和身体语言一起共同构建了阿凯的"说服"话语——号召所有的工伤者都应该像他一样与工厂抗争到底。最后，阿凯向工伤者们提出"拿起法律武器维护自身权益"

的政治口号，认为维权不仅仅是获得公正的工伤赔偿的合法途径，而且是一个打工者维护自己劳动尊严的必要手段。

弗兰克将述说故事视为责任，在述说故事的互惠原则中，述说者提供自己的经验，以指引其他人的自我型塑。[①] 阿凯告诉笔者，他非常乐意跟工伤工友们一起分享自己的维权故事，因为这些故事记录了他一生中最重要的那段经历。他认为，如果自己的维权故事能够为那些受了工伤，但却不知如何处理的工友们提供一些帮助，令他们在无助之际感到一点支持，并且认识到维权的必要性，那他的工伤经历也会具有更大的意义。阿凯正如弗兰克所说的那样，把讲述维权故事视为自己的一种责任，一种"过来人"对后来者的历史责任，更是一种"牺牲者"对整个农民工群体的社会责任。

第三节 "向上"传播

前面我们分析了两种工伤疾痛叙事的情境：家庭与同类人，这里要介绍的是第三种传播情境——面向精英阶层的叙事。农民的身份加上病残的身体使得返乡工伤者普遍将自己归为"底层的底层"这一阶层位置，因此，这里将返乡工伤者对精英阶层的疾痛叙事形象地称为"向上"传播，即底层向阶层高位的人群的传播，主要包括媒体和研究者。

一 传播动机

为什么返乡工伤者愿意与群体外部的精英群体进行工伤疾痛的传播呢？他们的传播动机是什么？笔者认为动机有二：个体经验的社会见证与争取实质的社会支持。布尔迪厄认为个体的苦难就是社会的苦难[②]，个体遭遇的困难，反映的往往是社会深层的结构性矛盾。因此在社会发展的历史中，每个普通个体的苦难经历都是历史，都具有历史的力量，每个人的历史都弥足珍贵，每个人的历史都应该被社会铭记。[③] 返乡工伤者将

---

① Frank, A. W., *The Wounded Storyteller: Body, Illness, and Ethics*, Chicago: University of Chicago Press, 1995.

② 毕向阳：《转型时代社会学的责任与使命——布迪厄〈世界的苦难〉及其启示》，《社会》2005年第4期。

③ 借鉴郭于华教授在《倾听底层——我们如何讲述苦难》的代序《苦难的力量》（广西师范大学出版社2011年版，第7页）一文中的说法。

媒体与研究者视为连通工伤群体与健全人群体身体经验与社会经验的"中介"。媒体与研究者往往愿意主动探寻工伤者的疾痛经验，使得他们具有"同类人"与"局外人"的双重身份，而这样的身份能够帮助返乡工伤者获得群体外部的理解与认同。实际上，返乡工伤者的"同类人传播"既是一种主动获得某种共享经验的传播策略，又是一种被动的、无奈的、逃避主流群体污名化的保护性传播。而媒体与研究者的主动介入使他们获得了这样一个向外传播工伤经验的可能性，因为这种主动性说明了这两类精英群体具备理解工伤者疾痛经验、成为"同类人"的传播基础，而且他们的社会地位和社会资源可以将这些经验传播给外部的主流社会，实现返乡工伤者个体工伤经验的社会见证。

笔者刚刚进入田野的时候，很多工伤者问我："你为什么从那么远的地方来我们这个穷地方，听我们说这些不被人关注的事情？"当笔者解释完之后，他们都表示愿意讲述他们的故事，并且有工伤者邀请笔者在他家住下，慢慢听他说工伤的故事，因为"我说三天三夜都说不完"。阿勇曾跟笔者这样说："我们的这些经历说给别人听，别人根本不会理解，但是你们有文化，有素质，不仅不会看不起我们，而且能够理解我们心里的想法，这就够了。如果能有更多的人像你们一样来关注我们的故事，那就更好了。"所以，返乡工伤者往往具有极强的向外传播的动机与渴望，但是与"局外人"传播的开启必须源于一个重要的前提：是否属于"同类人"群体，如果是，那么传播就会生效，否则传播终止。

如果说第一个传播动机是返乡工伤者的精神需求，那么第二个动机则是他们的现实物质需求。这是一个实实在在的，存在于他们生活中的重要问题：如何利用外部资源支撑未来的生活？迈克尔·伯里曾建议从应对、策略与风格三个概念来分析慢性病患者对疾病的适应，其中策略指的就是"机智地动用各种资源（包括物质资源和情感性的社会支持网络）"[1]。或许这样的动机会被视为功利的实用主义，但是从伯里的分析来看，这样的"向上"传播更多是他们积极调动社会资源以应对工伤疾痛的工伤适应策略。

返乡工伤者向媒体的工伤疾痛叙事更多体现了第二种动机，因为相较

---

[1] M. Bury, "The Sociology of Chronic Illness: a Review of Research and Prospects", *Sociology of Health and Illness*, Vol. 13, No. 4, 1991, p. 461.

于研究者而言,媒体的传播覆盖面更广,而且从过往的媒介传播案例来看,媒体在争取社会支持,尤其是物质支持方面具有更好的传播效果。相比之下,返乡工伤者更愿意与研究者讲述他们整体的工伤疾痛经验,包括前面几章重点分析的混乱叙事、疾痛多重性叙事与抵抗叙事。

二 面向研究者的多维传播:工伤疾痛经验的见证

1993年11月19日深圳致丽玩具厂大火,87名工人丧身火海,其中有两位是男工,其余的全是打工妹,另外有记录的伤者51人。1999年,在学术研究与解决现实工伤赔偿问题的双重驱使下,中国社会科学院谭深老师与他的学生一起,先后四次踏上重庆寻访致丽死伤女工的艰难之旅。

纪实性文章《泣血追踪——原深圳致丽玩具厂11.19大火受害打工妹调查纪实》①详细呈现了他们所寻访到的死伤打工妹的工伤故事。文章在一开始这样写道:"这里讲述的是经历了一场特大火灾劫难的打工妹今天的故事。那是我国改革开放以来发生在外商投资企业中最惨重的事故。87人死亡,51人受伤……冰冷的数字背后,是一个又一个血泪交织的人生悲剧。谨以此文献给1993年遇难的打工妹,献给至今饱受折磨的伤残姐妹和她们的亲人们,同时献给帮助过、关心过她们的所有的人们。"文章通过记录寻访的过程与见闻,将那些死难女工的血泪交织的故事传递给社会公众,个体的苦难成为社会共同的记忆与历史见证。

返乡工伤者面向研究者的叙事是一个全景式的工伤阐述,她们大多从背着背包告别父母开始讲起,回顾受伤前的打工生活,然后回忆那令人每个细胞、每个毛孔都充满恐惧的大火场景,再到受伤后痛不欲生的身体疼痛、难以启齿的社会污名、不堪重负的家庭生存和多重社会权力结构的不公。除了符合时间逻辑顺序的工伤情节之外,她们的叙事还包含了很多细节信息,使这些情节更加丰富。通过叙事,她们向不知情的社会公众传达了一个多维的工伤疾痛图景,而非某一方面的侧重。

这样完整、全面的工伤疾痛叙事能够在"研究者传播"中得以生产,与传播情境本身具有极大的关系。研究者通常是相关领域的专家或者是高知分子,他们对于事件和问题的挖掘是基于某种学术伦理与社会责任,而非"完成任务",因此他们对工伤故事的了解必定是全面深刻的,所以返

---

① 全文发表于《天涯》2001年第3期,执笔者谭深、刘成付、李强。

乡工伤者才会在她们的学术关注之下谈及更多有关生产管理模式的压迫、医疗制度的冰冷等这些控诉性情节；第二，由于学术研究的规范与方法要求，研究者一般具有比较长的时间与返乡工伤者接触，所以他们获得的资料相对丰富立体。

阿英回忆了当时谭深老师及课题组成员的千里到访。"谭深老师他们从北京那么远的地方找到我们，说实话真的很不容易，我记得第一次来的时候，重庆特别热，我们这些地方又不好找。我就觉得有人从那么远的地方来看我们，关心我们，心里很感动。事情过去这么多年了，社会上还是有人记得我们，这一点就足够了。他们又不是我们的什么人，工厂老板都对我们不闻不问，他们反而愿意来听我们说致丽大火这件事，还收集死难者名单，帮我们跟意大利工厂老板谈判，让更多的人来关注我们这些受伤的姐妹，我觉得心里很温暖。"从那以后，阿英与谭深老师、课题组成员刘成付一直保持书信来往，他们鼓励阿英把自己的故事写出来投稿，让社会更多人看到她们的故事，因为她们的故事不仅仅是个人的人生经历，而且是社会快速发展的车轮碾压在个人身体上所留下的疤痕与印记，它们需要被社会铭刻，且警醒一世。

三　面向媒体的选择性传播：争取社会支持

这里的媒体传播仅指返乡工伤者主动、愿意与媒体记者讲述的工伤疾痛故事，不包含那些利用二手资料完成的新闻报道文本。返乡工伤者面向媒体的传播除了上述的第一个传播动机以外，往往存在第二个实际的动机，即获得某种实质的社会支持。社会支持包括五种形式：情感支持、评价支持、工具性支持、信息支持和无条件倾听[1]，对于返乡工伤者而言，实质的社会支持指的是工具性支持和信息支持，即能够为改善他们的生存现状提供直接帮助的社会支持，包括健康信息、医疗救助、生计支持、就业介绍、维权指导等。

正是基于这样的传播动机，返乡工伤者对媒体的叙事倾向于侧重某一方面的疾痛经验，即选择性地进行工伤疾痛传播，比如具有维权指导需求的工伤者会倾向于强调他的工伤苦难和维权现状，以获得社会公众

---

[1] ［美］帕特丽夏·盖斯特—马丁、艾琳·伯林·雷、芭芭拉·F. 沙夫：《健康传播：个人、文化与政治的综合视角》，龚文庠、李利群译，北京大学出版社2006年版，第209—210页。

对这方面的社会支持。阿何在广东一家炼制地沟油的私人作坊打工时不慎跌落油锅，全身大面积烧伤。他的爱人阿霞闻讯赶来，发现丈夫仍然被放置在当地的一个小医院里，得不到及时的救治。阿霞多次与工厂老板理论，但是在当地颇具势力的工厂老板不予理会，而且出言威胁。无奈之下，阿霞想到了求助媒体，她拨通广东一家都市报的热线电话，向值班记者详述了事件的经过，希望媒体能够帮助她和她的丈夫得到合法的赔偿与救治。经过媒体的报道，当地政府出面协调，最终获得68万元的工伤赔偿。①

在这次田野调查中，笔者见到了阿霞，她又再次谈起当年求助媒体的始末。

> 当时我真的没有办法了，看见他在那里快要死了的样子，但是我们没有钱治病，我只好找媒体曝光。我知道每天很多人打电话去媒体爆料，人家为什么要帮我呢？我就想到我老公是炼地沟油烧伤的，当时大家很关注地沟油，所以我就觉得要把这个事情说在前面。实际上我老公还有工厂老板，是不同意我出去说他们是炼地沟油的。但是为了跟他们要个说法，我肯定要说，不管那么多了。我跟媒体说，我老公是在地沟油工厂里受伤的，那里条件怎么糟糕，那些油从哪里运来，怎么炼制，最后怎么销售出去。后来果然，媒体一听到有地沟油作坊，马上就联系我同意采访。（ZCX，F，20150703，ZY，田野笔记）

阿霞深谙新闻媒体的运作特点，媒体不会"喜欢"没有新闻价值、千篇一律的农民工维权事件，因此她放大了工伤事件中"地沟油"这条关键信息，对工伤疾痛的其他方面则鲜少提及。当年正值公安部提出"打四黑除四害"②的要求，媒体对地沟油的线索尤其重视，所以阿霞的故事正好

---

① 见报道《炼"地沟油"不慎掉进油锅，民工下体遭严重烫伤》，http://news.ifeng.com/gundong/detail_ 2011_ 12/31/11695054_ 0. shtml，凤凰网，2011年12月31日。由于当事者无法清楚提供当时求助的都市报名称，所以无法找到本新闻的最初出处。

② 2011年8月22日，全国公安机关开展"打四黑除四害"专项行动电视电话会议，"四黑"指制售假劣食品药品的"黑作坊"、制售假劣生产生活资料的"黑工厂"、收赃销赃的"黑市场"和涉黄涉赌涉毒的"黑窝点"，"四害"指害百姓、害家庭、害社会、害国家。

顺应了这样的宣传报道政策，他们的工伤维权才得以实现。

阿英在烧伤以后接受过很多媒体的采访，她逐渐摸索出了应对媒体的传播策略，所以在后来的采访中，她往往能做到"投其所好"，优化媒体的传播效果。在受伤初期，阿英接受媒体采访时，会相对强调工伤事故的发生原因、外资工厂的责任逃避以及工伤给工人们带来的致命打击，这样的叙事内容凸显外资工厂"肇事者"的角色和工人的"受害者"角色，从而支持工伤工人维权索赔的现实需求[①]；当她恢复行动能力创办自强服务站后，她几乎很少在当地媒体的采访中过多渲染工伤疾痛经验中的"苦难"成分，而是重点讲述自己的抗争经验，即她如何在工伤苦难中坚强，如何一步一步站起来成长至今，积极、乐观、坚强地与身体残疾作抗争的心路历程。[②] 通过当地媒体的报道，阿英能够为自强服务站、残疾人、工伤工友争取更多的社会关注与支持，许多残疾人就业信息便是来自于媒体宣传后社会各界的友情提供。

阿英这样说她面对媒体采访时的叙事取向，"媒体一般报道正面的比较多，都是正能量的，负面的一般都不怎么写，写出来就没有人看。相当于是报道一个残疾人自强不息的典型，这种榜样的感觉。所以一般媒体来采访的时候，我知道应该跟他们说些什么，不应该说些什么"[③]。弗兰克在复原叙事（restitution narratives）这一章节中这样说道："复原叙事是媒体和公共话语最爱的模式。"[④] 复原叙事即病患者如何从疾病中恢复到正常状态的叙事，同阿英所谓的"正面报道""正能量"如出一辙，可见媒体在报道健康疾痛时往往具有固定的新闻框架偏好，因此阿英在后续的工伤疾痛叙事中会选择性地讲述自己的复原故事，而刻意把脆弱的一面在媒体面前隐藏起来。阿英曾在笔者的一条社交媒体信息下面这样留言："坚强不是与生俱来的，而是被逼无奈，被 22 年的时光翻滚打磨，伤口还一直伴随，慢慢体会活着的意义。"

---

① 见香港翡翠电视台播出的由锵锵集制作的视频《阿英和她们的故事》。
② 见报道《烈火梦魇中重生：求证生命价值》、《20 年公益路，走得累但很快乐》、《为重塑生命喝彩——深圳"11.19"事故，劫后余生的陈玉英的真情故事》、《凤凰涅槃，陈玉英让人生从头再来——深圳火灾事故打工妹劫后余生的真情故事》等等。
③ CYY，F，20150713，CQ，C88。
④ Lynn M. Harter, Phyllis M. Japp and Christina S. Beck, *Narratives, Health, and Healing——Communication Theory, Research and Practice*, Mahwah: Lawrence Erlbaum Associates, Inc., 2005, p. 4.

返乡工伤者的疾痛故事

第四节　自我传播

　　自我传播是返乡工伤者中并不常见的一种工伤疾痛传播形式，在超过半年的田野调查中，笔者仅仅接触到两位工伤者以写日记或者自传的形式记录自己的工伤疾痛经验。首先，工伤疾痛的自我传播要求工伤者具备一定的写作能力，这对于文化程度不高的多数返乡工伤者来说是一个较高的门槛；另外，它还要求返乡工伤者具有一定程度的生存保障，否则一个成天为生存发愁的人根本没有时间和精力去写日记。

　　阿花已经记不清自己是从哪一年开始在博客上记录自己的工伤故事，她说她已经写了好多年，如果写成书的话，可能是厚厚的一本。写日记是她日常生活中宣泄情绪的重要方式，她生活中的负面情绪几乎都是源于多年前的那场灾难。她把现实中两次失败的婚姻以及就业的困难归咎于女性身体的不完美，而那场大火就是导致她丧失女性之美的罪魁祸首。因此，她的博客日记永远无法绕开致丽大火的内容。她曾这样描写那一场梦魇：

　　　　1993年11月19日那一天，上午和往日一样正常上班，就在中午吃过午饭，所有的工人午休过后，来到车间没过多久，我看到别人在往外跑，听到外面有人在叫"着火了，快跑啊"，然后就跟着前面的人跑。没想到大概只有一米宽的楼梯上已经挤满了人，因为没有人维护秩序，所有的人都在哭爹喊娘往那里挤，最后造成通道堵塞，下面已经变成了人堆了，我在一瞬间也被挤压到了人堆里。不管别人怎么拉，也没能把我拉出来。那时我想到的就只是"死"，因为人根本无法从那里挣扎出来。几百人堵在这唯一的通道里，谁都有逃生的欲望，结果我们就成了后面那些人的牺牲品，踩着我们为她们搭成的人桥往外跑。正在我绝望的时候，后面那些能跑出去的工友们已经跑得差不多了，只剩下我们了。可我们这些人已经被踩得喘不过气来，也许处在最下面的姐妹们已经被活活压死了。我用尽所有的力气从那里挣扎出来，本以为自己有了逃生的机会，可没想到当我来到唯一的出口时，门已经被关上了，我怎么也打不开，不知是人为拉下的还是门坏了呢？这真是上天在和我开玩笑，本该跑出来的，可门又被"卡死"了。在那一瞬间，我在死神面前跪了下来。"天啊！我做错什么了？你真的就那么无情吗？放过我吧！我不过才来到这世上仅仅16年而已，你就这样让我匆匆地离开吗？"在那时，我突然吸入了一口毒烟，一下子晕过去了……在几小时的熊熊烈火中，我什么也不知道了。

记得我从里面被别人抬出来时，他们根本没有把我当成活人，只当我是一具送往火葬场的尸体。两人抬出来用力地扔到一边，可就在我重重落地摔得满嘴泥沙的时候，强烈的求生愿望告诉我一定要拼命地动。我模糊地听到旁边的人在喊："这人没死，还能动！"那时医院的救护人员才过来将我抬上救护车，直接送往医院，进行抢救。我当时说不出话，眼睛也是模模糊糊的看不清。现在我想起来真是可怕，要是当时直接把我抬上殡葬车就可能没有我的今天了，这也是我唯一值得庆幸的事。比起那些葬身火海的姐妹们，我还是幸运的。

……

不管自己怎样努力去忘掉所有的一切，都无济于事，反而更加增强了记忆……已经过去了这么多年了，那场灾难就好像是发生在昨天一样。①

阿花开通博客写的第一篇文章就是上述文字，她所记录的工厂大火情景与她在其他情境中讲述的基本一致，只是她在写给自己的文字中多了一些内心心理活动的刻画，比如当她意识到死亡即将来临时内心的那段独白。这段独白是她想要表达却一直无法表达的语言，与其说她是写给自己的回忆录，倒不如说是她受伤这么多年以来从未间断过的对命运的叩问，不仅是对工伤事故的追问，也是对婚姻、生活遭遇的不甘心和愤怒。她无法在现实生活中发泄这些复杂的情绪，所以选择了这种自我传播的方式作为替代。

自我传播的叙事文字中呈现的阿花或许才是真正的阿花。在我们多次的接触过程中，笔者发现阿花其实是一个不善于表达的人，她谈及什么问题都只是轻描淡写，一笑而过。笔者问她工伤之后最难熬的是哪一段日子，她笑着、轻轻地说："每一天都很难熬"，笔者接着问她原因，

---

① 摘录于谭深文章《改革，死亡与劳动者——永远不要忘记1993年深圳致丽玩具厂大火》，由于博客网站临时关闭，阿花所有的博客内容全部丢失，所以无法获取第一手的叙事材料。

她只是笑而不语。关于她人生中的那个转折点，她似乎没有更多的想要表达，仅仅一句"不埋怨任何人，这是命运"加以概括。我们一同做饭，一起收拾屋子，一起躺在凉席上聊天，阿花逐渐不再掩饰她身体上的伤疤，我们无话不谈。她告诉笔者，她在博客里书写的内容，包括工伤事故的回忆，康复期间身体的疼痛与社会歧视的眼光，两段失败的婚姻以及对于感情的不再信任，是她在心中述说过无数次的话。她不知道该如何与人面对面地交流这些情绪，于是全部倾诉在博客文字中。她为那场工伤事故流干了眼泪，她愤怒于厂方的不闻不顾，失望于两次因工伤而失败的婚姻，感伤于社会的物是人非，同时也执着于自己对美好爱情的追求，对功利交往的鄙视，倔强于充满不公的命运。自我传播之于阿花就像是一个寻求真实自我的秘密花园，在这个只有她自己的空间里，她可以把自己从现实生活的诸多苦难中解放出来，追求内心中那个仍然向往美好、没有身体伤痕的、快乐的阿花，哪怕只有片刻。

另外，探寻工伤疾痛的现实意义也是阿花实现解放自我的重要途径之一。阿花一篇《旧地重游》的文章记录了 2003 年 12 月她与阿英一同回到深圳葵涌致丽玩具厂旧址的情景。大火之后的废墟勾起了她对过去工厂的回忆，想起以前的打工时光，怀念当时仅 16 岁的自己，爱美、爱穿裙子、爱照相，再联想到现在的自己，唏嘘不已。葵涌镇上无处不见的火警海报也引起了阿花的感慨："十年前为什么不把这样的火警海报公开出来，让所有工厂工人注意安全？可怎么去想也无法挽回我们的过去。我觉得葵涌镇政府在致丽那次火灾事件后，已经醒悟过来，非常重视火警安全问题。不要让类似的情况发生，让所有打工的朋友们有一个安全的环境，对葵涌今后的发展也有很大的帮助。我想这应该是致丽厂的火灾事故提醒了整个葵涌镇的人民，给他们以血的教训。"阿花至今都这样认为，致丽大火事件为后来的外出打工者创造了一个更加公平的劳动环境，比如它催生了《中华人民共和国劳动法》的制定与实施，提高了政府对工厂安全设施标准的要求和检查规格，"或许这就是我们这些死伤者的社会价值吧"。

疾痛的经验具有本体论和认识论两个层面的意义，在本体论领域中，身体是富有创造性的经验的来源，而在认识论领域中，疾痛经验建立在身体经验和主体间意义的关系之上，这种主体间的意义存在于疾痛故事的情节构造中，是对疾病经验的再描述。① 阿花通过在写作中设置工伤疾痛经验与社会进步之间存在的某种近似于因果关系的联系，赋予自己的工伤经历以社会意义，就像 S. Lingsom 在 *Self Narratives in Rehabilitation*：*Reflections of Author* 一文中指出，病患者的写作具有三个主题，其中一个是"帮助他人"，作者总是希望自己的故事能够对社会上其他人有正向的影响。作者致力于提供一些处理疼痛，继续前进的可能性，他们以幸福结尾为人们带来希望，从而也为自己提供能量。② 同样，阿花也用这样的逻辑解释自己的写作行为，"我要把自己的故事写出来，希望那样的悲剧再也不会发生"。

在阿英的电脑里有一个文件夹，叫作"阿英的文字"，里面存放了十多年来她所记录的生活点滴，其中在 2000 年前后写下的文字几乎都是关于工伤疾痛。笔者问她为什么要去记录这些令她感到伤心的事情，忘记不是更好？她说："其实我在写这些文字的时候，我脑子里想的全是怎么去写，而不是写的内容。"阿英的话解释了自我传播的文字为何没有加重她们的悲伤，反而给予解放的原因，因为写作这种组织叙事内容的方式很大程度上使写作者的注意力从具体文本转向组织形式，写作赋予了写作者组织叙事材料的权力与控制力，她决定写什么，怎么选择故事，使用什么样的隐喻。疾病本来导致了病人对生活的失控，而写作叙事使他们重新获得控制的能力，赋予他们从现实枷锁中得以解放的可能。

---

① Ingris Peláez-Ballestas, Rafael Pérez-Taylor, José Francisco Aceves-Avila & Rubén Burgos-Vargas, "'Not Belonging': Illness Narratives of Mexican Patients with Ankylosing Spondylitis", *Medical Anthropology*: *Cross-Cultural Studies in Health and Illness*, Vol. 32, No. 5, 2013, pp. 487 – 500.

② S. Lingsom, "Self Narratives in Rehabilitation: Reflections of Author", *Scandinavian Journal of Disability Research*, Vol. 11, No. 3, 2009, pp. 221 – 232.

第八章　两个案例：工伤疾痛叙事的社区建立与赋权功能

健康传播学者 Zook 认为，传播被认为是我们有意识地理解、评估和追求真正的一体化的工具。所以，健康传播扮演了一种核心的角色，其工具力量和构建力量都有利于病人的整体健康[①]。疾痛叙事作为 20 世纪 90 年代健康传播领域的新兴转向，被学者普遍认为对疾病与健康状态具有治愈的作用。在某些情境中，讲述疾痛故事被认为是一种能够帮助人们成功处理与重构疾痛的传播形式。[②] 的确，我们发现在很多特定的场合里，疾痛叙事能够实现促进身体治愈的可能性，比如在医患关系传播中，病患者通过向医护人员讲述自己的疾痛故事，包括身体的症状、心理的变化，个体对于这种疾病的解释、决定治疗方案的过程等，这些故事的讲述有助于医护人员制定符合病患者个体与家庭需求的治疗建议，促进病患者恢复和提高自身的健康水平；又如在家庭传播中，病人向家人表达自己患病后的身份转变与精神焦虑，同样有助于获得家人的理解与共情，以使得家人提供更全面、更周到、更耐心的照料和情感支持，而这样的家庭支持是病患者尽快康复的关键之一。

然而对于大多数返乡工伤者而言，他们的世界里没有恢复健康的问题，因为病残的事实无法更改，他们要做的是适应病残以及由此引发的一系列社会困境。那么，他们的工伤疾痛叙事是否仍然具有"治愈"的功能

---

① E. G. Zook, "Embodied Health and Constitutive Communication: Toward an Authentic Conceptualization of Health Communication", *Communication Yearbook*, Vol. 17, 1994, pp. 344 – 377.

② Sunwolf, Lawrence R. Frey & Lisa Keranen, "R_x Story Prescriptions: Healing Effects of Storytelling and Storylistening in the Practice of Medicine", in Lynn M. Harter, Phyllis M. Japp & Christina S. Beck, *Narratives, Health, and Healing-Communication Theory, Research, and Practice*, Mahwah: Lawrence Erlbaum Associates, Inc., 2005, pp. 237 – 257.

第八章 两个案例：工伤疾痛叙事的社区建立与赋权功能

呢？具有什么样的功能？这是本章需要回答的问题。

Arntson 与 Droge 曾提出疾痛叙事对于病患者的四个功能：理解健康与疾病；增强对身体丧失与心理失序的控制；疾病之后转换个人的身份与社会角色；做出健康决策①。从实证研究的角度来看，Arntson 与 Droge 并没有有效地证明患者疾痛叙事的这四个功能，因为他们无法判定患者是通过疾痛叙事实现了这四个功能，还是仅仅是对这些功能的表达，比如疾痛叙事是使得患者理解了健康与疾病，还是他们对健康与疾病的理解的表达呢？因此，本章所阐述的工伤疾痛叙事的功能是建立在可观察到的田野资料基础上所作出的分析，即返乡工伤者利用讲述工伤疾痛故事实现了哪些可验证的功能。

第一节 建立社区：惠民的工伤疾痛叙事实例

惠民文化服务中心（后面简称"惠民"）是服务于农村返乡工伤者的一个基层社会组织，对于惠民社会工作的目标，第一期项目计划书里明确这样写道："支持返乡工伤者自组织建设，促进返乡工伤工友在生活信心重建、社会认同建设的自助和互助模式。"② 机构负责人阿明这样简单地介绍："我们获得基金会支持的第一个项目就是要建立起返乡工伤者自助互助的社区。"惠民成立至今（田野调查开展的时间）已有五年历史，这样的工作目标一直持续地体现在惠民工作的每个细节，而讲述工伤疾痛故事是他们运用最多的工作手段和策略，换一种说法，返乡工伤者的工伤疾痛叙事构成了他们的互助社区。

返乡工伤者的互助社区以惠民为中心，不但要建立起机构与工伤者的联系，还要把分散在各村各地的返乡工伤者连接起来，形成一个惠民与返乡工伤者、返乡工伤者与返乡工伤者之间相互关联的关系网络。迄今为止，这个互助社区已经辐射了多达 500 多位返乡工伤者，其中中度互动程

---

① Barbara F. Sharf, Marsha L. Vanderford, "Illness Narratives and the Social Construction of Health", in Teresa L. Thompson, Alicia Dorsey, Katherine I. Miller, Roxanne Parrott, Eds., *Handbook of Health Communication*, London: Lawrence Erlbaum Associates, 2003, pp. 9 – 30.

② 参见《返乡工伤者支持行动研究项目》，乐施会中国项目部项目概述与评审，项目编号 CHN - A0089 - 01 - 1111A - S。

度的工伤者有 100 多位，重度互动程度的也有 40 多位。① 那么，惠民如何运用工伤疾痛叙事建立他们与返乡工伤者以及工伤者之间的互动关系呢？

一 构建信任关系：惠民的工伤疾痛叙事场景还原

阿兰，尚嵇镇大坝新村人，2009 年在浙江打工时右手被冲床压断，经过接骨手术，手部恢复基本形状，但是几乎完全丧失功能。惠民的工作人员从一位街坊那里知道了阿兰的信息，曾经四次去她家附近找她，希望能够建立起惠民与她的联系，但是未能如愿，他们都没能见到阿兰本人。

这一次我们抱着撞撞运气的想法再次来到大坝新村，她家的大门仍然紧闭。我们向过路的一位老人家询问她的情况，这位老人好心地帮我们叫开了她家的大门，原来阿兰一直在家。我们一行三人的到来，使得阿兰不知所措，她一边开门，一边狐疑地盯着我们打量，即使我们道明身份和来意，也仍然没有打消她对我们的戒备。后来我们才得知她丈夫去广州打工了，家里只有受伤的她与一个上初三的女儿，出于安全考虑，她一般不与陌生人打交道，更别说三个陌生人的贸然到访。

阿兰招呼我们在客厅坐下，她的双手一直交叉抱着，我们并不能从表面看出她哪里受伤。在很长的一段时间里，除了一些基本的日常问候与寒暄之外，笔者不知道接下来该如何向阿兰提起工伤这个话题。阿秀是一位具有多年工伤探访经验的社会工作人员，她非常擅长与初次见面的工伤者打交道——既不伤害他们的情感体验，又可以顺利地完成收集信息、建立联系的工作。阿秀告诉笔者，多数工伤者对自己的伤都十分避讳，他们不愿意轻易说出自己的过往经历，因此惠民在与返乡工伤者第一次见面时总是遭到拒绝、排斥，甚至有个别工伤者打电话报警，担心惠民是传销行骗的组织。所以，惠民欲建立起与返乡工伤者的互动网络，就必须先获得他们的信任。

（一）破冰

　　阿秀：我们从你哥哥那儿知道你以前在浙江打工手受了伤，你能给我看看，看我们俩谁伤得比较严重吗？（说完亮出自己受伤的手）

---

① 互动程度等级主要是依据机构与返乡工伤者的接触次数、工伤者参加机构活动的频次与态度等综合考量，数据并非严格区分计算得出，而是机构负责人的感观描述。

第八章 两个案例：工伤疾痛叙事的社区建立与赋权功能

  阿兰：你的手也受伤了？（惊讶，身体前倾靠近阿秀的手）
  阿秀：对阿，他也是（指着阿明）。
  阿明：你看，我们两个的手伤得差不多。
  阿兰：你们也是打工受的伤？
  阿秀：是的，我是前几年在广东工厂里打工的时候，操作冲床受伤的，现在就剩这只手指了，其他的完全压碎了。
  阿兰：你没有接吗？
  阿秀：根本接不起来，已经压成碎末了。
  阿兰：我的手就是接起来的，还不如不接呢，接好了以后也不能用，你看。（卷起袖子，举起受伤的右手）。
  阿秀：你手是怎么受伤的？也是冲床吗？
  阿兰：嗯，是啊，那时候我刚进厂才12天，工厂也没有什么安全事故讲解，那个冲床上去的时候，我就伸手进去拿，没有想到它又掉下来了…………①

  人际信任是人群与社会持续互动必然涉及的一个关系性问题，只要互动关系继续，信任问题就不可避免。阿兰愿不愿意向我们讲述她的工伤疾痛故事，很大程度上取决于她对我们的信任程度。从上述对话可以看出，阿秀通过主动披露自己的工伤故事打开了话匣子，阿兰接着话头讲起自己受伤的过程。
  我们在前面介绍过"主动披露污名"这种身体管理的策略，而具有同样意味的"工伤疾痛的主动披露"在惠民与返乡工伤者的互动交往中也起到了重要的"破冰"作用。阿秀的工伤疾痛叙事某种程度上引起了阿兰的共鸣，打消了她的怀疑与戒备，两句"你的手也受伤了？""你们也是打工受伤的？"就可以觉察出阿兰寻到"自己人"的激动，正是这样一种对共同经历的认同使得阿兰对阿秀与阿明产生亲近感，放下心里的疑虑，接受他们对生活世界的介入。
  杨国枢根据人际或社会关系的亲疏远近程度将中国人的关系划分为"家人""熟人"和"生人"三种类型。"家人"指包括了父母、子女、兄

---

  ① 2015年4月11日笔者随惠民工作人员探访工伤者家庭的参与式观察笔记，由于聊天内容较长，所以此处的工伤疾痛叙事仅呈现其中的一小部分。

弟、姐妹、配偶等在内的家人;"熟人"指亲属、朋友、同乡、同事、同学等相识亲近的人;"生人"则指的是不具有任何社会关系的陌生人。①"家人"对应的是"情感型关系","熟人"对应"混合型关系",而"生人"则对应"工具型关系"。② 对于第一次见面的惠民与阿兰来说,他们之间毫无疑问属于工具型的"生人"关系,所谓工具型关系,就是指双方之间存在互相满足某种利益的价值存在,一旦这种价值消失,两者之间的关系也就终止。在笔者后续的单独造访中,阿兰的话也印证了他们第一次见面所构成的这种工具型关系,"你们第一次来,走了以后,周围就有人来问我,问你们来看我有没有给我钱,给了我多少钱"。外界的反应恰当地解释了惠民与阿兰建立关系的初步状态——惠民收集阿兰的信息以完成工作,阿兰获得惠民的物质资助。

在第一次互相介绍各自的工伤经历之后,惠民与阿兰的关系由"生人"变成了"相识"关系。朱虹与马丽在一项人际信任产生机制的研究中提出了第四种关系类型——相识③。相识关系之间的信任程度次于熟人关系,在我们日常表达中,它常常以"泛泛之交""点头之交"出现。阿秀与阿兰的工伤疾痛故事分享使得原本惠民与阿兰之间的生人关系多了一份情感的存在,这种情感正是基于她们共同的打工经历、工伤经历与疾痛经历所产生的"惺惺相惜""同病相怜"。

(二)相识变相熟

在此之后,我们又去过阿兰家很多次,与前两次相比,她热情了许多,甚至听到我们要来,会事先多准备一点好菜,对于普通的农村家庭来说,这样的礼遇说明了惠民与阿兰的关系已经由"相识"上升成为信任程度更高、情感成分更重、工具型成分更低的"熟人关系"。阿兰后来曾向笔者这样描述她与惠民的关系:"他们来看我,不是说要给我多少钱,或者什么好处,因为我知道他们也是和我一样打工受伤的,他们也是做好事。在我们这里,能遇到一个和自己一样的人是很难的,大家能坐在一起聊聊天,心里有什么不开心的跟他们说一说,就已经很开心了。"

---

① 杨国枢:《中国人的社会取向:社会互动的观点》,载于杨国枢、余安邦主编《中国人的心理与行为:理论与方法篇(一九九二)》,台湾台北桂冠图书公司1993年版,第87—142页。
② 黄光国:《人情与面子:中国人的权力游戏》,载于黄光国主编《中国人的权力游戏》,台湾台北巨流图书公司1988年版,第7—55页。
③ 朱虹、马丽:《人际信任发生机制探索——相识关系的引入》,《江海学刊》2011年第4期。

第八章 两个案例：工伤疾痛叙事的社区建立与赋权功能

从相识关系到相熟关系的变化，工伤疾痛叙事仍然在其中扮演了重要的角色，可以说工伤疾痛故事分享得越多，惠民介入阿兰的生活就越深，那么他们之间的关系便会产生质的变化。阿秀介绍她的工作经验时这样说："第一次或前面两次去返乡工伤者家，我们不能聊的太多，因为那时候我们还不熟，如果一下子打听别人那么多事情，是很令人反感的，所以一般我在之前就听他们讲他们的工伤故事，然后观察他们的家庭，发现他们的问题，然后在后面的探访中再进行针对性地解决，这样人家就会更加信任我们，愿意与我们长期深入地交往。"的确如此，当惠民与阿兰还处于生人关系向相识关系的进化过程中时，阿秀跟阿兰保持了一个礼貌、安全的交往距离，探访的时间一般也都控制在 30 分钟以内，此时她们彼此的工伤疾痛经验的交集只是最初的那一部分。但是，后面几次再去阿兰家，阿秀会就她所发现的阿兰家庭中的问题进行针对性地解决，而且同样是使用工伤疾痛叙事的方法，然后辅以其他的工作方式。

阿秀：我来好几次看见你都戴着手套，是冷吗？

阿兰：嗯，是的，天气再热，我都觉得手冷、痛，冬天的时候就更不好过了。

阿秀：你摸我的手，一样是冰凉的，我们手受伤的都是这样，它的血脉被切断了，血液流通肯定就有问题。（把手伸到阿兰面前）

阿兰：哎呀，你这个比我好一点，你看我这只手，虽然接起来了，但是不能用。我当时在腰上开了一个口子，手在里面养了一个月才长好，但是长好以后也不能用，还搞得右边腰、腿、手膀子都痛。（边说边指这些身体部位。）

阿明：我在其他工伤工友那里听说过这种手术，就是要在腰上划一个洞，然后把手放在里面，等手上的肉长出来，再动手术把它们分开。这个过程真是太要命了。

阿兰：对的对的，就是这样的。在医院住院那两个月是我最难熬的日子，我老公和我根本不敢看我的手，一看就要晕。我天天哭，刚受伤那会儿，打电话通知我妈，电话刚接通，我话还没有说，眼泪就刷刷地往下掉，好痛苦。（眼眶红润，低下头擦眼泪）。

阿秀：这些事情恐怕只有我们受过伤的才有体会，你可能体会不到。（扭头看着笔者）每个工伤者都有那么一个阶段，觉得绝望、无助，不知道以后的日子怎么过？子女怎么办？家里老人怎么办？这些问题都是我们当时考虑最多的。

阿兰：是的，我受伤回家之后，压力非常大。我一个残废，什么都不能干了，大儿子看到家里的情况也不读书，出去打工了，他不是不想读，而是看到我手受伤了家里困难。我们家那位（丈夫）身体也不好，常年都要吃药，我家小女儿明年就要上高中，你说这个家怎么过得走？想到这些，我脾气就非常不好，老对家里人生气，那几年这个家简直不像个家，我的女儿受不了，拿刀在自己的手上划口子，去医院输了几天液才好的。

阿明：我们接触过很多工伤者，你像那个×××，他受伤回来到现在，天天都待在家里，什么都不干，他觉得少了一只手就什么都做不了，什么都不愿意去尝试。我晓得工伤对我们每个人打击都很大，但是也有很多优秀的返乡工伤者，新民×××，他也是手受伤，但是他一个人可以种5亩地、3亩田，还养羊，特别能干；还有那个×××，他也只有一只手，但是他能够一只手修拖拉机、旋耕机，还会开车。所以说，我们不能老想着受伤了就废了，我们也要振作起来，人家能做到的，我们也能做到，先把心态调整好。

阿兰：嗯，是的，后面这几年我脾气好多了，事情已经这样了。我一天就负责做家务，然后在我妈那边弄了一点地，种点菜，有段时间我还去捡过煤渣。能够为这个家做的我都去做，能做多少算多少，只要把我女儿读书盘（供）出来，我就解放了，这就是我的目标。（笑）①

在前几次的交流中，阿秀与阿明发现阿兰存在的工伤后遗症除了经济问题以外，还需要有人帮助她重建或维持她的精神世界，因此在这一次的对话中阿秀仍然通过主动讲述自己工伤后的心理变化来引起阿兰的共鸣。我们发现，这一次的对话内容虽然仍是双方的工伤疾痛的交流与分享，但是与之前的叙事相比，增加了许多与家庭情况相关的叙事信息，比如个人情感的脆弱、家庭的变故以及鲜为人知的家庭矛盾细节等。阿秀与阿明用

---

① 2015年4月22日笔者随惠民工作人员第四次探访工伤者家庭的参与式观察笔记，叙事文本仍做了删减。

自己的工伤疾痛故事勾起阿兰共同的工伤疾痛记忆，在她认为终于找到了"自己人"时，便愿意主动与惠民工作人员分享更多更细节、更隐私的工伤疾痛故事；另外，阿明用其他返乡工伤者的正能量故事鼓励阿兰勇敢面对残缺的现实，给予她某种可以企及的希望，令她感到一种久违的安全感，这便是人际信任形成并趋向稳定的标志。

（三）工伤疾痛叙事与信任

通过还原惠民与阿兰建立信任关系的对话场景，我们观察到了工伤疾痛叙事在这个交往互动过程中的频繁出现，以及它对形成双方信任关系的神奇魔力，那么，为什么工伤疾痛叙事的分享能够构筑起这样一种由生人关系进化至熟人关系的人际信任呢？

从心理学的角度来看，信任是一个相当复杂的社会与心理现象，人际信任作为持续互动交往关系的必备要素，更是受到交往情境与宏观历史环境的影响。人际信任是一种心理状态，指的是在人际交往中，个体对交往对方行为或意图的正面期待以及由此产生的一种保障感。① Holmes 和 Rempel 通过对夫妻间的信任研究发现，信任是建立在对对方行为的知觉的基础上。如果人们相信他们的伙伴是可以预测的、可以依靠的，而且表现出对他们关系的未来的忠诚，他们就认为他们的伙伴是可以信任的。②

惠民机构与返乡工伤者从"生人关系"一步一步发展为"熟人关系"，说明作为建立关系的被动方，返乡工伤者们相信惠民是可以预测的，可以依靠的，并且是绝对忠诚的，他们在惠民那里感到一种关系的保障感。工伤疾痛叙事是提供这种保障感的重要中介，因为它使得返乡工伤者把惠民从"外人"拉进"自己人"的关系范畴内，而"自己人"则可以提供上述信任关系所具备的所有因素——可以预测、可以依靠、忠诚、充满正面期待、具有保障感。

杨宜音曾提出中国情境下两个模式并重的"我们"概念：关系式与类别式。"关系式"指个人通过包容具有某种关系的他人而形成"我们"概念的心理过程，即是以个人自我为中心，按照高关系先赋性与高关系交往性将外部他人容纳进自己的关系圈内，形成所谓"自己人"。"类别式"

---

① 朱虹、马丽：《人际信任发生机制探索——相识关系的引入》，《江海学刊》2011年第4期。
② 乐国安、韩振华：《信任的心理学研究与展望》，《西南大学学报》（社会科学版）2009年第35卷第2期。

则是指当一个个体将自我与一个类别建立心理联系之后，就会形成对该类别的认同，并因此形成与该类别以外的人或其他类别积极的特异性，并形成"我们"概念。个体所认同的类别被称为内群体（in-group），而其他类别被称为外群体（out-group），这一个体与类别建立联系的心理过程被称为"自我类别化"（self categorization）①。杨宜音认为中国人"我们"的形成机制是双重格局的，中国人可能存在两种途径达到自我、他人与群体的关系②。

具体到惠民与返乡工伤者的交往情境，对于初次接触惠民的工伤者而言，惠民是既不具有高关系先赋性也不具有高关系交往性的抽象个体或群体，但是工伤疾痛故事的讲述与分享使得返乡工伤者个体与惠民这个工伤者民间组织建立心理联系，形成对这个群体的认同，构成基于共同的工伤经验的"我们"，并且将自己视为这个"内群体"中的一员。随着"内群体"成员之间的交往越来越多，他们之间的经验分享越来越私密，情感连接也越来越坚实，此时工伤者倾向于把惠民工作人员从"内群体成员"的属性中剥离出来，将他们收纳进自己个体的关系网络中，形成"自己人"，从群己交往转变为更加亲密的己己交往。

在这两种形成"我们"的途径中，工伤疾痛叙事都充当了极其重要的角色。首先它实现了返乡工伤者的"自我类别化"。通常情况下，自我类别化是建立在个人与类别存在交集的认知前提下，并且这种认知并非单向、静态的信息告知，而是基于交往双方情感互动之上的共识认知。比如，惠民工作人员在第一次去阿兰家时，首先亮明了自己的身份，即惠民机构的性质与工作内容，相当于单向、静态地告知工伤者这一"内群体"的存在，但是此刻的"内群体"是从惠民的视角定义的，而非工伤者本人。当阿秀主动讲述自己的工伤疾痛故事之后，共同的身体与情感经历使阿兰对惠民产生了"内群体"的交集认知，从而完成"自我类别化"。

其次，工伤疾痛叙事为惠民与返乡工伤者的深度交往构建了一个秘密空间。还记得跟随阿明与阿秀去阿虎家探访时，我们才刚走进入村的水泥路，阿虎的母亲远远看见了，就会一直站在家门口迎接我们。老人家一看

---

① 杨宜音、张曙光：《在"生人社会"中建立"熟人关系"——对大学"同乡会"的社会心理学分析》，《社会》2012年第6期。

② 杨宜音：《关系化还是类别化：中国人"我们"概念形成的社会心理机制探讨》，《中国社会科学》2008年第4期。

第八章 两个案例：工伤疾痛叙事的社区建立与赋权功能

见阿秀，就说："闺女，你来了。"阿虎告诉笔者，每次阿秀来，她妈妈都非常高兴，把阿秀拉到一边聊家常，一聊就是大半天。后来回去的路上，阿秀跟笔者说，以前阿虎的母亲常常跟她埋怨儿子受伤以后脾气不好，因为工伤赔偿款家庭内部存在很多矛盾。听了老人家讲述阿虎与家庭的工伤疾痛故事之后，阿秀总会找合适的时机跟阿虎说自己和其他人的工伤故事，鼓励阿虎调整心态，善待母亲；同时还向他的兄弟们讲述其他工伤家庭相互扶持的工伤故事，加深他们对工伤者内心世界的理解，呼吁他们给予阿虎多一些家庭支持。就在阿秀无数次苦口婆心的叙事努力下，阿虎渐渐走出家门，正视工伤残疾，控制自己的情绪，家庭关系重归和睦。相应地，阿虎与她的母亲都把阿秀当作自家人一样，有什么事情都会打电话跟阿秀说，阿虎说阿秀比自己的亲姐姐还要亲，他的母亲也希望自己百年归老以后把阿秀的名字刻在子女那一栏。

我们前面提到过，工伤者返乡以后，不管主动还是被动地，都面临着人际交往的断裂，他的家庭也相应成为工伤的连带牺牲品。在社会污名的无声压迫下，他们的社会交往圈萎缩到家庭这样一个极小的范围，丧失了表达工伤疾痛经验的交往空间。惠民的工伤疾痛叙事打开了这个空间，他们彼此置身于一种共通的、默契的，相对于外群体来说较为私密的工伤疾痛的流通空间，随着流通速度越来越快，流通字节越来越多，他们之间的情感联系也愈加紧密。正如朱虹教授提出的，相较于家人关系间基于原始角色情感的信任，惠民与返乡工伤者及其家庭的"熟人"关系的信任主要是由相互的交往而产生，交往双方通过个人特质的相互吸引与影响，持续的互动以及彼此的关怀和帮助，而滋生出信赖①。而工伤疾痛叙事既是这种互动交往的动力，同时也是交往本身。

笔者问阿秀为什么与返乡工伤者交往时要反复讲述自己或他人的工伤疾痛故事？阿秀的回答很简单："因为这是我们唯一的，也是最重要的共同点。"的确，返乡工伤者的社会人际交往不同于其他人，他们在面对外人时会格外地小心，具有防御性与攻击性，一方面源于他们对自身的不自信和对社会不公的愤懑，另一方面则是现实生活中遭遇到无数的社交尴尬与社会污名。就像我们在前面"同类人传播"中介绍的那样，工伤疾痛叙事就是一个表明"同类人"身份的标志，能降低工伤者对惠民的顾虑与猜

---

① 朱虹、马丽：《人际信任发生机制探索——相识关系的引入》，《江海学刊》2011年第4期。

忌,赋予他们重新发声的平等权利,他们关系的形成与深化亦均是建立在平等的身份认知与共同的情感勾连之上的。

二 构建伙伴关系:小组座谈会上的初次见面

通过多次的家庭探访,惠民机构与分散于各个乡镇的返乡工伤者建立起了互相信任的社会交往关系,初步构建了一个以惠民机构为中心节点,辐射至周围各个返乡工伤者的星形网络①,如下图8-1:

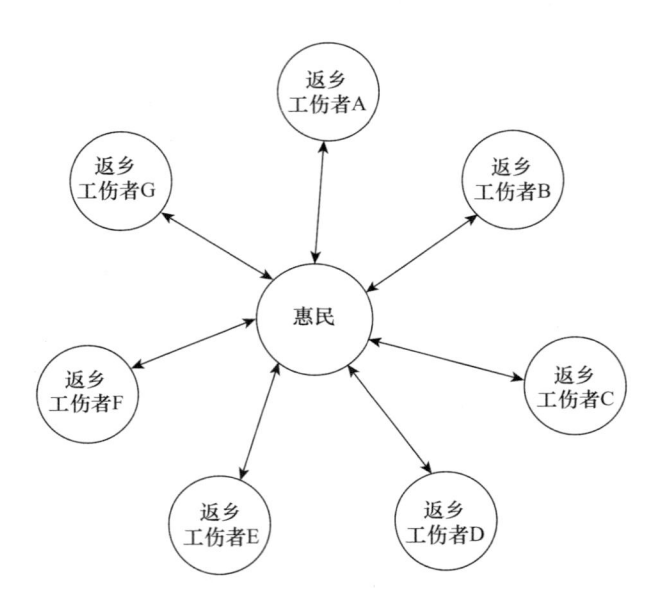

图8-1 以惠民机构为中心,返乡工伤者为周围节点的星形网络结构

这样的星形网络结构虽然保证了相互连接节点之间信息的传输速度和效度,但是它有一个致命的瓶颈,即这个网络是否能够有效运行完全取决于中心节点,一旦惠民机构从网络中退出,这个返乡工伤者互助、自助网络就会分崩瓦解。因此,为了形成一个更加稳定、交互性更强的社区网络,惠民必须将周围相互孤立的返乡工伤者连接起来,构筑一个新的包含惠民机构与返乡工伤者之间的信任关系以及返乡工伤者之间的伙伴关系的

---

① 星型拓扑结构是用集线器或交换机作为网络的中央节点,网络中的每一台计算机都通过网卡连接到中央节点,计算机之间通过中央节点进行信息交换,各节点呈星状分布而得名。

网状结构①，见图 8-2 所示：

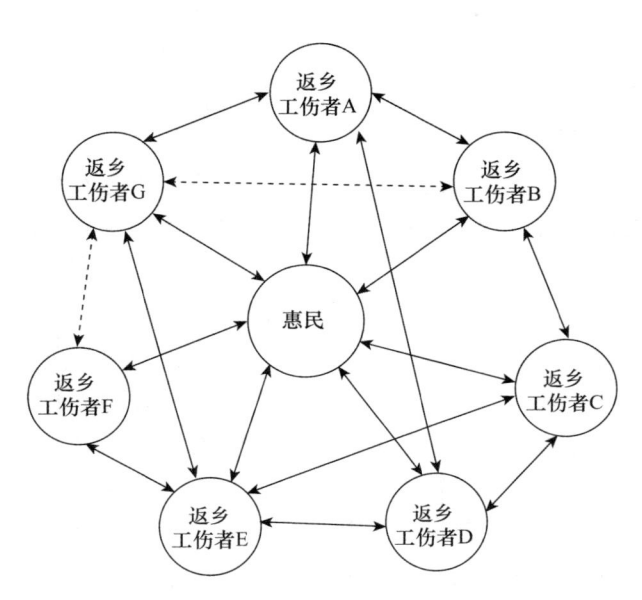

图 8-2　以惠民为中心，返乡工伤者为周围节点，各节点相互连接的网状结构

"大家好！我叫×××，××镇××村人，我是××年在××打工受的工伤，被评为×级残疾，受伤后回来，现在在家里干点农活。"在惠民举行的一次小组座谈会上，每一位返乡工伤者几乎都按照这个模板进行自我介绍。他们大多是第一次见面，虽然住的村落隔得不太远，彼此之间可能听说过姓名，有的甚至还是同门亲戚，但是这样面对面坐下交谈还是第一次。

座谈会开始之前，早早到场的工伤者们各自站在办公室大厅的一角，要么抽烟，要么看宣传展板上的内容，还有的径自站在街边看着过往的车辆、人流发呆，彼此之间没有语言交流与互动，除了偶尔与惠民机构工作人员寒暄几句。座谈时间一到，阿明大声喊道："大家上二楼会议室，我们的座谈会开始了。"工伤者们才缓缓地从各自状态中回转，走向目标地点。阿明是座谈会的主持人，对在场的各位返乡工伤者都十分熟悉，但是

---

① 网状拓扑结构是指各节点通过传输线互相连接起来，并且每一个节点至少与其他两个节点相连。网状拓扑结构具有较高的可靠性，但是结构复杂。

他深知座谈会的目的是为了加深返乡工伤者之间的认识与熟悉，于是他提出座谈会开始之前，每一位返乡工伤者自我讲述自己的工伤疾痛故事。阿明告诉笔者这样做的原因："他们很多是第一次见，并不熟悉，而且受过伤的人大多都不太善言辞，不知道怎么主动与人交往，所以我必须要提供一个场合让他们有机会去相互了解，在了解的基础上才能谈得上自助互助。我想到大家都是受工伤返乡的，也正是因为这个才在惠民相聚，所以就让大家各自讲述自己的工伤经历，更容易增进他们的相互了解，这也是我做了很多年工伤探访的经验。"①

一般来说，阿明会指定一位语言表达能力较好的工伤者作为第一位发言人，一方面缓和会议室里的尴尬气氛，另一方面是为其他返乡工伤者做一个自我叙事的示范。阿生就是这样一个范例，只要他参加惠民的小组活动，他就是第一个讲话的人，而且他自己也非常乐于向其他返乡工伤者分享自己的工伤故事。"大家好，我叫阿生，是新民镇人，2008 年在贵阳修路堤的时候脚被大石头砸断，在家休养了大半年，现在基本上康复，从表面上看不出来我是残疾，对生活的影响也不算大。这几年我靠开摩托车赚家用，日子勉强还过得去吧。我想跟大家说的是，虽然我们是受工伤残疾的，但是我们一样可以靠自己生活，不要去指望别人，或者来指望惠民。惠民也是一个公益组织，能够把我们找到，来关心我们就很不错了，所以大家不要认为来这里是为了要钱或者其他。我的理念就是什么都要靠自己。"②

阿生讲完之后，阿虎、阿平、阿雷、阿云等轮流讲述自己的工伤经历，包括受伤的经过，返乡之后的生计状况，而且都表达了对阿生后面那段话的认同与强调。本来最初还是按照阿明的指令一个个轮流发言，当谈到残疾后如何独立、坚强地生存这个话题时，在场的工伤者你一言我一语相互接着话头聊开了。通过各自工伤疾痛故事的分享与交流，工伤者发现他们中有在同一个地方打工的，有因为同一个原因受工伤的，也有伤到同样部位，在同一家医院治疗的。共同的记忆在那个会场一一被发掘，工伤者们因为那些共同的人生经历而彼此拉近了距离，交流的话题逐渐丰富，情绪也更加趋于一致，时而一起愤怒，时而又一起欢笑。

---

① 座谈会后笔者对阿明的访谈资料。
② 2015 年 4 月 13 日返乡工伤者小组座谈会笔记。

第八章 两个案例：工伤疾痛叙事的社区建立与赋权功能

阿凯说起自己受伤后在医院治疗的情况。他回忆医护人员给他做的治疗和护理，打趣道："哼，那个医生就把我的手这样甩过去甩过来，我就觉得我像那个小白鼠，被他们像做实验一样动过去动过来。"阿虎一听，本来靠后斜躺的身体马上坐起来，"我们进了医院，那就是人家刀板上的肉，想怎么割就怎么割，好家伙，一点不夸张的"。于是大家开始纷纷讲述自己工伤后在医院的治疗故事，叙事的主题也遵循着刚才阿凯与阿虎开启的"医疗霸权"话题。虽然大家的语气里带有一丝戏谑，甚至有的像说笑话一样，但是仍然听得出来他们对那一段"自己的身体自己不能做主"的无奈与愤怒。

或许跟参会的返乡工伤者全部是男性有关，大家的工伤疾痛叙事很少谈及身体的疼痛与心理的崩溃，也甚少提到自己的家庭，工伤经历中的疾痛多重性叙事与抵抗叙事更能引起他们的兴趣与共鸣。阿峰刚刚受工伤没有多久，工伤认定与赔偿一直没有处理好。他刚介绍完自己的工伤经历，阿凯马上接过话头讲述起自己的维权故事。他以自己的故事作为范本，指导阿峰应该怎么去处理他的工伤赔偿事宜，并且告诉阿峰有什么需要，他一定倾囊相授，需要找律师的话他也愿意帮忙。会后阿峰告诉笔者："阿凯的故事给了我很多启发，因为我的确是不太知道该怎么处理，以前没有人跟我讲得这么详细，而且他还愿意一直帮我出主意，我觉得心里要有底得多，起码知道应该往哪个方向去做。"

阿坤话不太多，在笔者的印象中他不是一个喜欢讲述苦难的人，他说他不觉得工伤对于他是一场灾难。但是当阿华讲完自己残疾后在镇上做小生意的经历后，阿坤也跃跃欲试开始分享自己工伤返乡后在家经营农活的生存经验。手部残疾的他一个人包揽了家里所有的农活，每天早上4、5点起床开始播种插秧，有时候甚至忙到凌晨12点。他随身携带两把手电筒，就是担心有时忙到太晚一只手电筒不够用。"我说这些，意思是我们虽然受伤了，但是别人能做的我一样能做，而且做得比他们还要好。"阿坤的故事在工伤者中引起很大的震动，阿高会后跟笔者说："阿坤真的是我们这个群体的骄傲，很难想象他伤成那样还能做那么多事，以后在养羊、稻田养鱼方面有什么问题我要多跟他取经。"[①]

小组座谈会整整持续了两个多小时，会议结束后我们一起端着碗吃饭

---

① 2015年4月13日田野笔记。

返乡工伤者的疾痛故事

聊天。工伤者们凑成一堆儿，边吃饭一边熟络地继续着座谈会上未完的话题，与会前的相互疏远形成鲜明的对比。"我看看你的手，伤成什么样，拿碗能行吗？""没问题，你看，早就操练出来了。"不知为什么听到他们的对话，笔者心里涌起一阵酸楚，他们是否很久没有与人这样轻松、自然地展露自己受伤的手？他们如何能够做到看着自己残缺的手掌却面带笑容？

伙伴关系原本是国际关系领域内的术语，它是国际行为体间基于共同利益、通过共同行动、为实现共同目标而建立的一种独立自主的国际合作关系[1]。此处借用这种关系概念，是因为笔者发现返乡工伤者之间建立起来的并非如惠民机构与工伤者之间的"熟人关系"，而是基于某种共同情感之上，具有共同利益、共同目标的伙伴性交往行动关系。

虽然"熟人关系"与"伙伴关系"这两种关系形式的基础都是共同的情感体验与连接，但是在这之上产生的利益关联则存在较大差异。从惠民的工作性质和要求来说，惠民对返乡工伤者现实生活的涉入非常大，他们不仅关心工伤者个人的发展，并且还参与他们家庭的方方面面。惠民与工伤者之间的关系已经脱离了"内群体"的存在，更多是一种私人的亲密交往，而且主要是以精神支持的形式存在。然而返乡工伤者之间的关系却仅仅是在"内群体"空间中存在、形成与延伸，如果跳出这个空间，他们的关系较难进入私人交往范畴。并且更重要的一点，工伤者之间的交往不能脱离共同的物质利益而单独存在，即他们的交往关系具有某种实用的功利主义目的——更好地适应病残后的生活世界。工伤者用最简单的话阐释了这种交往的实用性："我之所以过来是为了多听听其他工伤者的生活经验，看看别人有没有什么好的经验，对我自己的发展也有用处。"[2] 但是需要说明的是，此处的功利主义并非贬义，因为他们追求共同发展、共同利益的功利主义行为，"并非行为者本人的最大幸福，而是全体相关人员的最大幸福"[3]。

工伤疾痛叙事从两个方面构建了返乡工伤者之间的伙伴关系。首先，工伤疾痛叙事缩短了工伤者之间的心理距离，加强了彼此之间的身份认

---

[1] 门洪华、刘笑阳：《中国伙伴关系战略评估与展望》，《世界经济与政治》2015年第2期。
[2] 2015年11月17日田野笔记。
[3] 姚大志：《当代功利主义哲学》，《世界哲学》2012年第2期。

同。当交流者以人际的方式相互沟通时,就形成了内在的相互依存关系,并通过交流产生相互作用与影响。人际关系是通过交流和互动建立起来的,两个人之间的交流行为定义了关系。[①] 从工伤者们最初的"各自为政"到最后的谈笑风生,工伤疾痛叙事这种传播方式为他们创造了一个共同的表达空间,在这个空间里,他们可以畅所欲言平时没有机会表达的心声,而且共同的工伤经历使他们的人生旅程发生不同程度的重叠与交集,进而产生共同的身份认同。正是这种"返乡工伤者"的自我身份认同进一步界定了他们的"同类"关系,将他们从陌生变熟悉,实现建立返乡工伤者之间的互助网络的第一步。

另外,工伤疾痛叙事更新了返乡工伤者的"库存知识"。舒茨在《生活世界的结构》一书中重新阐述了生活世界的定义,他提出生活世界是人们在其中度过其日常生活所直接经验的主体间际的文化世界,其特征是预先给定性,即它存在于社会个体对它的任何反思和理论研究之前。为了理解与应对具有先赋性的外在生活世界,人们必须和科学家一样,运用一套复杂的抽象构造来理解这些对象,这种构造物就是"库存知识",普通人正是利用"库存知识"来理解世界。舒茨认为,"库存知识"是人们在主体间性的世界中逐渐形成的,是在一个人以往的主观经验的积淀中生成的,这些以往的主观经验构成了人们在面对各种情境时可以利用的库存知识。[②]

工伤事故发生以后,工伤者的生活世界发生了翻天覆地的变化,他们原有生活世界中的"库存知识"受到了质疑,"相对自然的世界观"被破坏,"想当然"的自然态度成了问题[③]。于是,为了适应工伤返乡后的病残生活,他们必须通过一切途径重新建立与现在的生活世界相适用的"库存知识",而工伤疾痛叙事的分享为他们提供了这样一个机会。正如小组座谈会上阿凯讲述的工伤维权故事为阿峰在迷茫之中指明方向,阿坤工伤后自力更生的故事给予其他工伤者榜样与力量一样,工伤疾痛叙事从不同的方面为返乡工伤者的"库存知识"增添了新鲜的血液。维权知识也好,生

---

① 王怡红:《关系传播理论的逻辑解释——兼论人际交流研究的主要对象问题》,《新闻与传播研究》2006 年第 13 卷第 2 期。
② 李芳英:《生活世界:在舒茨的视域中》,《重庆邮电学院学报》(社会科学版) 2005 年第 2 期。
③ 杨善华:《当代西方社会学理论》,北京大学出版社 1999 年版,第 192 页。

活技能也罢,都不同程度地提升工伤者应对工伤后业已变化的生活世界的能力。

基于工伤疾痛叙事的身份认同使返乡工伤者之间产生共同的情感连接,而以工伤疾痛叙事为载体的"库存知识"的共享与更新又使得他们形成某种利益共同体。所以,当他们具有共同的生活目标和共同利益时,他们便容易为了这一目标形成合作的伙伴关系。这种伙伴关系不如"熟人关系"那么亲密,那么值得信任,但是在实际的生活世界中它同样具有蓬勃的活力,能够为工伤者输送富有实践性的参照价值,实现惠民所想要达到的工伤者之间的互助、自助。

三 基于传播的社区建立

李金铨先生提出:"communication 的原始意义就是中文的'沟通',它在拉丁文中与 community 同个字源,都是 communis,即要建立'共同性'(make common) 也就是透过社区内人们面对面的沟通,彼此分享信息和情感,以建立深刻的了解。"[①] 工伤疾痛叙事作为一种传播活动,以建立惠民与返乡工伤者之间以及返乡工伤者之间"共同性"的认知与情感黏性为中介,打造起返乡工伤者互助自助的社区网络(后面简称"惠民互助社区")。

"社区"这一概念最早出自滕尼斯《社区与社会》一书,他提出"社区"与"社会"这两个概念来表征近代社会的整体变迁趋势。他认为"社区"主要存在于传统的乡村社会中,是人与人之间关系密切、守望相助、富有人情味的社会团体。连接人们的是具有共同利益的血缘、感情和伦理团结纽带,人们基于情感动机形成了亲密无间、相互信任的关系。[②] 随着社区概念的逐渐丰富,它的内涵与外延都已超出了滕尼斯提出的原初概念,比如社会群体视角、社会系统视角、地理区划视角与文化心理归属视角,它们分别都从不同的侧重点阐述了社区在不同社会发展背景下的意义。

惠民互助社区更加吻合社会群体视角与文化心理归属视角的阐述。首先,社会群体视角从过程的角度界定社区,认为社区是具有共同利益与信

---

① 李金铨:《关于传播学研究的新思考》,洪浚浩主编:《传播学新趋势》(上),清华大学出版社 2014 年版,第 5 页。
② 姜振华、胡鸿保:《社区概念发展的历程》,《中国青年政治学院学报》2002 年第 21 卷第 4 期。

第八章 两个案例：工伤疾痛叙事的社区建立与赋权功能

念的人，在共同参与和组织多样性生活的过程中所构成的群体。① 它强调了建立社区的动态过程与必要条件，即社区内部的人具有共同利益与信念。惠民互助社区的建立依赖于惠民与返乡工伤者之间的"熟人"关系与工伤者之间的"伙伴"关系，它从无到有，通过工伤疾痛叙事的分享，社区内成员纷纷加入社区建立的过程中，他们既是社区的建立者与参与者，同时也构成了社区本身。另外，文化心理归属视角则认为社区是某一地域里个体与群体的集合，其成员在生活上、文化上、心理上有一定的相互关联和共同认识。② 这种视角可以说是对经典的地理区划视角的反对，国内外越来越多的学者认识到现代社区已经摆脱了地域的限制，而成为一种"脱域"的共同体。③ 由于贵州当地地形地貌的阻隔，惠民互助社区得以建立并不是基于工伤者之间的物理距离，而是心理、文化距离。工伤疾痛叙事赋予他们共同的人生经历以及共同的生存利益，使得他们形成具备共同文化认知、共同心理认同和共同社区归属的共同体。

工伤疾痛叙事作为工伤者之间重要的传播形式，建立了他们在生活、文化、心理上的相互关联和共同认识，通过共性的寻求与分享将他们从互不相识的分散个体连接成为具有共同情感和共同利益的健康社区网络。传播学者 Ernest Bormann 认为这种个人与群体之间的互动方式是建立在疾痛故事的基础上，故事中的修辞话语为社区内成员提供了共同的历史、对现实和未来世界的期望的一致性描述。Bormann 把通过故事建立人际关系的过程称为"象征性的集合"（symbolic convergence）④，此处所谓的"象征性"指的便是健康社区内成员讲述的工伤疾痛故事中所蕴含的象征意义，即某种程度上来说，惠民互助社区的建立并非是成员个体的集合，而是他们共同人生经历所代表的象征意义的集合。

Barbara F. Sharf 等指出疾痛叙事的公共社区功能体现在以下三个方面：帮助分散的个体集合成为互相提供支持的疾病共同体；提高人们对共同的

---

① 姜振华、胡鸿保：《社区概念发展的历程》，《中国青年政治学院学报》2002 年第 21 卷第 4 期。
② 刘视湘：《社区心理学》，开明出版社 2013 年版，第 60 页。
③ 王小章、王志强：《从"社区"到"脱域的共同体"——现代性视野下的社区和社区建设》，《学术论坛》2003 年第 6 期。
④ E. Bormann, "Symbolic Convergence theory: A Communication Formulation", *Journal of Communication*, Vol. 35, No. 6, 1985, pp. 128 – 138.

疾痛经验中某一具体事件的公共认识；提供某种具有高识别度的倡导话语。① 上述三方面的社区功能实际上阐述了由疾痛叙事构成的健康社区对于病患者的"治愈"功能。此处"治愈"的含义较广，既包含身体健康水平的提升，也包含社会生存技能与文化融入能力的加强，以及健康相关公共意识的启蒙与行动等更宽泛的健康领域。那么回到 Sharf 等学者所提出的这三方面"治愈"功能，第一个功能则是聚焦于社区支持功能，以提高他们应对工伤后病残生活的生存能力；第二个功能是针对工伤者公共意识的启蒙，而第三个功能是在启蒙的基础上增强他们传播行动的能力。结合惠民互助社区的现实实践，本书同样从上述三个方面来阐述工伤疾痛叙事的社区"治愈"功能。

（一）社会支持型传播

Moss 在 *Illness, Immunity, and Social Interaction* 一书中把社会支持的功能描述为"社会疗法"。他认为社会支持为人们所遭受的各种类型的失序提供了社会治疗，它能够缓解人们遭遇失序时所产生的症状，而且为每一个人提供一个安全的传播网络，在这个网络里，他可以获得在其他网络无法得到的认可和接受，可以能够隐退起来反思自己，并且为迎接新生重做准备。在这里，他被视作一个"完整的人"，他所有的个性、角色、欲望和兴趣一一被接受，他不再是与其他人无关的个人领域的角色扮演者。然而，社会支持的缺失看起来却是大多数人所面临的失序之一。②

GoldSmith 等学者认为社会支持是一种传播行为，它本质是等同于告知、说明、教育这些传播行为的社会互动。③ 社会支持通过传播实现，最终形成某种社会关系结构。一种有利于健康的支持型关系包含富有价值的信息的交换，某种程度上说，这种信息对于处理与健康相关的不确定性，以及提高人对疾病的控制感和实现积极的健康目标非常有效。因此，我们把传播意义上的社会支持命名为"社会支持型传播"。Albrecht 和 Adelman

---

① Barbara F. Sharf, Marsha L. Vanderford, "Illness Narratives and the Social Construction of Health", in Teresa L. Thompson, Alicia Dorsey, Katherine I. Miller, Roxanne Parrott, Eds., *Handbook of Health Communication*, London: Lawrence Erlbaum Associates, 2003, pp. 9 – 30.

② G. E. Moss, *Illness, Immunity, and Social Interaction*, New York: Wiley Interscience, 1973, pp. 236 – 237.

③ D. J. Goldsmith, Mc Dermott, V. M. & Alexander, S. C., "Helpful, Supportive and Sensitive: Measuring the Evaluation of Enacted Social Support in Personal Relationships", *Journal of Social and Personal Relationships*, Vol. 17, 2000, pp. 369 – 392.

第八章　两个案例：工伤疾痛叙事的社区建立与赋权功能

早在1987年就从传播的视角为社会支持作以下定义：社会支持是传受双方之间的语言和非语言传播，这种传播可以帮助处理情境、自身、他人或社会关系中的不确定性，而且能够提高人对自身生活经历的控制。① 在惠民互助社区中，社会支持型传播通过提供有价值的信息，帮助返乡工伤者处理工伤病残后面临的各种不确定性，提升他们对生活失序的控制，从而达到Moss所谓的"社会治疗"。

首先，惠民互助社区帮助返乡工伤者重新规划生活地图，重树自我认同与人生信心。我们在混乱叙事一章反复提出，工伤这一事故灾难导致工伤者陷入人生地图失序的混乱之中，因为身体的功能障碍导致劳动力削弱或丧失，加上社会污名的无形侵蚀，工伤者完全失去了对自我的价值认同以及对未来的规划。因此，惠民从挂牌成立起就一直致力于帮助返乡工伤者重新建立对人生的希望。

阿谦，2012年在下班途中遭遇车祸，腿部、腹部、颈部均受重伤，恢复后行动缓慢，说话功能受损。返乡之后的阿谦一方面无法接受身体残疾的自己，另一方面还忍受着家庭与村邻的刻薄舆论，他对自己的人生充满绝望。偶然的机会，他了解到惠民的存在，于是主动与阿明联系，讲述自己的工伤疾痛故事，重点是倾诉自己内心里的绝望与无助。阿谦本来只是抱着"找个人聊聊天"的想法，没想到当他加入惠民互助社区之后，阿明为他出谋划策，社区的其他成员也纷纷提供自己手中的资源，比如具有个体经营经验的成员向阿谦介绍从事个体经营的门道，开设私人修理铺的成员提供学徒的专业技能学习机会，具有丰富养殖经验的成员则为他推荐养殖这条发展的道路等等。

在惠民互助社区的帮助下，阿谦现在获得了一份稳定且适合他自己的工作，笔者最近一次（2015年11月）见到他时，他整个人的状态好了许多，不仅胖了20斤，脸上的笑容也多了，愿意开口跟大家说话、开玩笑了。惠民互助社区的成员为阿谦提供的各种有价值的信息最终帮助阿谦找回了自信，增强他对残疾生活不确定性的控制。阿谦这样跟笔者回忆他与惠民结缘的日子："你知道交流对于工伤者来说有多么重要吗？以前，我总是一个人在家，没有人愿意跟我说话，我的父亲也因为我残疾拖累他而

---

① T. L. Albrecht & M. B. Adelman, *Communicating Social Support*, Newbury Park, CA: Sage, 1987, p. 19.

对我漠不关心，甚至口出恶语，我根本不知道我应该干些什么，以后的日子怎么过？但是自从认识惠民与王哥以后，他们听我说话，从来没有人这样认真听我说话，他们帮我出各种主意，其他那些优秀的返乡工伤者还提供很多学习和工作的机会给我，让我能够从家里独立走出来。现在这份工作我很喜欢，起码我能够靠我自己养活自己，不再看别人的脸色。可以说，我与惠民的关系超过了家里人的关系，比我父亲、亲兄弟都还要亲。"

实际上工伤者面临的不确定性并非完全来源于身体的残疾，更多是源于残疾无用的社会认知以及社会资本的断裂，他们无法获得一个重新证明自己的机会。而惠民互助社区正好通过传播为他们提供这样的机会，摒除他们内心对自我的质疑，提供给他们重新振作的希望与现实可能性，虽然仅仅是言语上的交流与传播，但是这些话语却能够令身陷社会隔离的工伤者走出阴霾。

另外，惠民互助社区定期交流生产、生活经验，提升返乡工伤者的现实生存能力。笔者在田野调查中了解到，惠民互助社区已经开展了养猪、花卉种植、豆棒制作、农耕设备操作等与返乡工伤者相关的知识培训与交流。除了偶尔邀请外面的农业专家，大多数传播这些经验知识的都是惠民互助社区里的成员，他们受伤返乡后积极发展农业与养殖业，在惠民互助社区中具有较高的威望。他们将自己的工伤疾痛故事，尤其是抗争残疾的经历分享给其他的社区伙伴，希望能够为他们提供解决同类问题的方法。前面所提到的"库存知识"概念正是这个意思，这种形式的社会支持型传播增加了社区内成员的农业生产、生活的知识与经验，提升了他们应对现实生存实践中不确定性的能力，避免更大的生活风险。

Cobb 提出，社会支持信息是为了让主体相信：a. 有人在关心他，爱他；b. 给予他自信与价值；c. 他属于某个具有共同责任的传播网络。[①] 惠民互助社区的上述两种社会支持型传播通过工伤疾痛故事的倾听与讲述给予了阿谦情感的慰藉，丰富了他的生活经验，增强了他对未来的信心，以及对自我价值的认同，而这两种传播形式最终都巩固了惠民互助社区的稳定与亲密关系，使每一个助人或受助的工伤者感到自己作为社区内成员所承担的共同责任，即助人自助。

---

① S. Cobb, "Social Support as a Moderator of Life Stress", *Psychosomatic Medicine*, Vol. 38, 1976, pp. 300 – 314.

（二）工伤"正义"意识启蒙

在社会支持型传播中，信息型支持一直不断地更新返乡工伤者应对生活世界的库存知识。"范式"这个概念常用来研究科学共同体如何解决某领域科学问题的方法与程序，它作为一种知识规定了价值取向，而公众接受知识的模式也与之类似，同样具有价值性与导向性。① 社区既然以一种共性的集合体存在，那么在信息与知识的传播中必然发展、建立起一套共同的社区价值观念，社区内成员认同并且在现实实践中遵循。惠民互助社区是由返乡工伤者基于共同的工伤经历而形成的互助社区，社区的正常运行有赖于他们内部虽未明文规定但却约定俗成的，有关工伤的价值观念体系。在惠民互助社区的日常互动中，他们除了传播与返乡工伤者现实生存息息相关的支持型信息之外，还会跳脱出个体的生活，加入有关工伤的社会公共话语的讨论，本书把这样的传播叫作"正义的意识启蒙"。

从古至今，由内而外关于"正义"的阐述不胜枚举，各家之言也使得"正义"正如博登海默（Edgar Bodenheimer）所言："正义有着一张普洛透斯似的脸，变幻无常、随时可呈不同形状并具有极不相同的面貌。"② 王桂艳博士比较了正义、公平、公正三者之间的共性与差异，指出"正义"是人类社会的永恒追求，"正义"比"公正"和"公平"的要求都要高，它是一个关乎"人的价值、尊严以及人的发展的根本问题"的范畴，正义"体现着真、善、美的全部内涵"，"正义的本质就是人对人自身本质的确认。在这个意义上，正义是人之为人的真正之义"。③

惠民互助社区中关于工伤"正义"的启蒙传播与王桂艳博士笔下阐述的"正义"不谋而合。无论是对自身工伤经历的回忆，还是对他人工伤经历的评述，社区内成员都表达了对工伤者作为劳动者的价值、尊严的强调，以及对"非正义"的反抗。虽然这些价值观念不能像前述社会支持型传播那样直接有益于他们的日常生活，但是正是对于工伤"正义"的认知使他们找到人之为人的真正之义。

老王是当地一家磨料厂的工人，从去年开始，他与工厂里的好几位工

---

① 陈文勇：《公众"库存知识"范式的初步探究》，《科学研究》2005 年第 23 卷第 6 期。
② ［美］E. 博登海默：《法理学——法律哲学与法律方法》，邓正来译，中国政法大学出版社 1999 年版，第 252 页。
③ 王桂艳：《正义、公正、公平辨析》，《南开学报》（哲学社会科学版）2006 年第 2 期。

人相继检查出尘肺病，其中一些工人在工厂的威逼利诱下同意了以几万块钱私下了结，唯独老王和另外两位工人一直不肯同意工厂名为帮助工人，实际上却剥夺工人利益的私了方案。老王找到惠民，加入惠民互助社区，向社区内成员讲述磨料厂工人们的工伤疾痛经历，并且为工人们的一盘散沙、鼠目寸光感到失望与气愤。于是，在惠民互助社区内部，展开了一场工伤"正义"的大讨论。

第一种工伤"正义"的表达是：工伤是因工而伤，并非个人倒霉。老王认为，工人们是在工厂工作期间因安全保护措施不当而患上尘肺病，工厂有责任按照法律规定程序保护工人们的权益，而不是工人"走霉运"自担其责。在社区内部，不乏部分返乡工伤者持有"工伤是自己倒霉"的价值观念，他们不但不认为工伤是厂方的责任，反而对工厂老板感到不好意思。笔者曾听过返乡工伤者说过这样的话："自己要出去打工，弄伤了怪得了谁？老板也是挺可怜的，人受伤他还得赔钱，所以象征性的赔点钱就可以了。"所以，老王有关工伤"正义"的阐述为这些社区成员进行了意识启蒙，让他们认识到，自己作为一个合法的劳动者，他的伤不是个人问题，而是社会公共问题。

第二种工伤"正义"的表达是：维权是合法权利，并非贪钱敲诈。老王的言论激发了用三年时间艰难维权的阿凯，他义正词严地说："我们很多受工伤的人都认为去找老板理论、维权是一件很丢人的事情，是去问别人要钱的、没有骨气的事情。但是我想说不是这样的，我们出去打工，虽然做的都是城里人不愿意做的工作，但是不代表我们的人格、尊严就要低人一等。我们受伤去维权，不是借着这个伤去讹老板的钱，大家都觉得我们农村人出来就是赚钱，但是这是法律规定给我们的权益，这是我们应该得的，所以我要去争取，为的就是这口气。"阿平是一位受伤后同意与老板以三万元私了返乡的工伤者，在之前的访谈中他曾这样解释私了的原因："当时我没有去跟老板拉拉扯扯，总觉得让人家瞧不起，觉得我们农村人是在问他们要钱，我这个人干不出来这种事"。会后阿平跟笔者说很后悔当时没有坚持自己的合法权益，其实是自己内心的自卑，使得他没有认识到维权的正义性，如果再让他选择一次，他一定会根据法律的规定为自己丧失的三根手指找回一个公道。或许阿平的觉悟晚了一些，但是老王与阿凯的维权正义性传播达到了这样的意识启蒙效果，说不定哪一天阿平的这一意识会帮助到他身边需要的人。

第八章 两个案例：工伤疾痛叙事的社区建立与赋权功能

惠民互助社区为返乡工伤者们提供了这样一个开放的空间。在这里，返乡工伤者们能够自由地抒发自己对工伤的看法，用他们的话说是"大老粗的话，上不了台面"，但是源于工伤者内心的"另类"话语才更具有力量。也正是这样的"粗浅"话语建立了一套高于日常生活实践的工伤"正义"价值体系，这套体系在互助社区内自由流淌，赋予每一位返乡工伤者工伤的正义性，这样的正义性能够使他们从心里免于遭受外人的歧视与误解。如阿明所说："社会支持型传播更着重于社区成员的生计发展，而关于工伤正义的价值体系传播是能够让每一位返乡的工伤者在人格上与其他人平等，只有形成完整的人格尊严，他们才能更有主动精神去生存，去生活。"

（三）工伤疾痛叙事的传播行动

劳德（Lorde）在乳腺癌患者研究中这样写道："如果我们将围绕着乳腺癌的沉默转化为语言和行动，那么迈出的第一步就是，进行了乳房切除术的女性们要相互沟通，因为，沉默与隔绝只能失去力量相伴。"[1] 如果说惠民互助社区内的社会支持型传播与工伤意识启蒙传播是他们在社区内部将沉默转化为语言和行动的第一步，那么走出社区，面向健全人群体、面向村落社会的工伤疾痛叙事便是他们使用传播实现政治性主张的重要一步。

传播行动主义是传播学研究的一个重要框架，它的任务不仅仅是"认识世界"，还在于"改造世界"。传播行动主义（communication activism）即采用各种传播手段，如大众媒介、新媒介、传统媒介，如墙报、民谣、街头剧，以及其他文化形式来推动社会变化的行动主义。[2] 主张（advocacy）是传播行动主义的一种特殊类型，即采取行动是为了支持某种特别的目标。[3] 一般而言，传播行动主义中的主张往往是政治性的，它关注政策制定与立法或其他形式的政治。一提到"政治"，人们总会首先与宏观层面的政治结构相联系，但是实际上"政治"深入我们每一个人的日常生活，它可以被定义为"有关一个特定问题的各种利益结构，也可以定义为

---

[1]　A. Lorde, *The Cancer Journals*, San Francisco: Aunt Lute Books, 1980, p. 61.
[2]　卜卫：《"认识世界"与"改造世界"——探讨行动传播研究的概念、方法论与研究策略》，《新闻与传播研究》2004年第12期。
[3]　[美]帕特丽夏·盖斯特—马丁、艾琳·伯林·雷、芭芭拉·F. 沙夫：《健康传播：个人、文化与政治的综合视角》，龚文庠、李利群译，北京大学出版社2006年版，第311页。

传播这些利益的过程"。作为结构的政治表现在某个问题上人们所处的地位或所具有的权力（如医生、律师等）、人们如何看待某个问题，以及在此问题上他们的利益得失。作为过程的政治则体现在人们对其利益的传播方式中，谈论某个问题的方式，试图以自己的观点说服他人的方式，以及使某些相关行为成为可能或不可能的方式。①

惠民互助社区的工伤主张面对社区所在村落区域，它的传播目的是为了促进社会主流群体对工伤及工伤者的认识与了解，一方面避免更多的工伤发生；另一方面旨在消除社会对工伤残疾者的社会污名。如果说"政治"可以如上述那样理解为基于某个问题的某种主张的传播，那么惠民互助社区这种面向村落的工伤疾痛叙事也可以毫无疑问地归为传播行动主义的"主张"范畴。

自惠民机构成立以来，阿明与阿秀在工伤探访中接触到了大量返乡工伤者的工伤疾痛故事。在自己与社区成员的多年现实经历中，他们认识到以健全人为主的主流群体对工伤残疾群体存在较深的误解与偏见，因此为了改善工伤残疾群体的生存环境，实现群体间平等的话语交流与沟通，惠民机构开展了"工伤疾痛案例传播"的项目。按照传播对象的类型，惠民互助社区成员整理了与之对应的传播故事案例，见下表：

表8-1　　　　惠民互助社区"工伤疾痛案例传播"的项目设计

传播对象	传播故事案例	传播方式	传播目的
可能外出打工的青壮劳力	受伤经历集锦（包括受伤过程与原因）	小册子《高危害程度的机械设备介绍》+工伤者现场讲述	避免工伤事故发生
社区外工伤者	工伤维权故事	正面案例与负面案例同时讲述	普及工伤认定与赔偿知识，鼓励工伤者运用法律武器维权
返乡工伤者	工伤后自立自强的正能量故事	宣传册+现场讲述	传播工伤残疾不是人生的终点价值观念，鼓励返乡工伤者重树信心

---

① ［美］帕特丽夏·盖斯特—马丁、艾琳·伯林·雷、芭芭拉·F.沙夫：《健康传播：个人、文化与政治的综合视角》，龚文庠、李利群译，北京大学出版社2006年版，第97页。

第八章　两个案例：工伤疾痛叙事的社区建立与赋权功能

续表

传播对象	传播故事案例	传播方式	传播目的
工伤者家属	1. 工伤者的内心世界 2. 家庭支持故事	现场讲述	增进家庭成员对工伤者的理解，缓解家庭矛盾，倡导为工伤者提供更多家庭支持
社会成员	工伤者遭遇社会污名的故事（身体歧视、就业歧视、工伤污名归因等）	宣传册+现场讲述	指明主流社会环境对工伤者的社会污名以及心理伤害，呼吁社会其他成员理解、尊重工伤残疾群体

通过上述针对不同传播对象的疾痛故事传播活动，惠民互助社区向社会主流群体传播了他们作为"另类"群体的三类工伤主张。第一类是面向返乡工伤者的"鼓励主张"——"工伤残疾不是人生的终点"。惠民互助社区通过讲述工伤者自立自强的故事为其他返乡工伤者树立生存发展的榜样，使他们明白工伤残疾只是生活方式的变化，只要内心葆有活力，人生依旧可以精彩；第二类主张是面向社会成员的"抗争主张"——"残疾并不低人一等"。首先，揭示社会污名的存在本身就是一种反抗，这些故事直接地把社会主流群体对返乡工伤者的歧视与伤害暴露出来，使他们意识到他们所认为的一个无足轻重的动作或表情或语言，对于工伤者而言是多么巨大的伤害。活动设计者认为，只有在彼此互相认知、了解的前提下，群体之间的情感共鸣、理解与支持才得以建立；第三类主张是面向打工者与社区外工伤者的"责任主张"——"提高警惕减少工伤伤害，如若受伤，请勇敢维护劳动者的合法权益"。阿明这样阐述责任主张："我们是受过伤的，所以我们不希望有更多的老乡跟我们一样。因此，我们有责任把我们的故事传播出来，让他们以后在外出打工时尽可能地降低受伤的风险，如果真的不幸，那么也能够合法维权，减小工伤对现实生活的影响。"

暂且不谈这一传播项目的最终效果如何，惠民互助社区的这一项目策划与设计已经凸显了传播行动主义的政治内涵，他们通过工伤疾痛叙事这种传播手段，向社会不同类型人群传播他们对工伤以及工伤疾痛的"另类"观点与主张，反对社会主流群体的关于身体与工伤的意识形态话语与行为，期望这样的传播主张能够加深社会主流群体与工伤残疾群体之间的互相了解，在了解的基础上为工伤残疾群体提供更多的社会支持，提升他们的健康水平与生活水平。

第二节　自我健康赋权：阿英的工伤疾痛叙事传播

1993年11月19日深圳致丽玩具厂发生的那场大火恐怕在阿英的记忆里永远不会褪去。烧得僵直的双手双腿、扭曲的脊椎、变形的面部与牙齿、布满伤疤的皮肤，时时刻刻都提醒阿英那场大火并未远去，就像那副业已发黄的拐杖一样，阿英说那就是她的第三条腿，将陪伴她一生。

每天早晨，阿英穿着睡裙站在阳台上简单活动身体，然后为女儿做好早餐，换上长袖长裤，拄着拐杖走路或搭乘公交车到服务站。车站与服务站之间隔着一长串步行梯，正常人走起来都气喘吁吁，但是阿英拄着双拐却轻车熟路。到了办公室后，阿英先取下假肢，重庆夏日的高温使得她烧伤的皮肤无法正常排汗，假肢与腿部结合处时常磨出伤口，她习以为常地从抽屉里拿出膏药，涂擦患处，抬头笑着说："你会不会觉得这样很不雅观？哈哈哈"。隔壁服装店的老板时常过来服务站"串门"，她提议给阿英化妆，笔者本以为阿英会礼貌地拒绝，但没想到她开心地拍手说好啊好啊，像一个小女孩儿。

在接近两个月的相处中，笔者时常怀疑自己的眼睛，烧伤面积高达75%的阿英为何脸上总是带着笑容？她不介意裸露自己"难看"的伤疤，她真诚地与路上每一个认识的人挥手打招呼，她坚持在拥挤的公交车上独自站立、不寻求帮助，她不断地通过书籍、网络吸取知识、丰富自己。从受伤至今（田野调查开展的时间）22年间，阿英经历了死里逃生、自卑封闭、开放内心、自我认同一系列的转变，她从那个"恨不得钻进地洞"的阿英成长为今天思想独立、生活阳光、品格自信的社会组织领袖。笔者试图从跟阿英的谈话中追问发生这一重大转变的原因，发现她在不同阶段面向不同群体的工伤疾痛叙事在这一赋权过程中扮演了重要的作用。

一　传播与赋权

赋权empowerment，又译为增权，它最早出现在20世纪60年代保罗·

第八章 两个案例：工伤疾痛叙事的社区建立与赋权功能

弗莱雷（Paulo Freire）向第三世界广泛推广的"批判的教育学"①，他把现代化范式与传统压抑性的自上而下的教育结构相类比，提出了一种关注解放和实践的参与式路径，而赋权是参与式路径中最为重要的过程与目标。关于赋权概念的描述，不同学科有不同的论述。从赋权产生的情境来看，可以将它分为动机性概念和关系性概念，以区分个体心理与社会关系两个层面对赋权进行界定。从心理学的个体动机角度看，赋权是"赋能"或是一种"自我效能"，它源于个体对自主的内在需求。在这个意义上，赋能就是通过提升强烈的个人效能意识，增强个体达成目标的动机，它是一个让个体感到能自己控制局面的过程。② 福柯曾说，"权力其实是在社会结构和社会关系当中的，是在人与人之间、人和组织之间发生的"③，所以赋权作为一种代表增进权力的概念，必定不能脱离社会关系范畴，单一地从个体心理动机讨论赋权，赋权是在一定的社会关系情境中不断变化的流动体系，或者说赋权是在社会互动关系中得以实现的，即关系性"赋权"。

赋权理论进入传播学领域是在20世纪七八十年代发展传播学的范式转换中，施拉姆强调且在第三世界推行的以西方资本主义意识形态主导的、单向度的发展传播模式宣告失败，参与式范式成为发展传播学最突出的理论取向与方法论，而赋权即是参与式发展的重要核心。韩鸿教授认为发展传播学的范式转变是在20世纪60年代风行的"解放神学"的影响下进行的，其"社会公正""社会行动"以及被压迫者的"解放"的概念丰富了发展传播学的理论体系。他指出："在弗莱雷'解放教育'的思维框架下，传播被构想为一个对话和参与的过程，以达到构建文化身份、信任、权属和赋权的目的。这种把传播视作通过经验分享和重建进而赋权的观念，给传播学提供了一种有别于西方思想的基于实践的理解。"④ 在此理论源流影响下，传播赋权的概念应运而生，它是赋权理论在传播学领域生根发芽的结果，主要指利用传播媒介达到赋权目的的传播活动与传播

---

① 参见北京大学新闻与传播学院教授师曾志教授2011年12月3日在中山大学传播与设计学院的演讲PPT《新媒介赋权与后慈善公益时代的到来》，2011年12月3日，http://www.docin.com/p-1328116862.html。
② 丁未：《新媒介赋权：理论建构与个案分析》，《开放时代》2011年第1期。
③ 师曾志：《新媒介赋权视阈下的国家与社会关系》，《北大新闻与传播评论》，北京大学出版社2013年版，第73—93页。
④ 韩鸿：《发展传播学近三十余年的学术流变与理论转型》，《国际新闻界》2014年第7期。

研究。

丁未指出，西方的赋权理论具有三种取向：（1）弱势群体的赋权；（2）赋权的传播性质；（3）赋权的实践性①。首先，赋权与无权、弱权相对应，即赋权的对象往往是那些在社会中处于无权或弱权状态的社会底层群众，即通过赋权增加他们动员社会资源、增强社会控制的能力。另外，赋权是在一定的社会互动关系中发展实现，没有互动传播，赋权便难以实现。罗杰斯和辛戈尔（Rogers & Singhal）在《赋权与传播：来自社会变革的组织经验》一文中提出："主张将赋权的根本视为一个传播过程，这个过程产生于小群体内众多个体间的相互交往。"② 第三，赋权并非纸上谈兵，它具有极强的实践性，即它必须在赋权对象的现实生活中实施，并且赋权的最终效果也必须能够在实践中进行验证和评估。

赋权理论的这三个取向无疑也适用于传播赋权，社科院新闻所卜卫研究员通过长期的传播行动研究对此深有感触，"传播研究应该以人为中心，重点关注社会中拥有资源最少、权力最小的人群，如何利用传播改善自身状况、推动社会变革"③。赋权理论的基本假设在于：个人的无权或弱权状态是由于外部社会环境对其产生的压迫和排挤所导致；社会环境中存在着直接和间接的障碍，使人无法发挥自己的能力，但是这种障碍可以改变；弱势群体在适当的协助之下，可以提升自己的权力和能力；强调弱势群体并不是无能力，他们是积极的主体。④ 而某种程度上传播可以协助无权或弱权者改变上述提及的社会障碍，激发他们的自我效能，使之成为积极的主体，增强应对外部社会环境与社会关系的能力。

无论是传播赋权还是其他形式的赋权，赋权都可以分为三个层次：个人赋权、群体/社区赋权和社会赋权。个人层面的赋权是指自我赋权，它整合了个人认知、态度与行为三个方面的赋权，包括个人控制力的认知、自我身份的认同、社会政治文化环境的批判性意识以及参与社会关系的积

---

① 丁未：《新媒介赋权：理论建构与个案分析》，《开放时代》2011 年第 1 期。
② 陈楚洁：《公民媒体的构建与使用：传播赋权与公民行动——以台湾 PeoPo 公民新闻平台为例》，《公共管理学报》2010 年第 7 卷第 4 期。
③ 李松蕾：《北大新闻学茶座（38）：卜卫研究员谈 "流动人口、传播与赋权研究——兼论行动传播学研究的方法论与研究策略"》，《国际新闻界》2014 年第 6 期。
④ 罗天莹、连静燕：《农民工利益表达中 NGO 的作用机制及局限性——基于赋权理论与 "珠三角"的考察》，《湖南农业大学学报》（社会科学版）2012 年第 13 卷第 4 期。

第八章 两个案例：工伤疾痛叙事的社区建立与赋权功能

极主动等；群体/社区赋权是群体组织或社区组织的赋权过程，赋权指"组织一群人一起工作，以改进集体生活，并与协助维持其生活质量的社区组织或能动者保持联系"①。与自我赋权相比，群体/社区赋权是对某一群体中的所有成员赋权，而非某一个人，它一般发生在分散的个体无法达到目标时所连接而成的集体行动中；社会层面的赋权，同我们前面提及的传播行动主义类似，即通过某种形式的主张或行动改变社会规范或政策制度，以达成瑟韦斯（Jan Servaes）笔下的"为了发展与社会变革的传播"②。

根据上述对三个层次赋权的描述，结合田野调查中的访谈资料与参与式观察资料，笔者认为工伤疾痛叙事对阿英的赋权集中体现在个人层面的健康赋权上。健康赋权是赋权在健康教育与健康促进领域的一个重要研究框架，世界卫生组织 WHO 将健康赋权定义为："为改善慢性病的健康结局与生活质量而形成的一种积极的合作关系及患者的自我护理策略"，它是健康的先决条件。③ 张姮等在老年健康管理研究中这样阐述健康赋权的特点④：首先，健康赋权重视病人的体验和内在力量；其次，健康赋权强调病人的主动参与，而非被动接受；再次，健康赋权涉及病人与周围社会环境，尤其是医护环境的互动交往；最后，健康赋权既是一个动态的变化过程，也是达到激发病患者内心潜能、恢复身体健康与正常的社会交往功能的赋权结果。

可见，在健康赋权的过程中离不开传播的作用。传播作为实现赋权的一种手段，它的最终目的是促进病患者的身体康复与心理康复，提升他们重新融入社会的各方面能力。阿英受伤之后，在很长一段时间内遭受着身体康复的疼痛、社会交往的断裂以及自我效能感降低而导致的无助、自卑等负面情绪，可以说她的现实生活已经一片狼藉。但是，阿英在不同的健康阶段向不同的对象进行工伤疾痛传播，实现了她个体层面的健康促进、社会关系重塑和自我价值认同这三方面的赋权，最终增强了阿英应对残缺

---

① M. A. ZIMMERMAN, "Psychological Empowerment: Issues and Illustrations", *American Journal of Community Psychology*, Vol. 23, No. 5, 1995, pp. 581 – 599.

② 张凌、陈先红：《瑟韦斯的发展传播学学术思想述要》，《武汉理工大学学报》（社会科学版）2015 年第 28 卷第 2 期。

③ D. Neuhauser, "The Coming Third Health Care Revolution: Personal Empowerment", *Quality Manage Health Care*, Vol. 12, 2003, pp. 171 – 184.

④ 张姮、姜安丽：《健康赋权理论在老年慢性病管理中的应用和启示》，《护士进修杂志》2012 年第 27 卷第 10 期。

生活的控制能力。因此，本节将从这三个方面讨论工伤疾痛叙事对阿英的自我健康赋权功能。

二 健康促进：工伤疾痛叙事的资源动员

迈克尔·伯里认为，慢性病破坏了病患者的人生进程，病人对慢性病破坏的反应涉及了新情境下的资源动用，包括物质资源和情感性的社会支持网络，以便获得较满意的结果。① 任何一个社会人，不论是病人还是健全人，当他们处于某种困境的时候，总会出于本能向自己的社会关系网络发出求救信号，借助这一网络提供的各种资源渡过难关。此处，我们把这种向外"求救"的行为称为资源动员。资源动员本来是应用于集体行动的社会运动研究，资源动员理论认为资源总量的大小及其组织化程度是决定社会运动成败的关键，资源总量越大，资源的组织化程度越高，成功的可能性越大。②

在个人的资源动员中，仍然存在所动员的资源总量越大，资源获得越稳定、持续，个人摆脱生存或发展困境的可能性就越大的情况。尤其对于那些身患重病的社会底层民众来说，由于他们本身所具有的社会资本③有限，因此他们更加需要向外部进行资源动员，以增强自己应对疾病与生活的能力。

（一）阿英的健康困境

> 在南方医院治疗大半年，我先后动了三十多次手术，但是身体一天比一天瘦，后来还送进了ICU重症，我觉得活不久了，所以跟我爸爸讲，我死以后把我埋在老家后面那棵大树下。后来我们出院回家治疗，那时候我还不能动，身上没有一块好皮肤，到处都是光骨头。出院前，医生给我做身体鉴定，说我100%丧失劳动能力，全身关节僵

---

① 郇建立：《慢性病与人生进程的破坏——评迈克尔·伯里的一个核心概念》，《社会学研究》2009年第5期。

② 石大建、李向平：《资源动员理论及其研究纬度》，《广西师范大学学报》（哲学社会科学版）2009年第6期。

③ 布迪厄最早将"社会资本"概念引入社会学研究，他将社会资本定义为个人通过体制化的社会关系网络所能获得的实际或潜在资源的集合；个人社会资本的多寡取决于其网络规模的大小和网络成员靠自己权力所占有资源的多少，拥有较多社会资本的人能够更方便地获取各种利益。参见赵延东、洪岩璧《社会资本与教育获得——网络资源与社会闭合的视角》，《社会学研究》2012年第5期。

第八章 两个案例：工伤疾痛叙事的社区建立与赋权功能

硬，手脚无力，大脑神志清醒，烧伤面积高达 75%，是重度烧伤。我爸爸悄悄问那个教授，我出院之后还有没有活的希望？教授说如果能接受好的治疗，就要看一年半载能不能坐起来，不能坐起来的话，就要长期躺着，活的希望就渺茫。我觉得在南方医院这么好的大医院都治不好，回老家以后只有等死。

1994 年的 7 月份，我爸爸抬着我回来了。七月份正是热的时候，我全身溃烂，抬我的担架都沾了血。中途在宾馆住宿的时候，还要帮人家把沾满血水的床单换下来。回家以后，我妈、二姐看见我躺在床上的样子，就在门外使劲哭。那时候，我一点都不能动，而且全身都很痛。

天气凉快一点还好，天一热它就会烂，反复溃烂，伤口就好不了。刚开始躺在床上的一两年，我爸妈每天照顾我，帮我翻身、上药，还要给我弄好吃的补充营养。那时候我们家那么穷，我爸都舍得每天花十块钱给我买一条鱼。但是我的伤口还是溃烂，好了又烂，烂了又好，反复烂。

1995 年过后，因为有了电视，我想看电视，我妈就拿枕头给我肩膀垫高一点，开始枕头很薄，后来又放一个枕头在上面，慢慢地我的颈部这一块就开始能抬起来了。但是我的腰是硬的，不能弯曲，我妈就垫两个枕头在腰下，当时还觉得有点矮。为了锻炼我的腰，家人就把铺盖折叠着放在腰下面，就这么慢慢地锻炼。锻炼一段时间后，就放两床铺盖在腰下面。天呐，腰真是痛，感觉要断了。就这样一天天、一年年锻炼，后来我终于可以稍微坐起来了。再到后面，我可以坐在凳子上从一个地方移动到另一个地方，当时我爸妈都高兴地哭了。

虽然跟刚回来时比，我好了很多，能够下床，但是身体还有一些斑，再加上全身植皮，很多地方是扯着的。按道理还应该接着治疗，把它切开，手才能活动。我动了二三十次手术，手就动了四五次，胳肢窝下面的疤痕没有完全好，越扯越大，中间就又开始烂。直到我在重庆动手术前，我的手都不能抬起来。我的两个膝盖和你们的膝盖不一样，我膝盖平面的骨头都切了，你看后面那些黑点点，那是在原来烧伤的斑痕基础上又磨伤的。我的左腿因为恢复不好，又长了斑痕，腿部的血液循环下去就流不上来，所以这儿长了一些很大的肿瘤。本来是应该动手术切掉的，但是回来这么多年，当时赔偿的那十几万治疗费早已经花完了，根本没有能力再去做这么大的手术。（CYY，F，

20150707，CQ）

与其他残疾的返乡工伤者不同，阿英回家之后还时刻徘徊在鬼门关口，医生告诉她如果能够接受好的治疗，一两年内能够坐起来，她就有生还的可能。心灰意冷的阿英早已放弃了活着的希望，但是父母家人对她的爱使得她不能自私地选择了结生命。在家人的悉心照料下，经过一两年的康复训练，阿英渐渐能够动弹、翻身、躺坐、借助工具移动，她及其家人重新看到了生存的希望。但是手部、脚部的斑痕不仅没有康复，反倒恶化，阻碍了阿英的身体康复进程，甚至危及她的生命。事故发生后，阿英作为受伤最严重的女工，获得了十多万元的医疗赔偿金，阿英的父母把这笔钱全部花在阿英的身体治疗与康复上，比如在县城里为阿英安置方便治疗的住所、住院治疗、日常生活等等，这笔钱已经所剩无几，再也无法承担后续的手术康复治疗费用，所以阿英的手和腿在较长的一段时间里都没有得到进一步的、彻底的治疗。看着腿上的肿瘤越来越大，阿英和她的父母伤透了脑筋。

（二）工伤疾痛叙事的资源动员方式

工伤疾痛叙事是阿英进行资源动员的主要手段，因为在阿英面向外部寻求资源帮助的过程中，她必须首先通过疾痛叙事把她的健康困境与诉求传递给外部社会。从资源动员的对象来区分，阿英通过工伤疾痛叙事进行资源动员的方式有两种：媒体叙事的社会动员与人际叙事的资源动员。媒体叙事的社会动员是指阿英通过媒体向社会讲述她的工伤疾痛故事，借助媒体的影响力使得广大范围内的社会成员获知她的生活状态与健康困境，最终实现资源动员以达健康赋权的目的；人际叙事发生在阿英与特定成员之间的信件交往中，在对方主动表明资助意向的情况下，阿英通过讲述工伤疾痛叙事一方面向外传递她的近况以加深双方的了解互动，另一方面也起到了资源动员的重要作用。

1. 媒体叙事的社会动员

1997年6月前后，《南方周末》刊出对致丽火灾伤者生活现状的报道，里面很大的篇幅介绍了阿英的身体康复情况。[①] 阿英回忆说，当时在广东

---

① 由于时间较远，无法获得这篇报道的原文，阿英也没有留存。文中所述的报道内容源于阿英的回忆。

住院治疗时，南方周末的记者就对她进行过一次采访，媒体记者对她的不幸感同身受，令她非常感动。因此时隔四年之后，当南方周末的记者再次提出采访的要求时，她非常乐意地接受了。

阿英在媒体报道中的工伤疾痛叙事主要集中于返乡之后的身体康复过程与生存状况。她从刚回到老家时的万念俱灰讲起，到家人多年的不离不弃与悉心照料，再到身体开始有些好转时的欣喜若狂，最后也客观描述了目前身体存在的问题与治疗费用的捉襟见肘。报道在最后刊登了阿英的联系方式，并且向广大社会呼吁关注致丽大火幸存者的生存状态。报道刊出几个月之后，出乎阿英意料的是，她陆陆续续接到来自全国各地不同人群的信件，其中就包括后来为她提供医疗信息与手术方案的医院专家。

这封来信的开头是这样写的："×××小姐，您好！我是××医院烧伤科的艾教授，从事烧伤治疗近四十年，对烧伤后疤痕手术尤其内行。我看了南方周末的报道以后，对你的不幸遭遇深表同情，我很愿意为你解决困难，帮助你，全心全意为你服务。"① 接到这封来信的阿英喜出望外，她继续与这位教授书信联系。在回信中她把这位教授的来信与关心称作"困难中遇救星"。阿英详细地讲述了自己受伤的经过，回家过程中伤口的感染，三四年间反复发作的烧伤后遗症以及自己目前的健康困境与家庭困境。她虽然没有在信中直接向教授提出医疗救助的需求，但是她真实的工伤疾痛故事本身就是实现资源动员最为有力的武器。

2. 人际叙事的资源动员

韩志明在群体行动的资源动员研究中指出，个人的资源动员是人们最为常见的动员方式，而且具有亲缘关系与朋友关系的人最容易成为资源动员的对象。② 个人的资源动员对象一般处于动员者人际交往链条的上端，他们具有更多的社会资本可供使用，并且与动员者存在某些方面的情感连接或利益连接。

同样是在 1997 年前后，香港大学的几位志愿者来到重庆忠县，找到了阿英，他们把阿英的工伤疾痛故事带回了香港。据阿英回忆，这个故事除了讲述她当时的健康与生活状态之外，还增加了香港志愿者们对阿英乐

---

① 由于涉及信件隐私，所以本书中所有信件内容都只截取涉及资源提供的部分内容。信件编号 102455。

② 韩志明：《利益表达、资源动员与议程设置——对于"闹大"现象的描述性分析》，《公共管理学报》2012 年第 9 卷第 2 期。

观、开朗、健谈、爱笑的性格的描述。于是从那一刻起，阿英的生命里就出现了阿邦、达叔（均为化名）这些"天使"。阿英告诉笔者："香港朋友的到来改变了我的生活，可以说是他们带给了我新的希望，如果没有遇到他们，我都不知道现在会是什么样子。"

达叔在获知阿英的工伤疾痛故事与目前的健康困境之后，给阿英写了这样一封信："×××，你好！我是一个香港的同胞，在此向你致以深切的问候。……你凭着勇敢坚毅的精神，克服死亡，战胜病魔，真是个非常了不起的女孩子。……你现在的生活怎么样啦？伤患有否好转？有什么可以为你效劳的地方吗？最后，如有机会，希望能到你的家乡看望你。"① 短短的一封信令阿英感慨不已，香港对于当时的她来说，是一个多么遥远的地方，在那里，还有这样一群同胞在关心她，愿意为她提供帮助，这是她从未想到过的。

阿英在回信中讲述了自己目前身体伤口反复溃烂的健康问题，达叔便从香港为阿英寄去了缓解伤口疼痛的膏药。在后面的通信中，阿英与达叔的交流越来越多，他们谈到了工伤的责任归属以及维权的必要性，因此阿英在一封回复达叔的信中明确提出了维权请求："作为一个农村的姑娘，丧失了劳动能力，可真不知道怎么活下去，还要一直忍受着伤患的痛苦和昂贵的医疗费用。四年过去了，至今还有几处伤口久治不愈，什么药都用过了也不见好，我不知道是什么原因。这次你的两位同事过来拍了照片，收集了资料，我希望更多的人看到，给工厂老板（外资）施加一些压力，让他更多地了解实际情况，他要是有良心和良知的话，应该付给我们医药费、生活费与护理费。"②

这是在笔者收集的所有信件中，阿英第一次明确地向外界进行资源动员，而她动员的基础仍然是着眼于她真实的工伤疾痛叙事。不管是信中所讲述的故事，还是友好人士实地观察所听闻的故事，阿英的疾痛叙事都为资源动员提供了最好的诚信证明，即通过她的叙事，资源动员对象能够了解到她发出请求的原因与目的，以及这些原因目的的可信程度，这些因素都决定了最后资源动员对象是否同意提供资源支持。

（三）工伤疾痛叙事的资源动员机制

不管是通过媒体还是个人进行资源动员，阿英的工伤疾痛故事都是完

---

① 信件编号 113851。
② 信件编号 114254。

第八章　两个案例：工伤疾痛叙事的社区建立与赋权功能

成资源动员、实现健康促进的赋权手段。那么，是否所有的疾痛故事都能成功地实现资源动员呢？阿英在这个过程中的工伤疾痛叙事有什么特点？即她的工伤疾痛叙事是如何达成资源动员的目标的？

1. 真实机制

在田野调查中，笔者时而发现一种夸大工伤疾痛的叙事存在。比如，一位食指末指节被机器压断的妇女，从我们踏进她的家门起，她便一直不停地跟我们说她的生活有多么困难，手部工伤对她的劳作影响有多大。从工伤评级角度来说，她的受伤程度的确不算严重，虽然对生活会有影响，但是根据工伤社会组织机构成员的判断，她的疾痛叙事确实存在夸大的嫌疑。阿明这样跟笔者解释她夸大疾痛的原因："她以为我们是政府扶贫的，所以她会刻意夸大自己的痛苦与困难，这样才能够获得一定的物质补助。"当我们道明身份之后，她的话也少了，她的家人也觉得无趣纷纷撤离这场谈话。

阿英的工伤疾痛叙事之所以能够打动社会各界人士，最重要的一点是她的真实。工伤疾痛的真实表达之处体现在她细节的身体疼痛和侧面的家人情绪的描述上，比如她这样叙述她刚回家时身体的状况："我全身上下流着脓流着血，身上的皮肤还有那种黑色的，就那种炭化的颜色，骨头还露在外面。我的身上不能盖东西，因为会粘住。我妈和我二姐在外面看见我的样子，躲在外面使劲地哭"[1]。在阿英的工伤疾痛叙事中，我们可以看到她面临疾病与死亡时真实的恐惧、绝望与无奈，我们也可以窥视这一工伤事故给她和她的家庭带来多么沉重的打击。真实的故事总是具有震撼心灵的力量，工伤疾痛叙事的真实把每一位倾听故事的人带回那个场景，对阿英的疼痛感同身受。

2. 认同机制

韩志明指出，建构认同是社会动员的重要机制，基于利益的广泛认同能够团结所有与之相关的社会成员，实现社会资源动员[2]。从经济角度分析，每一个资源动员对象都会在某种程度上考量自己所提供的资源是否能够最大可能地发挥效用，要么是对动员者有用，要么是对自己有利，抑或

---

[1] 信件编号 101438。
[2] 韩志明：《利益表达、资源动员与议程设置——对于"闹大"现象的描述性分析》，《公共管理学报》2012 年第 9 卷第 2 期。

两者皆有，而对动员者的认同会提高资源动员对象对资源利用效率的主观评价。

阿英的工伤疾痛叙事同样能够唤起社会成员对她的认同，不过这种认同不是建立在共同的利益之上，而是某种精神人格的社会认同。在社会成员们写给阿英的来信中，我们可以看到他们对阿英不但表示出同情与理解，更重要的是对阿英积极乐观、坚毅勇敢的人格魅力表示佩服与认同，像上文中达叔在信中所提及的那样，"你凭着勇敢坚毅的精神，克服死亡，战胜病魔，真是个非常了不起的女孩子"。阿英爽朗的笑声与她不幸的遭遇形成强烈的反差，在这种对比叙事的冲击下，动员对象会更容易对阿英产生信任感，这种信任感使他们相信自己所提供的资源能够物尽其用，效果最大化。

3. 切实机制

阿英工伤疾痛叙事的最后一个资源动员机制是切实机制，即资源请求切合工伤疾痛叙事中的实际情况。阿英是一个内心倔强的女孩儿，她最常跟笔者说的话，就是自己能够做的绝不求助别人，她在现实生活中的确也是这样做的。因此，当她身处健康困境时，她的资源请求都符合她身体实际的康复需要，而非贪婪的"狮子大开口"。

分析阿英回复医学专家与达叔的信件，发现阿英一共向他们提出了如下五个具体的资源请求：

（1）为什么服用那么多药，伤口仍然无法痊愈？

（2）有什么药可以用来缓解伤口疼痛？或者其他的治疗方式？

（3）上次带来的膏药很管用，能否再帮忙寄几盒，可以分给其他的姐妹？

（4）我是否该继续接受腿部截肢手术？不想做的原因是医疗费用不足，其次是害怕做手术，想做的原因是担心不动手术会影响身体其他部位，请帮忙出主意？

（5）能否帮忙跟老板谈谈，提供给受伤者医疗费、生活费与护理费？

阿英提出的这五个资源请求全部与她的身体康复有关，而且非常具体、切合她的身体实际情况。资源动员对象在接收到这样的请求时，既能够准确地判断自己是否具备能力提供相应资源，又可以清楚地评估自己所提供的资源能够为动员者解决什么样的实际问题。

真实机制提供了动员对象对资源请求的认知保障，认同机制提供了动员对象对资源请求的情感保障,而最后的切实机制则提供了动员对象对资源请求的行动保障。资源动员的这三个机制共同构成了资源动员对象对阿英资源请求的综合评估,以及最终健康赋权的实现。

(四) 资源的获得:健康促进效果

阿英通过媒体叙事与人际叙事两种资源动员的方式,以及真实机制、认同机制和切实机制这三种动员机制有效地实现了社会健康资源动员,最终改善了她的身体健康状况。

1. 医疗赔偿款

达叔及其同伴获知阿英的健康困境与生存现状后,曾多次收集致丽工厂大火幸存者的资料,代表工伤工友们向意大利品牌商 chicco 进行维权谈判,他们希望能够为阿英和其他的姐妹们争取到合理合法的经济赔偿。从他们的通信内容来看,维权之路并不平坦。达叔多次在信中为他们的"力量微小""索赔受阻"而感到抱歉,但是在长达四年的多次交涉下,他们最终还是为致丽工伤工友们争取到了一定数额的赔偿金。1997 年 11 月,达叔在信中告诉阿英:"意大利公司愿意对她所受的灾难和痛苦经历作一点点人道支援补偿"[①];2000 年 9 月至 2001 年 6 月,达叔所在团队为阿英争取了近万元的经济赔偿,并且通过国内的红十字会转交给她。[②]

2. 医疗善款

除了帮助阿英与其他工伤工友进行维权索赔以外,达叔及其同伴还积极地向香港社会传播阿英的工伤疾痛故事,为阿英的身体康复手术筹集治疗资金。从 1999 年年底至 2001 年年底,达叔给阿英写过六封有关筹集医疗善款的信件。第一封信写于 1999 年 4 月[③],达叔告诉阿英他的一些朋友听到她的工伤疾痛故事之后,为她募捐了一些善款,准备想办法邮寄给她;第二封信写于 1999 年 12 月[④],达叔在信中建议阿英亲自去××医院咨询具体的手术方案与手术费用,并且告诉阿英他们已经发起了筹款活动;第三封信写于 2000 年 3 月[⑤],达叔告诉阿英他们已经筹集到了几万元

---

① 信件编号 112937。
② 信件编号 112517、112412。
③ 信件编号 113357。
④ 信件编号 113754。
⑤ 信件编号 112256。

钱，希望她不要再担心手术费用问题；很快，阿英在 6 月收到达叔的来信①，信中告诉了阿英一个好消息，他们已经帮助她找到了某慈善机构，愿意负担她全部的手术治疗康复费用；2001 年 8 月，达叔再次写信②通知阿英康复手术的时间与医院，以及这笔善款的具体使用明细，并且承诺她 9 月份过来帮助她安排好手术的所有事宜。

3. 专业的康复手术方案

前面提到重庆某著名医院的烧伤科艾医生在看到阿英的工伤疾痛故事后，主动向阿英提出"以最便宜的价格为你做质量最好的手术和术后康复"。这位医生在信中告诉阿英，他对烧伤后疤痕手术非常在行，如果阿英的伤患是由于烧伤后疤痕牵拉所致的话，是可以通过做手术切开疤痕，辅以植皮来改善功能。他还承诺阿英不收取挂号费，亲自为她看病，如果做手术的话，也会以最便宜的价格、最节约的方法减轻阿英的经济负担。收到来信后的数年里，阿英一直与艾医生保持联系，一方面向他咨询康复手术的具体方案与费用，另外也就日常护理中的一些常见问题进行询问。曾经被多家医院以"治不好"为由拒之门外的阿英，终于看到了康复希望。

社会政策分析家克雷兹曼（Kretzmann）和麦克奈特（McKnight）认为，居民真正的内在赋权，是能够运用必要的资源来处理其经常面对的问题。③烧伤疤痕的粘连、反复溃烂、腿部肿瘤等烧伤后遗症是阿英每天都要面对的健康问题，而她通过工伤疾痛叙事有效地进行社会资源动员，最终实现了改变健康困境的赋权。正如阿英回复达叔的信中所说："收到您的来信，我脚上的痛一下子减轻了许多"④。工伤疾痛叙事作为资源动员的重要载体，为阿英的身体康复创造了足够的健康资源，不仅从主观上减轻了她身体的疼痛，增强了她对手术与未来康复的信心，并且实实在在地帮助她解除了困扰她多年的烧伤后遗症风险。

从 2000 年开始，阿英便陆续在 ×× 医院进行小型的拉伸手术。直到 2001 年下半年，在达叔及其团队为她争取到全部的医疗费用之后，她正式

---

① 信件编号 112434。
② 信件编号 112808。
③ J. P. Kretzmann, & McKnight, J. L., *Building Communities from the Inside out: A Path Toward Finding and Mobilizing a Community's Assets*, Chicago: ACTA Publications, 1993.
④ 信件编号 112334。

第八章 两个案例：工伤疾痛叙事的社区建立与赋权功能

接受艾医生的烧伤康复手术，手部胳肢窝处粘连的疤痕一点点切开，再进行植皮，经过多次手术，阿英终于可以自如地抬起自己的手臂；另外，她左小腿上的肿瘤越长越大，为了健康与生命着想，阿英在他们的帮助下进行了左小腿截肢手术。手术之后，阿英还在××医院进行长达数月的康复训练，资助阿英手术的慈善机构还继续支持了阿英后续的康复用具，比如义肢、压力衣、夹板等，保证阿英最大程度恢复日常行动能力。

至今阿英仍然对这些为她提供帮助的社会人士与团体心怀感恩："我们素不相识，仅仅因为他们读到或者听到我的故事，就不远万里为我提供帮助，我的第二次生命是他们给的，所以我更要活出一点精彩。"

三 社会关系重塑：工伤疾痛叙事的交友功能

我们在混乱叙事章节详细分析了返乡工伤者的社会交往的断裂，对于严重烧伤、卧床休养长达四年的阿英来说，很长一段时间内她只能抬头看着房间里的天花板。当她一点点康复，逐渐恢复行动能力后，她便开始向往窗户外面的世界。后来，阿英终于可以坐上轮椅走出家门、走上大街，可是路人的围观、刻薄的评论、异样的眼光与恶意的嘲笑倾泻而至，阿英意识到比身体康复更可怕、更困难的事情，原来是重新融入这个似乎不太能接纳她的社会，阿英有些退缩了。但是，作为社会人，我们不能脱离社会交往与社会关系而孤立地存在，因此，如何重塑社会关系、重新融入社会生活是阿英继身体康复问题之后的又一难题。

传播被看作关系系统得以形成的过程，这是关系传播理论的一个基本前提。[①] 帕洛阿尔托小组是最早进行交往传播的研究团体，他们认为传播的焦点不应该放在传播的个人身上，而是应该关注传播中形成的关系以及关系传播发生的情境。他们在研究问题家庭时，发现交流可以塑造权力的关系，而且有序的互动、协商和谈判可以解决关系中的权力问题。[②] 笔者认为，传播与关系总是时时纠缠在一起，难以区分到底是传播塑造了关系，还是现有的关系导致了这样的传播，但是不管是哪种情况，都说明传

[①] L. 埃德娜·罗杰斯：《关系传播理论——人际关系的一种系统—互动路径》，载［美］莱斯莉·A. 巴克斯特、唐·O. 布雷思韦特《人际传播：多元视角之下》，殷晓蓉、赵高晖、刘蒙之译，上海译文出版社2010年版，第440—455页。

[②] 王怡红：《关系传播理论的逻辑解释——兼论人际交流研究的主要对象问题》，《新闻与传播研究》2006年第13卷第2期。

播与关系塑造之间存在着不可割裂的关系。这种关系是流动的、循环的,因此当我们从某段关系形成之前着手进行分析时,便能够尝试研究传播与交往关系之间存在的因果影响。

正是通过工伤疾痛叙事这种传播行为,阿英重新构建了自己的社会交往关系与网络,使她成功地实现了从"家庭人"①向"社会人"的转变。

(一)残疾朋友的同类人交往

"同类人"传播是返乡工伤者工伤疾痛叙事的典型传播情境,我们在传播情境那一章已经详细地对这一传播行为进行了分析,此处以阿英的"同类人"传播为个例,进一步阐述这一典型的传播行为如何构建阿英与残疾朋友的关系,以及这种关系的重塑对阿英的影响。

> 以前我上街的时候,看不到一个残疾人,难道整个县城就只有我一个残疾人吗?后来,偶尔在街上遇到一个跟我一样的人,就会觉得好兴奋。我比较主动地去跟其他残疾人说话,交流聊天,因为我觉得,我不能永远都不跟人交流,但是健全人又不理我们,所以我会主动去跟残疾朋友聊天。你知道吗?我们在广场坐着聊天,聊得很投缘,就一直在说:"啊,我也是那样,我也是这样。"比如我们会说残疾带来的痛苦,受伤的原因,介绍一些自己的经历背景和家庭情况。然后又聊一些社会的不公平,遭受到歧视,心里有阴影等等,跟残疾有关的我们都聊。我们一下子能聊到一起,聊得很起劲,聊得很多。分手的时候还蛮舍不得,"哎呀,你慢慢去哟,以后又来聊天呀",分别的话说很多。(CYY,F,20150708,CQ)

"相似"产生人际吸引力。人际关系形成的一致性规律认为,有相似的心理背景、相近的人生价值取向的个体易于自发地组织成非正式群体,并通过他们的共同活动而逐渐凝聚成为有结构的组织。② 阿英与其他残疾朋友的人际关系的建立正是依赖于工伤疾痛叙事里面所包含的高度"相似

---

① 阿英受伤之后数年躺在床上养病,她的生存与生活空间仅仅局限在家庭之内,她的社会关系萎缩至家庭关系,很大程度上她与外界社会的联系已经趋于断裂。基于这样的现象,笔者将那个阶段的阿英称作"家庭人"。

② 周晓虹:《现代社会心理学:多维视野中的社会研究》,上海人民出版社1997年版,第351页。

性"，体现在有关身体疼痛、个人身份认同、家庭关系、社会歧视等这些"共同话题"，这种具有极强排他性的疾痛叙事将两个本不认识、但却具有同样经历的人连接起来，构成一段新的社会关系。

格雷戈里·贝特森（Gregory Bateson）在交往传播研究中提出，讯息同时提供两个层面的意义：内容意义（content meaning）和关系意义（relational meaning）。他把人际传播的信息区分为"内容讯息"和"关系讯息"，认为前者揭示传播的内容，后者揭示传播者之间的关系，关系讯息比内容讯息更能影响传播结果。贝特森认为内容层面的意义提供与信息表示物相关的信息，关系意义则提供讯息如何被解释的信息。[①] 阿英与残疾朋友的工伤疾痛叙事同样包含贝特森所言的两个层面的讯息意义。首先，她们所讲述的疾痛故事是传播的内容讯息，而她们在相互分享内容讯息后表现出的欣喜、相见恨晚、离别时的依依不舍等非言语符号，则构成了工伤疾痛叙事的关系意义。学者在人际传播研究中指出，内容意义之于人际关系的形成只是发挥部分的作用，只有在基于内容意义之上的、不间断的关系意义的交流中，系统成员才能共同定义和描述他们关系的模式[②]。因此，阿英的工伤疾痛叙事并非仅仅只是向残疾朋友传播她想说的话，而是在此基础上与他们建立起相互理解、相互信任的社会交往关系。

强化理论认为，他人表现出与自己的相似是一种社会性支持，具有相当高的强化力量，所以彼此之间的吸引力就产生了。[③] 阿英与残疾朋友通过疾痛叙事重塑的这种社会交往关系对于关系双方来说，都是在那一个生活阶段里最重要的社会支持之一。

> 其实我真的觉得我很幸运，我的家人对我非常好，我在家里感觉不到任何歧视。但是我好多的残疾朋友，她在家里绝对是受歧视的。她的爸爸妈妈，姐姐妹妹，都会有这种歧视。她觉得自己是多余的，只有在我面前才能说出心里话。那个时候残疾人受到的歧视，受到的

[①] 刘蒙之：《格雷格里·贝特森对传播学研究的奠基性贡献》，《上海师范大学学报》（哲学社会科学版）2009 年第 38 卷第 4 期。
[②] ［美］莱斯莉·A. 巴克斯特、唐·O. 布雷思韦特：《人际传播：多元视角之下》，殷晓蓉、赵高晖、刘蒙之译，上海译文出版社 2010 年版。
[③] 徐晓军：《内核—外围：传统乡土社会关系结构的变动——以鄂东乡村艾滋病人社会关系重构为例》，《社会学研究》2009 年第 1 期。

> 压力有多大！最主要是残疾人自己，她觉得自己很脆弱，没有就业，没有经济收入，没有发言权，在家里面也没有地位，整个家庭的人都觉得她是包袱。所以我们认识之后，她经常跑到我家里来耍，在我家吃饭，她都不愿意回自己的家。（CYY，F，20150708，CQ）

阿英告诉笔者，正是在结识这些残疾朋友之后，她才逐渐走出家门，开始正常的社会生活。那段时间里，她经常到残疾朋友家去玩，即使两家离得很远，而且一去就会住上两三天。两个小伙伴在屋子里嘻嘻哈哈地聊天，互相上药，开玩笑，那一刻她觉得"我们都是健全人，那些烦恼全部都忘记了"。

一段正常运行的社会交往关系总是能够为关系内双方提供其他关系无法给予的社会支持，包括物质帮助与情感支持。阿英与残疾朋友建立起来的无话不谈、亲密无间的关系不仅为双方提供了一个私密的、开放的、自由的传播交往空间，而且还在现实生活中为彼此造就了一个躲避社会压力、歧视的庇护场所，在这里，她们能够忘记身体的病痛、残疾的污名、生存的未知，互相寻求自我身体的重新认同。

（二）信友的精神交往

在阿英卧室的柜子上面，工工整整地放着一叠捆绑好的书信，上面已经布满了薄薄的一层灰尘。阿英拆开这些信封，再次翻看这些十多年前的书信，笑得合不拢嘴，直言太不可思议了。

自从媒体报道了阿英的工伤疾痛故事之后，阿英收到了来自全国各地朋友的来信，这121封书信就是其中的一部分。这些信件几乎跨越了十年之久，最早的一封信写于1997年6月，而最后一封信则于2006年2月；信件的联系人有34人，其中大多是看过媒体报道后主动来信的陌生人，也有少数学者与公益机构成员。

虽然现在无法获知当年阿英的回信内容，但是从这些来信内容可以知道，他们通信的传播内容仍然是围绕阿英的工伤疾痛故事。总的来说，这些寄给阿英的来信内容可以分为以下四个类型：理解与同情；佩服与认同；自我苦难叙事；精神鸡汤共勉。

1. 理解与同情

这是阿英与来信者的第一次接触，来信者们几乎都是从媒体报道中获知阿英的工伤疾痛故事之后，主动向阿英发出建立社会交往关系的信号。

第八章 两个案例：工伤疾痛叙事的社区建立与赋权功能

在来信的开头，他们都会真诚地向阿英表达他们对她疾痛的感同身受，以及发自肺腑的同情。

> 我今年二月份第一次来广州打工，因为家乡也是在一个穷山沟，所以今年跟表哥一同到了广州打工。今天我无意中从一个老乡那里拿了一份报纸来看，看到了你们三位的不幸，使我感到心中也有一种说不出的味道。我们虽然是个打工的，我们也是农民出身，但是我们也是有心有血有肉的人啊。我很同情你现在的处境，我也没有什么可以表示，只有一张张薄纸来表示我的同情，也算表示我的一颗真诚的心，祝福你早日康复。①

来信者的理解与同情大多是来源于某种共同的身份或经历的心理投射，就像上封信中所说的那样，"我也是农民出身"。正是基于这样共同经历的心理投射，来信者在书写自己对阿英的理解与同情时，总是倾向于把自己与阿英归类为"我们"。心理投射就是个体把自己的态度、情绪、人格等心理特征无意识地反映于外在相关事物上的心理倾向。② 同样农民出身，在广州打工的来信者将自己的穷出身、艰难的打工生活投射在阿英的不幸遭遇上，与其说他来信表达的是对阿英的理解，不如说是他对包括自己在内的外出打工的农村人不幸的同情与爱护。

来信者表达理解与同情的方式除了上述的共同身份或经历的心理投射之外，还有另外一种叙事方式，即情景再现。"情景再现"是指来信者通过真切地想象阿英艰难的日常生活情景来表达自己对阿英所遭遇的不幸深有所感。如下封书信内容：

> ××妹！近日来我脑海中始终浮现着一幅画面：拄着双拐的你艰难地挪动着脚步行进在人生既短暂又漫长的道路上，忍受着伤痛和精神上的双重折磨，流言蜚语和亲情的裂变压得你喘不过气来。③

---

① 信件编号 220344。
② 李文姣：《心理投射技术在学校心理咨询中的实践与应用》，《心理技术与应用》2015 年第 1 期。
③ 信件编号 103823。

返乡工伤者的疾痛故事

阿英说平日里她并不习惯情绪化地表达自己所遭受的苦难，但是当她看到这样的书信内容时，觉得世界上还有人能够真切地感受着她内心的疼痛，说出她伪装坚强、憋在心里、难以启齿的真心话。实际上，一个人受难或许不算什么，最令人难以接受的是世人对你所受苦难的无视。因此，书信里的每一个字都是阿英所遭受苦难的见证，这样一种见证式的理解使得阿英在现实生活中又多了一个精神上的同行者。

2. 佩服与认同

阿英身残志坚、积极向上、服务社会的事迹是媒体另一个着墨较多的叙事主题。因此，第二种类型的来信内容则是表达来信者对阿英人格力量的佩服与认同。

> ×××，你的伤残情况让我震惊，但你的勇气、信心和与疾病顽强抗争的精神又让我深深地感动。我自问，我在困难面前的抵抗力、忍耐力，恐怕连你的一半也比不上。由于我具有较为严重的眼疾，生活中很多事情都受到了限制，我的好多梦想都不能实现。我非常沮丧，生活态度由积极变得消极，成天唉声叹气。是你的信心给了我很大的鼓舞，我才认识到我的眼睛算不了什么。现在我变得更积极乐观了，这都是你顽强的精神给我的激励。我要接受既定的事实，然后再努力地生活。这些都是你的事迹开启给我的，它使我有了一个既现实又努力向上的生活态度，为此，我要谢谢你！①

佩服、认可阿英的信件内容还有很多，来信者们使用了"伟大""无私奉献""坚强""自信""好姑娘""挑起家庭重担"等词句来评价阿英在烧伤残疾后的自立自强，并且表示自己从她的工伤疾痛故事中感到强大的精神力量，改变了自己的生活态度。

黄迎虹在研究甘地的非暴力抗争运动时，认为"精神的力量"是其重要的哲学基础，它使得个人信仰能够成为一种可行的社会政治变革方式②。阿英工伤疾痛故事的"精神的力量"又何尝不是一种改变他人的生活变革方式

---

① 信件编号114640。
② 黄迎虹：《"精神的力量"：论甘地非暴力反抗运动的理论基础》，《政治思想史》2012年第3期。

第八章 两个案例：工伤疾痛叙事的社区建立与赋权功能

呢？这种"精神的力量"在于通过改变来信者们对待"受苦"的态度，从而促进他们在现实生活中的积极行为。正如甘地所言，社会要进步，就必须承受苦难。这是无法回避的过程，相反，人们必须要"自愿地接受苦难，并乐于苦难。"只有当人们形成了从容对待苦难的人生观念，他们才可以脱离不幸带给他们的桎梏，这也正是阿英工伤疾痛故事的"精神力量"所在。

3. 自我疾痛叙事

通过对121封信件内容进行文本分析，笔者发现大部分来信者均是某种程度上的"苦命人"。他们在来信中除了理解与同情阿英的不幸遭遇，钦佩阿英的坚强乐观，同时还把阿英作为同病相怜的倾听者，对她讲述自己的疾痛故事。其中有的故事是讲述童年时的家庭破裂，独自到社会闯荡的成长委屈，有的故事讲述面对现实社会尔虞我诈、物是人非的心寒，还有的讲述背叛家庭、众叛亲离、遭受报应的悔恨等等。来信者们将阿英视为具有相似遭遇的"自己人"，向她敞开心扉，娓娓道来，一吐自己几十年复杂如茧的人生经历。

> ××小姐，我是一个曾身陷囹圄五载的青年。在××年元旦的前几天，因与同村人争吵，我的愚蠢和鲁莽，将他人打伤。从而在我的人生路上有了一个新的转折点，也就导致我走上铁窗生涯。当时，我面对高的墙，电的网，我后悔莫及。……直到××年，我提前出狱，当我回到故乡的时候，那周遭无声的嘲笑和有意的漠视，肆无忌惮地使人难以接受。我觉得一个痛苦的灵魂在顽强挣扎。[1]

这位来信者在信中跟阿英倾吐自己过去的入狱经历，以及出狱之后遭受的社会污名与歧视。他告诉阿英，这么多年他一个人苦苦挣扎，与命运做抗争，他不曾向人讲述自己这段"不光彩"的过去，因为世人无法接受一个身上背负污名符号的他者。他之所以向阿英吐露心事，是因为他把阿英视为同样不被主流社会接纳的"偏离轨道者"[2]。在书信构建的这个虚拟

---

[1] 信件编号 222217。
[2] 社会生活有个必要条件，即全体参与者分享一套合乎规范的期待，这些规范部分是因为被合为一体而得以维持。认为蒙受污名者的污名行为偏离了这一符合规范的常规轨道，而且它的偏离行为不是偏离普通人的不寻常的偏常行为，而是偏离寻常人的普通的偏常行为。因为即使最幸运的常人很可能会有半遮半掩的缺点，每个小缺点都有可能在社会场合中凸显出来，从而在虚拟的和真实的社会身份之间造成可耻的差距。

社交关系中，来信者与阿英互相分享自己的"另类"经验，没有嘲笑，也没有社会污名的限制，只有苦痛的交流和精神的鼓励，对于通信双方来说，他们之间是平等、互助的伙伴关系，互相疗伤、互相慰藉。

4. 精神鸡汤的共勉

阿瑟·克莱曼说，作为经验本身的实际感受，与我们每个与这种经验相联系的人与作为旁观者的自我之间存在着互惠关系。正是这种文化倾向影响着我们的苦难经验，文化的注入使得疾痛被看作自我身体的异化部分，当作精神升华的工具，或者是尴尬和悲痛的源泉。疾痛具有苦难的意义，是因为身体和自我之间有宗教、道德，或者精神等文化标志作为中介。① 因此，当疾病不必然造成自我挫败时，疾痛经验可以成为——即使不常如此——一种成长的机会，一个转向更深刻、更美好的起点，一个善的模型。②

的确如此，当人们长期处于某种疾痛或其他苦难中无法恢复原状时，他们便会将自己的注意力从疾痛或苦难中转移向更高层次的、精神层面的升华，从而寻找一种替代身体认同的其他认同方式，来继续维持个人的主体性与人生价值。从阿英与信友们的通信内容来看，来信者们往往倾向于在信中表达自己对苦难的看法、对精神世界不懈的追求以及对物欲世界的鄙视与远离，并且以此鼓励阿英重新站立起来，抛弃客观世界束缚在身体之上的种种世俗观念，做一个精神世界的强者。

> 一个人的生命只有一次，命运总是折磨每个人，就像您。一个人能够经受困难重重千辛万难的磨炼才能体现人生价值的可贵，就像保尔、张海迪让世人敬佩。我也是一个经受不住命运考验的年轻人，但我们都应该以海迪为榜样，做个有志气、自强自立、不自卑的好青年。③
>
> 希望和梦想是半个生命，自卑和冷漠是半个死亡；痛苦的人生，没有权利悲哀，苍茫的人生，没有权利渺小。④

---

① ［美］阿瑟·克莱曼：《疾痛的故事：苦难、治愈与人的境况》，方筱丽译，上海译文出版社2010年版，第29页。
② ［美］阿瑟·克莱曼：《疾痛的故事：苦难、治愈与人的境况》，方筱丽译，上海译文出版社2010年版，第170页。
③ 信件编号105648。
④ 信件编号103919。

第八章 两个案例：工伤疾痛叙事的社区建立与赋权功能

  生命如一条河流，淙淙不断地向前奔流。两岸是阴晴寒暑，四时不同的景色。你一方面要克服阻力，向前奔赴；一方面更不要忘记两岸各种景色都值得你欣赏与品尝。一帆风顺固然可贵，但困苦会使你变得坚强。①

  这些精神鸡汤似的鼓励对于阿英来说意义深远。她告诉笔者，那个时候她专门用一个小本，把信件中这些她认为很有哲理的话抄下来，然后反复阅读。这些语句强调苦难的价值与意义，能够让阿英从现实的苦难中重新寻觅到人生的价值，而且信友们的鼓励也让她觉得自己并不孤单。通过书信中的疾痛叙事，她与信友们已经形成了一种高于现实生活的精神交往关系。

  书信交往最频繁的那段时间正是阿英恢复部分行动能力，难以融入社会的阶段，"那个时候脚还是会反复化脓，其实还是很严重的，但是我不叫苦不叫痛，因为你叫痛也没有谁来怜悯你，只有我自己才能感受得到，没有谁会了解你。"书信的交往弥补了阿英在现实生活中的社交缺失，在文字构筑的书信交往世界里，信友们对阿英的关心、怜惜、认同与鼓励，使得阿英与他们建立起一种稳定的社会交往关系。这种关系与现实世界中的身体残疾无关、与穷苦的生活现状无关，它聚焦于经验的流通、苦难的升华和心灵的慰藉，帮助人从现实的种种束缚中挣脱开来，哪怕只是在读信与写信那短暂的时间里。

  叙事潜在的"治愈"能力已经被广泛地认可，它能够帮助叙说者与倾听者从各自的疾痛中抽身出来，而转向"从此以后的快乐"之中。② 阿英如是评价这些书信交往对她的意义："这些信给了我很大的鼓励。我记得我当时读这些信都会感动地流泪，因为真的有人在听我的故事。他们在信中对我的理解与认可，都让我觉得伤口好像没有那么痛了，感觉他们分担了我的疼痛一样。"

（三）精英群体的学习型交往

  在阿英的伤后成长过程中，有着这样一群非常重要的人，他们有的

---

 ① 信件编号 105209。
 ② See Sunwolf, Lawrence R. Frey & Lisa Keranen, "R_x Story Prescriptions: Healing Effects of Storytelling and Storylistening in the Practice of Medicine", In Lynn M. Harter, Phyllis M. Japp & Christina S. Beck, *Narratives, Health, and Healing-Communication Theory, Research, and Practice*, Mahwah: Lawrence Erlbaum Associates, Inc., 2005, pp. 237-257.

是学者，有的是社会组织成员，有的是大学生。由于这一交往群体往往具有较高的受教育水平与社会地位，并且掌握较多的社会资源，因此他们通常属于社会的"精英"阶层。阿英无数次、反复地提及自己与他们的交往过程，并且强调自己"从与他们的交往中学习到了很多知识，接触到更优质的生活方式，并且清晰地制定了未来的发展道路"。因此，此处把阿英与这一类人群的基于工伤疾痛的传播交往称作"精英群体的学习型交往"。

这一精英群体或基于爱心、道义或社会责任等道德范畴的原因与阿英建立交往关系，工伤疾痛故事的传播仍然是构建起这种交往关系的关键。阿英不仅向他们讲述自己工伤之后所遭遇的社会歧视，以及所接触到的其他残疾朋友的社会交往困境；而且表达了自己对于未来的茫然与恐慌，认为自己"不应该天天坐在家里无所事事，浪费光阴，应该找点事情做"，向他们发出"信息支持"的需求。接收到阿英所提出的问题之后，香港的朋友为阿英指点了一条服务于工伤及伤残人士的公益发展道路。他们不仅为阿英传达了"公益"这个她从未听过的社会职业，而且还提供给阿英许多的培训机会与物质支持，于是我们才能看到今天蓬勃发展的自强服务站与自信满满的阿英。

1998年，社科院谭深老师与她的研究生们踏上寻访致丽工友之路[①]，在工伤疾痛叙事的传播互动中，阿英与她们建立起了长期的亦师亦友的交往关系。她们在交谈中鼓励阿英拿起笔，将自己的经历与故事记录下来，并且推荐她向一些公开发行的刊物投稿。小学毕业的阿英几乎很少拿起笔写长篇的文字，哪怕身处长期的工伤疾痛之中，她也从未想过自己的工伤疾痛故事具有书写的价值。她们的建议颠覆了阿英对自己苦痛经历的看法，她重新拿起笔，在写作中找到个人工伤疾痛的社会意义。虽然她的自传没有完成，但是从此养成了写作的习惯，记录每天生活中的所见所感。她的写作能力也在这日复一日地练习中得以提高，使得她在建立服务站之后能够自如地应付公益服务工作。

传播是在一个不断进行的对话流中"与"他人打交道的过程。就其本身而言，传播并不依赖这个人或那个人，而是存在于相互联系的交往过程

---

① 参见谭深等撰文的追踪笔记《泣血追踪——原深圳致丽玩具厂11.19大火受害打工妹调查纪实》。

第八章 两个案例：工伤疾痛叙事的社区建立与赋权功能

之中。① 在这段交往关系中，阿英向精英人群讲述自己的工伤疾痛故事，而这些精英人士在倾听故事的基础上，为阿英传递解决疾痛的某些方法或策略，这样相互补充的信息交换形式构成了贝特森所谓的"补充"的传播模式。贝特森曾描述对称和补充两种一般的传播模式，其基础是信息交换的关系意义的相似性或差异性。对称指的是互动序列，即参与者的行为彼此映照，如以怨报怨，或以支持性的信息回应支持；而补充模式指的是这样的序列：行为不同，却彼此适应，如提供建议和采纳建议，或提出问题和回答问题②。

正是在这样的补充的传播模式下，阿英从这些精英人士那里学习到了新的职业理念，新的对待苦痛的方式。她说："我生活的又一个转折点就是从认识这些朋友开始，她们为我出谋划策，帮助我从工伤的痛苦中走出来，重新走进社会。我在她们身上学会了什么是美德，什么是社会责任感，我学到了如何做一个更好的人，她们教给我的东西太多太多。而且，她们对我有一种督促的作用，假如我有时候病了或者脚痛，就会打退堂鼓，但是一想到一些朋友在关心我，在看着我，我就觉得有力量，很有信心，马上就能从床上起来，想懒都懒不下去。可以说如果没有她们与我的这种交往，就不会有现在的我，不会有现在的自强服务站。"直到2015年的夏天，阿英说起这些来自香港、北京的朋友，仍然十分激动与感恩，这段交往关系的建立就像是一笔珍贵的财富，它使阿英找到走出黑暗迷宫的那扇门，并且为阿英的成长提供源源不断的养分，助她飞翔。

重庆的夏天特别炎热，阿英每天都是杯不离身。她桌上的那个水杯已经跟了她很多年，去哪儿都带着。自她从香港朋友那里知道"环保从自己做起"的生活理念开始，她就坚持自带水杯，不使用一次性杯子，不买矿泉水。或许现在她与这些朋友的联系日趋减少，但是这些已经渗入她日常生活的微小习惯却时刻见证着这段足以改变阿英人生的珍贵友谊。

---

① L. 埃德娜·罗杰斯：《关系传播理论——人际关系的一种系统—互动路径》，载［美］莱斯莉·A. 巴克斯特、唐·O. 布雷思韦特《人际传播：多元视角之下》，殷晓蓉、赵高晖、刘蒙之译，上海译文出版社2010年版，第440—455页。

② L. 埃德娜·罗杰斯：《关系传播理论——人际关系的一种系统—互动路径》，载［美］莱斯莉·A. 巴克斯特、唐·O. 布雷思韦特《人际传播：多元视角之下》，殷晓蓉、赵高晖、刘蒙之译，上海译文出版社2010年版，第440—455页。

四 自我认同：工伤疾痛叙事的社会认同

自我认同是建立在"自我"主体性基础上的一种对自己个性品质的知觉或自我概念的生成方式，强调自我意识的心理过程或心理机制，即社会分类或分类的知识建构如何被吸收、内化为主体身份，进而完成自我的确认。自我认同是在社会分类基础上通过主体性建构的结果，即在社会分类或话语框架中完成自我主体身份建构，实现自我的社会认同。[①] 社会学家 Tajfel & Turner 提出社会认同理论，认为个体认同是指对个人的认同作用，或通常说明个体具体特点的自我描述，是个人特有的自我参照；而社会认同是指社会的认同作用，或是由一个社会类别全体成员得出的自我描述[②]。自我认同不是一个静态的、个人化的概念，它是社会参与建构的过程，与社会认同紧密相连。

英国心理学家 Bate Henleymy 认为，"认同由三个层次展开，即从群体认同经过社会认同到自我认同"，即通过某种认同获得一种归属，从所在的群体获得一种信仰系统，通过这个所在的群体参与社会，得到某种社会认同感，而个人在获得某种社会认同之后，对自我认同有内在的动力，即它直接影响到个人的自我参与。[③] 可以这样理解，自我认同是以它与其他社会关系互动时所获得的社会认同为中介而形成的一种自我意识。

工伤事故很大程度上彻底摧毁了工伤者原本"家庭支柱"或"独立者""上进者"的自我认同和社会角色，身体功能的丧失加上社会主流文化的"残废"话语削弱了工伤者的自我价值感，使得他们在很长一段时间里都无法重新建立起自我价值认同。阿英同样如此，虽然她通过资源动员成功地实现了身体的康复，而且也重新构建起了自己的社会交往网络，但是深深的"无用感"仍然笼罩着她，她不知道受伤后的自己还能做些什么，是否具备足够的能力支撑起未来的生活？

阿英回忆起刚刚筹备自强服务站时的工作情景："那时候我根本没有自信，因为我毕竟文化程度不高，也从来没有接触过社工这个工作，完全

[①] 潘泽泉：《自我认同与底层社会建构：迈向经验解释的中国农民工》，《社会科学》2010年第5期。

[②] 张莹瑞、佐斌：《社会认同理论及其发展》，《心理科学进展》2006年第14卷第3期。

[③] 秦海霞：《从社会认同到自我认同——农民工主体意识变化研究》，《党政干部学刊》2009年第11期。

不知道要做些什么,更不知道自己做这个事情能够为自己和他人带来些什么。反正当时就抱着打发时间的想法,把电话咨询平台给做起来了。"当天南地北的咨询电话打进来,阿英跟这些工伤朋友通过一根电话线分享各自的工伤疾痛故事,她的倾听与开导给予了无数病残工人以安慰与力量,此时此刻阿英才真切地体会到自己的工伤疾痛叙事具有这么强大的力量。"原来我的故事还可以帮助到别人!"就是从这些通话开始,外界的社会评价与认同逐渐建立起了阿英的自我认同。

(一)我可以做到:公共场合的工伤疾痛叙事

对于阿英来说,她可能从来没有想到自己居然可以在那样严肃的政府会议上发言。

> 那时候服务站已经开展一段时间了。有一次,政府的一个会议让我去做残疾人这方面的发言。其实我是很怕去参加这种政府会议的,因为我觉得别人说起来都是一套一套的,非常完整流畅,我自己说得不好。我哥哥就跟我说,人家叫我去发言,是想听我说我内心的真实想法,想听我的故事。所以我在会议前就认真地写稿,写我的经历,写我怎么受伤,怎么残疾的,现在在做什么。后来我在会议上发言,我也没有看我写的稿子,而且我还是用普通话发言的。讲完之后,下面好多官员都给我鼓掌,有的在会议结束后还主动和我说话,问我的情况。我当时就觉得很受鼓舞,原来我自己还是可以的。(CYY,F,20150714,CQ)

> 我很幸运,我应邀去很多中小学做过有关我工伤经历的演讲。我就讲我的一些故事,比如出生在村子里,然后出去打工,遭遇火灾之后,经历了什么,然后自己是怎么面对的,就是这些内容,传播一些正能量。讲完之后,好多朋友都蛮佩服我,还要找我签名,我就很感动。好多的学生都很佩服我这个女孩子,用纸条写了好多留言给我,还有一些心得体会,最后贴在笔记本上寄给我。我看了之后非常感动,感动地流泪。(CYY,F,20150714,CQ)

从2003年开始,阿英接触到许多在公共场合讲述自己工伤疾痛故事的机会,有政府会议、社会组织、学校等。每一次疾痛叙事的顺利完成,听众的"鼓掌""主动说话""签名""佩服""留言"等反馈行为给予了阿英很高的社会认同，在这种互动行为的影响下，她产生了"我还是可以的"这样的自我价值认同。

1. "自强不息"的工伤疾痛叙事框架

阿英在公共场合的工伤疾痛叙事呈现出一种与媒体残疾人报道相似的"自强不息"的叙事框架。一般它由混乱叙事与抵抗叙事两部分构成，混乱叙事是整个工伤疾痛叙事的背景，它描述阿英打工受伤的过程以及她所遭受的长期的身体疼痛与死亡的威胁；而抵抗叙事是叙事的主体，它重点讲述阿英克服身体残疾的限制，自力更生，创建自强服务站为其他残疾人服务的生活经历，旨在表达阿英在苦难中重生的自强不息的精神力量。

以阿英在一次公开政府会议上的自我介绍[①]为例。她在前三个段落讲述了自己外出打工受伤以及受伤后的身体病残故事，她将外出打工的原因归咎于农村"重男轻女"的性别观念，同时把打工构建成"为家庭牺牲"的道德行为。在"好人有好报"的主流价值观念的影响下，年轻、单纯、善良的阿英本应该获得命运的青睐，但是一场致命的火灾令她"心如死灰，彻底绝望"。这样反差性极强的叙事结构唤起了社会公众的情感共鸣，他们一方面对阿英的人格品质充满认同，另外也为阿英的不幸唏嘘不已。

混乱叙事之后，阿英用剩下的篇幅讲述了自己抗争残疾与命运的故事。阿英把自己的抗争故事定义为"我不断战胜自我、创造奇迹"的过程。她讲述家庭成员以及社会人士给了她"无穷的力量与勇气，最坚强的精神支柱，坦然面对现实的心态以及更顽强的性格"；还重点讲述了自己残疾后超乎常人的努力："将大部分时间用在看书学习上，在哥哥的辅导下，将哥哥的大学课程所有课本通读了几遍，现在还在读一个大学的函授课程。……我还参加了一些职业技能培训，取得不少收获。……"阿英的抵抗叙事是一个自己不断付出、自强不息以及全社会爱心参与的温情励志故事，这种叙事结构与风格完全符合以善、爱与积极向上为核心的社会主流价值观。

为什么残疾人的"自强不息"叙事框架更加容易获得社会的认同呢？因为在由健全人构成的公共社会里，人们共同拥有某些价值观、共同遵循一套与行为举止和个人特征有关的社会规范，倾向于把任何不遵循这套规

---

① 自我叙事编号153416。

范的个人当作偏常者，把他的特立独行看成偏常。① 从社会心理学的角度来看，只有符合大众行为的，总是在大众可理解的规范上做出的言语或者行为才能得到广泛的认同。② 而"自强不息"的叙事框架正好能够将偏常的残疾人阿英拉回到符合社会主流价值观的正常轨道中，她所讲述的抵抗叙事使她将常人的理想表现得中规中矩，即她从一个生理意义上的残疾人做回了社会意义上的健全人。

2. 工伤疾痛叙事形式的社会认同

除了自强不息的精神获得社会公众认同与佩服以外，公共场合的工伤疾痛叙事这个传播行为本身也是阿英获得社会认同的重要原因。阿英这样解释发言后四处响起的掌声："人家觉得我一个残疾人很厉害，当着这么多人的面还能这样发言，不用看稿子，讲得很流畅，不结结巴巴，而且还是用普通话讲，人家就觉得我这个人还是可以的。"在前面社会污名章节部分，我们阐述了有关身体与工伤的主流意识形态认为残疾人是一个已经与社会公共生活相脱离的另类群体，他们并不具备健全人所具有的社会沟通能力与表达能力，而阿英在公共场合的发言实则是一种"非残疾人"的行为，它超出了社会主流意识形态对残疾人的预设。因此，阿英的工伤疾痛叙事行为本身就是一种传播信息，它向社会主流群体传达了残疾人群体一直以来想要纠正的一种观念，即残疾不等于残废。

人际传播的叙事理论认为，讲述一个人的生活故事能够社会性地建构认同，以及能够以造福我们的心理健康和关系健康的方式去修正那些认同。③ 阿英通过向社会公众讲述自己的工伤疾痛故事这种传播行为重新建构了社会主流群体对残疾人的社会认同，其"自强不息"的抵抗叙事框架以及疾痛叙事行为本身共同修正了社会主流人群对残疾人"劣等身体"的认知。

多次在公共场合进行工伤疾痛叙事的阿英从台下听众的反馈行为中读

---

① ［美］欧文·戈夫曼：《污名——受损身份管理札记》，宋立宏译，商务印书馆2009年版，第188页。
② ［美］R. A. 巴伦、D. 伯恩：《社会心理学》，黄敏儿、王飞雪等译，华东师范大学出版社2004年版。
③ 乔德·K. 凯拉斯：《叙事理论——理解人际传播》，载于［美］莱斯莉·A. 巴克斯特、唐·O. 布雷思韦特《人际传播：多元视角之下》，殷晓蓉、赵高晖、刘蒙之译，上海译文出版社2010年版，第316—334页。

出了社会公众对她以及她所代表的残疾人群体的认同，这种社会认同促进了阿英对自我价值的重新认定，增强了她的个体心理赋权。"每次说完，看到那么多人给我鼓掌，下来还跟我握手，跟我聊天，我觉得大家还是认可我的能力了。说的次数越多，我就越来越有自信，以前我去发言的时候是很害怕的，稿子也需要我哥哥帮我写或反复改，但是现在我不怕了，能够很从容地与下面的人眼神交流，而且我现在都是自己写稿子。除了讲述我自己的工伤故事以外，其他的一些会议发言我也能够胜任。所以我觉得很不可思议，我这样一个残疾人，差点死了，没想到现在还可以当着一些很厉害的人的面讲话，所以我觉得这些年的努力是值得的，靠自己的努力是可以改变命运的。"①

工伤疾痛叙事所带来的广泛的社会认同重新建立起了阿英控制未来生活的自信心，使她确信自己的努力与付出可以应对未来的不确定性。在康复治疗后的很长一段时间里，阿英虽然保持着乐观、积极向上的学习心态，但是内心深处仍然无法确定这样的努力是否能够为她带来全新的生活。正是这种面对社会公众的叙事传播以及所获得的社会认同使她找到了答案，坚定了信心继续从事自己所选择的公益服务道路。也正是在这种社会认同的支撑下，阿英重新找到了工伤疾痛经验之于她的意义。如阿英所说："上帝给我关了一扇门，但是却又给我开了一扇窗，而我确定，我把这扇窗利用地非常好。"

（二）工伤疾痛叙事的赋权他者

Sunwolf 研究了疾痛叙事对倾听者的治愈作用，他认为疾痛叙事具有强大的力量，能够激起倾听故事的病人频繁的思想洞见。痛苦、疾病和悲伤将病患者带入极其恐惧的伤痛森林中，无法寻得出路；在这样的情况下，倾听故事能够为他们指明无数条走出黑暗森林的道路②。阿英在公共场合的工伤疾痛叙事不仅获得以健全人为主的社会主流人群的社会认同，而且还很大程度上为其他工伤者或残疾人起到了赋权作用。

惠民互助服务中心的创立者阿明，2006 年遭受工伤后，一直在广东做社工志愿者。2007 年，阿英应邀到广州跟工伤工友们讲述自己的工伤疾痛

---

① 阿英访谈资料 20150715，C120。
② Sunwolf, "Grief tales: The Therapeutic Power of Folktales to Heal Bereavement and Loss. —Diving in the Moon: Honoring Story", *Facilitating Healing*, Vol. 4, 2003, pp. 36 – 42.

故事，阿明在听完阿英的故事之后久久不能平复。

> 当时阿英来广州做交流，她以前在深圳打工，火灾之后成了一级残疾。但是我看到她，一点也不像一级残疾，她还能够拄着拐杖到处走，怎么会是一级残疾呢？她真的康复得很好。听完阿英的故事，我觉得阿英很了不起，她伤得那么严重，都可以回忠县创办自强服务站，为残疾人服务，搞得那么好。当时虽然没有和她聊太多，但是她的故事给了我很大的启发，我在心里面暗暗地想，我是不是也可以像阿英一样回我的老家创办一个这样的公益组织，为返乡的工伤者服务呢？阿英伤得那么严重，而且文化程度和我差不多，她都可以找到一条持续的对社会有价值的生存道路，我为什么不可以？所以就是在她的启发之下，我才下决心创办了惠民。（WFM，M，201504，CQ）

阿明是一个不太爱暴露自己内心脆弱的人，所以他总是极少谈及遭受工伤初期内心的恐惧与不安，但却花很多时间告诉笔者，他如何执着地选择社会工作这条道路，以及创办惠民对于他而言的"疗伤"意义和价值。在这个疗伤的过程中，阿明反复提起了阿英的疾痛故事对他的震撼与启发，就像 Sunwolf 说的那样，阿英的疾痛故事指引着阿明在工伤黑暗之中找到了一条追求光明的路。它让阿明相信，工伤残疾并不是人生的终点，残疾人同样可以追求自己的梦想，实现人生的价值。因此，阿英的工伤疾痛叙事赋权了阿明，使他如弗兰克所言，"根据已经改变了的环境，重新勾画他的人生地图"[①]。

阿珍向笔者讲述了她与阿英相识的故事。她受工伤之后一直非常介意自己的手部残疾，不敢将断臂露出来，担心路人嘲笑或者嫌弃她。她最害怕去服装店买衣服，因为那样会让人看到她残缺的手臂。自强服务站曾经在阿珍所居住的街道居委会里办公，所以阿珍在那里第一次看到阿英，听到阿英的工伤故事。"以前我不知道她和我一样是在深圳打工受伤的，我看见她每天拄着拐杖，笑眯眯地来上班办公。当时我就觉得这个人很厉害，但是我不知道她伤得那么严重。后来我们见过几次之

---

① Arthur W. Frank, *The Wounded Storyteller —Body, Illness & Ethics Second Edition*, Chicago and London: University of Chicago Press, 2013.

后，因为都是残疾人所以就聊得比较多，我才知道她真的是死里逃生。但是她一点不害怕别人看她的伤，她也从来不把自己的残疾藏起来。她告诉我她怎么在生活中对待自己的残疾，她说只要自己内心充满希望和友爱，就不要去害怕别人的眼光，如果别人看你，你就好好地给她解释你是怎么受伤的，别人会理解你的。自从那以后，我就再也不遮着我的手了，你爱看就看吧，你看我现在就这样穿短袖露着，我也不会觉得有什么。"[1] 阿英的工伤故事以及日常实践为阿珍提供了一个可以模仿的榜样，教她如何主动处理社会围观的社交尴尬，成功实现自己对残缺身体的控制与管理。

在阿英与信友的通信或者工伤残疾朋友的热线咨询中，也存在大量这样的赋权他人的表达。陈×华是四川省宜宾市高县人，从小左腿留下终身残疾。2002年，搞种养业失败的他来到浙江一家鞋厂打工，年底却被老板无端地扣掉了一半工资。想起别人的嘲笑、歧视，陈×华有了轻生的念头。在孤独无助的时刻，陈×华从《知音》杂志上得知阿英的工伤故事，便拨通了自强残疾人服务站热线电话。那个时候还没有电脑，阿英基本上是靠手写为每位求助者回信，"每一次写信都是一边流泪，一边书写，我上千次地去记录1993年11月19日下午2点那个噩梦。揭开这个伤疤甚至比在大火中燃烧更难受！那简直就是在伤口上撒盐巴。"半个月后，陈×华收到了阿英为他寄去的自强服务站编辑的《外出务工须知》《务工知识》等资料和一封回信，那封信纸张皱折，字迹模糊，泪水浸湿的痕迹隐约可见。一年后，陈×华在浙江一家电工器材厂上班，生活有了很大的起色。陈×华在回信中写道："英姐，谢谢你的鼓励和引导，如果没有你我早就离开了这个世界，是你改变了我的命运。"[2]

阿英之于这些工伤工友或其他遭受苦难的人，就像张海迪、海伦·凯勒之于阿英的意义一样。阿英曾在自述里写道："这十年是人生转折的十年，同时也是精神层面不断历练的十年。从开始害怕吃药到打针不哭，再到平静面对三十多次手术，这种毅力与心态是需要多大的勇气和斗志。"[3] 这些残疾人的励志故事陪伴着阿英度过无数个难熬的日夜，给予了她勇气

---

[1] LHZ，F，201507，CQ。

[2] 参见报道《用我的伤疤医你的痛》，http://news.sina.com.cn/o/2007-10-12/002312711367s.shtml，新浪网，2007年10月12日。

[3] 自我叙事编号100121。

第八章 两个案例：工伤疾痛叙事的社区建立与赋权功能

和斗志。他们的故事告诉阿英："现实生活中传递的正能量无处不在，生活中没有过不去的苦。"正是对励志故事的治愈和赋权作用深有感触，阿英才会在日常的残疾人沟通中选择讲述自己的工伤疾痛故事来疏导他们的苦闷情绪，帮助处理现实困境，阿英开玩笑地把自己的这种赋权行为称作"用我的伤疤为别人医痛。"

在这二十多年里，阿英已经记不清讲述过多少次自己的工伤疾痛故事，虽然每说一次都像重新经历噩梦一样，但是当她知道自己的故事对于其他残疾朋友具有积极影响时，她总是颇有些自豪地说道："原来我还可以影响到这么多人。"

> 其实刚开始我是影响了深圳那些劳动职工，包括很多受工伤的女工。深圳的公益机构邀请我过去交流过几次我的工伤故事。有一个男孩子叫陈×刚的，他受工伤也是在公益机构工作。他看到我们的故事，就觉得他的工伤真的不算什么，他就开始变得更坚强、更勇敢。他觉得一下子自信心出来了，觉得自己是幸运的。说实话，我的工伤故事影响到了一批人，公益机构圈、专家、学者，还有那些受工伤的，后来才开始慢慢对重庆市忠县有一些影响。我以前老是觉得可能只是影响几个残疾人，但是我发现我的行动影响到了很多人，包括健全人，包括一些残疾人朋友的家庭，还包括一些政府部门的工作人员。我觉得这就是我做这个工作的价值与意义。（CYY，F，20150717，CQ）

阿英的工伤疾痛故事减轻了其他工伤者或残疾人对苦难的认知，重新建立起他们对未来生活的信心。工伤残疾朋友对阿英的信任与认同反过来又加深了阿英对自我价值的肯定，她认为具备"从影响残疾人到健全人再到政府决策部门"这样的社会影响力是自己数年来努力、坚持付出获得成功的表现。

工伤疾痛叙事在促进健康、重塑社会关系与增强自我价值认同三方面实现了阿英的健康赋权，使阿英从过去"一个行动能力受限、自卑、在家里面不外出的人，变成一个敢于参与社会，敢于向社会公众发声，影响社会的人。"但是需要注意的是，我们要警惕"神化"疾痛叙事的研究倾向，工伤疾痛叙事的赋权作用并不是阿英获得成功的充分条件，它的赋权总是与个体性格、社会文化、政治因素等缠绕在一起，不可割裂单独视之。如丁未在新媒介赋权研究中所指出的那样，"媒介技术是一个必要条件，但绝不是一个充分条件"①。疾痛叙事这种传播形式是阿英实现健康赋权必不可少的重要手段，但是并不能证明疾痛叙事与赋权之间存在必然的因果联系。但是，从阿英的工伤疾痛叙事案例中，我们看到了在另类声音普遍受到压抑的主流表达空间中，疾痛叙事传播的的确确为她提供了健康赋权的可行性。正如阿英自己所言："我之所以能够走到今天，跟我健谈的性格非常有关。我很爱交流，因为只有通过交流才能够让别人了解你，才能够从别人那里学到知识，你才能够有进步，获得社会的认同，最终走出工伤的心理阴影。"②

---

① 丁未：《新媒介赋权：理论建构与个案分析》，《开放时代》2011年第1期。
② CYY，F，20150718，CQ，C182。

第九章　结论与讨论

这是返乡工伤者们讲述的遭遇工伤疾痛与抵抗工伤疾痛的故事。不管个人际遇如何千差万别，他们的故事总遵循着这样的叙事情节：因为贫穷离开农村到达城市工厂打工，在工厂遭遇工伤后陷入人生时序的混乱，历尽生活中的各种潦倒、歧视、不公与愤怒，最终不得不因为"生存的理性"而调整自己的心态、学习各种手段应对病残的生活，抗争苦难的命运。

本书发现，返乡工伤者的工伤疾痛叙事可以被归纳成三种类型：混乱叙事、疾痛多重性叙事和抵抗叙事。混乱叙事讲述的是工伤事故对工伤者个人层面的直接影响，包括身体的疼痛与失控、自我认同危机、家庭关系恶化与社会交往的断裂四个方面；疾痛多重性叙事揭示了工伤疾痛的社会生产这一特性，它的背后隐藏着来自身体文化、地域文化、资本生产模式、医疗制度、地方政策、社会性别等社会权力结构的不公与伤害；抵抗叙事包括个体层面的抵抗与社会层面的抵抗，返乡工伤者在叙事中构建了一套属于自己的话语体系与生活哲学以抵抗疾痛，重建自我认同。正是通过这三种叙事类型的分析，本书呈现了返乡工伤者受伤之后的生活世界，揭示了施加在返乡工伤者病残身体上的诸多社会权力因素，以及返乡工伤者在日常生活中的抗争形式。

此外，本书将疾痛叙事视为一种传播实践，考察了返乡工伤者在现实生活中的四种传播情境：家庭沉默、同类人传播、"向上"传播和自我传播。家庭沉默是一种特殊的工伤疾痛传播行为，返乡工伤者选择在家庭内部对工伤闭口不谈，避免自我认同危机的暴露以及家庭成员的尴尬；在同类人传播中，返乡工伤者扮演了一个积极主动的传播者角色，毫不避讳地讨论自己的身体、生活以及心理活动，并且擅长传播与接纳个体认为有助于抵抗工伤疾痛的经验与方法；"向上"传播是部分返乡工伤者与社会精英群体之间的对话，主要指媒体和学者，他们通过面向媒体的疾痛传播来获得一定的社会支持，而面向学者的传播则是为了得到社会历史的见证，从而获得社会认同；自我传播是返乡工伤者通过写日记、博客等形式抒发内心情感、获得心灵解放的疾痛传播形式。

最后，笔者通过惠民与阿英的两个个案分析，讨论了疾痛叙事的传播实践对于返乡工伤者的两种功能：建立社区与健康赋权。

一　主体的发声：工伤疾痛经验的另类建构

弗兰克认为，疼痛的身体需要发声。通过前面的文献综述分析，我们可以看到在目前的工伤研究中，工伤常常被设定为一个安全生产、经济赔偿和法律维权的问题，工伤者亦被定格为一串串统计数据和政策条文，至于他们自己的个体经验是什么？我们无从得知。很多情况下，返乡工伤者群体被作为"他者"来呈现，他们的工伤疾痛经验也常常处于被描述、被建构的状态，他们很少以叙事主体的身份来讲述发生在自己身体上的故事，传播自己关于身体与工伤的价值观念体系。因此，返乡工伤者的工伤疾痛叙事与传播为我们提供了一个新的认识工伤的途径，它建构了一套不同于已知的、另类的工伤疾痛经验体系，从而实现了自己定义身体经验，且为工伤身体代言的主体性。

（一）工伤是一种个体的苦难

在混乱叙事中，返乡工伤者将工伤定义为一种苦难（suffering），这种苦难体现为工伤对人生进程的破坏以及由此带来的失序感和失控感。当身体无休止的疼痛和功能的丧失使得他们失去赖以生存的劳动能力，他们不得不陷入生存的未知所引发的恐惧之中。

身体是人类行动的基础，首先人们的自我认知一定程度上取决于我们在社会互动中所得到的反馈，而丧失身体这一重要行动基础的返乡工伤者不仅需要面对生存的困境，同时还要遭受自我身份认知失范的煎熬。我们对自己和世界的理解都有赖于自身身体功能的有序化，身体知识告诉我们在日常生活过程中应该做什么，说什么，而且，我们通过身体将我们的历史融入现在，过去沉淀在我们的身体之中。[①] 那么，我们也可以说，失序

[①] G. Becker, *Disrupted Lives: How People Create Meaning in a Chaotic World*, Berkeley: University of California Press, 1997, p. 12.

也源自身体。这是工伤带给返乡工伤者内心深处的苦难，表现为对未知的恐慌和自知的无能为力。

其次，工伤的苦难体现在它对工伤者整个家庭的摧毁，不单体现在经济状况的急剧下降，还包括由此引起的家庭关系的恶化与解体。大多数工伤者，尤其是受伤严重的那一部分人，返乡之后不但没有得到家庭的关怀与支持，反而遭受了来自家庭成员的埋怨、嫌弃，甚至是背叛，这无疑是对返乡工伤者病残身体的再一次打击。

最后，社会交往的断裂意味着又一种社会支持形式的丧失，这是返乡工伤者们在混乱叙事中所定义的第三种工伤苦难，即他们的生活丧失了全部的社会意义。他们像一个一个孤岛，被人们有意或无意地遗弃在黑暗的角落。

因此，工伤作为一种个体苦难，它不同于工伤者们受伤之前的那种来自贫穷的苦难，它的意义更多在于身体病残所带来的自我价值认同危机，社会支持的丧失，以及终极的"人生失序与无望"。

（二）社会生产的工伤疾痛

医学社会学的一个基本观点是认为几乎所有的健康问题背后都蕴含着这样或那样的社会结构问题。埃里克·克里纳伯格（Eric Klinenberg）在分析1995年7月美国芝加哥遭遇的热浪灾难时指出，虽然这看上去是一场自然灾难，但是这700多位在此次灾难中丧生的人却多数死于灾难后的孤独，而这种孤独的死亡是社会生产的。[①]

工伤疾痛也一样，它并不是如工厂主所认定的那样：工人的一时不小心造成了一次偶然的事故，它的影响也远非工伤赔偿就可以弥补。工伤疾痛的发生是社会政治、文化、经济、医疗制度等一系列权力结构共同生产的结果，这些多重的社会因素不仅仅构成了工伤疾痛的社会根源，同时也是工伤疾痛本身。正如阿瑟·克莱曼所说："人类苦痛的社会根源正是权力的地方场景，它导致了资源的分配是不平等的，大规模的社会政治、经济和生态力量的影响的传递也是不公平的，把特定的人群置于最大的社会压力之下。"[②]

[①] ［美］埃里克·克里纳伯格：《热浪：芝加哥灾难的社会剖析》，徐家良、孙龙、王彦纬译，商务印书馆2014年版。

[②] ［美］阿瑟·克莱曼：《痛苦与疾病的社会根源——现代中国的抑郁、神经衰弱和病痛》，郭金华译，上海三联书店2008年版，第169—170页。

具有社会多重意义的工伤疾痛体现在：（1）建立在健全身体基础上的主流身体文化对病残身体的歧视与污名化，返乡工伤者的身体被视为怪物、被贴上"无能""废物"的标签，被阻挡在正常的就业市场与社会交往之外；（2）日渐经济理性主导的乡村空间将工伤身体"利益化"，体现为丧失利益时的落井下石与有利可图时的利益趋近，使得返乡工伤者丧失了部分的社会支持；（3）工厂中资本生产模式将身体"商品化"，在资本主义生产关系中，劳动力作为一种商品流通在整个资本价值生产体系中。身体是劳动力的物质载体，资产阶级对劳动力的占有实际上是通过控制他们的身体来实现的，而工伤就是这种身体控制最严重的后果之一。工厂对工人身体的控制不仅仅是在工厂范围内，还延伸到工伤后入院治疗、索赔协商等后续场景中，表现为资方对工伤身体的冷漠与蔑视；（4）医疗霸权施加在工伤者身体与精神上的双重压力，体现在误诊所带来的不必要的身体损害，康复照料中的失职风险，以及整个医疗过程中信息传播的不对等所带来的身体失控感与恐慌；（5）社会文化、医疗系统、福利政策将尘肺病患者"非合法化"，他们被贴上"传染病"的标签排斥在家庭与社会交往网络之外，无法获得权威的医疗鉴定，无法获得正当的工伤赔偿，返乡之后也无法被纳入地方的福利保障政策体系之内；（6）女性工伤者不仅面临上述共同的疾痛，并且还遭受社会性别文化系统对女性工伤身体的性别身份的质疑。

（三）重建身体的自主性与工伤的正义性

返乡工伤者的疾痛叙事不仅仅是将工伤定义为一种由社会生产的个体苦难，还讲述了他们如何抵抗工伤疾痛，即如何应对苦难和不公。夺回身体的行动控制权与残疾身体的管理是返乡工伤者在个体层面对工伤疾痛的抵抗，是重新建立起身体自主性的体现。当他们不再受到病残身体的限制，能够在不同的场合下根据需求管理自己的身体，并且实现自力更生时，他们就已经成为自己身体的主人。在此基础上，他们建构出一套属于自己的身体话语体系——身体残而不废、身体残而健康、身体残仅为不同。

社会层面对工伤疾痛的抵抗体现在返乡工伤者跟社会有关身体与工伤的主流意识形态的口舌之争中。工伤往往被工厂主视为工伤者敲诈要钱的砝码，被乡野村邻当作"卖身"致富的途径或在外犯事的报应。返乡工伤者在与他们的口舌之争中强调工伤赔偿是自己合理合法应得的，并非"农村人的借机敲诈";他们将工伤取"公"伤之意,则是赋予了工伤者在社会公共领域的正当身份。不论是重建身体的自主性,还是工伤的正义性,这都是返乡工伤者在日常生活中抵抗工伤疾痛的最直接表现。他们竭尽全力为自己的残疾身体和工伤者身份正名,归根结底,是为了重新建立完整的自我身份认同、价值认同与社会认同。

二 自我认同的唤醒:两类意识形态的对立

尼尔森这样定义 counterstory:"它提供了一种对个人或社会群体不同的理解。这些故事赋予了他们合乎道德的身份定义,而且被发展来反抗或削弱具有压迫性的主流叙事。"[1] 返乡工伤者的整个工伤疾痛叙事是一个典型的 counterstory,在他们的叙事内容中,尤其是在疾痛多重性叙事与抵抗叙事中,四处弥漫着他们对主流叙事中所蕴含的关于身体与工伤的意识形态的不满与愤怒,同时建立自身群体内部的另类意识形态,赋予自己合乎道德的合法身份与认同。

(一)关于身体与工伤的主流意识形态话语

社会文化是社会霸权意识形态的遮羞布,使某种健康/疾病状态被视作或合理化作生活方式的自由选择,而非社会权力结构参与运作的结果。[2] 返乡工伤者的反抗叙事则扯下了遮蔽在病残身体之上的这块遮羞布,将具有压迫性质的社会霸权意识形态暴露无遗。

1. "次等身体"污名:残疾 = 残废 = 无用

毁损的面容、畸形的肢体、鲜明的精神病怪异行为都会成为患者的烙印,因为它们打破了所谓可接受的外表仪容和行为的文化传统底线,形成所谓丑陋、可怕的或非人的,等其他文化范畴。[3] 不管是作为怪物的身体,还是在日常生活中或明或暗地被排斥,返乡工伤者的身体污名叙事揭示了"残疾 = 残废 = 无用"这种主流的身体意识形态。

---

[1] Phyllis M. Japp & Debra K. Japp, "Desperately Seeking Legitimacy: Narratives of a Biomedically Invisible Disease", In Lynn M. Harter, Phyllis M. Japp & Christina S. Beck, *Narratives, Health, and Healing-Communication Theory, Research, and Practice*, Mahwah: Lawrence Erlbaum Associates, Inc., 2005, pp. 107 – 130.

[2] Teresa L. Thompson, Alicia Dorsey, Katherine I. Miller, Roxanne Parrot, *Handbook of Health Communication*, London: Lawrence Erlbaum Associates, Publisher, 2003, p. 53.

[3] [美]阿瑟·克莱曼:《疾痛的故事——苦难、治愈与人的境况》,方筱丽译,上海译文出版社 2010 年版,第 188 页。

在这种主流意识形态话语中，健全的身体占据主导地位，而其他残疾的、病弱的身体统统被视作次等身体，赋予"没用的废物"的文化意义。疾痛的文化意义常常给病人烙上了他们难以抵挡、不易对付的印记。这种印记要么是耻辱，要么是社会生活的死刑。不管是哪一种，这种烙印是无法躲避的。① 的确如此，对于返乡工伤者而言，残疾与疾病就是那个永远无法抹去的污名符号，跟随着他们一生，无论他们做什么，付出多少努力，都很难与健全人平起平坐，不为别的，仅仅因为他们的病残身体不被主流意识形态所容纳。

2. 亲缘关系的利益至上："工伤致富"的合理性话语

当返乡工伤者拖着病残的身体回归农村老家时，亲人朋友们一拥而上，"你安逸耶，发大财了呀"成为亲缘网络里最为流行的工伤话语，亲缘关系的利益化一览无余。

在乡野农村的主流意识形态里，"利益"成为人们衡量亲缘关系远近的重要标准，即人们总是对利益相关者亦步亦趋，而对无利益价值者则避之不及。在这样以利益为主导的主流意识形态话语中，工伤被视为返乡工伤者的致富法门而获得合法性，而它带给工伤者的痛苦以及工伤背后的复杂根源却无人问津。

3. 资本的阶级蔑视：公平交易的契约话语与工伤敲诈话语

工伤赔偿协商和维权过程中，工厂一方一直表达着两种主流的工伤叙事话语。第一种是公平交易的契约话语，即工人与厂方之间存在着"一方出卖劳动力，另一方支付工资"的公平交易的契约关系，而工厂糟糕的工作环境、长时间的工作强度以及有损身体健康的一切工厂条件，都包含在这个契约关系之中。这样的契约话语为厂方逃避工伤事故责任提供了一种可能。在工伤者没有强烈的维权意识情况下，工厂一方往往以此作为协商手段，"出于好心"地给予一点人道主义赔偿，将受伤的工人驱逐出厂。第二种话语——工伤敲诈话语往往发生在工伤者与工厂维权死磕的过程中。工厂管理者将工伤者描述成"见钱眼开的农村人""填不满的无底洞"，同时符合法律程序的工伤维权被视作"以工伤之名行敲诈之实"的工伤敲诈行为。

---

① ［美］阿瑟·克莱曼：《疾痛的故事——苦难、治愈与人的境况》，方筱丽译，上海译文出版社 2010 年版，第 28 页。

资方的这两种工伤话语背后隐藏着"资产阶级高于劳工阶级"的主流意识形态,体现在话语所表现出来的地位优越性与人格蔑视上。公平交易的契约话语虽名为"公平",但实际上却处处透露着资方对农民工群体的利益侵害,用余晓敏的话来说,这样所谓的公平交易的契约实际上是"虚假的契约"①,它将资方对劳工阶级劳动力、身体健康的剥削粉饰一新,甚至还颇有点"扶贫救贫"的精英主义意味。工伤敲诈话语实则是对工伤工人的人格蔑视,因为劳工阶级的农民出身,所以资产阶级认为,因为他们贫穷,所以他们无所不用其极地追求金钱,甚至不惜"出卖"自己的身体。在工伤敲诈话语中,资产阶级透露出对劳工阶级深深的蔑视,原本合理合法的维权行为也被冠以非道德之名。

4. 医学的科学主义霸权:"你的身体我做主"的医疗话语

霸权指的是一个阶级通过非暴力的结构性的方法来控制社会的经验和文化生活。霸权是通过扩散和持续、彻底强化关键社会机构来实现的,这些社会机构拥有某些价值观、信仰态度、社会规则和法律。医生和病人之间的互动关系也是构成霸权主义关系的一个方面。对这些相互作用的研究表明,它们普遍在更大的社会中强化了不平等的医患关系。它们通常以下面的方式实现:(1)强调病人服从一个"社会强势者"或者专家的判断;(2)指引病人关注致病的直接原因(如病原体、饮食、锻炼、吸烟等),而忽略结构性的因素,医生们觉得他们对此结构性因素没有什么控制力量②。

在返乡工伤者的康复治疗叙事中,工伤者描述了来自医疗系统内的一种强势话语——你的身体我做主。从医疗过程的零信息传播,到不经患者参与决策的误诊治疗,再到康复护理中的医疗事故,这一系列的工伤治疗过程充分地体现了医生与病人之间不平等的医疗霸权关系,而这种医疗霸权背后则是医学的科学主义意识形态在起作用。

科学主义把所有的"实在"都置于一个自然秩序之内,而且认为只有科学方法才能理解这一秩序的所有方面,无论是生物的、社会的、物理的

---

① 参见余晓敏《跨越阶级的边界:珠江三角洲伤残农民工"群体意识"的剖白》,http://www.usc.cuhk.edu.hk/PaperCollection/Details.aspx?id=2439,香港中文大学中国研究服务中心,2015年10月22日访问。

② 莫瑞·辛格:《批判医学人类学的历史与理论框架》,林敏霞译,《广西民族学院学报》(哲学社会科学版)2006年第28卷第3期。

或心理的。① 而医学作为近代科学的重大得益者和发展者，科学主义对医学的影响也是深远而广泛的。第一，唯科学主义影响下的生物医学，视生物因素为唯一影响健康和疾病的因素；第二，唯科学主义影响下的生物医学，过高地估计了当代医学的成就，没有看到当代医学在对付折磨人类的慢性病、老年病、退行性病变方面远未让人称心如意；第三，唯科学主义影响下的生物医学，其眼中只有技术和设备，没有病人，使医学日益失去爱人的关怀，医患关系日益恶化。医生至高无上的权威、无可商量和训责的态度，日益伤害着患者的人格尊严。②

在唯科学主义的医学意识形态影响下，由于医生对医学科学知识拥有垄断地位，他们拥有诊断病人病症、控制病人行为的绝对权威③，而工伤病人则是一个等待处理、解决的科学问题。大多数情况下，他们不能喊疼，不能质疑医生的决定，不能获知关于自己身体的健康信息，更不能参与自己疾病的医疗决策之中。唯科学主义的主流医学意识形态剥夺了工伤患者对自己身体的控制权与决定权，将他们置于一种合法的失声状态中。

5. 福利政策的身份非合法性：作为劳资矛盾的工伤

大多数返乡工伤者，尤其是职业病患者，他们回到老家后既不能享受农村医保，又不能被纳入救助政策的支持范围之中，相关部门人员认为工伤、职业病属于城市工厂的劳资矛盾，工伤者应该向打工所在地与厂方寻求赔偿，地方政府没有"照顾"的义务。墨菲（Murphy）就曾在研究中指出过返乡工伤者的"皮球"处境，他认为在外出打工的流通模式范围内，农村家庭要为外出打工的家庭成员提供所需的福利。如结构主义者指出的那样，这种安排具有剥削性质，因为资方逃避了对农民工提供所需福利的责任④。另外，因疾病和受伤返乡的农民工加重了地方政府在社会福利、社会治安等方面工作的难度，因此地方政府也常把这部分返乡农民工作为令人头疼的对象，导致出现相对紧张的关系⑤。

---

① 曹志平、邓丹云：《论科学主义的本质》，《自然辩证法研究》2001年第17卷第4期。
② 杜治政：《守住医学的疆界——关于医学中的科学主义与金钱至上主义》，《医学与哲学》2002年第23卷第9期。
③ 富晓星、张有春：《人类学视野中的临终关怀》，《社会科学》2007年第9期。
④ ［爱］瑞雪·墨菲：《农民工改变中国农村》，黄涛、王静译，浙江人民出版社2009年版，第191页。
⑤ ［爱］瑞雪·墨菲：《农民工改变中国农村》，黄涛、王静译，浙江人民出版社2009年版。

尤其对于那些患有职业病的返乡工伤者来说，他们既无法向工厂与打工所在地寻求工伤赔偿，回到农村老家后又无法获得当地政策的支持与救助，就像是人人嫌弃的皮球，从城市踢回农村，又被当地踢向城市，最终他们的工伤疾痛只能由自己和家庭承担。无论是城市工厂的工伤责任逃避，还是老家当地的"作为劳资矛盾的工伤"话语，实际上都是农民工"身份非合法性"的强势意识形态的运作结果。

在维持着城乡分割的户籍制度的影响下，迁移人员普遍处于人—居分离、职业身份—户籍身份错位的状况，使进城务工的农民群体进入一种既非工又非农的身份非合法性中。虽然这一制度的合法性已经受到广泛质疑，国家政府也放责、放权敦促各级地方政府及其相关的职能部门"保障农民工的权益"[①]，但是即使某些地方政府已经实现了"居民"身份的统一，但是在田野调查中，笔者发现这种统一仅仅止于名义上的统一，实际上这些转为居民的农村人员仍然无法享受城镇居民的真正待遇[②]，对于工伤返乡者更是如此。因此，即使户口本上的户口类型有所变化，现实中农民工"身份非合法性"的主流意识形态仍然操控着工伤者在城市与地方老家的两难境遇。

6. 社会性别重压下的工伤身体：不合格的女性

与男性工伤者不同，工伤女工除了经历上述多重意义的工伤疾痛之外，还要遭受来自社会性别规范对女性残缺身体的"指指点点"。在传统的性别气质二分法之中，我们规定了女性必须要具备温柔、贤惠、耐心、细致等具有亲和取向的女性气质，但是重要的是，完整的、女性向的身体才是构成女性气质的基础。工伤的残缺身体使得这个基础岌岌可危，变形的身材、不光滑的皮肤、不再适合自己的连衣裙、高跟鞋等等，都在告诉她："你不是一个合格的女性"。

男性工伤者也会面临健全身体对残缺身体的歧视，但是并不会影响男性的性别身份认同，并且随着劳动能力和财富创造力的恢复，男性身份认

---

① 陈映芳：《"农民工"：制度安排与身份认同》，《社会学研究》2005年第3期。
② 在拔山镇的田野调查中，返乡工伤者阿勇告诉我，他们镇也实现了农转非的身份转换，在政府的号召下，他们卖掉了农村的土地，换上城镇居民的身份，政府承诺用他们卖土地的钱给他们购买城镇社保和医保，但是土地卖给政府之后，这一承诺却迟迟没有兑现。没有土地的农民来到城镇，没有相应的福利保障体系的支撑，一个城镇居民的身份对于他们在城镇里的生活丝毫没有帮助。

同会不断增强。但是，即使工伤女工成为创业能手，成为家庭的经济支柱，作为女人的性别身份也很难恢复如初。

（二）重建自我认同的另类意识形态话语

返乡工伤者的工伤疾痛叙事的反抗性不仅体现在它对上述主流意识形态话语的揭示，而且还反映在它对自身另类意识形态话语的构建，主要表现在他们对平等的病残身体、工伤正义性与维权合法性的观念上。

1. 身体平等观：残而不废

应对于主流意识形态的"次等身体"观，返乡工伤者通过自己的行动与日常生活中的口舌之战构建了他们的另类身体观：残而不废。这一另类的身体意识形态观念包括三个方面的含义：残疾但有用；残疾仅为不同；残疾但健康。他们认为返乡工伤者虽然身体具有残疾，但是他们仍然自食其力、勤勉劳动，依靠自己的双手养活自己和家人，并非社会主流意识形态里的"无用的废人"；其次，身体残疾只是他们众多特征中的其中一个而已，每个人都有与众不同之处，残疾人与健全人除了长相不同并没有什么本质的区别；残疾不等于不健康，他们具有独立的行动能力和社交能力，不仅能够自助，还可以助人。

返乡工伤者的"残而不废"的另类话语是对"残疾＝残废＝无用"这一主流意识形态话语的直接抵抗。它颠覆了主流身体叙事的"残疾身体次等化"的意识形态，剥离了施加于病残身体之上的种种文化污名，就像南非科萨艾滋病妇女构建的"英雄"叙事话语一样，她们用自己的亲身经历与感受塑造了一种与英语世界的艾滋病主流叙事完全不同的另类叙事。在她们的叙事中，艾滋病不是灾难，她们也不是受害者，更不是作恶者，她们把自己的患病经历视作英雄涅槃前必经的历练和苦难。① 同样，返乡工伤者视身体的残疾为普通的身体特征，积极争取与健全身体平等的身体合法性，摆脱主流身体话语对病残身体的歧视、排斥与不信任。

2. 身份的合法性：因"公"而伤的工伤正义观

在返乡工伤者的抵抗叙事中，他们反复阐述着一个观念，即他们是因"公"而伤，赋予工伤在道德上的正义性。在社会主流工伤叙事中，工伤被视作工伤者个人与厂方之间的劳资矛盾，某种程度上说，它是一个私领

---

① Felicity Horne, "Conquering AIDS Through Narratives: Longlife Positive HIV Stories", *English Studies in Africa*, Vol. 54, No. 2, 2011, pp. 71–87.

域的劳资纠纷问题，与公共领域无关，因此当他们维权无果回到地方时，当地的保障政策也对他们视若无睹。"工伤的正义性"这一另类话语正好回应了"身份非合法性"的主流意识形态，他们肯定返乡工伤者为国家、为城市建设做贡献的合法身份，将工伤定义为因"公"而伤的公共事件，理应获得公共政策与社会公众的认可与支持。

"工伤的正义性"这一另类话语赋予了返乡工伤者身份地位的合法性，基于对工伤者城市奉献者的角色肯定，把工伤的权责范围从私领域重新扩展至公共领域。但是，一个事物若具有合法性，那么它既应具有合乎正当性的价值属性，又应具备能获得人们认同的事实"魅力。"① 返乡工伤者正是希望通过这样的另类话语建构起合乎正当性的身份价值属性，从而带动社会公众与公共政策对返乡工伤者的事实认同。

3. 阶级人格的平等捍卫：多一分不要 少一分不行

徐国栋教授提出，人格关系中内在地包含着身份关系，主张"人格"实质上是社会阶层或者阶级划分的工具，是作为组织社会身份制度的一种工具。② 武汉大学副教授张善斌虽然认为，人格与阶级是分属于法律与政治两个领域的问题，反对将人格作为阶级划分的工具，但是他仍然认同阶级划分是人格区分之前提，阶级、等级划分等政治问题是通过公法尤其是宪法性规范即关于机构设置、任职权、立法权、市民籍、土地分配等法律来实现的。③

通俗地来讲，我们对于一个人人格的评判很大程度上是基于对他阶级、社会地位的综合考量。我们倾向于认为居于较高社会、阶级地位的人的人品与德行比低阶级地位的人要更加值得信任。正是基于这样的阶级人格的预设，大多数工厂主才会在工伤之后把工伤者当作嗜钱如命的农村野蛮人，将工伤者的维权死磕行为视作"借工伤之名行工伤之实"的敲诈行为。

然而，返乡工伤者"多一分不要 少一分不行"的"工伤维权的合法性"话语捍卫了他们作为备受歧视的底层阶级的人格尊严。他们将自己与

---

① 赵德雷：《内化的污名与低劣之位——建筑装饰业农民工底层地位的"合法性"》，《青年研究》2014 年第 2 期。
② 徐国栋：《"人身关系"流变考（上）（下）》，《法学》2002 年第 6、7 期。
③ 张善斌：《再论人格与阶级划分的关系——对人格为阶级划分工具观点的反驳》，《法商研究》2009 年第 2 期。

工厂主平等视之，不卑不亢，运用合理合法的法律手段争取自己应当获得的工伤权益。"多一分不要"反抗了资产阶级对工伤者嗜钱如命的刻画，"少一分不行"构建了底层阶级有骨气、不畏强权的硬汉人格。艰难维权的工伤者口中所说的"那口气"就是在面对资本生产制度的伤害与蔑视时对底层阶级人格的捍卫，这样的另类话语传达了返乡工伤者们反复强调的"人格平等"的朴素意识形态理念。

非常遗憾的是，我们能够听到工伤者对上述不同方面主流意识形态话语进行某种程度的重构与反击，但是在社会性别这一维度，工伤女工们并没有发展出有效的抵抗话语体系。女性欲望的减少的确是出现在她们叙事中的一种应对策略，但是正如前文分析的那样，这种策略似乎是无奈之举，她们内心之处依然认同传统社会性别规范下的那套女性身体话语。

个体的苦难就是社会的苦难，返乡工伤者的工伤疾痛叙事将这句话阐释得淋漓尽致。郭于华教授说，苦难是有力量的。底层的表述蕴含着巨大的能量，而关键在于苦难若能够被讲述和被记录，苦难就有了力量；否则普通人的苦难便一如既往地无足轻重。揭示苦难的社会根源，苦难便不再仅仅是个体的经历和感受，而是具有了社会的力量，苦难就会有颠覆的力量、重构的力量、获得解放的力量。① 返乡工伤者的工伤疾痛叙事正是通过讲述工伤疾痛的社会多重性，来揭示工伤疾痛背后具有压迫性质的、关于身体与工伤的主流意识形态，同时建构属于返乡工伤者群体的另类意识形态话语，以获得重构和解放的力量，这也正是他们在遭受人生失序之后重新建立崭新自我的象征。

三 工伤疾痛的传播：改善境况的弱者武器

斯科特曾在《弱者的武器》中讨论过何谓反抗？他认为"阶级的反抗包括从属阶级成员所有如下行动：有意识地减少或拒绝上层阶级（如地主、大农场主、国家）的索要（如租金、税款、声望）或提高自己对于上层阶级的要求（如工作、土地、慈善施舍、尊重）"。其次，他还倾向于将反抗视为个体或群体为得到较长远利益而作短期牺牲的行动。② 由此可见，

---

① 郭于华：《倾听无声者的声音》，《读书》2008 年第 6 期。
② ［美］詹姆斯·C. 斯科特：《弱者的武器》，郑广怀、张敏、何江穗译，译林出版社 2011 年版，第 351—352 页。

斯科特在研究中所强调的"反抗"除了意识形态领域的抗争之外,更着重现实生存中实实在在的反抗行为,而这种反抗行为的目的只有一个,即通过"减少付出,增加收益"的方式让抗争者过上更好的生活。

返乡工伤者所要反抗的不仅仅是社会大多数人关于身体与工伤的主流意识形态,摆在他们面前的是更为艰难的现实生存问题。换句话说,工伤疾痛叙事文本中的意识形态抗争并不能完完全全地帮助他们摆脱返乡之后面临的现实困境,即使他们反对的言语多么激烈、多么慷慨,他们仍然需要为自己的身体、全家人的肚子、儿女的教育、父母的健康愁破脑袋,社会不友好的环境也并未产生根本性的改变。因此,他们必须如斯科特所言的那样,将反抗行为从口头言语转化为实际的行动,赋权自己,增强自己应对工伤疾痛现实的实际应对能力,成为个体生活实践和社会发展的主体。

卜卫研究员提出行动传播研究的概念,她认为传播不仅具有"认识世界"的能力,而且可以并且应该致力于"改造世界"。[①] 返乡工伤者的工伤疾痛叙事这一行动虽然还无法达到"改造世界"这一伟大目标,但是它们的的确确在改善自己的现实困境方面起到了一定的作用。对于返乡工伤者的现实生存来说,工伤疾痛传播[②]具有宣泄功能、控制功能、社区建构功能以及健康赋权功能。

(一) 工伤疾痛传播的宣泄功能

Sunwolf 认为,讲述疾痛故事可以帮助讲述者与倾听者从身体疼痛中转移开来,达到暂时的治愈缓解作用。[③] 返乡工伤者的自我叙事传播便具有这样的治愈功能,他们通过写日记、写博客的自我传播手段倾吐工伤带给自己与家人的痛苦,记录自己在经历工伤疾痛之后的成长与蜕变,不管他们在文字中发牢骚也好,抱怨社会不公也好,抑或是寻找到人生的意义也好,在那短暂的自我叙事传播的时间里,工伤者们找到了逃脱现实工伤疾

[①] 卜卫:《"认识世界"与"改造世界"——探讨行动传播研究的概念、方法论与研究策略》,《新闻与传播研究》2014 年第 12 期。

[②] 为了区分名词的疾痛叙事,此处的动词含义表述为"工伤疾痛传播"。

[③] Sunwolf, Lawrence R. Frey & Lisa Keranen, "R_x Story Prescriptions: Healing Effects of Storytelling and Storylistening in the Practice of Medicine", in Lynn M. Harter, Phyllis M. Japp & Christina S. Beck, Eds., *Narratives, Health, and Healing-Communication Theory, Research, and Practice*, Mahwah: Lawrence Erlbaum Associates, Inc., 2005, pp. 237 – 257.

痛的途径。他们通过文字建构了一个解放内心的全新空间，在那个空间里，他们可以忘记身体的疼痛与现实的困苦，达到 Sunwolf 所说的"happier ever after"[①]。而这种短暂的"情感宣泄"[②]也能够给工伤者提供足够的情感能量来面对工伤现实。

（二）工伤疾痛传播的控制功能

疾痛叙事可以增加病人对生活的控制，抵抗疾病所带来的无序性和不可预测性。返乡工伤者通过控制不同传播情境下的工伤疾痛叙事内容，来增强自己对现实处境的控制能力。

家庭零传播使得他们能够回避工伤给自身带来的身份角色尴尬，体现工伤者"不说"的传播控制权力；与之相反，同类人传播与"向上"传播则充分展现了他们作为传播主体选择"对谁说""说什么"的控制能力。返乡工伤者通过选择与遭遇类似的同类人（残疾人、病友）进行疾痛传播来获得身份认同、支持型信息（医药信息、生活信息、榜样信息），进而增强他们控制现实生活的信心与决心；而"向上"传播是返乡工伤者向更广阔的社会关系主动寻求社会支持的传播过程，他们通过媒体或者学者表达工伤疾痛现实，尝试争取能够改善健康状况与生活状况的物质资源与社会认同。

（三）工伤疾痛叙事的社区建构功能

工伤疾痛传播作为一种交往形式，建立起了当地社会组织机构与返乡工伤者、工伤者与工伤者之间的互动关系，最终形成一个自助互助的工伤者社区网络。这个社区网络为返乡工伤者们提供情感支持、意识启蒙（对工伤的认识，对残疾的认识）、信息支持（养殖信息、工作信息、福利救济信息等）和工具支持（生计帮扶资金、生产工具、人力支持等），使他们在困境之中感到"有人在关心他，爱他，在给予他自信与价值，肯定他属于某个具有共同责任的传播网络"[③]。

[①] Sunwolf, Lawrence R. Frey & Lisa Keranen, "R$_x$ Story Prescriptions: Healing Effects of Storytelling and Storylistening in the Practice of Medicine", in Lynn M. Harter, Phyllis M. Japp & Christina S. Beck, Eds., *Narratives, Health, and Healing-Communication Theory, Research, and Practice*, Mahwah: Lawrence Erlbaum Associates, Inc., 2005, pp. 237–257.

[②] 弗兰克认为情绪宣泄也是疾痛叙事的功能之一。

[③] S. Cobb, "Social Support as a Moderator of Life Stress", *Psychosomatic Medicine*, Vol. 38, 1976, pp. 300–314.

其次，工伤者社区网络组织返乡工伤者面向健全人群体、村落社会传播他们的工伤疾痛故事，以促进社会主流群体对工伤及工伤者的认识与了解，一方面避免更多的工伤发生；另一方面旨在消除社会对工伤残疾者的社会污名。这一工伤疾痛传播行为构成了斯科特笔下的实实在在的反抗行为，它的发声有助于改善对返乡工伤者不友好、不公平的社会环境，为他们的现实生存创造更为有利的社会条件。

（四）工伤疾痛传播的健康赋权功能

本书通过对返乡工伤者阿英的工伤疾痛传播案例的分析，提出了工伤疾痛传播的健康赋权功能。[①] 传播赋权的观点认为，传播某种程度上可以协助无权或弱权者改变上述提及的社会障碍，激发他们的自我效能，使之成为积极的主体，增强应对外部社会环境与社会关系的能力。

工伤疾痛传播在促进健康、重塑社会关系与增强自我价值认同三方面实现了阿英的健康赋权。首先，面向社会媒体、社会友好人士的工伤疾痛传播实现了阿英的社会资源动员，帮助阿英改善了久未解决的健康困境；其次，面向残疾朋友、热心笔友与精英人群的工伤疾痛传播具有社会交往的功能，帮助阿英重新建立起了新的社会关系网络，赋予她重新站立，抗争命运的力量与支持；最后，在学校、政府会议、社会组织等公共场合的工伤疾痛传播重建了阿英的社会认同，继而增强了阿英对自我价值的认可。

斯科特将东南亚农民阶级日常生活中的抗争行为，如偷懒、装糊涂、开小差、假装顺从、偷盗等等，视作弱者反抗上层阶级的武器。他们利用心照不宣的理解和非正式的网络，以低姿态的反抗技术进行自卫性的消耗战，用坚定强韧的努力对抗无法抗拒的不平等，以避免公开反抗的集体风险。[②] 潘毅在南方工厂的民族志调查中，将女工的梦魇惊叫、身体的疼痛视作一种抗争的次文体，虽然郑广怀曾撰文质疑这种将近乎虐待的行为视为抗争形式的合理性，提出将女工的身体抗争定位为"日常抗争"与"平

[①] 考虑到工伤者社区网络中工伤者的工伤疾痛传播很大程度上并非他们主动采取的行动，他们并未成为赋权定义中所说的积极的主体，因此，笔者未将此处的工伤疾痛传播的功能归纳进传播赋权范畴。

[②] ［美］詹姆斯·C.斯科特：《弱者的武器》，郑广怀、张敏、何江穗译，译林出版社2011年版。

静的侵蚀"的过渡形态①,但是无论如何,这些研究为我们提供了另外一种有别于正式的、公开的抗争行为的日常抗争视角。

本书中的返乡工伤者本来就是零星、分散的个体,他们所面对的工伤疾痛现实也并非东南亚农民所身处的明显的阶级压迫与剥削,甚至有的返乡工伤者将自己所遭受的工伤疾痛经历当作农民必经的苦难之一,他们甚至不懂何为压迫,何为抗争。但是,他们在现实实践中却一直没有放弃对命运的抗争,对工伤苦难的抗争,只此一句"没办法,还得好好活下去"便是他们终其一生抗争到底的真实映照。上述工伤疾痛叙事与传播实践的四种功能构成了他们整个抗争行动的一部分,因此,返乡工伤者的工伤疾痛传播也正如上述提及的抗争形式②一样,与他们的日常生活交融在一起,成为他们抵抗工伤疾痛困境、改善家庭生活的,隐藏的、甚至无意识的弱者武器。

---

① 郑广怀:《社会转型与个体痛楚——评〈中国制造:全球化工厂下的女工〉》,《社会学研究》2007年第2期。
② 笔者此处只考察工伤疾痛叙事这种传播行为的抗争意义,并非认为疾痛传播是他们改善现状的唯一抗争手段。

参考文献

一 外文文献

Abigail Harrison & Elizabeth Montgomery, "Life Histories, Reproductive Histories: Rural South African Women's Narratives of Fertility, Reproductive Health and Illness", *Journal of Southern African Studies*, Vol. 27, No. 2, 2001.

Andrea Chircop & Barbara Keddy, "Women Living with Environmental Illness", *Health Care for Women International*, Vol. 24, No. 5, 2003.

Arthur W. Frank, *The Wounded Storyteller: Body, Illness, and Ethics*, Chicago: University of Chicago Press, 1995.

Arthur W. Frank, *The Wounded Storyteller——Body, Illness and Ethics*. Second Edition, Chicago: University of Chicago Press, 2013.

A. Kleinman et al., "The Social Course of Epilensy: Chronic Illness as Social Experience in Interior China", *Social Science and Medicine*, Vol. 40, No. 10, 1995.

A. Kleinman, *The Illness Narratives: Suffering, Healing and the Human Condition*, New York: Basic Books, 1988.

A. Lorde, *The Cancer Journals*, San Francisco: Aunt Lute Books, 1980.

A. L. Strauss, *Chronic Illness and the Quality of Life*, St. Louis: C. V. Mosby Co., 1975.

A. M. Menshoel, "Living with a Fluctuating Illness of Ankylosing Spondylitis: A Qualitative Study", *Arthritis Care and Research*, Vol. 59, No. 10, 2008.

A. Schutz, *On Phenomenology and Social Relations*, Chicago: University of Chicago Press, 1968.

A. Strauss, J. Corbin, S. Fagerhaugh, B. Glaser, D. Maines, B. Suczek & C. Wiener, *Chronic Illness and the Quality of Life* (2nd ed.), St. Louis: Mosby. 1984.

Barbara F. Sharf, Marsha L. Vanderford, "Illness Narratives and the Social Construction of Health", in Teresa L. Thompson, Alicia Dorsey, Katherine I. Miller, Roxanne Parrott, Eds., *Handbook of Health Communication*, London: Lawrence Erlbaum Associates, 2003.

Cecil Helman, *Culture, Health and Illness: Introduction for Health Professionals*, Oxford: Butterworth-Heinemann, 1994.

Christopher McKevitt, "Short Stories about Stroke: Interviews and Narrative Production", *Anthropology & Medicine*, Vol. 7, No. 1, 2000.

C. M. Mathieson & H. J. Stam, "Renegotiating Identity: Cancer Narratives", *Sociology of Health and Illness*, Vol. 17, 1995.

DeLoach and Greer, *Ajustment to Severe Physical Disability: A Metamorphosis*, New York: McGraw-Hill, 1981.

Do & Geist, "Othering the Embodiment of Persons with Physical Disabilities", in D. Braithwaite & T. Thompson, Eds., *Handbook of Communication and People with Disabilities: Research and Application*, Mahwah, NJ: Erlbaum, 2000.

D. J. Goldsmith, Mc Dermott, V. M. & Alexander, S. C., "Helpful, Supportive and Sensitive: Measuring the Evaluation of Enacted Social Support in Personal Relationships", *Journal of Social and Personal Relationships*, Vol. 17, 2000.

D. Kelleher, "Coming to Terms with Diabetes: Coping Strategies and Non-compliance", in Robert Anderson & Michael Bury, Eds., *Living with Chronic Illness: The Experience of Patients and Their Families*, London: Unwin Hyman, 1988.

D. Leder, *The Absent Body*, Chicago: University of Chicago Press, 1990.

D. Mechanic, "The Study of Illness Behavior: Some Implications for Medical Practice", *Medical Care*, No. 1, 1965.

D. Neuhauser, "The Coming Third Health Care Revolution: Personal Empowerment", *Quality Manage Health Care*, Vol. 12, 2003.

E. Bormann, "Symbolic Convergence theory: A Communication Formulation", *Journal of Communication*, Vol. 35, No. 6, 1985.

E. G. Zook, "Embodied Health and Constitutive Communication: Toward an Authentic Conceptualization of Health Communication", *Communication Yearbook*, Vol. 17, 1994.

E. Scarry, *The Body in Pain*, New York: Oxford University Press, 1985.

Felicity Horne, "Conquering AIDS Through Narrative: Long-life Positive HIV Stories", *English Studies in Africa*, Vol. 54, No. 2, 2011.

Felicity Thomas, "Indigenous Narratives of HIV/AIDS: Morality and Blame in a Time of Change", *Medical Anthropology: Cross-Cultural Studies in Health and Illness*, Vol. 27, No. 3, 2008.

Garro, Linda, "Chronic Illness and the Construction of Narratives", in Mary-Jo DelVecchio Good, Paul E. Brodwin, Byron J. Good and Arthur Kleinman, Eds., *Pain as Human Experience: An Anthropological Perspective*, Berkeley: University of California Press, 1992.

Guy Ramsay, "Mainland Chinese Family Caregiver Narratives in Mental Illness: Disruption and Continuity", *Asian Studies Review*, Vol. 34, No. 1, 2010.

G. Becker, *Disrupted Lives: How People Create Meaning in a Chaotic World*, Berkeley: University of California Press, 1997.

G. E. Moss, *Illness, Immunity, and Social Interaction*, New York: Wiley Interscience, 1973.

Heather M. Zoller, "Communicating Health: Political Risk Narratives in an Enviromental Health Campaign", *Journal of Applied Communication Research*, Vol. 40, No. 1, 2012.

H. Waitzkin and T. Britt, "A Critical Theory of Medical Discourse: How Patients and Health Professionals Deal with Social Problems", *International Journal of Health Service*, Vol. 19, No. 4, 1989.

Ingris Peláez-Ballestas, Rafael Pérez-Taylor, José Francisco Aceves-Avila & Rubén Burgos-Vargas, "'Not-Belonging': Illness Narratives of Mexican Patients with Ankylosing Spondylitis", *Medical Anthropology: Cross-Cultural Studies in Health and Illness*, Vol. 32, No. 5, 2013.

Jennifer Ott Anderson & Patricia Geist Martin, "Narratives and Healing: Exploring One Family's Stories of Cancer Survivorship", *Health Communication*, Vol. 15, No. 2, 2003.

J. Corbin & A. Straus, "Accompaniments of Chronic Illness: Changes in Self-biography and Biographical Time", *Research in the Sociology of Health Care*, Vol. 6, 1987.

J. Heymann, *Equal Parter*, Boston: Little Brown & Co, 1995.

J. P. Kretzmann, & McKnight, J. L., *Building Communities from the Inside out: A Path Toward Finding and Mobilizing a Community's Assets*, Chicago: ACTA Publications, 1993.

Keyes, C., "The Interpretative Basis of Depression", in A. Kleinman and B. Good, *Culture and Depression*, Berkeley: University of California Press, 1985.

K. Barker, "Self-help Literature and the Making of an Illness Identity: The case of Fibromyalgia Syndrome (FMS)", *Social Problems*, Vol. 49, 2002.

K. Charmaz, "Stories of Suffering: Subjectivity Tales and Research Narratives", *Qualitative Health Research*, Vol. 9, 1999.

K. Charmaz, "The Body, Identity and Self: Adapting to Impairments", *The Sociological Quaterly*, Vol. 36, No. 4, 1995.

K. Charmz, "Struggling for a Self: Identity Levels of the Chronically Ill", in Conrad P. and Roth J., Eds., *The Experience and Management of Chronic Illness*, *Research in the Sociology of Health Care*, Vol. 6, Greenwich: JAI Press, 1987.

Lauren Mizock, Kathleen Harrison MSW Candidate & Zlatka Russinova, "Lesbian, Gay, and Transgender Individuals with Mental Illness: Narratives of the Acceptance Process", *Journal of Gay & Lesbian Mental Health*, Vol. 18, No. 3, 2014.

Linda Wheeler Cardillo, "Empowering Narratives: Making Sense of the Experience of Growing Up with Chronic Illness or Disability", *Western Journal of Communication*, Vol. 74, No. 5, 2010.

Lynn M. Harter, Jennifer A. Scott, David R. Novak, Mark Leeman & Jerimiah F. Morris, "Freedom Through Flight: Performing a Counter-Narrative of Disability", *Journal of Applied Communication Research*, Vol. 34, No. 1, 2006.

Lynn M. Harter, Phyllis M. Japp & Christina S. Beck, *Narratives, Health, and Healing-Communication Theory, Research, and Practice*, Mahwah: Lawrence Erlbaum Associates, Inc., 2005.

Marsha L. Vanderford, Elaine B. Jenks & Barbara F. Sharf, "Exploring Patients' Experiences as a Primary Source of Meaning", *Health Communication*, Vol. 9, No. 1, 1997.

Mary Sormanti, MSW & Karen Kayser, "Partner Support and Changes in Relationships During Life-Threatening", *Journal of Psychosocial Oncology*, Vol. 18, No. 3, 2000.

Mogensen, "The Narrative of AIDS Among the Tonga of Zambia", *Social Science and Medicine*, Vol. 44, No. 4, 1997.

Morris, B. David, *Illness and Culture in the Postmodern Age*, Berkeley: University of California Press, 1998.

M. A. ZIMMERMAN, "Psychological Empowerment: Issues and Illustrations", *American Journal of Community Psychology*, Vol. 23, No. 5, 1995.

M. Bury, "Chronic Illness as Biographical Disruption", *Sociology of Health and Illness*, Vol. 4, No. 2, 1982.

M. Bury, "Meanings at Risk: The Experience of Arthritis", in Robert Anderson & Michael Bury (Eds.), *Living with Chronic Illness: The Experience of Patients and Their Families*, London: Unwin Hyman, 1988.

M. Bury, "The Sociology of Chronic Illness: a Review of Research and Prospects", *Sociology of Health and Illness*, Vol. 13, No. 4, 1991.

M. Oliver, *Understanding Disability: From Theory to Practice*, London: Macmillan, 1996.

Nicole L. Defenbaugh, "Revealing and Concealing Ill Identity: A Performance Narrative of IBD Disclosure", *Health Communication*, Vol. 28, No. 2, 2013.

N. Elias, *The Symbol Theory*, London: Sage, 1991.

N. Linduska, *My Polio Past*, Chicago: Pellegrini and Cudahy, 1947.

Phyllis M. Japp & Debra K. Japp, "Desperately Seeking Legitimacy: Narratives of a Biomedically Invisible Disease", in Lynn M. Harter, Phyllis M. Japp & Christina S. Beck, *Narratives, Health, and Healing-Communication Theory, Research, and Practice*, Mahwah: Lawrence Erlbaum Associates, Inc., 2005.

P. W. Corrigan, A. Kerr, L. Knudsen, "The Stigma of Mental Illness: Explanatory Models and Methods for Change", *Applied and Preventive Psychology*,

Vol. 11, 2005.

R. Kabaa, P. Sooriakumaran, "The Evolution of the Doctor-patient Relationship", *International Journal of Surgery*, Vol. 5, No. 1, 2007.

R. K. White, B. A. Wright, and T. Dembo, "Studies in Adjustment to Visible Injuries: Evaluation of Curiosity by the Injured", *Journal of Abnormal and Social Psychology*, Vol. XLIII, 1948.

Sunwolf, Lawrence R. Frey & Lisa Keranen, "Rx Story Prescriptions: Healing Effects of Storytelling and Storylistening in the Practice of Medicine", in Lynn M. Harter, Phyllis M. Japp & Christina S. Beck, *Narratives, Health, and Healing-Communication Theory, Research, and Practice*, Mahwah: Lawrence Erlbaum Associates, Inc., 2005.

Sunwolf, "Grief tales: The Therapeutic Power of Folktales to Heal Bereavement and Loss. —Diving in the Moon: Honoring Story", *Facilitating Healing*, Vol. 4, 2003.

Susan Sered & Maureen Norton-Hawk, "Disrupted Lives, Fragmented Care: Illness Experiences of Criminalized Women", *Women & Health*, Vol. 48, No. 1, 2008.

S. Cobb, "Social Support as a Moderator of Life Stress", *Psychosomatic Medicine*, Vol. 38, 1976.

S. K. Behr, Murphy, D. L. Summers, *User's Manual: Kansas Inventory of Parental Perceptions (KIPP): Measures of Perceptions of Parents Who Have Children with Special Needs*, Beach Center on Family and Disability, University of Kansas, 1992.

S. Lingsom, "Self Narratives in Rehabilitation: Reflections of Author", *Scandinavian Journal of Disability Research*, Vol. 11, No. 3, 2009.

S. R. Kenan, "What Can Narrative Theory Learn from Illness Narratives?", *Literature and Medicine*, Vol. 25, No. 2, 2006.

Teresa L. Thompson, Alicia Dorsey, Katherine I. Miller, Roxanne Parrot, *Handbook of Health Communication*, London: Lawrence Erlbaum Associates, Publisher, 2003.

T. L. Albrecht & M. B. Adelman, *Communicating Social Support*, Newbury Park, CA: Sage, 1987.

T. Parsons, *The Social System*, London: Routledge, 1991.

T. Parsons, "Social Structure and Dynamic Process: the Case of Modern Medical Practice", in Talcott Parsons, Eds., *Social system*, New York: The Free Press, 1951.

二 中文著作

白春仁:《边缘上的话语——巴赫金话语理论辨析》,《外语教学与研究》2000年第32卷第3期。

包蕾萍:《生命历程理论的时间观探析》,《社会学研究》2005年第4期。

鲍雨、黄盈盈:《经历乳腺癌：疾病与性别情境中的身体认同》,《妇女研究论丛》2014年第2期。

北京市农民工法律援助工作站:《农民工工伤保险问题研究报告》,转引自贺笃美:《农民工工伤维权为何总遇上"拦路虎"?——来自北京市农民工法律援助工作站的报告》,《广东安全生产》2009年12月。

北京义联劳动法援助与研究中心:《工伤农民工情况调查报告》,http://www.yilianlabor.cn/yuanzhu/2010/508.html,2010年8月18日。

毕向阳:《转型时代社会学的责任与使命——布迪厄〈世界的苦难〉及其启示》,《社会》2005年第4期。

卜卫:《"认识世界"与"改造世界"——探讨行动传播研究的概念、方法论与研究策略》,《新闻与传播研究》2004年第12期。

曹慧中:《成为母亲：城市女性孕期身体解析》,《妇女研究论丛》2014年第1期。

曹晋:《传播技术与社会性别：以流移上海的家政钟点女工的手机使用分析为例》,《新闻与传播研究》2009年第1期。

曹志平、邓丹云:《论科学主义的本质》,《自然辩证法研究》2001年第17卷第4期。

陈楚洁:《公民媒体的构建与使用：传播赋权与公民行动——以台湾PeoPo公民新闻平台为例》,《公共管理学报》2010年第7卷第4期。

陈福侠、张福娟:《国外残疾污名研究对我国特殊教育的启示》,《中国特殊教育》2010年第5期。

陈慧平:《"时间"与主体——拉康主体理论的深层解读》,《学习与探索》2016年第9期。

陈倩雯、郑红娥:《国内外医患关系研究述评》,《医学与哲学》2014 年第 35 卷第 3A 期。

陈文勇:《公众"库存知识"范式的初步探究》,《科学研究》2005 年第 23 卷第 6 期。

陈向明:《质的研究方法与社会科学研究》,教育科学出版社 2000 年版。

陈映芳:《"农民工":制度安排与身份认同》,《社会学研究》2005 年第 3 期。

成海鹰:《论尊严》,《伦理学研究》2012 年第 4 期。

丁未:《新媒介赋权:理论建构与个案分析》,《开放时代》2011 年第 1 期。

杜治政:《守住医学的疆界——关于医学中的科学主义与金钱至上主义》,《医学与哲学》2002 年第 23 卷第 9 期。

方静文:《体验与存在:一个村落长期慢性病人的病痛叙述》,《广西民族大学学报》(哲学社会科学版) 2011 年第 33 卷第 4 期。

富晓星、张有春:《人类学视野中的临终关怀》,《社会科学》2007 年第 9 期。

葛红兵、宋耕:《身体政治》,上海三联书店 2005 年版。

郭戈:《愉悦与病痛——女性身体话语的两种路径》,《贵州社会科学》2016 年第 5 期。

郭维平:《转型期群体意识形态与主流意识形态分析》,《云南行政学院学报》2014 年第 1 期。

郭于华:《农村现代化过程中的传统亲缘关系》,《社会学研究》1994 年第 6 期。

郭于华:《倾听无声者的声音》,《读书》2008 年第 6 期。

郭于华:《作为历史见证的"受苦人"的讲述》,载《倾听底层:我们如何讲述苦难》,广西师范大学出版社 2011 年版。

韩鸿:《发展传播学近三十余年的学术流变与理论转型》,《国际新闻界》2014 年第 7 期。

韩志明:《利益表达、资源动员与议程设置——对于"闹大"现象的描述性分析》,《公共管理学报》2012 年第 9 卷第 2 期。

何潇、何雪松:《苦痛的身体:一位青年女性打工者的疾病叙事》,《当代清华研究》2011 年第 6 期。

郇建立:《病人照料与乡村孝道——基于冀南沙村的田野考查》,《广西民族大学学报》（哲学社会科学版）2013年第1期。

郇建立：《中国乡村慢性病的社会根源——基于冀南沙村的田野考察》，《北方民族大学学报》（哲学社会科学版）2014年第6期。

郇建立：《慢性病与人生进程的破坏——评迈克尔·伯里的一个核心概念》，《社会学研究》2009年第5期。

郇建立：《乡村慢性病人的生活世界——基于冀南沙村中风病人的田野考察》，《广西民族大学学报》2012年3月。

黄光国：《人情与面子：中国人的权力游戏》，载于黄光国主编《中国人的权力游戏》，台湾台北巨流图书公司1988年版。

黄万盛在2011年11月广州召开的"社会经济在中国"会议上的发言：《重新认识市场经济》，载张曙光、黄万盛、崔之元、孟捷、何艳玲、林深靖、翟学伟、吕新雨、潘毅、宋磊等《社会经济在中国》（上），《开放时代》2012年第1期。

黄文科：《安逸——在四川方言中的广泛应用及释义》，《青年文学家》2014年第36期。

黄新华：《当代意识形态研究：一个文献综述》，《政治学研究》2003年第3期。

黄迎虹：《"精神的力量"：论甘地非暴力反抗运动的理论基础》，《政治思想史》2012年第3期。

黄盈盈、鲍雨：《经历乳腺癌：从"疾病"到"残缺"的女性身体》，《社会》2013年第2期。

黄振辉、王金红：《捍卫底线正义：农民工维权抗争行动的道义政治学解释》，《华南师范大学学报》（社会科学版）2010年第1期。

贾国华：《吉登斯的自我认同理论评述》，《江汉论坛》2003年第5期。

江立华、袁校卫：《从身体到心理：慢性病对农村患者生命进程的破坏》，《湖南社会科学》2015年第3期。

姜振华、胡鸿保：《社区概念发展的历程》，《中国青年政治学院学报》2002年第21卷第4期。

赖德胜、廖娟、刘伟：《我国残疾人就业及其影响因素分析》，《中国人民大学学报》2008年第1期。

兰夕雨：《对斯皮瓦克底层人研究的再解读》，《山西师大学报》（社会科学版）2010年第S1期。

乐国安、韩振华:《信任的心理学研究与展望》,《西南大学学报》(社会科学版) 2009 年第 35 卷第 2 期。

李彬:《巴赫金的话语理论及其对批判学派的贡献》,《国际新闻界》2001 年第 6 期。

李朝晖:《农民工工伤保险供给与需求相关实证研究》,《人口与经济》2007 年第 5 期。

李芳英:《生活世界:在舒茨的视域中》,《重庆邮电学院学报》(社会科学版) 2005 年第 2 期。

李金铨:《关于传播学研究的新思考》,洪浚浩主编:《传播学新趋势》(上),清华大学出版社 2014 年。

李培林:《巨变:村落的终结——都市里的村庄研究》,《中国社会科学》2002 年第 1 期。

李松蕾:《北大新闻学茶座(38):卜卫研究员谈"流动人口、传播与赋权研究——兼论行动传播学研究的方法论与研究策略"》,《国际新闻界》2014 年第 6 期。

李文阁:《我们该怎样生活——论生活哲学的转向》,《学术研究》2010 年第 1 期。

李文姣:《心理投射技术在学校心理咨询中的实践与应用》,《心理技术与应用》2015 年第 1 期。

李旭斌、王泽坤:《试论我国工伤赔偿法律制度之完善——以建筑行业农民工为考察对象》《成都理工大学学报》(社会科学版) 2012 年第 3 期。

李银河:《女性主义》,山东人民出版社 2005 年版。

梁家胜:《互为表里的生活与俗信——从宿命观念和风水信仰切入》,《青海民族研究》2011 年第 22 卷第 3 期。

梁玮:《农民工"工伤保险歧视"法律问题初探》,《安徽农业科学》2005 年第 10 期。

林晓姗:《性别特质、身体实践与健康风险行为》,《妇女研究论丛》2011 年第 1 期。

林耀盛:《性别识盲及其不满:以精神病为论述对象》,《女学学志:妇女与性别研究》,2002 年第 14 期。

刘晨:《村庄内亲兄弟的"反兄弟行为"》,中国社会科学网,http://ex.cssn.cn/shx/shx_bjtj/201508/t20150803_2105183.shtml,2015 年 8 月 3 日。

刘鹤玲：《广义适合度与亲缘选择学说——亲缘利他行为及其进化机制》，《科学技术与辩证法》2007年第24卷第5期。

刘蒙之：《格雷格里·贝特森对传播学研究的奠基性贡献》，《上海师范大学学报》（哲学社会科学版），2009年第38卷第4期。

刘视湘：《社区心理学》，开明出版社2013年版。

刘谆谆、张兰凤、杨晓峰、马书丽：《国外癌症患者疾病获益感的研究现状及启示》，《医学与哲学》2014年第35卷第11B期。

刘宗祥、刘东海、桂兰、刑晓冬、海杰、王赫达、董赫男：《对世界卫生组织的健康描述或界定无实践性成因的哲学探析》，《内蒙古民族大学学报》（社会科学版）2013年第39卷第4期。

龙秋霞：《妇女易感艾滋病的社会文化原因探析及对策建议——基于广东的调查》，《妇女研究论丛》2006年第1期。

卢永欣：《语言维度下的意识形态分析》，《思想战线》2010年第3期。

陆扬：《论阿尔都塞的意识形态理论》，《中国人民大学学报》2015年第1期。

吕惠琴：《农民工工伤事故及其影响因素——基于珠三角地区的调查》，《暨南学报》（哲学社会科学版）2014年第11期。

罗天莹，连静燕：《农民工利益表达中NGO的作用机制及局限性——基于赋权理论与"珠三角"的考察》，《湖南农业大学学报》（社会科学版）2012年第13卷第4期。

门洪华、刘笑阳：《中国伙伴关系战略评估与展望》，《世界经济与政治》2015年第2期。

孟登迎：《意识形态和意识形态国家机器（研究笔记）》，载《哲学与政治：阿尔都塞读本》，吉林人民出版社2011年版。

莫瑞·辛格：《批判医学人类学的历史与理论框架》，林敏霞译，《广西民族学院学报》（哲学社会科学版）2006年第28卷第3期。

南帆：《曲折的突围——关于底层经验的表述》，《文学评论》2006年第4期。

潘毅：《富士康在说谎 无法代表工人心声》，《中国工人》2015年第3期。

潘毅：《社会经济的国际经验——以西班牙蒙德拉贡合作社为例》，载张曙光、黄万盛、崔之元、孟捷、何艳玲、林深靖、翟学伟、吕新雨、潘毅、宋磊等《社会经济在中国》（上），《开放时代》2012年第1期。

潘毅：《中国女工——新兴打工者主体的形成》，任焰译，九州出版社2011年版。

潘泽泉：《自我认同与底层社会建构：迈向经验解释的中国农民工》，《社会科学》2010年第5期。

乔德·K.凯拉斯：《叙事理论——理解人际传播》，载于［美］莱斯莉·A.巴克斯特、唐·O.布雷思韦特《人际传播：多元视角之下》，殷晓蓉、赵高晖、刘蒙之译，上海译文出版社2010年版。

秦海霞：《从社会认同到自我认同——农民工主体意识变化研究》，《党政干部学刊》2009年第11期。

邱成：《两大转移中的职业安全问题》，《现代职业安全》2007年第2期。

邱林川：《信息时代的世界工厂：新工人阶级的网络社会》，广西师范大学出版社2013年版。

沙莎：《叙事重构与精神疾痛复原：对一例双相障碍患者及其家庭的个案研究》，硕士学位论文，厦门大学，2014年。

沈原、程平源、潘毅：《谁的责任？——张家界籍建筑风钻工深圳集体罹患尘肺病调查》，《中国工人》2010年第1期。

师曾志：《新媒介赋权视阈下的国家与社会关系》，《北大新闻与传播评论》2013年，北京大学出版社，第73—93页。

石大建、李向平：《资源动员理论及其研究纬度》，《广西师范大学学报》（哲学社会科学版）2009年第6期。

宋琳：《HIV女性感染者对亲密关系的理解与实践》，硕士毕业论文，中国人民大学，2014年。

苏薇、郑刚：《家庭照料对照料者心理健康的影响》，《心理科学进展》2007年第6期。

谭深：《外来女工的安全与健康》，香港中文大学中国研究服务中心，http：//ww2.usc.cuhk.edu.hk/PaperCollection/Authors.aspx？aid=279&vp=0%2f%e8%b0%ad%2f279，2020年12月7日访问。

唐斌：《"双重边缘人"：城市农民工自我认同的形成及社会影响》，《中南民族大学学报》（人文社会科学版）2002年第22卷S1期。

唐鸣、陈荣卓：《农民工参加工伤保险亟待解决的几个问题——兼析省级实施〈工伤保险条例〉办法中的相关规定》，《华中师范大学学报》（人文社会科学版）2006 年第 6 期。

万小广：《转型期"农民工"群体媒介再现的社会史研究》，博士学位论文，中国社会科学院研究生院，2013 年。

王冬冬、张亚婷：《微博中有关刘翔伦敦奥运会比赛失利事件各方意见的意识形态分析》，《新闻大学》2013 年第 1 期。

王桂艳：《正义、公正、公平辨析》，《南开学报》（哲学社会科学版）2006 年第 2 期。

王慧娟：《伤残农民工：权力处境及增权策略》，《重庆理工大学学报》（社会科学版）2012 年第 2 期。

王庆明：《底层视角及其知识谱系——印度底层研究的基本进路检讨》，《社会学研究》2011 年第 1 期。

王熙：《质性研究中的多重研究关系和伦理"雷区"：一位行动研究者的自我反思性思考》，《教育学报》2009 年第 5 卷第 4 期。

王小章、王志强：《从"社区"到"脱域的共同体"——现代性视野下的社区和社区建设》，《学术论坛》2003 年第 6 期。

王怡红：《关系传播理论的逻辑解释——兼论人际交流研究的主要对象问题》，《新闻与传播研究》2006 年第 13 卷第 2 期。

魏万青：《劳工宿舍：企业社会责任还是经济理性——一项基于珠三角企业的调查》，《社会》2011 年第 2 期。

魏文哲：《论"二拍"中的宿命论》，《明清小说研究》2008 年第 2 期。

文军：《身体意识的觉醒——西方身体社会学理论的发展及其反思》，《华东师范大学学报》（哲学社会科学版）2008 年第 6 期。

吴丽萍：《我国农民工工伤保险的缺失及完善》，《甘肃理论学刊》2009 年第 4 期。

吴学琴：《大众传播话语的意识形态性分析》，《安徽大学学报》（哲学社会科学版）2014 年第 6 期。

肖扬：《社会性别视角下的妇女生殖健康》，《浙江学刊》2001 年第 5 期。

肖云端：《农民工健康权益保护的困境与对策——以"开胸验肺"事件为分析视角》，《湖北社会科学》2010 年第 3 期。

熊斌、董志强：《残疾人力资源开发：一般分析以及基于重庆的实际研究》，四川大学出版社 2002 年版。

徐国栋：《"人身关系"流变考（上）（下）》，《法学》2002 年第 6 期、第

7 期。

徐晓军：《内核—外围：传统乡土社会关系结构的变动——以鄂东乡村艾滋病人社会关系重构为例》，《社会学研究》2009 年第 1 期。

许琳：《残疾人就业难与残疾人就业促进政策的完善》，《西北大学学报》（哲学社会科学版）2010 年第 40 卷第 1 期。

许素睿：《我国农民工工伤保险存在的问题及对策分析》，《中国劳动关系学院学报》2009 年第 23 卷第 4 期。

杨国枢：《中国人的社会取向：社会互动的观点》，载于杨国枢、余安邦主编《中国人的心理与行为：理论与方法篇（一九九二）》，台湾台北桂冠图书公司 1993 年版。

杨华：《农村阶层关系研究的若干理论问题》，《人文杂志》2013 年第 4 期。

杨善华：《当代西方社会学理论》，北京大学出版社 1999 年版。

杨生平、刘世衡：《国外学者意识形态理论研究综述》，《贵州大学学报》（社会科学版）2011 年第 29 卷第 1 期。

杨思远：《中国农民工的政治经济学考察》，中国经济出版社 2005 年版。

杨席珍：《家庭传播刍议》，《新闻传播》2015 年第 12 期。

杨宜音：《关系化还是类别化：中国人"我们"概念形成的社会心理机制探讨》，《中国社会科学》2008 年第 4 期。

杨宜音、张曙光：《在"生人社会"中建立"熟人关系"——对大学"同乡会"的社会心理学分析》，《社会》2012 年第 6 期。

姚大志：《当代功利主义哲学》，《世界哲学》2012 年第 2 期。

应星：《"气"与中国乡村集体行动的再生产》，《开放时代》2007 年第 6 期。

于欣华、何宁生：《农民工工伤保险需求与制度供给分析——兼评〈工伤保险条例征求意见稿〉》，《甘肃政法学院学报》2010 年第 4 期。

于欣华、霍学喜：《农民工工伤保险困境分析》，《北京理工大学学报》（社会科学版）2008 年第 6 期。

余成普、朱志惠：《国外医患互动中的病人地位研究述评》，《中国医院管理》2008 年第 28 卷第 1 期。

张宝山、俞国良：《污名现象及其心理效应》，《心理科学进展》2007 年第 6 期。

张姮、姜安丽：《健康赋权理论在老年慢性病管理中的应用和启示》，《护士进修杂志》2012 年第 27 卷第 10 期。

张开云、吕惠琴、许国祥：《农民工工伤保险制度：现实困境与发展策略》，《广西民族大学学报》（哲学社会科学版）2011 年第 1 期。

张灵敏：《陪伴与成长：返乡工伤者的发展之路》，社会科学文献出版社 2017 年版。

张灵敏：《中国大陆流动女工健康研究述评》，《妇女研究论丛》2014 年第 4 期。

张凌、陈先红：《瑟韦斯的发展传播学学术思想述要》，《武汉理工大学学报》（社会科学版）2015 年第 28 卷第 2 期。

张善斌：《再论人格与阶级划分的关系——对人格为阶级划分工具观点的反驳》，《法商研究》2009 年第 2 期。

张莹瑞、佐斌：《社会认同理论及其发展》，《心理科学进展》2006 年第 14 卷第 3 期。

赵德雷：《内化的污名与低劣之位——建筑装饰业农民工底层地位的"合法性"》，《青年研究》2014 年第 2 期。

赵景来：《关于意识形态若干问题研究综述》，《学术界》2001 年第 4 期。

赵延东、洪岩壁：《社会资本与教育获得——网络资源与社会闭合的视角》，《社会学研究》2012 年第 5 期。

赵一凡：《话语理论的诞生》，《读书》1993 年第 8 期。

郑广怀：《伤残农民工：无法被赋权的群体》，《社会学研究》2005 年第 3 期。

郑广怀：《社会转型与个体痛楚——评〈中国制造：全球化工厂下的女工〉》，《社会学研究》2007 年第 2 期。

郑广怀：《斯科特"下层群体的底层政治"述评——兼论隐藏文本和公开文本》，《国外社会学》2002 年第 6 期。

郑杭生：《社会学概论新修》，中国人民大学出版社 2013 年版。

郑欣：《田野调查与现场进入——当代中国研究实证方法探讨》，《南京大学学报》（哲学·人文科学·社会科学）2003 年第 3 期。

中国残疾人联合会：《2010 年末全国残疾人总数及各类、不同残疾等级人数》，https://www.cdpf.org.cn/zwgk/zccx/cjrgk/15e9ac67d7124f3fb4a23b7e2ac739aa.htm，2021 年 2 月 20 日。

周建国、童星：《社会转型与人际关系结构的变化——由情感型人际关系结构向理性型人际关系结构的转化》，《江南大学学报》（人文社会科学版）2002年第1卷第5期。

周林刚：《社会排斥理论与残疾人问题研究》，《青年研究》2003年第5期。

周林刚、朱昌华：《伤残农民工"私了"的去权机制分析——以激发权能理论为视角》，《甘肃社会科学》2009年第1期。

周宪：《福柯话语理论批判》，《文艺理论研究》2013年第1期。

周晓虹：《现代社会心理学：多维视野中的社会研究》，上海人民出版社1997年版。

朱虹、马丽：《人际信任发生机制探索——相识关系的引入》，《江海学刊》2011年第4期。

祖光怀：《健康传播过程的传播情境与情境传播》，《安徽预防医学杂志》2008年第14卷第1期。

三　中文译著

［爱］瑞雪·墨菲：《农民工改变中国农村》，黄涛、王静译，浙江人民出版社2009年版。

［澳］杰华：《都市里的农家女——性别，流动与社会变迁》，吴小英译，江苏人民出版社2006年版。

［德］马克思：《资本论》，中共中央马克思恩格斯列宁斯大林著作编译局译，人民出版社2004年版。

［法］皮埃尔·布尔迪厄：《世界的苦难：布尔迪厄的社会调查》，张祖建译，中国人民大学出版社2017年版。

［法］西蒙娜·德·波伏瓦：《第二性》，郑克鲁译，上海译文出版社2011年版。

［美］苏珊·桑塔格：《疾病的隐喻》，程巍译，上海译文出版社2014年版。

［美］威廉·科克汉姆：《医学社会学》，杨辉、张拓红译，华夏出版社2000年版。

［美］A. 麦金太尔：《三种对立的道德探究观》，万俊人等译，中国社会科学出版社1999年版。

［美］E. 博登海默：《法理学——法律哲学与法律方法》，邓正来等译，中国政法大学出版社1999年版。

［美］R. A. 巴伦、D. 伯恩：《社会心理学》，黄敏儿、王飞雪等译，华东师范大学出版社2004年版。

［美］阿瑟·克莱曼：《疾痛的故事——苦难、治愈与人的境况》，方筱丽译，上海译文出版社2010年版。

［美］阿瑟·克莱曼：《痛苦和疾病的社会根源——现代中国的抑郁、神经衰弱和病痛》，郭金华译，上海三联书店2008年版。

［美］埃里克·克里纳伯格：《热浪：芝加哥灾难的社会剖析》，徐家良、孙龙、王彦纬译，商务印书馆2014年版。

［美］奥利弗·E. 威廉姆森：《治理的经济学分析：框架和意义》，载埃瑞克·G. 菲吕博顿、鲁道夫·瑞切特编：《新制度经济学》，孙经纬译，上海财经大学出版社1998年版。

［美］查尔斯·霍顿·库利：《人类本性与社会秩序》，包凡一等译，华夏出版社1989年版。

［美］杰拉德·普林斯：《叙事学：叙事的形式与功能》，徐强译，中国人民大学出版社2013年版。

［美］莱斯莉·A. 巴克斯特、唐·O. 布雷思韦特：《人际传播：多元视角之下》，殷晓蓉、赵高晖、刘蒙之译，上海：上海译文出版社，2010年。

［美］诺曼·K. 邓金：《解释性交往行动主义：个人经历的叙事、倾听与理解》，周勇译，重庆大学出版社2004年版。

［美］欧文·戈夫曼：《污名——受损身份管理札记》，宋立宏译，商务印书馆2009年版。

［美］帕特丽夏·盖斯特—马丁、艾琳·伯林·雷、芭芭拉·F·沙夫：《健康传播：个人、文化与政治的综合视角》，龚文庠、李利群译，北京大学出版社2006年版。

［美］詹姆斯·C. 斯科特：《农民的道义经济学：东南亚的反叛与生存》，译林出版社第2013年版。

［美］詹姆斯·C. 斯科特：《弱者的武器》，郑广怀、张敏、何江穗译，译林出版社2011年版。

［美］朱迪斯·巴特勒：《身体之重：论性别的"话语"界限》，李钧鹏译，上海三联书店2011年版。

［瑞典］芭芭拉·查尔尼娅维斯卡：《社会科学研究中的叙事》，鞠玉翠等译，北京师范大学出版社2010年版。

[以] 艾米娅·利布里奇、里弗卡·图沃—玛沙奇、塔玛·奇尔波:《叙事研究:阅读、分析和诠释》,王红艳主译,释觉舫审校,重庆大学出版社2008年版。

[英] 安东尼·吉登斯:《现代性与自我认同:现代晚期的自我与社会》,赵旭东、方文译,生活·读书·新知三联书店1998年版。

[英] 布莱恩·特纳:《身体与社会》,马海良、赵国新译,春风文艺出版社2000年版。

[英] 克里斯·希林:《身体与社会理论》,李康译,北京大学出版社2010年版。

[英] 约翰·B.汤普森:《意识形态与现代文化》,高铦等译,译林出版社2005年版。

后　　记

这些文字终于要出版了。

2015年2月，贵州的冬天特别冷，我穿着厚厚的羽绒大衣去尚嵇镇见王发明大哥。之前我们都是微信联系，第一次见真人，我心里还是非常紧张的。我从中巴车上下来，远远看到一个不太高大的身影立在寒风中，凭直觉走过去，试探地问了一句，果真是他。

他带我去他家坐坐，喝口热茶，烤烤火。他的家在一楼，还带个门面，看上去很宽敞，这是他用他的工伤赔偿款在老家购置的房子。他的家里有好几张高低床，他说："工友们从外地回来，路过镇上，如果天黑了，就可以来我这里住一晚，第二天再赶路回家。"他前几年把服务中心开在了家里，后来才有了独立的办公空间。

就这样，我的田野之旅开始了。白天，发明大哥开着那辆破烂的二手小面包车，带着我到每一个返乡工伤者家里去做探访。贵州山路崎岖，小面包车颠簸不已，我不由自主地抓紧扶手，他笑着看着我说："是不是有点怕？"我赶紧点头："是的是的，你开慢点。"他又笑了笑，右手握紧了方向盘，左手那仅剩的一只拇指也放了上来。后来，我越来越放松，还用当地的方言开他的玩笑："耶，开车技术可以嘛！"

难忘的还有任大姐做的火锅。上午我们忙完服务中心的工作，中午就在服务中心一起打火锅。任姐用糟辣椒炒肉作为火锅汤底，然后煮上贵州当地的大白菜，再放点豆腐，配上贵州当地的蘸水，太好吃了。任姐总是跟我说不好意思，没有拿美食佳肴招待我，但是我直接用三碗米饭和圆滚滚的肚子打消了她的顾虑。任姐很爱笑，隔老远就能听到她的笑声，她或许是我见到过的最开朗的工伤者，她从不遮掩受伤的手，跟我说："就好像人有高有矮一样，我只是手长得不太一样而已。"在和返乡工伤者的交谈中，我无数次听到他们说类似的话，是任姐告诉他们的。

我第一次去重庆做田野，正好是最热的时候。我应该算是一个不速之客吧，因为我到自强服务站时，英姐正好去重庆开会，好在服务站的工作人员晓艳愿意一直跟我聊天，让我放松了不少。后来，我住到了英姐家，我们早上一起去服务站工作，晚上一起买卤菜回家做饭，厨艺不精的我还贡献过一盘西红柿炒鸡蛋，英姐的女儿居然对我的厨艺赞叹不已。

在拔山做调研时，志勇大哥开着他的农用小三轮车带我去尘肺病患者家里看望他们，但其实他也是三期患者。"有时候就想见见大家，你来了，正好有这个机会。"我知道他这样说是想减轻我的内疚。他的爱人不希望平静的生活有变动，更担心志勇大哥的身体，虽然对我有些埋怨，但是仍然会在进货的时候主动叫上我，送我去病友家里。后来我决定一个人去做探访，志勇大哥把联系方式抄给我，我一家一家地寻访，走错路、下错车、被狗追、被雨淋……每天走访回来，我都会到志勇大哥的水果摊坐一坐，帮他卖一会儿水果，讲一讲病友们的近况。

在前后近一年的田野调查中，我碰到了太多友善的人，接受了太多来自于他们的善意，即使他们的身体不健全，即使他们的生活清贫困苦。感谢发明大哥、任姐、英姐、晓艳、志勇大哥的无私帮助，没有你们，我的田野之旅无法启程，也感谢你们作为我的田野导师，给我打开新的认知视角；感谢我在贵州、重庆结识的所有返乡工伤朋友，谢谢你们把我当作朋友，向我袒露内心的喜悦、惶恐、愤怒和希望，我感受着你们的内心，一起哭一起笑，你们面对苦难的坚韧与永葆善良深深地感染着我，你们才是我心底最敬佩的人；感谢很多仅有一面之缘，却给我提供帮助的人：因为我的一句口头请求，就在半山腰等我等了将近1个小时的摩的司机、在我口渴时递上一碗水的素不相识的老奶奶、访谈结束几近傍晚（中巴车停运），半路停车免费搭载我回镇上的陌生人司机……

感谢我的博士生导师卜卫研究员，在选题、田野和最后写作的过程中，她的话一直在鼓励我，"研究无处不在，生活就是研究"。她用实际行动告诉我们，学术研究就是研究者和处在问题中的人们一起讨论、协商、共同改变生活的过程，彼此平等，互相尊重。感谢这本书的责编刘亚楠女士及其团队，谢谢她们不厌其烦、一遍又一遍地提出专业的修改建议，帮我完善书稿，没有她们的辛勤劳动，这本书的出版不会如此顺利。感谢我的家人，是他们一如既往的支持和理解，才使得我能够心无旁骛地走进田野，是他们在生活中的与人为善、正义、乐观，提供给我源源不断的精神

后 记

力量；要特别感谢我的女儿，是她对我纯粹的、无条件的爱，让我变得柔软，懂得如何更好地去表达爱。

最后，把这本书献给所有敢于直面苦难的返乡工伤者们。希望这些属于他/她们自己的文字，能够被更多人看到；希望他们所经历的种种疾痛，能够被更多人感受到。到那时，"改变"就会悄然而至。

张灵敏

2021 年 10 月 26 日

于广州家中